Michael Rosecker
Bernhard Müller (Hg.)

SOLIDARITÄT

Gesellschaft, Gemeinschaft und Individuum in Vergangenheit, Gegenwart und Zukunft

Wer seinen Alltag erobert, hat eine Welt zu gewinnen!
verein alltag verlag
Wiener Neustadt 2004

Impressum: Eigentümer und Verleger: Verein Alltag Verlag (VAV). Für den Inhalt verantwortlich: Michael Rosecker und Bernhard Müller. Graphische Gestaltung: Michael Rosecker und Andreas Krenauer. Cover: Andreas Krenauer. Covergraphik: „Eierkarton“ von Markus Grabenwöger, Katzelsdorf 2003. Alle: Zehnergasse 20/C/11, 2700 Wiener Neustadt, im Jänner 2004
Druck: digitaldruck.at, 2544 Leobersdorf, Eitzenbergerstraße 8, www.digitaldruck.at

Herzlichen Dank an alle AutorInnen für die kostenlose Bereitstellung der Texte.

Herzlichen Dank an: Martin Gebhart, Markus Grabenwöger, Bettina Heise, Andreas Krenauer, Robert Mech, Franz Pinczolits, Josef Staudinger, Eva Trimmel sowie Wolfgang Soos und den Freidenkerbund Österreich (FBÖ).

Es wurde den Autorinnen und Autoren freigestellt, die alte oder die neue deutsche Rechtschreibung zu verwenden!

ISBN 3-902282-02-9

Für
Karl Flanner

Inhalt

Vorwort

von Josef Staudinger

Im Sommer 2003 wurde in Österreich eine Diskussion geführt, die den Titel „Wertedebatte“ erhielt. Allerdings rückblickend gesehen: Wenn das alles war, was unter einem gesellschaftlichen Diskurs über Haltungen verstanden wird, dann wäre das Besorgnis erregend. Eine ehrliche Auseinandersetzung über Werte in unserer Gesellschaft hätte ich sehr begrüßt. Die in den Medien geführte Konfrontation einzig allein über die Frage „Partys feiern oder Kinder kriegen“ war eher enttäuschend. Ein weitreichenderer öffentlicher Meinungsaustausch wurde leider nicht gestartet. Ganz im Gegensatz dazu steht das Vorhaben der Herausgeber dieses Buches, das Thema Solidarität ernsthaft zu beleuchten. Ein Diskurs, den wir tatsächlich dringend brauchen. Die Grundfrage, in welche Richtung sich unsere Gesellschaft entwickelt, die gilt es jetzt zu führen.

In den letzten Jahren konnte man immer wieder hören, dass die Solidarität nicht mehr modern sei. Von vielen Seiten hörte man den flotten Spruch: „Hilf’ dir selbst, sonst hilft dir niemand“. Jeder sei sich selbst nun mal der Nächste. Im Windschatten dieser Individualisierung kamen Schlagworte wie die „Marke Ich“ und die „Ich-AG“ in die Medien. Der Zusammenhalt innerhalb der Gesellschaft schien scheinbar stündlich dahin zu schmelzen. Ganz zu schweigen von der Unterstützung für andere Länder oder Gesellschaften. Wenn schon der Dialog zwischen den Interessensgruppen innerhalb Österreichs zurückging, dann verschwand die Frage der Solidarität mit den Entwicklungsländern fast vollständig aus der Öffentlichkeit. Und doch – es entstanden auch Gegenströmungen. Die Kritik an der ungezügelten Globalisierung führte die verschiedensten Gruppen zusammen. Immer mehr Menschen sind bereit, Alternativen zur ungebremsten neoliberalen Wirtschaftspolitik und zum hemmungslosen Egoismus aufzuzeigen. Denn eine Welt, in der sich nur die Stärkeren durchsetzen, ist wenig lebenswert. Liegt der Schlüssel zu mehr Lebensqualität nicht viel mehr im Miteinander?

Das beste Beispiel halten Sie gerade in der Hand. Ganz unegoistisch haben sich hier einige Menschen viel Arbeit aufgebürdet, damit wir alle etwas davon haben: Eine interessante, manchmal kontroversielle, zuweilen überraschende, aber immer spannende Lektüre. Und eine Einladung dazu, eine Wertedebatte zu führen, die diesen Namen auch tatsächlich verdient.

Einleitung

von Karl Flanner

Alle menschliche Gesellschaft entwickelt sich in Gegensätzen, dialektisch. Das Ergebnis der notwendigen Überwindung und Aufhebung dieser Gegensätze stellt sich als eine höhere Stufe der Gesellschaft dar. Im Falle einer reaktionären Verhinderung dieses Prozesses erfolgt ein Rückschlag, der auch zum Untergang der menschlichen Gesellschaft führen kann. Das häufig spießbürgerlich falsch zitierte Wort vom „Kriege, welcher der Vater aller guten Dinge sei" drückt in Wahrheit aus, dass „der Gegensatz der Vater aller Dinge ist". Das galt für die Vergangenheit und das gilt für die Zukunft. Wenn daher ganz allgemein von „Gesellschaft" und „Gemeinschaft" die Rede ist, müssen bei Strafe von falschen Schlussfolgerungen im gesellschaftlichen Wirken diese Gegensätze gesehen und eingeschätzt werden. Auch wenn sie verdunkelt, verschleiert und umgedeutet werden. Dies vor allem im Interesse des Durchsetzens ökonomischer Motive des Profitkapitalismus' und der von ihm gelenkten politischen Macht, die dahinter steht. Der falsche Glanz und der aufdringliche Lack mit dem die Begriffe „Gemeinschaft" und „Gesellschaft" gerne versehen werden, verbergen unter ihrer Decke eben das, was der blanke Gegensatz dazu ist: die Existenz von Satten und Hungernden, von Reichen und Bedürftigen, von Besitzenden und Besitzlosen, von Herrschenden und Beherrschten usw.

In einer solchen Gesellschaft kann nicht im gleichen Atemzug von Individuen gesprochen werden, so als hätte jedes von ihnen seinen ihm gebührenden Platz in derselben. Nach Auffassung der Sklavenhalter der Vergangenheit hatte der Sklave sehr wohl den ihm zustehenden Platz, ebenso der Leibeigene in der Feudalgesellschaft, der Tagelöhner und Geselle unter dem Stadtpatriziat, der Industrieproletarier im Kapitalismus usw. Spricht man in solchen Gesellschaften von Individuen, dann kann damit wohl nur die einzelne Zahl in statistischen Aufstellungen und Listen gemeint sein. Klopft man den Lack ab, wird erkennbar, dass es sich um keine frei entfaltete Persönlichkeit handelt, sieht man von den ganz wenigen Angehörigen der besitzenden Klasse und den Herrschenden ab. Seit die Geschichte aufgezeichnet wird, hat sich an all dem im Grundsätzlichen nichts geändert. Gewiss, wir haben das allgemeine Wahlrecht, wir besitzen ein soziales Netz, wir genießen einen Wohlstand, aber dennoch bestehen genug Schranken und Ketten, die vielfach ihr Gesicht geändert haben, aber noch immer die freie Entfaltung freier Individuen einschränken und verhindern.

In diesem gesellschaftlichen Rahmen kommt der Solidarität der arbeitenden Menschen eine überragende Bedeutung zu. Sie ist die herrlichste und wirksamste Eigenschaft, die je eine Bevölkerungsklasse hervorgebracht hat. War der Lohnarbeiter in der vorindustriellen Gesellschaft eine zahlenmäßig zu vernachlässigende Größe und daher ohne Einfluss, so konnte im Unterschied zu diesem der Handwerksgeselle noch von der Vorstellung beseelt sein, einst selbst Meister zu werden, was gleichbedeutend war mit seinem sozialen und politischen Aufstieg in die herrschende Gesellschaft. Das hieß: Sesshaftigkeit, gesicherte Existenz, Wahlrecht, Rückstellung vom langjährigen Militärdienst, Altersversorgung u.a.m. Der Industrieproletarier konnte von all dem nicht einmal träumen. Seine Lage war gekennzeichnet durch völlige Rechtlosigkeit und Unterdrückung. Unter diesen Umständen gab es für ihn - vereinfacht gesagt - nur zwei Möglichkeiten: das Versinken in lähmendem Fatalismus oder den Kampf um den sozialen und politischen Aufstieg. Das aber war nur möglich in Gemeinsamkeit mit allen, die sich in der gleichen Klassenlage befanden. Die große Zahl der in den Fabriken beschäftigten Arbeiter signalisierte Kraft und die Gewöhnung an den organisierten Ablauf der industriellen Produktion prägte ihr Bewusstsein: Ihre Lage könne nur verbessert werden, wenn sie das gemeinschaftlich tun. Da wurde die Solidarität geboren. Ihre „materielle" Erscheinung war die Entstehung der organisierten Arbeiterbewegung. Die Schwester der Solidarität ist das Zukunftsideal, die positive Vorstellung einer zu erringenden Ordnung ohne Ausbeutung von Menschen durch Menschen und der Gleichstellung aller. Ist die Abwehr und die Verhinderung einer reaktionären Entwicklung ohne die Solidarität der arbeitenden Menschen nicht möglich, so ist sie unerlässlich im Kampf um die Erringung einer freien Menschengesellschaft. Diese, und nur diese allein, gewährt ausnahmslos jedem Individuum die Möglichkeit, von einem bloßen Zählobjekt für bevölkerungspolitische Statistiken zur allseitig entwickelten, freien Persönlichkeit zu werden.

An den Grundlagen der kapitalistischen Profitwirtschaft hat sich seit deren Herausbildung nichts geändert. Neue Produktionsmittel, Techniken, Fertigungsmethoden, Informationsmedien und Praktiken der Massenbeeinflussung sind wohl neue Formen, ändern aber nichts am System. Das Gleiche gilt für die so genannte „Globalisierung" des Kapitals (von Karl Marx vor 150 Jahren als die Konzentration des Kapitals analysiert), welche die schon geraume Zeit vor sich gehende Ausweitung der Klassenherrschaft über die ganze Welt - über den „Globus“ - signalisiert. Sie erinnert an den Appell: „Proletarier aller Länder vereinigt euch!“, der die arbeitenden Menschen aufruft, auch ihre Organisation und ihren Kampf zu globalisieren.

Der Kapitalismus hat, vor allem seit er sich mit den Banken und dem Staat zu einer imperialistischen Macht entwickelt hat, über die Menschen zahlreiche Katastrophen gebracht: Kriege, Krisen, Hunger, Seuchen. Das haben diese mit hunderten Millionen Toten und mit der Verwüstung unschätzbarer Werte „bezahlt“. Millionen sterben in allen Weltteilen weiterhin an den Folgen des Kapitalismus. Bisher konnte die Menschheit überleben. Aber man muss nicht gerade ein Pessimist sein, um zu erkennen, dass - wenn keine massive Gegenkraft auftritt - „die letzten Tage der Menschheit“, die Karl Kraus schon im ersten Weltkrieg geahnt hatte, tatsächlich eintreten könnten.

Wie sollte es auch verhindert werden, wenn die bürgerliche „Individualisierung“ der Menschen, die Zerstörung der sozialen Bindungen und Netze, zur blanken Herrschaft des Faustrechts führt? Oder wie, wenn sich die jahrhundertelang Ausgebeuteten der kolonialen Kontinente auf den Weg machen, um das von ihnen Geraubte zu holen? Wie, wenn zunehmende Vergiftung der Lebensmittel am Feld und in der industriellen Verarbeitung des Wassers und der Atmosphäre den Lebensraum veröden, die Abschmelzung des polaren Eises die Zivilisation ersäuft, die weitere Zerstörung der Ozonschicht das Leben verbrennt? Ganz zu schweigen von einem Krieg mit (A)tom-, (B)iologischen oder (C)hemischen Waffen oder dem Versagen auch nur einiger weniger der zur Zeit in Betrieb stehenden Atomkraftwerke.

Jetzt, am Beginn des 21. Jahrhunderts kann es zum Schutze des weiteren Bestandes von Individuum, Gemeinschaft und Gesellschaft kaum eine wichtigere und drängendere Aufgabe geben, als das Schmieden der weltweiten Solidarität aller arbeitenden Menschen mit dem Ziel der Beseitigung der kapitalistischen Weltgefahr, um die Menschheit vor ihrem totalen Verschwinden vom Globus zu bewahren und ihr, im Gegensatz dazu, den Übertritt in eine freie Gesellschaft freier solidarischer Persönlichkeiten zu gewähren.

Die Opfer des Nationalsozialismus, die Nachkriegsgesellschaft - und heute?

von Brigitte Bailer-Galanda

1. Die Nachkriegszeit

Das nationalsozialistische Regime hinterließ in Österreich neben zahllosen Toten - Ermordeten, Hingerichteten, Gefallenen, Zivilopfern -, ungeheuren materiellen Kriegsschäden und einer katastrophalen ökonomischen Lage eine ideologisch und in ihrem kollektiven Gedächtnis bezüglich der abgelaufenen sieben Jahre fragmentierte Bevölkerung. Für die Mehrheit der ÖsterreicherInnen wurde die Erinnerung an die NS-Herrschaft überlagert von den Kriegsereignissen und deren Folgen. 1,2 Millionen Österreicher hatten in der Deutschen Wehrmacht gedient, es gab wohl kaum jemanden, in dessen Familien- und Bekanntenkreis nicht ein Mann eingerückt gewesen war. Diese Wehrmachtsangehörigen ebenso wie andere von Kriegsschäden Betroffene, wie z. B. Ausgebombte, empfanden sich als Opfer der abgelaufenen sieben Jahre. Dazu kamen in weiterer Folge jene Bevölkerungsgruppen, die aufgrund von Eingriffen der Besatzungsmächte, insbesondere der Sowjets, zu Schaden gekommen waren. Und da es vor allem die Alliierten waren, die Druck auf die Entnazifizierung der rund 540.000 ehemaligen Nationalsozialisten ausübten, sahen sich die von dieser Entnazifizierung Betroffenen bald gleichfalls als Opfer, und zwar der „Umerziehung" und der Alliierten. Allerdings konnten die ehemaligen Nationalsozialisten auf Verständnis innerhalb der Bevölkerung sowie der politischen Eliten zählen. Für die politischen Parteien - ÖVP, SPÖ und auch KPÖ - stellten die „Ehemaligen" - bei den ersten Wahlen 1945 vor allem deren Verwandten- und Freundeskreise - ein wesentliches, über Mehrheiten entscheidendes Wählerpotential dar. Obschon unmittelbar nach der Befreiung von der provisorischen Staatsregierung ein erstes Nationalsozialistengesetz verabschiedet wurde, das jedoch aufgrund der noch vorherrschenden Teilung Österreichs nur in der sowjetischen Zone angewandt wurde, begannen fast gleichzeitig die Bemühungen der Parteien um die Exkulpierung der ihnen wichtig scheinenden Nationalsozialisten. Selbst der Wahlausschluss der Nationalsozialisten bei der ersten Nationalratswahl im November 1945 wurde heftig diskutiert. Insbesondere Karl Renner, damals als Staatskanzler Leiter der Provisorischen Regierung, aber auch Oskar Helmer, damals Staatssekretär, verwahrten sich im Bundesparteivorstand der SPÖ gegen den diesbezüglichen Vorschlag der SPÖ Wien.[1)] Zur selben Zeit hatten nämlich ehemalige Nationalsozialisten bereits den Weg in die SPÖ gefunden. „Spitzenfunktionäre, deren Rehabilitierung und Enthebung von der Registrierungspflicht für die Partei eine Notwendigkeit darstellt," konnten „bei Genosse Schärf Gesuche einbringen und raschest die Abolition nach dem Verbotsgesetz erhalten." Adolf Schärf, damals Parteivorsitzender und Staatssekretär, ab Dezember 1945 Vizekanzler, setzte im Parteivorstand die Warnung hinzu, es könne "sich jedoch tatsächlich nur um eine ganz beschränkte Anzahl wichtiger politischer Funktionäre aller drei Parteien handeln"[2)], die auf diese Weise von den Rechtsfolgen des Nationalsozialistengesetzes befreit werden könnten.

Die Durchsetzung auch der SPÖ mit „Ehemaligen" war bis 1946 bereits weit fortgeschritten. Anlässlich der Debatte um eine mögliche Verschärfung des NS-Gesetzes 1946 machten Ländervertreter im Bundesparteivorstand darauf aufmerksam, dass sie im Zuge der Wahlauseinandersetzung von 1945 bezüglich einer milden Behandlung der Nationalsozialisten Zusagen gemacht hätten, die sie bei neuer, rigoroser Anwendung des NS-Gesetzes nun nicht mehr würden einhalten können. So wurden in der Steiermark auf Veranlassung bzw. mit Zustimmung der SPÖ „einige tausend" Nationalsozialisten bis zum Juni 1946 entregistriert, laut Schärf hatte Leopold Figl (ÖVP) in Niederösterreich zu diesem Zeitpunkt bereits „20.000 - 30.000 Entregistrierungen" durchgeführt. Die Gewerkschaft der öffentlichen Angestellten wiederum sah in einer möglichen Verschärfung des NS-Gesetzes eine Gefahr für „unsere Genossen im öffentlichen Dienst".[3)]

Vor diesem gesellschaftlichen und mentalitätsmäßigen Hintergrund blieb wenig Raum für Überlegungen zugunsten der NS-Opfer. Obwohl es im ersten Jahr der Republik im Hinblick auf die Moskauer Deklaration[4)] nicht an verbalen Bekenntnissen zum österreichischen Widerstand gegen den Nationalsozialismus mangelte, folgten diesen Bekundungen allerdings kaum konkrete Taten zugunsten der oftmals in ihrer Existenz und Gesundheit schwer beschädigten ehemaligen Häftlinge. Das auf die politischen Opfer zugeschnittene Opferfürsorgegesetz von 1945 blieb weitgehend wirkungslos. Der 1947 gesetzlich verankerte überparteiliche NS-Opferverband wurde bereits ein Jahr später, 1948, in Reaktion auf kommunistische Majorisierungsversuche und unter dem Eindruck der kommunistischen Machtübernahme in der Tschechoslowakei aufgelöst. Damit waren auch die Opfer des politischen Widerstandes realer Durchsetzungsmöglichkeiten ihrer Interessen beraubt.[5)] Sie organisierten sich in der Folge in den drei parteinahen und damit vom politischen Kalkül der Mutterparteien abhängigen Opferverbänden, die erst in den sechziger Jahren wieder zu gemeinsamer Arbeit in der Arbeitsgemeinschaft der Opferverbände zusammenfanden.

Die größte Gruppe der NS-Opfer, die österreichischen Jüdinnen und Juden, schien in den Medien der ersten Nachkriegszeit überwiegend als Mordopfer einiger weniger Kriegsverbrecher auf. Die vom NS-Regime betriebene, auf seit langem vorhandenen Vorurteilen aufbauende Ausgrenzung der Juden aus der Gesellschaft als „Fremde", „Andere", die mit der übrigen Bevölkerung nichts gemein hätten, zeigte, verstärkt durch den fortlebenden Antisemitismus, auch nach Kriegsende ihre Wirkung. Außerdem waren die jüdischen Verfolgten tatsächlich aufgrund der Diskriminierungen und Beschränkungen in ihrem Bewegungsspielraum nach dem „Anschluss" nach und nach völlig aus dem Wirtschaftsleben und der Öffentlichkeit verschwunden gewesen[6)], oder wie ein Buchtitel heißt, „plötzlich waren sie alle weg",[7)] sodass ihr weiteres Schicksal seit Beginn der vierziger Jahre kaum mehr breitere Beachtung gefunden hatte. Zeitungsberichte über die an den Juden verübten Verbrechen zeichneten sich 1945/46 durch eine bemerkenswerte Distanz gegenüber den Ermordeten aus, die als anonyme, quantifizierte und damit entindividualisierte Fremdgruppe präsentiert wurden. Die überlebenden jüdischen Opfer störten den offiziellen und informellen österreichischen Konsens von 1945 in mehrerlei Hinsicht und waren - zum Unterschied von den ehemaligen WiderstandskämpferInnen - auch politisch nicht instrumentalisierbar. Sie erinnerten durch ihre Präsenz an den gern verdrängten Umstand, dass sie in vielen Fällen Opfer österreichischer Täter geworden waren und nicht, wie unter anderem von Politikern gerne behauptet, Opfer ins Land gekommener „Reichsdeutscher".[8)] Die Profiteure der Beraubungen und Enteignungen fürchteten, das angeeignete Gut nun wieder zurückgeben zu müssen. So entzündete sich die öffentliche ebenso wie die politische Debatte um die Rückstellungsgesetze nicht zufällig an jenem dritten Gesetz, das die unmittelbare Rückstellung von in privater Hand befindlichem entzogenem Eigentum an den rechtsmäßigen Eigentümer vorsah.[9)] In der Bevölkerung, aber auch bei den verantwortlichen Politikern fehlte jegliche Sensibilität für die besondere Situation der jüdischen Opfer, deren Probleme in bewährter NS-Diktion als „Judenfrage" apostrophiert wurden, die einer „gerechten Lösung und Behandlung zugeführt" werden müsse.[10)] Als die Israelitische Kultusgemeinde in einem Brief an Zeitungen klagte, dass jüdische KZ-Häftlinge gegenüber ehemals politischen Häftlingen benachteiligt seien, obschon gerade die Juden in den Konzentrationslagern am meisten zu leiden gehabt hätten, stellt die „Arbeiter-Zeitung" fest: „Wir finden es erstaunlich, ja bedauerlich, daß es notwendig sein sollte, diese Dinge überhaupt zu sagen. Niemand, weder Jude noch Nicht-Jude, hat einen Vorrang im Märtyrertum. Alle haben gleich gelitten."[11)]

Sowohl jüdische als auch politische Opfer sahen sich zusätzlich aus der NS-Propaganda stammenden Diskriminierungen bzw. Vorurteilen gegenüber, von denen insbesondere die aus Österreich vertriebenen Jüdinnen und Juden betroffen waren. Die negative Konnotation des Wortes „Emigrant" geht auf vor nationalsozialistische Zeit zurück, wurde jedoch von NS-Propagandaminister Joseph Goebbels verstärkt, der die Flüchtlinge immer wieder als „Arbeiter- und Volksverräter" diffamierte.[12)] Während einerseits den aus Österreich Vertriebenen die Rückkehr erheblich erschwert wurde,[13)] hielt die öffentliche Meinung andererseits den Menschen vor, nicht sofort zum Wiederaufbau in die Heimat zurückgeeilt zu sein. Gleichzeitig beklagte beispielsweise Bundesminister Oskar Helmer (SPÖ) im November 1948, es seien ohnehin schon wieder zu viele Juden hier: „Ich sehe überall nur jüdische Ausbreitung wie bei der Ärzteschaft, beim Handel vor allem in Wien."[14)] Zwei Jahre zuvor, im August 1946, hatten sich im Rahmen einer Meinungsumfrage 46 % der Befragten gegen eine Rückkehr der österreichischen Juden ausgesprochen.[15)] Die Meinung über die so genannten „Emigranten" fasste der Schriftsteller Frank Thiess, von dem selbst im NS-Regime Bücher verbrannt wurden, in der ÖVP-Zeitung „Das kleine Volksblatt" folgendermaßen zusammen: „Es ist nun einmal zweierlei, ob ich den Brand meines Hauses selbst erlebe oder ihn in der Wochenschau sehe, ob ich den Bombenhagel auf deutsche Städte lebend überstehe oder mir davon berichten lasse, ob ich den beispiellosen Absturz eines verirrten Volkes unmittelbar an hundert Einzelfällen feststellen oder nur als historische Tatsache registrieren kann. Ich will damit niemanden tadeln, der hinausging, denn für die meisten Emigranten hing Leben oder Tod von diesem Entschluß ab, also war es richtig, daß sie fortgingen. (...) Ich glaube, es war schwerer, sich hier seine Persönlichkeit zu bewahren, als von drüben Botschaften an das deutsche Volk zu senden, welche die Tauben im Volke ohnedies nicht vernahmen, während wir Wissenden uns ihnen stets um einige Längen vorausfühlten."[16)]

Nicht nach Österreich zurückgekehrte Jüdinnen und Juden bzw. jene, die nicht mehr die österreichische Staatsbürgerschaft besaßen, blieben zusätzlich von fortlaufenden Leistungen nach dem Opferfürsorgegesetz ausgeschlossen und konnten bis in die fünfziger Jahre die ihnen zustehenden

Pensionsansprüche nicht ins Ausland ausbezahlt erhalten. Sie blieben – im eigentlichen Wortsinn – „draußen“. Insbesondere in der Debatte um die Rückstellung entzogenen Vermögens kamen Vorbehalte gegen die aus Österreich Vertriebenen zum Ausdruck. So wandten sich bereits 1948, also rund ein Jahr nach Verabschiedung des oben erwähnten dritten Rückstellungsgesetzes, verschiedentlich Betroffene mit Eingaben an das zuständige Bundesministerium für Vermögenssicherung und Wirtschaftsplanung. Die darin benutzten Argumente wiederholten sich: die Juden hätten sich im Ausland eine sichere Existenz geschaffen, wollten sich nur bereichern, das Gesetz vernichte die Existenz unzähliger Österreicher, während Juden offenbar als fremde Nichtösterreicher begriffen wurden.[17)] Bemerkenswert blieb, dass die Rückstellungsgesetzgebung immer nur unter dem Aspekt der „Arisierung“ angegriffen wurde, Kritik wegen Rückstellungen an andere Verfolgte, wie Kärntner Slowenen, politisch Verfolgte oder die katholische Kirche jedoch selten, bis gar nicht artikuliert wurde. Nur die kommunistische Tageszeitung „Volksstimme“ griff den Fall niederösterreichischer Weinbauern auf, die im Bezirk Krems in der NS-Zeit Grundstücke erhalten hatten, die zwei katholischen Stiften entzogen worden waren und diese nun rückstellen mussten.[18)]

2. Anfänge eines Umdenkens

Die erste Hälfte der fünfziger Jahre stand primär im Zeichen der Bestrebungen aller politischer Parteien, insbesondere aber des seit 1949 im Nationalrat vertretenen Verbandes der Unabhängigen (VdU), um eine rasche Beendigung der Entnazifizierung. Anstelle von Denkmälern für WiderstandskämpferInnen und Verfolgte wurden in unzähligen österreichischen Städten und Gemeinden nun Kriegerdenkmäler für die gefallenen Wehrmachtsangehörigen errichtet, Veteranenverbände, wie der Österreichische Kameradschaftsbund, wurden (wieder)gegründet und fanden regen Zulauf sowie politische Unterstützung.[19)]

Erst Ende der fünfziger, Anfang der sechziger Jahre - nicht zuletzt infolge des erfolgreichen Abschlusses des Staatsvertrags - begann sich die Situation zu verändern. Die so genannten „Schillerfeiern” 1959[20)] verdeutlichten der breiten Öffentlichkeit ebenso wie der politischen Ebene, in welchem bis dahin nicht vermuteten Ausmaß ein deutschnational geprägter Rechtsextremismus und Neonazismus vorhanden waren. An die Stelle des Kalten Krieges trat - obschon der Ost-West-Konflikt weiterhin präsent blieb - doch ein vorsichtiges „Tauwetter”. Die drei politischen Opferverbände fanden sich mit der Israelitischen Kultusgemeinde in gemeinsamen Aktivitäten zur Verbesserung der Maßnahmen für die NS-Opfer, insbesondere des Opferfürsorgegesetzes. Auch die Haltung gegenüber dem österreichischen Widerstand änderte sich in der ersten Hälfte der sechziger Jahre. 1963 beauftragten Justizminister Christian Broda (SPÖ) und Unterrichtsminister Heinrich Drimmel (ÖVP) die im Jahr zuvor konstituierte Österreichische Gesellschaft für Zeitgeschichte unter Leitung von Ludwig Jedlicka damit, eine Dokumentation über den österreichischen Widerstand zu erstellen. Die Arbeiten mussten allerdings aufgrund des Wegfalls der Finanzierung 1966 eingestellt werden. 1965 wurde am 20. Jahrestag der österreichischen Unabhängigkeitserklärung im Äußeren Burgtor der Wiener Hofburg der Weiheraum für den österreichischen Freiheitskampf feierlich eröffnet, „das erste staatliche, von der Republik Österreich errichtete Widerstandskämpferdenkmal”.[21)]

Diese Berufung auf den Widerstand durch die öffentliche Erinnerung, die aus heutiger Sicht als „Teil einer Verdrängungsstrategie” des offiziellen Österreich erscheint, stellte in den sechziger Jahren ein kritisches, gegen die Geschichtsauffassung der Kameradschaftsverbände und der Wehrmachtstradition gerichtetes Konzept dar,[22)] das allerdings mit der so genannten „Opfertheorie“ problemlos kompatibel war, die weiterhin den offiziellen Diskurs um die NS-Vergangenheit dominierte. Die zeitgeschichtliche Forschung – 1966 war das Institut für Zeitgeschichte an der Universität Wien gegründet worden – thematisierte in erster Linie die Geschichte der Ersten Republik. Nur im Umfeld des Dokumentationsarchivs des österreichischen Widerstandes entstanden erste Untersuchungen auch zu den Opfern der nationalsozialistischen Verfolgung,[23)] womit das DÖW Pionierarbeit leistete, die außerhalb des DÖW in größerem Umfang erst in den achtziger Jahren ihre Fortsetzung fand.[24)] Diese Veröffentlichungen fanden jedoch kaum Zugang zu einem breiteren Publikum. Gleichzeitig hatten sich bis Mitte der sechziger Jahre Rechtsextremismus bzw. Neonazismus nach dem Rückschlag durch die behördlichen Maßnahmen aufgrund der „Schillerfeiern“ wieder formiert und fanden ihren Ausdruck unter anderem in der Gründung der Nationaldemokratischen Partei Norbert Burgers, die auch mehrmals – allerdings stets erfolglos – bei Regionalwahlen antrat. Die Affäre um die antisemitischen Äußerungen des Professors an der Hochschule für Welthandel Taras Borodajkewycz verdeutlichte 1965 den starken Rückhalt, über den rechtsextremes und antisemitisches Gedankengut auf universitärem Boden noch verfügte.[25)] Nicht zuletzt auch in Reaktion auf das Erstarken des Antisemitismus, der NS-Apologetik und der Leugnung des österreichischen Widerstandskampfes war 1963 die Gründung des DÖW erfolgt.[26)]

Das Schicksal der Holocaust-Opfer im engeren und der NS-Opfer im weiteren Sinn interessierte trotz der Abschwächung des Rechtsextremismus in den siebziger Jahren weiterhin nur wenige, obschon es den Initiativen des damaligen Unterrichtsministers Fred Sinowatz zu danken war, dass in den Schulen verstärktes Augenmerk auf zeitgeschichtliche Bildung gelegt wurde. Breite Aufmerksamkeit errang 1979 die Fernsehserie „Holocaust", die erstmals große Teile der Öffentlichkeit erreichte und einen emotionalen Zugang zum Schicksal der verfolgten Jüdinnen und Juden eröffnete. Auf neonazistisch-rechtsextremer Seite löste die Ausstrahlung der Serie wütende Angriffe und Leugnung des Holocaust bzw. dessen Dimension aus.

3. Veränderte Einstellungen zu Ende des 20. Jahrhunderts

Eine damals jüngere Generation von HistorikerInnen begann Mitte der achtziger Jahre neue Fragen hinsichtlich der NS-Zeit zu stellen: Wie sah es mit der Beteiligung von ÖsterreicherInnen an den Verfolgungsmaßnahmen aus? Wie verhält sich die „Opfertheorie" zu den neuen Forschungsergebnissen? Besteht tatsächlich keine Verantwortung Österreichs für die auf seinem Boden geschehenen NS-Verbrechen?[27)] Die Debatte um die Kriegsvergangenheit des späteren Bundespräsidenten Kurt Waldheim[28)] machte 1986 diese Fragestellungen zum Thema öffentlicher, medialer und politischer Auseinandersetzungen, die 1988 in der Vielzahl von Veranstaltungen und Publikationen des Gedenkens an den fünfzigsten Jahrestag des „Anschlusses" 1938 mündeten. Diese Ereignisse bedeuteten nicht nur wesentliche Anstöße für die öffentliche Debatte der NS-Zeit, sondern gaben relevante Impulse auch für die wissenschaftliche Forschung und deren Themen. Internationales Aufsehen erregten Anfang der neunziger Jahre die Erklärungen des damaligen Bundeskanzlers Franz Vranitzky sowie von Bundespräsident Thomas Klestil, in denen sie als erste führende Organe der Republik nach 1945 öffentlich eine Mitverantwortung von Österreichern an den NS-Verbrechen eingestanden.[29)]

Seit dem Ende der achtziger Jahre wurde Gedenken an die Opfer des Holocaust und des NS-Regimes sozusagen zu einer „öffentlichen Verpflichtung" für PolitikerInnen, die allerdings nicht selten den Eindruck einer „Pflichtübung" erwecken. Die Vielzahl von Veranstaltungen, Fernsehfilmen, Publikationen, Denkmälern oder Gedenktagen täuscht allzu leicht darüber hinweg, dass die Auseinandersetzung mit der NS-Zeit an der Oberfläche bleibt, keine emotionale Entsprechung findet, nicht mit der eigenen Person in Beziehung gesetzt wird und keineswegs mit einer empfundenen Solidarität oder Verstehen für die NS-Opfer einhergeht. Reaktionen auf die Entschädigungsmaßnahmen für ehemalige ZwangsarbeiterInnen und für geraubtes Eigentum von NS-Opfern verdeutlichen leider, dass auf diesem Gebiet nur in Teilen der österreichischen Bevölkerung Fortschritte erzielt werden konnten. Maßnahmen für die seinerzeit in Kriegsgefangenschaft gewesenen ehemaligen Angehörigen der Deutschen Wehrmacht können hingegen mit vollemVerständnis der Öffentlichkeit rechnen. Selbst noch mehr als fünfzig Jahre nach Ende der NS-Herrschaft scheint der Mechanismus aufrecht zu sein, der zwischen „unseren" Opfern - Soldaten, Bombenopfer, ja selbst vertriebene Sudetendeutsche - und den „anderen" Opfern – politisch Verfolgte, Jüdinnen und Juden, Roma und Sinti, u. a. - unterscheidet. Ob es je zu einer tatsächlichen Integration der Verfolgten in die kollektive Erinnerung der NS-Zeit kommen wird, kann hier nicht beantwortet werden. Interessierte Jugendliche lassen darauf hoffen, wütende antisemitische und den Nationalsozialismus verherrlichende „Postings" zu den Internet-Ausgaben der Tageszeitungen hingegen lassen zweifeln. Jedenfalls bleibt für Institutionen wie das DÖW oder auch das Industrieviertel-Museum in Wiener Neustadt noch viel Arbeit zu tun.

---

1) Protokoll der Sitzung des erweiterten Parteivorstandes der SPÖ, 3.9.1945

2) Protokoll der Sitzung des Parteivorstandes der SPÖ, 11.10.1945

3) Protokoll der Sitzung des Parteivorstandes der SPÖ vom 27.6.1946

4) Die Moskauer Deklaration vom 1. 11. 1943 erklärte Österreich zum ersten Opfer der Hitlerschen Aggressionspolitik, wies aber darauf hin, dass die Behandlung des befreiten Österreichs auch von dessen eigenem Beitrag zu seiner Befreiung abhängen werde. Und dieser Beitrag sollte mit dem Verweis auf den österreichischen Widerstand dokumentiert werden.

5) Vgl. Brigitte Bailer, Wiedergutmachung kein Thema. Österreich und die Opfer des Nationalsozialismus, Wien 1993, S. 45-52

6) Zu dem fortschreitenden Ausschluss der Jüdinnen und Juden aus dem Alltagsleben siehe: Dokumentationsarchiv des österreichischen Widerstandes (Hg.), Jüdische Schicksale. Berichte von Verfolgten, Wien 1992 (Erzählte Geschichte Bd. 3), S. 90 f., 164 ff.; zu Berufsverboten und Ausschluss aus dem Wirtschaftsleben siehe Clemens Jabloner et al., Schlussbericht der Historikerkommission der Republik Österreich. Vermögensentzug während der NS-Zeit sowie Rückstellungen und Entschädigungen seit 1945 in Österreich, Wien 2003 (Veröffentlichungen der Österreichischen Historikerkommission, Bd. 1)

7) Robert Streibel, Plötzlich waren sie alle weg: die Juden der „Gauhauptstadt" Krems und ihre Mitbürger, Wien 1991

8) So beispielsweise der Abgeordnete Otto Tschadek (SPÖ), Stenographisches Protokoll der 44. Sitzung des Nationalrates der Republik Österreich, V. GP, 6. Februar 1947, S. 1224

9) 3. Rückstellungsgesetz, BGBl. Nr. 54 vom 6. 2. 1947; Zur Genese des Gesetzes und die Kritik daran siehe Brigitte Bailer-Galanda, Die Entstehung der Rückstellungs- und Entschädigungsgesetzgebung. Die Republik Österreich und das in der NS-Zeit entzogene Vermögen, Öster-

reichische Historikerkommission (Hg.), Wien 2003 (Veröffentlichungen der Österreichischen Historikerkommission, Bd. 3)

10) Abg. Karl Brunner, Stenographisches Protokoll der 14. Sitzung des Nationalrates der Republik Österreich, V. GP, 15. 5. 1946, S. 192

11) Arbeiter-Zeitung, 24. 10. 1945. Zur Situation der jüdischen Häftlinge siehe unter anderen: Florian Freund, Jüdische Häftlinge in den Konzentrationslagern, in: Dokumentationsarchiv, Jüdische Schicksale, a. a. O., S. 526-537

12) Zitiert nach Christian Kloyber, Man gab ihnen den Namen „Emigranten", in: Wien 1938. Katalog zur gleichnamigen Ausstellung im Wiener Rathaus, Wien 1988, S. 299

13) Vgl. beispielsweise die Ablehnung, die prominente Sozialisten, wie Josef Hindels, Otto Leichter, Julius Braunthal u. a. durch die Verantwortlichen ihrer eigenen Partei erfahren mussten, Bailer, Wiedergutmachung, S. 150 ff. Viktor Matejka, Wiener Kulturstadtrat 1945, berichtet in seinen Erinnerungen gleichfalls von seinen vergeblichen Bemühungen, namhafte Künstler nach Österreich zurückzuholen. Viktor Matejka, Widerstand ist alles. Notizen eines Unorthodoxen, Wien 1984, S. 192

14) Protokoll der 132. Ministerratssitzung vom 9. 11. 1948, zitiert nach: Robert Knight, „Ich bin dafür, die Sache in die Länge zu ziehen". Die Wortprotokolle der österreichischen Bundesregierung von 1945-1952 über die Entschädigung der Juden, Frankfurt/M. 1988, S. 197.

15) Der neue Weg, Nr. 29/30, 15. 8. 1946. Die Umfrage wurde von einem „Institut zur Erforschung der öffentlichen Meinung" durchgeführt, Angaben zu regionalen Gesichtspunkten fehlen. Vgl. auch die Einschätzungen von Martin F. Herz in: Reinhold Wagnleitner (Hg.), Understanding Austria. The Political Reports and Analysis of Martin F. Herz, Political Officer of the US-Legation in Vienna, 1945-1948, Salzburg 1984, S. 131 f.

16) Das Kleine Volksblatt, 26. 9. 1945

17) BMVW Zl. 27.104-1/1948, Mai 1948, ÖStA, AdR/06, BMF-Nachlaß Klein, Karton 12.

18) Volksstimme, 13. 5. 1948. Ähnlich auch die der sowjetischen Besatzungsmacht gehörende Österreichische Zeitung, die auch Grundstücke des Deutschen Ritterordens im Marchfeld und weitere Fälle von Rückstellungen an die katholische Kirche thematisierte, Österreichische Zeitung, 26. 5. 1948

19) Siehe dazu Heidemarie Uhl, Transformationen des österreichischen Gedächtnisses - Geschichtspolitik und Denkmalkultur in der Zweiten Republik, in: Moshe Zuckernmann (Hg.), Tel Aviver Jahrbuch für deutsche Geschichte, Band XXIX: Geschichte denken: Philosophie, Theorie, Methode, Tel Aviv 2000, S. 330 ff.; dies.: Das "erste Opfer". Der österreichische Opfermythos und seine Transformation in der Zweiten Republik, in: Österreichische Zeitschrift für Politikwissenschaft 2001/1, S. 23 f.

20) Zu den „Schillerfeiern" siehe: Brigitte Bailer, Wolfgang Neugebauer, Abriß der Entwicklung des Rechtsextremismus in Österreich, in: Stiftung Dokumentationsarchiv des österreichischen Widerstandes (Hg.), Handbuch des österreichischen Rechtsextremismus, 2. Aufl., Wien 1993, S. 98.

21) Uhl, Das "erste Opfer", S. 26

22) Uhl, Transformationen des österreichischen Gedächtnisses, S. 337

23) Das DÖW gab in Zusammenarbeit mit dem Europa-Verlag die Monographien zur Zeitgeschichte heraus, darunter: Alexander Charim, Die toten Gemeinden. Wien u.a. 1966.; Jonny Moser, Die Judenverfolgung in Österreich 1938-1945. Wien u. a. 1966; Herbert Rosenkranz, „Reichskristallnacht" 9. November 1938 in Österreich. Wien u. a. 1968; Selma Steinmetz, Österreichs Zigeuner im NS-Staat. Wien u. a.1969

24) Als Ausnahme seien hier genannt: Erika Weinzierl, Zu wenig Gerechte. Österreicher und die Judenverfolgung 1938-1945, Graz/Wien 1969; Gerhard Botz, Wohnungspolitik und Judendeportationen in Wien 1938 bis 1945: zur Funktion des Antisemitismus als Ersatz nationalsozialistischer Sozialpolitik, Wien-Salzburg 1975; Herbert Rosenkranz, Verfolgung und Selbstbehauptung. Die Juden in Österreich 1938-1945, Wien/München 1978

25) Zur Affäre siehe: Heinz Fischer, Einer im Vordergrund. Taras Borodajkewycz. Eine Dokumentation, Wien 1966

26) Siehe dazu: Brigitte Bailer-Galanda, Wolfgang Neugebauer, Das Dokumentationsarchiv des österreichischen Widerstandes, in: Dokumentationsarchiv des österreichischen Widerstandes (Hg.), 40 Jahre Dokumentationsarchiv des österreichischen Widerstandes 1963-2003, Wien 2003, S. 29.

27) Als Beispiel für eine der daraus entstandenen Publikationen: Hans Safrian, Hans Witek, Und keiner war dabei: Dokumente des alltäglichen Antisemitismus in Wien 1938, Wien 1988

28) Zum Ablauf der Waldheim-Diskussion Michael Gehler: „... eine grotesk überzogene Dämonisierung eines Mannes...". Die Waldheim-Affäre 1986-1992, in: ders., Hubert Sickinger (Hg.), Politische Affären und Skandale in Österreich. Von Mayerling bis Waldheim. Thaur-Wien-München 1995. S. 614-665. Darstellungen von seiten der Waldheim-Verteidiger und Kritiker: John Mapother, Wie man auf die Watchlist kommt: eine wahre Geschichte aus Amerika. Wien 1997; Ernst Hofbauer, Das Waldheim-Komplott: eine politische Sittengeschichte. Wien 1998; Robert Edwin Herzstein, The Present State of the Waldheim-Affair: Second Thoughts and New Directions. New Brunswick-London 1997; Richard Mitten, Die Kampagne mit „Der Kampagne": Waldheim, der Jüdische Weltkongreß und „Das Ausland"., in: Zeitgeschichte 4 (1990)

29) Eine Darstellung dieser Stellungnahmen und der Reaktionen darauf in: Anton Pelinka, Sabine Mayr (Hg.), Die Entdeckung der Verantwortung. Die Zweite Republik und die vertriebenen Juden. Eine kommentierte Dokumentation aus dem persönlichen Archiv von Albert Sternfeld. Wien 1998 (Vergleichende Gesellschaftsgeschichte und politische Ideengeschichte der Neuzeit Bd. 10)

Zwischen Solidarität & entsolidarisierter Individualisierung in der sozialen Sicherung

von Emmerich Tálos

Einleitung

Die aktuelle Entwicklung signalisiert in mehrfacher Hinsicht den Abgang von tradierten, vertrauten, selbstverständlich gewordenen Bahnen. Der Sozialstaat und die in seinen Sicherungssystemen eingelassenen Solidaritäten sind ins Schleudern geraten. Individualisierung, Eigenverantwortung und Flexibilität sind angesagt. Die „Jeder-ist-seines-Glückes-Schmied"–Ideologie feiert wieder „fröhliche Urständ". Entsolidarisierungsprozesse sind unterwegs: Der Trend zur sozialstaatlichen Inklusion, der das 20. Jahrhundert prägte, bricht sich an aktuellen Exklusionstendenzen. Eines ihrer Gesichter ist das wachsende Verarmungsrisiko, bedingt vor allem durch Veränderungen in der Erwerbsarbeitswelt, wie Erwerbslosigkeit und atypische Beschäftigung, durch fehlendes oder geringes Einkommen.

Ein institutionalisierter Kernpunkt gesellschaftlicher Solidarität zwischen den Generationen, nämlich das bestehende System staatlich geregelter Alterssicherung, gerät unter Druck: Der Alterungsprozess unserer Gesellschaft zusammen mit der Finanzierungsproblematik der Pensionsversicherung haben das Thema der Generationenbeziehungen und damit einer spezifischen Facette von Solidarität auf die Agenda des aktuellen gesellschaftspolitischen Diskurses gehoben. Konflikt- und Spaltungslinien werden darin erkennbar. Unter aktuell und mehr noch erwartbar geänderten sozioökonomischen Bedingungen steht die traditionelle Solidarität in Frage. Diese Entwicklung betrifft gerade Länder wie Österreich in besonderem Maße, weil hier die individuelle ebenso wie die betriebliche Altersvorsorge bis in die jüngste Zeit hinein eine marginale Rolle spielte. Dies zeigt sich daran, dass die Leistungen der gesetzlichen Pensionsversicherungen über 90 % aller Leistungen der Altersvorsorge ausmachen.

Dies wirft verschiedene Fragen auf: In welche Richtung bewegt sich die gesellschaftliche und sozialpolitische Entwicklung? Ist der Trend zur entsolidarisierenden Individualisierung alternativlos und unabwendbar? Bevor auf diese Fragen eingegangen wird, seien – zum besseren Verständnis aktueller Entwicklungen – die Traditionen und solidarischen Strukturen des österreichischen Sozialstaates aufgezeigt.

1. Zur Tradition gesetzlich normierter Solidarität im Sozialstaat

Wenn wir von Solidarität im sozialstaatlichen Sicherungssystem sprechen, so geht es dabei im Unterschied zur individuellen Solidarität um die gesetzlich bewirkte, organisierte, kollektive Solidarität (siehe z.B. Zulehner u.a. 1996; Carigiet 2001). Im 19. Jahrhundert hatten vorerst Teile der Arbeiterschaft freiwillige solidarische Institutionen geschaffen, die auf gegenseitiger Unterstützung gründeten und in Selbsthilfe organisiert waren. Sie gewährleisteten Absicherung vor allem im Fall der Krankheit und der Invalidität, zum Teil auch des Alters. Diese solidarischen selbst organisierten Einrichtungen hatten allerdings nur eine geringe Reichweite. Als eine der Antworten auf die „Arbeiterfrage" im 19. Jahrhundert wurden staatlicherseits Institutionen geschaffen (siehe z.B. Tálos 1981; Hofmeister 1981), die die Absicherung gegen soziale Risiken kollektiv organisierten und im Rahmen eines Systems gesetzlicher Pflichtversicherung Zugänge und Leistungen normierten. Unter bestimmten Bedingungen war hiermit ein Rechtsanspruch auf Hilfe fixiert und damit von der (früher ausschließlich) familialen und zwischenmenschlichen Solidarität unabhängig gemacht (siehe Göbel/ Pankoke 1998, 470f.). Während es sich bei dieser in der Entwicklung zunehmend mehr ausgefalteten Sozialversicherung sozusagen um eine „verdiente" Unterstützung und Solidarität handelt, haftet an der traditionellen Armenhilfe das Stigma des „unverdienten" Almosens (ebda. 470) – ein Stigma, das bis zur heutigen Sozialhilfe reicht (siehe Dimmel 2003). Ungeachtet der Unterschiede sei angemerkt, dass diese sozialstaatlich normierte Solidarität eine selektive ist: Sie ging und geht einher sowohl mit der Ausgrenzung aus dem Leistungssystem – wegen Nicht-Erfüllung der Voraussetzungen – als auch mit Verarmung im Sozialstaat.

In der Sozialversicherung wurde Solidarität sowohl unter den BeitragszahlerInnen als auch zwischen den BeitragszahlerInnen und LeistungsempfängerInnen fixiert (siehe Bellermann 1989, 902): Ersteres ist institutionalisiert in der Krankenversicherung. Ungeachtet der Unterschiede in der Höhe des Einkommens, der Dauer der Erwerbsarbeit, des Krankheitsrisikos und der Anzahl von Familienangehörigen gibt es weder eine Differenzierung in der Höhe der Beitragsleistung noch in der Inanspruchnahme ärztlicher Dienstleistungen. Die tradierte Pensionsversicherung steht exemplarisch für zweiteres: Aktive Erwerbstätige zahlen Beiträge, aus denen die Pensionsleistungen für (in erster Linie) nicht mehr Erwerbstätige getragen werden. Dieser Finanzierungsmodus wird Umlageverfahren genannt, beruht auf dem Prinzip der Gegenseitigkeit und des Ausgleichs zwischen den Generationen. Oft ist in diesem Zusammenhang auch von einem Generationenvertrag die Rede. Dieser ist allerdings ein fiktiver, kein formell abgeschlossener. Da dies so ist, setzt die Akzeptanz dieses Systems „einen stets zu wahrenden Interessenausgleich zwischen den Ansprüchen von Einkommen und Lebensstandard der Alten und der Belastbarkeit und Finanzierungsbereitschaft der Aktiven voraus“ (Beirat 1991, S. 33). Österreich als Repräsentant des konservativen Wohlfahrtsstaates (Esping-Andersen 1990) hat damit einen anderen Weg der Verankerung von Solidarität beschritten, als Länder wie beispielsweise Dänemark oder die Niederlande, die die solidarische Struktur im Rahmen universeller Systeme in Form einer Grundpension für alle organisiert haben.

In der Entwicklung des Wohlfahrtsstaates im 20. Jahrhundert hat die in sozialstaatliche Sicherungssysteme eingelassene solidarische Struktur in formeller Hinsicht wenig Änderung erfahren. Realiter allerdings hat diese insofern eine beträchtliche Aufwertung erfahren, da die personelle Reichweite der Kranken- und der Pensionsversicherung enorm ausgeweitet wurde. Waren Ende des 19. Jahrhunderts ca. 7 % der österreichischen Bevölkerung krankenversichert, so sind es heute ca. 99 %. Dies ist Folge des beträchtlich erweiterten Kreises durch Einbeziehung aller Erwerbsgruppen, durch Einbeziehung nichtversicherter Familienmitglieder, durch die Absicherung im Rahmen der Sozialhilfe und der (freiwilligen) Weiterversicherung. Die Pensionsversicherung wurde seit den Anfängen in Form der Pensionsversicherung der Angestellten (zu Beginn des 20. Jahrhunderts) in der Folgezeit auf beinahe alle Erwerbstätigen ausgeweitet.

Die solidarische Komponente erfuhr einen Ausbau auch durch gesetzliche Veränderungen in den Leistungssystemen: Waren vorerst nur unselbstständig Erwerbstätige in die Krankenversicherung einbezogen, so später auch Familienmitglieder (Ehefrau, Kinder). Gleiches gilt für selbstständig Erwerbstätige. Das Äquivalenzprinzip, das als eines der zentralen Gestaltungsprinzipien der Sozialversicherung eine Relation zwischen der Höhe von Beitragsleistung und beispielsweise Pensionsleistung herstellt, hat in zweifacher Hinsicht eine solidaritätsverstärkende Modifikation erfahren: zum einen wurde eine Hinterbliebenenversorgung eingeführt. Ihre Bedeutung wird exemplarisch daran ersichtlich, dass weit mehr als die Hälfte jener 400.000 Frauen im Alter von über 60 Jahren, die heute keine eigenständige Pension erhalten, eine Witwenrente beziehen – ohne dass es Unterschiede im Beitragssatz zwischen verheirateten und unverheirateten Versicherten gibt. Mitte der 1950er Jahre wurde (zugleich mit der Verabschiedung des ASVG) die so genannte Ausgleichszulage eingeführt. Diese ist in einer bestimmten Höhe festgelegt (z.B. für das Jahr 2003 mit 643,54 Euro für einen Alleinunterstützten). Sofern die Höhe der Eigenpension unter diesem Ausgleichszulagenrichtsatz liegt und die betreffende Person keine weiteren Einkommen bezieht bzw. das Einkommen des Ehepartners eine bestimmte Grenze nicht überschreitet, so wird die eigene Pension auf diese Richtsatzhöhe aufgestockt. Diese Ausgleichszulage liegt zwar unter der Armutsschwelle (siehe Förster / Heitzmann 2003; Wetzel 2003), hat aber zweifellos zur Veränderung der Altersarmut in Österreich beigetragen.

Nicht zuletzt aufgrund der beträchtlichen Ausweitung des Personenkreises in der Pensionsversicherung, aufgrund der Verbesserung von Leistungen und der verbreiteten Akzeptanz der (seit den 1980er Jahren gestiegenen) Beitragsbelastung der Aktiven spielten auf der gesellschaftlichen Ebene bis in die jüngste Zeit hinein Konflikte in den Generationenbeziehungen keine Rolle, die Generationensolidarität war unhinterfragt.

Nicht dass zur Zeit bereits heftige Generationenkonflikte die gesellschaftliche Szenerie in Österreich bestimmen würden. Die Bedingungen des „Generationenvertrages“ unterliegen jedoch merkbaren Veränderungen. Berührt davon ist zur Zeit in erster Linie die Pensionsversicherung. Nicht erst die bemerkenswerte Aussage eines Jung-CDU-Politikers, dass 85-Jährige von bestimmten medizinischen Dienstleistungen ausgeschlossen werden sollten, ist Signal dafür, dass die Frage, um die es in den Generationenbeziehungen wesentlich geht, nämlich die der fairen Aufteilung der Ressourcen und Lasten zwischen den Generationen, auch für die zukünftige Entwicklung des Gesundheitssystems eine bedeutende Rolle spielen wird. Dies ist mit Ausdruck dafür, dass der Sozialstaat mit seinen tradierten Strukturen und Leistungssystemen seit einiger Zeit unter Druck geraten ist: Ökonomische und soziale Faktoren spielen dabei ebenso eine gewichtige Rolle wie das veränderte politische Umfeld.

2. Sozialstaat und sozialstaatliche Solidarisierung unter Druck

Während durch die internationale wirtschaftliche Verflechtung und Integration, durch den Standortwettbewerb und Finanzierungsprobleme in den öffentlichen Haushalten der Druck in Richtung Veränderungen in der Sozialpolitik wächst, ist der Sozialstaat gleichzeitig mit beträchtlichen Herausforderungen konfrontiert. Diese resultieren aus dem demografischen Wandel und aus Veränderungen am Erwerbsarbeitsmarkt. Der „Alterungsprozess" der Bevölkerung ist Folge der steigenden Lebenserwartung zum einen, der sinkenden Geburtenhäufigkeit zum anderen. Laut Prognosen wird dies erwartbar zu beträchtlichen Verschiebungen der Anteile zwischen Erwerbstätigen und Nicht-Erwerbstätigen sowie merkbar steigenden Aufwendungen für die finanzielle Sicherung der Altersvorsorge führen. Betrug der Anteil der über 65-Jährigen im Jahr 1980 15,1 %, so wird sich dieser laut Prognose im Jahr 2030 auf ca. 30 % erhöhen. Teil des sozialen Wandels in den letzten beiden Jahrzehnten ist auch die Pluralisierung von Lebensstilen und familiärer Formen – ablesbar am rückläufigen Anteil der so genannten Normalfamilie und dem Anstieg der Anzahl allein lebender Menschen. Folgenreiche Veränderungen zeichnen sich in der Erwerbsarbeit ab. Vorerst war es seit den 80er Jahren zu einem beträchtlichen Anstieg der Erwerbslosigkeit gekommen. Auch wenn in Österreich das Niveau der Erwerbslosigkeit im Vergleich zu vielen anderen Ländern relativ niedrig ist, so besteht kein Anlass, diese Problematik zu verharmlosen. Waren noch zu Beginn der 80er Jahre ca. 240.000 Menschen einmal im Jahr arbeitslos, so sind es seit Jahren bereits mehr als 700.000. Von steigender Arbeitslosigkeit sind in letzter Zeit vorallem junge und alte Menschen betroffen. Aktuelle Maßnahmen in der Sozialpolitik wie die Anhebung des de facto-Erwerbsalters hinterlassen darin ihre Spuren.

Nicht weniger von Bedeutung ist die zweite Facette der aktuellen Arbeitsmarktveränderungen, die wir im Begriff „atypische Beschäftigung" fassen. Gemeint sind damit jene Beschäftigungsformen, die in mehrfacher Hinsicht von standardisierten, vollzeitigen, kontinuierlichen, arbeits- und sozialrechtlich abgesicherten Arbeitsverhältnissen abweichen. Dazu werden gezählt: Teilzeitarbeit, geringfügige Beschäftigung, befristete Beschäftigung, Leiharbeit, Arbeit auf Abruf, Telearbeit und so genannte scheinselbstständige Beschäftigung. Diese Entwicklung verläuft – im internationalen Vergleich betrachtet – zur Zeit in Österreich noch moderat (siehe Tabelle 1).

Tabelle 1:
Verbreitung atypischer Beschäftigungsverhältnisse im internationalen Vergleich

Land	Teilzeitbeschäftigung in % aller Beschäftigten 1973	2000	Frauenanteil 1999	Befristete Beschäftigung in % aller Arbeitnehmer 1983	2000	Leiharbeit in % aller Beschäftigten 1999
Belgien	3,8	15,7[3)]	89,5[3)]	5,4	9,0	1,6
Dänemark	22,7[4)]	21,7	75,6	12,5	10,2	0,2
BRD	10,1	19,4	85,5	10,0	12,7	0,7
Griechenland	6,5[5)]	4,6	64,8	16,3	13,1	--
Spanien	n.a.	8,2	78,2	15,6	32,1	0,8
Frankreich	5,9	16,9	69,8	3,3	15,0	2,7
Irland	5,1[4)]	16,6	74,9	6,1	4,6	0,2
Italien	6,4	8,8	72,8	6,6	10,1	--
Luxemburg	5,8	11,3	90,3	2,3	3,4	--
Niederlande	16,6[4)]	41,2	73,4	5,8	14,0	4,0
Österreich	6,4	17,0	85,5	6,0[1)]	7,9	0,7
Portugal	7,8[4)]	10,7	69,2	14,4	20,4	1,0
Finnland	6,7[4)]	12,2	65,7	11,1	17,7	--
Schweden	23,6[4)]	22,8	76,3	12,0	14,7	0,8
Vereinigtes Königreich	16,0	24,9	80,1	5,5	6,7	2,1
USA	15,6	13,3	68,4	–	2,2[2)]	1,8[2)]

1) Für Österreich Daten für das Jahr 1995;
2) 1994;
3) 1998;
4 1979;
5) 1983.

Quellen: OECD Employment Outlook (für ‚1973' - Teilzeit und ‚1983' – befristete Beschäftigung sowie generell die USA), Eurostat Labour Force Survey, Panorama der EU-Industrie, Brüssel 1997, 25/76 für Leiharbeit in den USA.

Größte Verbreitung bisher hat die Teilzeitbeschäftigung, bei der die geschlechtsspezifischen Unterschiede in besonderer Weise ausgeprägt sind. Der Anteil der Frauen an den Teilzeitbeschäftigten liegt zur Zeit bei ca. 85 %. Anstiege verzeichnen die befristete Beschäftigung, die Zahl der LeiharbeiterInnen wie auch der geringfügig Beschäftigten. Die Folgen dieser Entwicklung sind ambivalent.

Mit atypischen Beschäftigungsformen sind zum einen Chancen beispielsweise insofern verbunden, als Leiharbeit oder befristete Beschäftigung eine Alternative zu Arbeitslosigkeit sein kann, oder dass für viele Frauen oft nur eine Teilzeitbeschäftigung die Möglichkeit eröffnet, familiäre mit beruflicher Arbeit zu verbinden. Auf der anderen Seite ist unübersehbar: mit atypischen Beschäftigungsformen ist vielfach nicht nur ein geringeres und diskontinuierliches Einkommen, sondern zum Teil auch nur ein selektiver sozialer Schutz verbunden. Dies deshalb, weil analog dem Äquivalenzprinzip in der Sozialversicherung niedrige Einkomen (z.B. bei Teilzeitarbeit) sehr niedrige Sozialleistungen im Fall der Arbeitslosigkeit und des Alters zur Folge haben. Geringfügig Beschäftigte sind ebensowenig arbeitslosenversichert wie freie DienstnehmerInnen oder WerkvertragsnehmerInnen.

„Normalarbeitsverhältnisse" machen nach wie vor den weitaus überwiegenden Teil von Beschäftigungsverhältnissen aus. Daran wird sich auch in absehbarer Zeit wenig ändern. Es ist allerdings unübersehbar, dass Beschäftigungsformen, die im Hinblick auf Kontinuität, Vollzeitigkeit und adäquate soziale Absicherung abweichen, stetig zunehmen. Dieses veränderte Umfeld schlägt auf den Sozialstaat durch: an Finanzierungsproblemen ebenso ablesbar wie am Problem der Ausgrenzung und Verarmung.

3. Probleme im Sozialstaat

Die Aufwendungen für soziale Sicherung steigen und die Finanzierung ist schwieriger geworden. Dazu haben eine Reihe von Faktoren beigetragen: steigende Erwerbslosigkeit, der starke Anstieg der Zahl der Pensionen (unter anderem durch vorzeitige Pensionen), ein durchschnittlich um vier Jahre niedrigeres faktisches Pensionsantrittsalter und um vier Jahre längerer Pensionsbezug. Beigetragen haben dazu neben Leistungsverbesserungen auch die negativen finanziellen Auswirkungen niedriger Einkommenszuwächse und der Ausweitung atypischer Beschäftigungsverhältnisse. Nicht zuletzt zu erwähnen sind die seit den 1990er Jahren forcierten Budgetkonsolidierungsstrategien. Alles dies summierte sich in den Haushalten der Sozialversicherung zunehmend zu Finanzierungsproblemen auf.

Die Schere zwischen Einnahmen (aus Beiträgen) und Ausgaben wird größer. Finanzierungsprobleme sind für die Pensionsversicherung, aber auch für den Bereich der Krankenversicherung konstatierbar.

Die Ausgaben der Pensionsversicherung sind in den letzten zwanzig Jahren insgesamt um 206,8 %, vor allem aber beträchtlich stärker als die Einnahmen aus Versichertenbeiträgen (um 169,6 %) gestiegen. Der Bundesbeitrag, der aus den allgemeinen Steuermitteln aufgebracht wird, hat sich in den 1990er Jahren auf einem relativ hohen Niveau von ca. 25 % eingependelt. Eine Verringerung seines Anteils an den Einnahmen erfolgte in den letzten Jahren. Die Finanzierungsproblematik hängt auch mit dem Anstieg der so genannten Pensionsbelastungsquote zusammen: Kamen 1970 auf 1000 Pensionsversicherte 487 Pensionen, 1980 522, so im Jahr 2000 619 Pensionen. Die Situation der Pensionsversicherungen hat sich damit finanziell verschlechtert, ungeachtet dessen, dass in den letzten zwanzig Jahren die Pensionsversicherungsbeiträge der ASVG-Versicherten von 20,5 % auf 22,8 %, jene der Selbstständigen in der gewerblichen Sozialversicherungsanstalt von 11 % auf 15 % erhöht wurden.

Die traditionelle solidarische Komponente der Sozialversicherung erfuhr durch die Heterogenisierung in der Erwerbsarbeit und die damit einher gehenden beträchtlichen Unterschiede in der sozialstaatlichen Absicherung realiter einen Aushöhlungsprozess. Solidarität steht im Spannungsverhältnis zur real ablaufenden sozialen Ausgrenzung – sei es in Form des Ausschlusses aus dem Leistungssystem, sei es in Form des verbreiteten Verarmungsrisikos.

Aufgrund der Nichterfüllung der Anspruchsvoraussetzungen ist ein Teil der beim AMS gemeldeten Arbeitslosen vom Bezug von Arbeitslosengeld und Notstandshilfe ausgeschlossen (2001: Männer ca. 5 %, Frauen ca. 10 %). Ein Spiegel der ungleichen Chancen und geringeren Integration von Frauen in den Erwerbsarbeitsmarkt ist das Faktum, dass ca. 400.000 Frauen im Alter über 60 Jahre keinen eigenständigen Pensionsanspruch haben.
Darüber hinaus ist offenkundig, dass sozialstaatlich geregelte Leistungen das Verarmungsrisiko, selbst wenn ein Leistungsanspruch gegeben ist, nicht ausschließen. Die verfügbaren Daten über BezieherInnen von Arbeitslosengeld und Notstandshilfe belegen, dass bei einem beträchtlichen Teil der Betroffenen, in erster Linie bei einem großen Teil der Frauen, die Leistungen niedrig bzw. sehr niedrig sind. Mehr als die Hälfte der Arbeitslosengeldbezüge liegen unter dem Ausgleichszulagenrichtsatz in der Pensionsversicherung. Bei den Frauen trifft dies für mehr als 80 % der Leistungsbezieherinnen zu.

Wie die Armutsberichte der letzten Jahre belegen, ist in diesem veränderten ökonomischen und sozialen Kontext für Österreich das Problem von Verarmungsrisiken und realer Verarmung konstatierbar – auch wenn Österreich im Vergleich zu anderen Ländern niedrigere Werte aufweist. Laut Armutsuntersuchung von Förster und Heizmann (abgedruckt im Sozialbericht 2001 - 2002) waren 1999 ca. 11 % der Bevölkerung (das sind 880.000

Personen) in Österreich armutsgefährdet, ca. 4 % (das sind 310.000 Personen) akut arm. Es gibt auch in einem so reichen Land wie Österreich working poor und workless poor.

Insgesamt betrachtet: Der österreichische Sozialstaat ist zur Aufrechterhaltung und Sicherung von Teilhabechancen in unserer Gesellschaft unverzichtbar. Er trägt viel zur Vermeidung von Armut bei, ist insgesamt allerdings nicht „armutsfest". Der Druck auf den Sozialstaat resultiert zum einen aus den mit einem veränderten Umfeld einher gehenden Herausforderungen und Problemen. Zum anderen resultiert der Druck aus Veränderungen auf politischer Ebene.

4. Aktuelle Politik

Dass auch in Österreich das Zeitalter sozialstaatlicher Expansion im wesentlichen zu einem Ende kam, ist am Entwicklungsprozess seit den 1980er Jahren, mehr noch in den 1990er Jahren ablesbar: die Veränderungen im Bereich der Pensions- und Arbeitslosenversicherung trugen unübersehbar restriktive Züge. Die Pensionsanpassung wurde „gedämpft", Ersatzzeiten wurden gestrichen, die Höhe von Leistungen gekürzt. Die Sparpakete Mitte der 1990er Jahre und die Pensionsreform aus 1997 sind Zeichen dafür, dass österreichische Politik versuchte, zum einen soziale Sicherung an veränderte Bedingungen, politische Prioritäten anzupassen, zum anderen dabei Finanzierungsproblemen gegenzusteuern. Es war eine pragmatische und kompromissorientierte Politik – mit punktuellen Einschnitten in das Leistungssystem. Weder wurde ein substanzieller Kurswechsel in der Sozialpolitik programmatisch formuliert, noch realiter durchgeführt. Dies änderte sich einschneidend mit der neuen politischen Konstellation in der Regierung und im Parlament seit dem Jahr 2000. Der von der ÖVP/FPÖ-Regierung in den letzten Jahren realisierte Veränderungsprozess basiert auf einem weitgehend gemeinsamen Grundverständnis dieser beiden Parteien über Stellenwert und Zielrichtung der Sozialpolitik, das auf einen einschneidenden Umbau des österreichischen Sozialstaates hinausläuft. Die schwarz-blaue Regierung knüpft mit ihrem Plädoyer für mehr Markt und weniger Staat, für mehr Eigenverantwortung bzw. Eigenvorsorge und weniger staatlich geregelte soziale Sicherung am international verbreiteten neoliberalen Mainstream an.

Die propagierte Abschlankung staatlicher Aufgaben, das Eintreten für einen „schlanken Staat" und für eine Neuordnung der Aufgabenteilung zwischen staatlicher und privater Sozialverantwortung korrelliert mit dem Eintreten für substanzielle Änderungen der Sozialversicherung. Diese sollte nunmehr an individuellen Not- und Bedarfslagen ausgerichtet und die individuelle Vorsorge verstärkt werden.

Leistungskürzungen sind die „logische“ gesellschaftspolitische Konsequenz eines derartigen sozialpolitischen Kurswechsels. Bemerkenswert darüber hinaus ist: Kein anderes Regierungsprogramm der Zweiten Republik hat wie jenes aus dem Jahr 2000 den real ablaufenden Heterogenisierungsprozess in der Gesellschaft mit einer unverhohlenen Entsolidarisierungsideologie politisch geschmückt. Der angekündigte Kampf gegen den (verbal behaupteten) Sozialmissbrauch duchzieht das gesamte Programm.

ÖVP und FPÖ haben den restriktiven Kurs in der Sozialpolitik, der auch schon für die 1990er Jahre konstatierbar ist, nicht nur propagiert, sondern realiter auch beträchtlich verstärkt: So wurde beispielsweise das gesetzliche Antrittsalter bei vorzeitigen Pensionen angehoben, Abschläge bei vorzeitigen Pensionen erhöht, unter dem Titel „Erhöhung der Treffsicherheit“ Leistungskürzungen in der Arbeitslosenversicherung vorgenommen und Selbstbehalte wie die (nunmehr wieder aufgehobene) Ambulanzgebühr eingeführt.

Hielten sich die Maßnahmen der Regierung Schüssel I (von wenigen Ausnahmen wie der machtpolitischen Umorganisierung des Hauptverbandes der österreichischen Sozialversicherungsträger abgesehen) noch weitgehend innerhalb des bestehenden Rahmens – so beschreitet die Regierung Schüssel II nunmehr systematisch den Weg des einschneidenden Umbaues der österreichischen Sozialversicherung. Im Zentrum dabei steht aktuell die Pensionsversicherung.

Im Unterschied zu jenen EU-Mitgliedsländern, die in den 1990er Jahren strukturelle Reformen ihrer Pensionssysteme beschlossen haben (Italien 1995, Schweden 1998, Deutschland 2001), ist in Österreich der strukturelle Umbau mit vergleichsweise weit reichenderen Leistungskürzungen verbunden. Der erste Teil der „Pensionsreform“ wurde im Juni 2003 beschlossen und beinhaltet bekannterweise folgende Maßnahmen: Die Frühpensionen werden etappenweise abgeschafft, die Abschläge bei Frühpensionen erhöht, der Durchrechnungszeitraum von 15 auf 40 Jahre verlängert, der Steigerungsbetrag gekürzt und die Zahl der zum Höchstbezug erforderlichen Jahre von 40 auf 45 Jahre angehoben. Nicht zuletzt erfolgt in Zukunft die Pensionsanpassung jeweils erst im übernächsten Jahr nach Pensionsantritt.

Als nächster Schritt ist die Harmonisierung der unterschiedlichen Leistungssysteme vorgesehen. Welche Auswirkungen diese auf die solidarische Komponente haben wird, ist zur Zeit nicht abschätzbar. Die bisherigen Schritte lassen allerdings erkennen, dass nunmehr auch in Österreich der Weg in Richtung Entsolidarisierung und Individualisierung beschritten wird. Die „Pensionsreform“ vom Juni 2003 ging bereits mit einer Verstärkung der betrieblichen Altersvorsorge (durch den Beschluss der „Abfertigung neu“) und mit der Neueinführung der staatlichen Förderung der privaten Altersvorsorge einher. Dies – zusammen mit der beträchtlichen Reduktion des Leistungsniveaus der Pensionsversicherung – unterstreicht, dass sich die ÖVP-FPÖ-Regierungskoalition vom traditionellen Ziel der Lebensstandardsicherung im Alter durch die gesetzliche Pensionsversicherung verabschiedet hat. Wovon ausgegangen werden kann, ist, dass dieser Umbau der Pensionsversicherung mehr Individualisierung in der Versorgung alter Menschen bringen wird.

Die Entwicklung in Richtung Entsolidarisierung ist unübersehbar: Ungeachtet der wiederholten Behauptung der schwarz-blauen Regierung, dass die beschlossenen Leistungsänderungen die Pensionen in Zukunft sichern und die Generationenkonflikte eindämmen werden, trifft das Gegenteil zu. Eine Politik, die der heutigen Generation der unter 40-Jährigen die vollen Lasten der Leistungskürzungen auferlegt, heizt den Generationenkonflikt und damit Entsolidarisierungsprozesse an. Nicht zuletzt wird mit dieser Politik die Ungleichheit in der Altersversorgung fortgeschrieben und verstärkt. Dies trifft vor allem jene, deren Erwerbsbiografie überwiegend von atypischer Beschäftigung geprägt sein wird. Aktuell gibt es auch Ansätze für eine Politik der negativen Solidarität: Das bestehende selektive System der Selbstbehalte soll nunmehr alle treffen. Wird das Vorhaben der Zusammenlegung von Notstandshilfe und Sozialhilfe realisiert, so würde damit die Spaltung zwischen „Kurz- und Langzeitarbeitslosen“ noch vertieft.

5. Ausblick

Am Beginn des 21. Jahrhunderts scheint der traditionelle Sozialstaat an einer Weggabelung angelangt. Die Signale stehen insgesamt unübersehbar auf einen Rückbau sozialstaatlicher Sicherungssysteme. Aktuell im Blickpunkt ist die Alterssicherung, die durch die Einschränkung der staatlich geregelten und die Verstärkung der betrieblichen und privaten Vorsorge im Alter gekennzeichnet ist. Diese Ausrichtung ist weder alternativlos noch unabwendbar. Dass eine nachhaltige Sicherung der Pensionen nicht mit einem massiven Kürzungspaket, sehr wohl aber mit einer solidarischen

Komponente verbunden werden kann, zeigt die schwedische Pensionsreform. Innerhalb der staatlich geregelten Pensionsversicherung ist eine Grundpension angesiedelt für alle jene, die – aus welchen Gründen immer – keine Ansprüche aufgrund von Erwerbsarbeit erwerben konnten. Am Modell der bedarfsorientierten Grundsicherung (siehe Tálos 2003) wird ersichtlich, dass es überlegenswerte Schritte gäbe, in solidarischer Weise Verarmungsgefährdungen im Fall von Krankheit, Arbeitslosigkeit und im Alter gegenzusteuern. Nicht nur der Sozialstaat, sondern auch die Kreativität und das Durchsetzungsvermögen sozialreformerischer Politik sind gefordert.

---

1) Beirat für Wirtschafts- und Sozialfragen, Soziale Sicherung im Alter, Wien 1991

2) Martin Bellermann, Solidarität, in: Dieter Nohlen/Rainer-Olaf Schultze (Hg.), Pipers Wörterbuch zur Politik 1, München 1989, S. 900-902

3) Erwin Carigiet, Gesellschaftliche Solidarität, Basel 2001

4) Gøsta Esping-Andersen, The Three Worlds of Welfare Capitalism, Cambridge 1990

5) Michael F. Förster/Karin Heitzmann, Einkommensarmut und akute Armut in Österreich. Bericht über die soziale Lage, 2001-2002, Wien, S. 187-209

6) Andreas Göbel/Pankoke Eckart , Grenzen der Solidarität, in: Kurt Bayertz (Hg.), Solidarität, Frankfurt 1998, S. 463-494

7) Herbert Hofmeister, Landesbericht Österreich, in: Peter A. Köhler/Hans Friedrich Zacher (Hg.), Ein Jahrhundert Sozialversicherung, Berlin 1981, S. 445-730

8) Emmerich Tálos (Hg.), Bedarfsorientierte Grundsicherung, Wien 2003

9) Emmerich Tálos, Staatliche Sozialpolitik in Österreich, Wien 1981

10) Petra Wetzel, Armutsgefährdung trotz Erwerbsarbeit und sozialstaatlicher Sicherung, in: Emmerich Tálos (Hg.), Bedarfsorientierte Grundsicherung, Wien 2003, S. 27-63

11) Paul Zulehner, u.a., Solidarität, Innsbruck-Wien 1996

Altersarbeitslosigkeit: Verdrängen und Vergessen einer alltäglichen Realität

von Dietmar Köhler

1. Anfang: Wer ist alt und was ist Arbeit?

Als sie damals – es war Spätsommer – zu uns in den Verein kam, hatte sie einen winzigen Hund mit, an dem sie sehr zu hängen schien.

„Ich bin jetzt über 50, alleinstehend (sie warf einen fragenden Blick auf den Hund) *und arbeitslos. Chancen auf dem Arbeitsmarkt?* (Ihr Blick streifte uns, ihre Resignation war deutlich spürbar) *Ich versuch´s jetzt mehrere Jahre; meine Ansprüche sind auch nicht groß. Obwohl ich früher in gehobener Position tätig war. Gehalt? Zu solchen Gesprächen kommt´s gar nicht – das Alter! Dabei wäre ein Job so wichtig. Weil mit meiner Notstandshilfe von 8.000 Schilling ...* (Seufzte nicht auch der kleine Hund?) *Andererseits: Vielleicht geht´s mir noch relativ gut. Ich wohn´ nämlich im zweiten Bezirk; in Praternähe. Und da kann ich jetzt schon anfangen, Holz für den Winter zu sammeln."*[1)]

Ein Einzelfall? Sicher! Aber der Verein *„Zum Alten Eisen?"* - eine Selbsthilfegruppe für ältere Erwerbsarbeitslose - war eine *„Versammlung von Einzelschicksalen"* ähnlicher Art. Fast alle - einige hatten doch zumindest zeitweise wieder einen Job bekommen - waren trotz mancher Unterschiede in gleicher Situation: Altersarbeitslosigkeit.

Altersarbeitslose haben ja im Vergleich mit Jüngeren noch zusätzliche Probleme zu bewältigen:

Jene, die über Jahrzehnte im gleichen Unternehmen beschäftigt waren, fragen sich, was ihre Tätigkeit eigentlich wert war? Oder ob ein Mensch durch seine Erwerbstätigkeit auf einen Kostenfaktor reduziert wird? Oder warum teils erfolglos, teils betrügerisch operierende Manager nicht zur Verantwortung gezogen werden?

Und (fast) allen ist klar: Ab 40 bis 45 sind die Chancen auf einen Arbeitsplatz viel geringer, als für Jüngere. Außer man verfügt über Vitamin B - Beziehungen. Erworbene Fähigkeiten und Kenntnisse spielen nämlich eine weitaus geringere Rolle, als vielfach von der Wirtschaft hinausposaunt wird.

Und: Nach 20 oder 30 Jahren harter Arbeit auch für die Familie - die Eigentumswohnung war ja kein Geschenk - will man eigentlich nicht bei NULL anfangen. Wozu waren eigentlich die vielen Mühen?
Arbeitslos? Sicher nicht freiwillig!

Arbeitslos? Eigentlich nicht; ehrenamtliche Tätigkeit und Familienarbeit sind doch auch Arbeit!

In Wirklichkeit geht es also um Erwerbsarbeitslosigkeit. Und um die Wertschätzung von bezahlter Arbeit bei gleichzeitiger Geringschätzung von unbezahlter Arbeit. Warum diese Geringschätzung? Multipliziert man die unbezahlte Familien- und Hausarbeit mit dem Mindeststundenlohn, so ergibt das jährlich 51.000,000.000,-- Euro[2)] (auf Basis des Durchschnittsstundenlohns 138.000,000.000,-- Euro)! Also je nach Ansatz 25 % bis 67 % des Bruttoinlandsproduktes! Das bedeutet aber auch, dass „die Wirtschaft" ohne unbezahlte Arbeit in der gegenwärtigen Form kaum überlebensfähig ist. Und darauf sollen wir stolz sein? Wo bleibt die Gerechtigkeit? Wo die Menschenwürde? Ist es gerecht, dass ein beträchtlicher Teil der zu leistenden Arbeit einem Teil der Arbeitenden – vor allem Frauen – einfach abgepresst wird?

„Jetzt is´ er endlich fertig!" Sein Gesicht strahlte, seine Erleichterung war spürbar. *„Mein Sohn hat die Gesellenprüfung mit Auszeichnung bestanden. An Job hat er a scho!"* Er war einer der wenigen Alleinerzieher. Als Notstandshilfeempfänger hatte er wenig bis keinen materiellen Spielraum. *„Jedes mal, wenn Extraausgaben für die Ausbildung zu bezahlen waren, hab i' g´schwitzt. Ausflüge? Bücher? Sprachkurs? Des meiste war halt net drinnen! A Kühlschrankreparatur? Selber machen! Wenn´s möglich war! Wann ma mit unter tausend Euro pro Monat zwa Personen versorgen muss, …"*[3)]

Wenn man weiß, dass die Armutsschwelle in Österreich bei 770,-- Euro pro Monat liegt[4)], kann man sich die Freude und Erleichterung des Betroffenen unschwer vorstellen. Tatsächlich handelt es sich aber um keinen Einzelfall. Der Ausgleichszulagenrichtsatz lag 2001 unter 700,-- Euro, das durchschnittliche Arbeitslosengeld bei 653,--, die durchschnittliche Notstandshilfe bei 532,-- Euro. An „Sozialhilfe" – besser „Sozialkredit", da eine Rückzahlungspflicht besteht – wurden je nach Bundesland maximal knapp 400,-- bis knapp 500,-- Euro ausbezahlt. Über 12.000 Personen erhielten keine Notstandshilfe, da diese nach dem „Sippenhaftungsprinzip" (Einbeziehung des Partnereinkommens) berechnet wird. Anders gefragt: Wie kommt es, dass ein Achtel der österreichischen Bevölkerung an oder unter der Armutsgrenze leben muss? Sind wir tatsächlich das drittreichste Land der EU?

2. Der 1. Lösungsansatz: Das Grundeinkommen

„Jeder Mensch hat Anspruch auf eine Lebenshaltung, die seine und seiner Familie Gesundheit und Wohlbefinden einschließlich Nahrung, Kleidung, Wohnung, ärztlicher Betreuung und der notwendigen Leistungen der sozialen Fürsorge gewährleistet; er hat Recht auf Sicherheit im Falle von Arbeitslosigkeit, Krankheit, Invalidität, Verwitwung, Alter oder anderweitigem Verlust seiner Unterhaltsmittel durch unverschuldete Umstände."

So steht es im Artikel 25 der *Allgemeinen Erklärung der Menschenrechte*. Ähnlich der Wortlaut des Artikels 11 der UN-Pakte für Menschenrechte. Wie kann man dem gerecht werden? Wie ein menschenwürdiges Leben ohne Existenzangst und Zwang sicherstellen?

„Grundeinkommen ist eine bedingungslose, finanzielle Zuwendung, die jedem Mitglied der Gesellschaft in existenzsichernder Höhe, ohne Rücksicht auf sonstige Einkommen, auf Arbeit oder Lebensweise als Rechtsanspruch zusteht. Es inkludiert eine Krankenversicherung."[5)]

Die weit verbreitete Auffassung, dass der Mensch nur etwas zählt, wenn er/sie über Erwerbsarbeit verfügt, dass Einkommen sowie soziale Sicherheit vom Zugang zu Erwerbsarbeit abhängen, kann mit einem Grundeinkommen überwunden werden. Viele Arbeiten werden im gegenwärtigen System unbezahlt geleistet und deshalb nicht gewertet. Dass durch die Einführung eines Grundeinkommens plötzlich alle nur mehr dem Nichts-Tun frönen würden, ist eine irrationale Angst, die sich bereits jetzt in so genannten „Sozialschmarotzerdebatten" zeigt.

Grundeinkommen wird weltweit nicht mehr nur diskutiert. In Irland hat die Regierung ein „green paper" über die Einführung eines Grundeinkommens vorgelegt. In Südafrika hat eine breite Allianz von Menschenrechtsorganisationen, Kirchen und anderen NGOs ebenfalls konkrete Überlegungen über die Einführung eines solchen vorgelegt und eine breite Mobilisierung in der Bevölkerung erreicht.

Grundeinkommen bedeutet einen Zugewinn wirklicher Freiheit für alle: Ohne Angst auf den morgigen Tag blicken zu können; Arbeitslosigkeit nicht zu fürchten; Erwerbsarbeit nicht annehmen zu müssen, wenn sie keinen Existenz sichernden Lohn bietet. Weiterbildung und ehrenamtliche Tätigkeit, sowie Familien- und Hausarbeit ohne Existenzangst.

Die Frage nach der Finanzierung von Grundeinkommen ist paradox: Ist die Verwirklichung von Menschenwürde und Menschenrechten vom verfügbaren Geld abhängig zu machen? Geht es hier in Wirklichkeit nicht um Fragen der Umverteilung? Dass Umverteilung zur Finanzierung des Grundeinkommens im Bereich des Möglichen liegt, zeigen Modellrechnungen.[6)] Was not tut ist eine politische Entscheidung im Sinne von Menschenwürde und Menschenrechten.

„Für was hab´ i mir des jetzt 7 Monat´ antan?" Frust und Enttäuschung waren unüberhörbar: *„Wozu der ganze Einsatz, wenn dann do ka Job dahintersteht? Warum hat ma mi zu an 7-Monat-Programm g´schickt, bei dem i fast alles hab machen müss´n, für des si die Anderen zu fein war´n? I bin ma vurkumma wia a Bürotrottl! Und für die Kurse war dann angeblich ka Geld da! Zwangsarbeit!"*[7)]

Tatsächlich war das vom Bundesministerium für Wirtschaft und Arbeit (Erinnerungen an faschistische Bewegungen werden wach) „erfundene" Programm INTEGRA nicht neu. Dass sich manche Partner nicht an die gesetzlichen Auflagen halten würden – vorgesehen war ein Schulungsanteil von 25 bis 50 % – war vorhersehbar. Billige Arbeitskräfte zu bekommen war, trotz gegenteiliger Beteuerungen die Devise. Spezifische Ausbildung und Übernahme in ein reguläres Arbeitsverhältnis waren nur Rhetorik und Verschleierung.

3. Ein Unrecht: Arbeit und Zwang als endlose (?) Geschichte[8)]

Die Ausübung von Zwang reicht weit in die vorschriftliche Zeit zurück. Hingewiesen sei auf die „Unterwerfung der Frau"[9)], Sklavenarbeit (Gesetze gegen Sklaverei: 1863 in den USA, 1888 in Brasilien[10)]), Leibeigenschaft und Frondienst zeugen von kontinuierlicher Unterdrückung von Menschen durch Menschen, die unter Hitler und Stalin ihren Höhepunkt an Grausamkeiten erreicht.

Im Bereich Erwerbsarbeitslosigkeit besteht die Ausübung von Zwang schon seit man von Erwerbsarbeit sprechen kann. Die Unterteilung in Arbeitsunfähige, Arbeitsfähige mit dem Willen zur Arbeit und Arbeitsscheue[11)] kennzeichnet den Beginn einer „Sozialschmarotzerdebatte", die auch in Europa wieder voll entbrannt ist; und wie immer wird sie besonders von Berufspolitikern[12)] geführt. Reichten die Zwangsmassnahmen früher vom Entzug der Unterstützung bis zur Einweisung in Arbeitshäuser, so konzentrieren sich die Maßnahmen heute auf Entzug der Notstandshilfe für mindestens 6 Wochen. Dem alten Sprichwort „Friss Vogel, oder stirb" folgend, bleibt dabei die Situation des Betroffenen unberücksichtigt.

Arbeitszwang ist bereits im Arbeitslosenversicherungsgesetz enthalten, und zwar in Form der Zumutbarkeitsbestimmungen[13)] (deren konkrete Auslegung immer ohne die Betroffenen stattfindet) in Kombination mit Sanktionen[14)] (die ebenfalls obrigkeitsstaatlich verhängt werden). Für den Erhalt von Arbeitslosengeld bzw. Notstandshilfe ist - wie seit Jahrhunderten - die Arbeitswilligkeit[15)] Voraussetzung. Wieder wird die „Bemühungspflicht" der Betroffenen um Arbeitsaufnahme von Außenstehenden beurteilt.[16)] Dieser Umstand führte dazu, dass eine Regionalstelle des AMS OÖ ihre Ziele durch Zuweisungen von Frauen an Betreiber einer sex-hotline erfolgreich zu erfüllen versuchte.[17)]

Vorläufige Höhepunkte:

- INTEGRA

In der Fachliteratur[18)] wird Zwangsarbeit durch arbeitsrechtliche Sonderbedingungen für eine definierte Personengruppe und Androhung von Strafe definiert. Diese drei Voraussetzungen sind bei INTEGRA gegeben; es handelt sich also um Zwangsarbeit (Sonderbedingungen: kein Kollektivvertrag; Personengruppe: Langzeitarbeitslose; Strafe: Entzug der Notstandshilfe).

- ARBEITSKRÄFTEÜBERLASSUNG von LANGZEITERWERBSARBEITSLOSEN

In Zusammenarbeit mit dem AMS versuchen Vereine und Unternehmen, unter Ausnutzung der Zumutbarkeitsbestimmungen, Methoden einzuführen, die an eine Art moderne Sklaverei gemahnen. Der Verein TRENDWERK hat im Burgenland unter Hinweis auf die Streichung der Notstandshilfe Erwerbsarbeitslose „überredet", Dienstverträge[19)] zu unterschreiben, die in wichtigen Teilen gesetzeswidrig sind.

Diese Vorgehensweise ist nicht neu, hatte doch schon der paternalistische Staat des späten Absolutismus versucht, Sozialdisziplinierung mit wirtschaftlichem Gewinn zu verbinden.[20)] Das Auftauchen der aus dem Mittelalter stammenden Metapher von den „kleinen, fleissigen Leuten" ist dabei keine Überraschung.

Unverständlich wird der Umgang mit Erwerbsarbeitslosen angesichts internationaler Übereinkommen, die das Recht auf frei gewählte Arbeit garantieren[21] bzw. Zwangsarbeit und Arbeitspflicht verbieten.[22] Auch die Christliche Soziallehre hält nichts von Zwang oder Pflicht zur Arbeit.[23]

Dem diametral gegenüber stehen die Aushöhlung des Versicherungsprinzips[24] (spätestens seit 1954 mit der 6. Novelle zum AlVG[25]), die Ablehnung des Verursacherprinzips (Kündigung vor allem älterer Arbeitnehmer ohne rechtliche Konsequenzen) und der Mangel an Solidarität mit den Betroffenen.[26] Von einer menschenwürdigen Versorgung letzterer kann bei einem durchschnittlichen Notstandshilfebezug von ATS 7.427,-- (12x jährlich)[27] ohnehin nicht gesprochen werden. Zwang zur Arbeit wäre allein unter diesem materiellen Gesichtspunkt also überflüssig. Dass Erwerbsarbeitslose darüber hinaus in vielen Bereichen der Gesellschaft zu Randgruppen degradiert werden[28], ist ein weiterer Beleg für den in Österreich seit über 200 Jahren (fast) ungebrochenen „Aufgeklärten Absolutismus". Dem entspricht auch so manche Idee einer „Bürgergesellschaft", in der der Umgang mit Erwerbsarbeitslosen in Form von Pflichtarbeit[29] fatal an das „Elbefelder System" von 1853[30] erinnert. Der Ruf nach mehr „Eigenverantwortung" und „Subsidiarität"[31] ist schlicht der Wunsch des Spitzenverdieners, gesellschaftliche Verantwortung zu privatisieren[32] und damit für sich selbst höhere Nettoeinkommen zu lukrieren.

4. Gedanken eines Betroffenen:

„Ein Rückblick? Na ja; was mir besonders auffällt ist der immer größer werdende Mangel an Solidarität. Ein Mangel, der von der Werbung und so manchem Berufspolitiker als eine Art Heldensage verklärt wird. Von den „Tüchtigen", „Leistungswilligen" und „Erfolgreichen" ist da die Rede, während im ORF eine Dokumentation über die „Trümmerfrauen" gezeigt wird.

Als Kriegsgeborener kann ich mich noch an so manches Ereignis der Nachkriegszeit erinnern. Den Resselpark – ein Dorado der Schleichhändler – habe ich mit meiner Mutter auf dem Weg zu einer Ausgabestelle für care-Pakete mehrmals durchquert. Und wie da mancher Rucksackträger eine olympiareife Gangart an den Tag legte, wenn eine Streife auftauchte ...

Aber auch in einer armen sechs- später siebenköpfigen Familie – drei Generationen – gab es ein Bewusstsein für jene, die noch ärmer waren, und im Rahmen des Möglichen tatkräftige Unterstützung. Ein paar Groschen, ein-

gewickelt in Zeitungspapier aus dem fünften Stock in den Hof geworfen, wo zwei mittelmäßige Straßenmusikanten am Werk waren. Ob die wirklich bedürftig waren – diese Frage tauchte niemals auf. Und über den Zusammenhalt und die Hilfsbereitschaft innerhalb einer Großfamilie, die über zwei dutzend Köpfe zählte, ließen sich Bände schreiben.

Und heute? WAS NICHTS KOSTET, IST AUCH NICHTS WERT! Diese Phrase neoliberaler Yuppies treibt mich immer wieder auf die Palme. Als ich einen Jungunternehmer – jung auch im Sinne seiner geistigen Entwicklung – fragte, ob er das schon seiner Mutter gesagt hätte, bekam er einen roten Kopf. Die Diskussionsrunde - fast durchwegs Unternehmer - schwieg betreten. Demagogie, verkleidet als Rhetorik, ist zum Zeitgeist geworden; divide et impera – diese zutiefst undemokratische Verhaltensweise – der Grundsatz von Berufspolitikern, die keine Grundsätze haben, außer dem, an der Macht zu bleiben.

Vereinfacht gesagt: In Zeiten der Solidarität ist Konkurrenz wie die richtige Dosis Salz in der Suppe, die man Kooperation nennt. In einer Konkurrenzgesellschaft dominiert der spitze Ellbogen, die ‚Bussi-Bussi-Gesellschaft'.

Wie ich nach über 35 Arbeitsjahren erwerbsarbeitslos geworden bin? Auch wenn das paradox klingt: Durch Leistung und Erfolg. Üblicherweise sollte man dafür Anerkennung – in welcher Art auch immer – erfahren. Das ist allerdings dann nicht der Fall, wenn man einen weniger erfolgreichen Vorgesetzten hat, der unter einem ‚Napoleon-Komplex' leidet (ohne es zu wissen). Motto: Der Mohr hat seine Schuldigkeit getan, der Mohr kann gehen. Solche Umstände sind in der Privatwirtschaft übrigens häufiger anzutreffen, als man glauben möchte. Persönlicher Stolz (worauf eigentlich?) und Angst um die eigene Karriere sind hier genauso häufig anzutreffen wie in der Ministerialbürokratie. Der vom Kotau gekrümmte Rücken erfährt vielfach mehr Anerkennung, als das Erreichen von Unternehmenszielen und die reibungslose Kooperation mit Kolleginnen und Kollegen.

Auch hier: (UN-)AUFGEKLÄRTER ABSOLUTISMUS!

Dies spüren Erwerbsarbeitslose besonders stark: Zwangsbestimmungen, wohin man schaut. Zuweisung zu Kursen, deren Effizienz vor allem in einer Behübschung der Arbeitslosenstatistik besteht; Zuweisung zu ‚McJobs', deren Entlohnung zuwenig zum Leben, aber zuviel zum Sterben beträgt, wobei Fürsorgepflichten – angeblich ein wichtiges Thema für Parteien, die sich ach so sehr um die Familie sorgen – weitgehend unberücksichtigt bleiben. Und über allem schwebt – unter dem Motto: Friss Vogel, oder stirb – die Drohung, Arbeitslosengeld oder Notstandshilfe zu streichen. Neu regieren? Nein! Zurück ins Mittelalter! Und Erinnerungen an den ‚Sozialschmarotzerspruch‘ von Bürgermeister Lueger.[33] *Wie schrieb doch der Nationalrat*sabgeordnete *Andreas Khol* (im Sinne der Christlichen Soziallehre?) so einfühlsam? ‚...ist es notwendig, diese verantwortungslosen Sozialschmarotzer festzustellen.‘[34] *Was will der Herr Abgeordnete damit zum Ausdruck bringen? Dass hire-and-fire ein Grundprinzip der Verantwortungsethik ist? Dass die Betroffenen für die ‚Freisetzungsprogramme‘ (waren sie als Beschäftigte Sklaven?) einer zügellosen Profitmaximierungswelle die Verantwortung tragen? DAS OPFER IST IMMER DER TÄTER! Außer, es handelt sich um gefallene Berufspolitiker oder erfolglose Generaldirektoren. Denn in solchen Fällen waren immer ‚unvorhersehbare Ereignisse‘ oder ‚globale Sachzwänge‘ Auslöser der Miseren.*[35]“

5. Der 2. Lösungsansatz: Eine Interessenvertretung für Arbeitslose[36]

Wie stellt sich die gegenwärtige Situation aus der Sicht der Betroffenen dar? Als Messlatte verwende ich die von Frau Professor Stelzer-Orthofer formulierten Fragen:

- Sind die Maßnahmen auf freiwilliger Basis organisiert?
- Sind sie Bestandteil einer Politik, die darauf abzielt, Arbeitslosigkeit, Armut und soziale Ausgrenzung zu bekämpfen?
- Bieten sie für die betroffene Zielgruppe eine längerfristige Perspektive?
- Bieten sie für die Zielgruppe Chancen, Möglichkeiten und Anreize?
- Sind sie vornehmlich im Interesse der Betroffenen?
- Tragen sie zu einer Verbesserung des sozialen Zusammenhalts und zu einem sozialen und gesellschaftlichen Fortschritt bei?
- Sind die Maßnahmen von einem respektvollen Umgang mit den Betroffenen getragen?

Aus Sicht der Betroffenen können die Fragen nur mit einem klaren NEIN beantwortet werden:

Auch wenn man von manchen Institutionen etwas anderes hört: Erwerbsarbeitslose haben keine Vertretung, ausgenommen den Bereich Rechtsschutz (Vertretung durch die AK).

Erwerbsarbeitslose werden verwaltet; sie haben kein Recht auf Mitsprache oder Mitentscheidung. Es geht also um Ausgrenzung, nicht um Teilhabegerechtigkeit. Die Resultate sind bekannt: Zwangszuweisung zu Kursen, die von vielen wie Schwimmkurse in der Sahara eingestuft werden, Zwangszuweisung zu Arbeiten mit Einkommen, von denen man nicht leben kann und Zwangsmaßnahmen wie INTEGRA, die eher an die längst überwunden geglaubte Arbeitspflicht erinnern. Eine längerfristige Perspektive ist nur für wenige Betroffene erkennbar.

Die vielgepriesene Selbstverwaltung findet für Erwerbsarbeitslose nicht statt. Diese haben im AMS keine Stimme.

Partizipation im Sinne eines demokratischen Prozesses findet nicht statt.

Die Abläufe können mit dem Begriff „unaufgeklärter Absolutismus" beschrieben werden. Unaufgeklärt deshalb, weil den „Verwaltern" meist der Realitätsbezug zu Erwerbsarbeitslosigkeit fehlt.

Mangelnde bis fehlende Kommunikation zwischen „Betroffenen" und deren „Verwaltern" führt zu Frustration und mangelnder Effizienz. Mitsprache und Mitentscheidung, beides Grundlagen für einen demokratischen Prozess sind durch Maßnahmen ersetzt, die an mittelalterliches Denken erinnern. Beispielhaft sei an die im Jahre 1349 von Edward III erlassenen Arbeiterstatuten erinnert, die eine frappierende Ähnlichkeit mit den Zumutbarkeitsbestimmungen des AlVG haben, welche meiner Ansicht nach in Widerspruch zur EMRK stehen.

Weitgehend unbestritten ist demgegenüber: Arbeitslosigkeit ist Ressourcenverschwendung. Kenntnisse und Erfahrungen von Erwerbsarbeitslosen bleiben unbeachtet und finden keine Anerkennung. Oder: Arbeitslosigkeit ist die dümmste Form der Arbeitszeitverkürzung. Dabei ist die Frage „Was hat mit den Betroffenen zu geschehen?" um nichts wichtiger als die Frage „Was soll man mit den Betroffenen nicht machen?". In der IT-Sprache: Mangelhafter „input" muss zwangsläufig zu fehlerhaftem „output" führen.

Hier könnte das Argument der höheren Betreuungskosten ins Spiel kommen!

Dagegen möchte ich zwei Überlegungen anführen:

1) Gerade im Bereich Erwerbsarbeitslosigkeit gilt: Qualität vor Quantität.

2) Sinnvolle Vernetzung mit und Teilauslagerung von Beratung an Betroffenenorganisationen erhöht die Qualität ohne wesentliche Kostensteigerung.

Daraus entstand vor einigen Jahren im Verein „Zum Alten Eisen?" die Idee des ARBEITSLOSENSPRECHERS und die Frage nach seinen Aufgaben:

Nach dem Motto „Lust statt Frust" geht es um die Einbeziehung aller Beteiligten, also „bridging"[37] und damit um eine Institution, die vier Schnittstellen zu beachten hat:

- zu den Betroffenen - zur Wirtschaft - zum AMS - zur Politik.

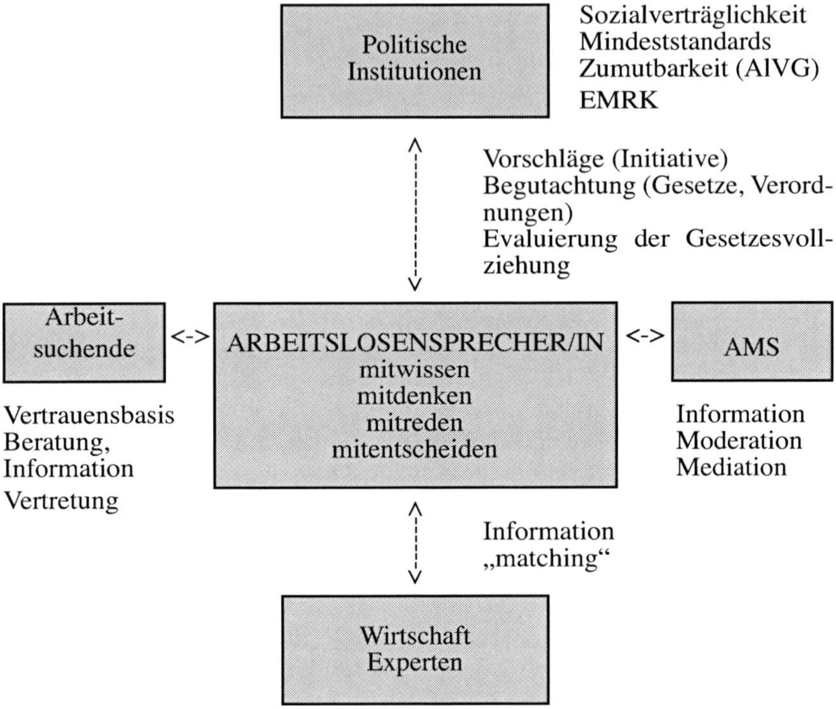

Schnittstelle Arbeitsuchende:

Es ist bekannt, dass offene, vertrauensvolle Gespräche leichter zwischen Personen geführt werden, die sich in ähnlichen Lebenssituationen befinden. Auf dieser Basis sind daher Beratung und Information zielführender, als bei hierarchischen Anordnungen. Die Vertretung von Betroffenen ist effizienter.

Schnittstelle AMS:

Das Wissen um die Situation einzelner Betroffener führt zu abgestimmten Maßnahmen (Kurse, Jobs). Die Beantwortung der Frage „Was soll mit einzelnen Betroffenen nicht gemacht werden?“ führt zu effizienterem Einsatz der Mittel. Moderation zwischen BetreuerInnen und Betroffenen dient dem Abbau von Frust auf beiden Seiten. Mediation fördert das Verständnis für die jeweils andere Seite.

Schnittstelle Politik:

Zentral ist hier die Frage nach Demokratie, das heißt nach Partizipation der Betroffenen („quid omnes tangist, ab omnibus approbetur"). Kenntnisse und Erfahrung der Betroffenen sind in den politischen Prozess einzubringen. Damit können Verfahren (Gesetzgebung, Verordnungen, etc.) besser auf die tatsächlichen Verhältnisse abgestimmt werden. Beispielhaft sei hier auf die Diskrepanz zwischen EMRK und AlVG (Zumutbarkeit) hingewiesen. Bedeutsam ist auch die Frage, ob das AlVG überhaupt noch dem Versicherungsprinzip entspricht. Einzubringen wäre hier auch das Thema Sozialverträglichkeitsprüfung (z.B.: Anhebung des Frühpensionsalters für NotstandshilfebezieherInnen, AlleinerzieherInnen ohne Kinderbetreuung). Beispielhaft sei darauf hingewiesen, dass NotstandshilfebezieherInnen den weitaus größten Teil zur Budgetsanierung beigetragen haben, da die durchschnittliche ASVG-Pension etwa doppelt so hoch ist, wie die durchschnittliche Notstandshilfe. Für viele NotstandshilfebezieherInnen wäre die Einführung eines menschenwürdigen Mindestbezuges wichtig.

Schnittstelle Wirtschaft:

Das Wissen um die Situation der Betroffenen, ihrer Kenntnisse, Fähigkeiten und Möglichkeiten verbessert die Abstimmung („matching") zwischen Angebot und Nachfrage. Auch hier steht der Abbau von Frust auf beiden Seiten im Vordergrund. Das Wissen von Wirtschaftsexperten soll der Orientierung der Betroffenen dienen.

Noch einmal zum Ist-Zustand: Beispielhaft für die derzeit unbefriedigende Situation ist die völlig verkürzte Verwendung des Begriffs „empowerment", der für die Umschreibung von Zwangsbeglückung mit teils wenig erfolgreichen AMS-Kursen, Pflichtarbeitsmaßnahmen wie INTEGRA (inzwischen gescheitert), „McJobs" und ganz allgemein für die Einführung und Verteidigung einer Ellbogengesellschaft steht. Positiv gewendet sollte „empowerment" für die Entwicklung von Analyse-, Entscheidungs- und Sozialkompetenz stehen. Es geht darum, Demokratie zu lernen und zu leben.

Stellvertretend für viele sei hier Steven Friedmann zitiert (Democratic Governance and Social Inequality): „The only prospect of effective action against social and economic disparities by democratic political systems lies in the revival of democratic politics itself".

Zu den vordringlichsten Aufgaben in Anbetracht des derzeitigen Unwissensstandes zählt die Öffentlichkeitsarbeit. „Pars pro toto" sei an einen Journalisten erinnert, der in der „Kronen-Zeitung" eine Serie über Sozialschmarotzer veröffentlichte, wobei er sich nicht entblödete, haarsträubende Unwahrheiten zu verbreiten. Tatsächlich ist der Wissensstand der breiten Öffentlichkeit zum Thema Arbeitslosigkeit als gering anzusehen. Versicherungsprinzip, Zumutbarkeitsbestimmungen und vieles mehr sind für große Teile der Bevölkerung Fremdwörter. Aber auch bei politischen Repräsentanten stößt man vielfach auf Unverständnis, manchmal auf nackten Zynismus (Khol: „... unverantwortlichen Sozialschmarotzer ...“). Eine kontinuierliche Zusammenarbeit mit den Medien ist unabdingbar und ist zum Teil Voraussetzung für eine erfolgreiche Arbeit an den genannten Schnittstellen.

Im Sinne der Nähe zu allen Beteiligten ist der Arbeitslosensprecher als unabhängige, föderale Institution konzipiert, wobei eine Bundesstelle die Koordination und Öffentlichkeitsarbeit wahrnimmt sowie die Verbindung zu anderen Bundesstellen. Zu Beginn ist die Einrichtung in einem Bundesland vorstellbar um erste Erfahrungen zu sammeln.

Die Personalauswahl erfolgt neben fachlicher Eignung nach dem „gender-Prinzip“. Langzeitarbeitslosen wird ein Vorrang eingeräumt. Personen, denen die Vertretung nach außen obliegt (Politik, Institutionen, etc.) werden von den Arbeitslosen gewählt und haben eine zeitlich beschränkte Funktionsperiode. Für den genannten Aufgabenbereich sind pro Bundesland 3-4 MitarbeiterInnen vorgesehen.

Die Finanzierung erfolgt aus Geldern der Arbeitslosenversicherung.

Wie realistisch ist in Österreich die Einrichtung eines Arbeitslosensprechers? Unabdingbar ist sicher eine deutliche politische Willenserklärung. Da es sich beim vorgestellten Konzept um eine Art „Nischenprodukt“ handelt - die dargestellten Leistungen werden derzeit kaum angeboten - sollte der Mehrwert für alle Beteiligten klar erkennbar sein.

Zusammenfassend:
- Partizipation statt Ausgrenzung
- Nutzung brachliegender Resourcen
- Effizientes Miteinander statt Zersplitterung der Gesellschaft

Aus demokratiepolitischer Sicht:
- MITWISSEN
- MITDENKEN
- MITREDEN
- MITENTSCHEIDEN

6. Ende: Die Perspektiven Betroffener

„Wer hat den größten Beitrag zur Budgetsanierung geleistet? Die älteren Erwerbsarbeitslosen. Durch die Anhebung des Frühpensionsalters für Frauen von 55 auf 56,5 und Männer von 60 auf 61,5 Jahre. Die durchschnittliche ASVG-Pension ist etwa doppelt so hoch wie die durchschnittliche Notstandshilfe. Wenn man die Differenz von ca. 7.000,-- Schilling mit 18 Monaten multipliziert, ergibt das für jede betroffene Person einen Verlust von 126.000,-- Schilling – im Schnitt!"

„Wieviel haben eigentlich andere zur Budgetsanierung beigetragen?"

„Warum schickt mich das AMS zu Kursen, wenn ich bei Vorstellungsgesprächen immer höre, dass ich überqualifiziert bin?"

„Welche Kurse?"

„Ich habe drei Kurse für Bewerbungstraining gemacht, die sich nur durch ihre Phantasienamen unterschieden. Wozu drei Kurse mit den gleichen Inhalten, wenn ich schon den ersten erfolgreich absolviert hatte? Mein Berater muss das doch gewusst haben!"[38)]

„Naja, es gibt eine Reihe von Fällen in denen festgestellt wurde, dass Eintragungen im Computer des AMS falsch oder unvollständig sind. Dazu kommt, dass viele AMS-BeraterInnen die Kursinhalte gar nicht kennen. Ausserdem wird die Mehrzahl der Betroffenen nicht zu Kursen geschickt um für das ausgebildet zu werden, was ein bestimmter Arbeitgeber braucht, sondern um die Arbeitslosenstatistik zu schönen."

„Also wurde ich dreimal geschult wie ich mich für Jobs bewerben soll die es nicht gibt!"

„Was kostet eigentlich so ein Kurs? Sagt man uns nicht dauernd, dass wir sparen müssen?"

„Gespart wird immer nur bei den Armen. Die können sich nicht wehren."

„Ich hab ein Gespräch mit einem Kleinunternehmer geführt, der Zahnarztpraxen einrichtet. Der Job als Medizintechniker wär für mich genau richtig g´wesen. Immerhin hab ich 30 Jahre Praxis auf dem Gebiet. Als ich ihm g´sagt hab, dass ich 56 bin, hat er g´meint, des kann er si net leisten, weil da müsst er laut Kollektivvertrag 30.000,-- netto im Monat zahlen."[39)]

„Sei froh, dass Du nicht bei dem Depp ang´fangen hast. So an Kollektivvertrag gibt´s gar net."

„Das Problem ist, dass solche Komiker überall herumerzählen, die älteren Arbeitslosen sind zu teuer."

„Was glaubt´s, was mir beim Einzelcoaching passiert is´! Dass i gern an Reisebürojob hätt´, hab i ja schon erzählt, i war ja lang in der Branche tätig,

hab´ Fremdsprachenkenntnisse, Erfahrung und Spaß an so einer Arbeit. Dass mein AMS-Berater den notwendigen ‚Galileo-Kurs' mit dem Hinweis auf die Kosten abg´lehnt hat, wisst´s auch. Jetzt kommt mein Trainer in seiner Verzweiflung auf folgende Idee: I soll mi doch in kleineren Reisebüros umschaun, ob das Personal was taugt. Wenn net, soll i den Besitzer anrufen und ihm vorschlagen, dass er jemanden der net gut is´ kündigt und dafür mich einstellt."[40)]

„Wieso hat der an Job als Trainer?"

„Weil er billig ist und kein Rückgrat hat."

---

1) Der Autor kennt die Betroffenen persönlich.
2) Beigewum (Hg.), Frauen macht Budgets. Staatsfinanzen aus Geschlechterperspektive, Wien 2002
3) Der Autor kennt die Betroffenen persönlich.
4) Peter Rosner/Katharina Wrohlich, Bedarfsorientierte Grundsicherung für Familien, in: Emmerich Tálos (Hg.), Bedarfsorientierte Grundsicherung, Wien 2003
5) Netzwerk Grundeinkommen: www.grundeinkommen.at
6) Hans-Peter Krebs/Harald Rein (Hg.), Existenzgeld. Kontroversen und Positionen, Münster 2000 und visionATTAC 2003: Grundeinkommen (www.attac-austria.org)
7) Der Autor kennt die Betroffenen persönlich.
8) Dietmar Köhler, mitbestimmung 3/2001; überarbeitete Fassung
9) Gerda Lerner, Die Entstehung des Patriarchats, München 1997 und Bonnie Anderson/Judith P. Zinsser, Frauen in Euro, Frankfurt/Main 1995
10) Gerhard Pfeisinger, Der Kaiser von Brasilien und King Cotton, in: Friedrich Edelmayer/Bernd Hausberger/Hans Werner Tobler, Die vielen Amerikas. Die Neue Welt zwischen 1800 und 1930 HSK 16, Wien 1999
11) Gerhard Melinz/Susan Zimmermann, Über die Grenzen der Armenhilfe, Wien/München 1991
12) z. B.: Bürgermeister Lueger 1897, zitiert nach: Melin/Zimmermann, Über die Grenzen. Ebenso: ÖVP-Klubobmann Andreas Khol in einem Brief v. 23. 3.1998 und LH Jörg Haider 1993, zitiert nach: Hans-Henning Scharsach/Kurt Kuch, Haider, Köln 2000. Sowie: FPÖ-Klubobmann Peter Westenthaler 1999, zitiert nach: ebd.
13) § 9 Abs. 2 AlVG
14) § 10 AlVG
15) § 9 Abs. 1 AlVG
16) Nikolaus Dimmel, Welfare for Work, in: „Es ist genug für alle da"; Bericht über die 3. Österreichische Armutskonferenz
17) Fußnote 9
18) Florian Freund/Bertrand Perz, Zwangsarbeit von zivilen AusländerInnen, Kriegsgefangenen, KZ-Häftlingen und ungarischen Juden in Österreich, in: Emmerich Tálos/Ernst Hanisch/Wolfgang Neugebauer/Reinhard Sieder (Hg.), NS-Herrschaft in Österreich. Ein Handbuch, Wien 2000
19) Unterlagen beim Verfasser
20) Fußnote 3

[21] Allgemeine Erklärung der Menschenrechte v. 10.12.1948 und UN-Pakte für Menschenrechte v. 16.12.1966 und Europäische Sozialcharta (BGBl. Nr. 460/1969)

[22] UN-Pakte für Menschenrechte v. 16.12.1966 und Konvention zum Schutze der Menschenrechte und Grundfreiheiten v. 4. November 1950

[23] Telefonische Auskunft der Nuntiatur in Wien (1999)

[24] EGMR, VfGH

[25] Anton Proksch, Die Arbeitslosenversicherung, in: Bruno Pittermann, Mensch und Staat, Wien 1962

[26] Paul Zulehner, Wege zu einer solidarischen Politik, Innsbruck 1999

[27] Bericht über die soziale Lage 1988 (BM f. Arbeit, Gesundheit und Soziales)

[28] Amartya Sen, Ökonomie für den Menschen, München 2002

[29] Andreas Kohl, Durchbruch zur Bürgergesellschaft, Wien 1999 und Andreas Kohl. Mein politisches Credo, Wien 1998

[30] Forschungen zur Geschichte der Stadt Ulm, Band 28

[31] Fußnote 23

[32] Robert Goodin, Social Welfare as a Collective Social Responsibility, in: Social Welfare and Individual Responsibility, Cambridge 1998

[33] „...es muß gesorgt werden, dass dem unverschämten, arbeitsfähigen Bettler die Speculation auf den Wohltätigkeitssinn verhindert wird.“

[34] Brief v. 23. 3.1998

[35] Der Autor kennt die Betroffenen persönlich.

[36] Dietmar Köhler, Referat anlässlich der 5. Armutskonferenz 2003 in Salzburg

[37] Robert Putnam, Bowling alone. The Collapse and Revival of American Community, New York 2000

[38] Der Autor kennt die Betroffenen persönlich.

[39] Der Autor kennt den Betroffenen persönlich.

[40] Der Autor kennt die Betroffene und den Namen des Kursveranstalters.

I Don‘t Need This Pressure Ron[1]

von Billy Bragg

What was that bang? It was the next big thing
Exploding over our heads
And soon the next generation
Will emerge from behind the bike sheds
What are we going to offer them?
The exact same thing as before
But a different way to wear it
And the promise of a whole lot more

Oh, pity the pressures at the top,
The tantrums and the tears
And the sound of platinum cash tills
Ringing in their ears
Money maketh man a Tory
Don‘t fire that assumption at me
I like toast as much as anyone
But not for breakfast, dinner, and tea

So don‘t saddle me with your ideals
And spare me all your guilt
For a poet with all the answers
Has never yet been built

I see no shame in putting my name
To socialism‘s cause
Nor seeking some more relevance
Than spotlight and applause
Neither in the name of conscience
Nor the name of charity
Money is put where mouths are
In the name of solidarity

We sing of freedom
And we speak of liberation
But such chances come
But once a generation
So I'll ignore what I am sure
Were the best of your intentions
You are judged by your actions
And not by your pretensions

There is drudgery in social change
And glory for the few
And if you don't tell me what not to say
I won't tell you what not to do[2]

---

1) Mr. Billy Bragg is owner of the copyright.

2) Mr. Bragg's notes on this song: „In July 1981, I was watching Top Of The Pops in the hope of hearing some music to make me feel the way I first felt when I saw The Clash. Instead Spandau Ballet appeared wearing kilts and singing their Chant No.1 (Don't Need This Pressure On). I realised in that instant that the music that I wanted to hear was not going to emerge so I would bloody well have to do it myself. I went upstairs, picked up my guitar and everything has been a blur since then. This is my credo." http://www.billybragg.co.uk

Widerstand und Selbstverwirklichung

Mensch sein in einer unmenschlichen Welt

von Heleno Saña

Die Herrschaft des Nur-Ich

Im Gegensatz zu anderen geschichtlichen Perioden, in denen die Kategorie des Gemeinsamen im Mittelpunkt des persönlichen und gesellschaftlichen Seins stand, besteht heute das Durchschnittsverhalten des Einzelnen auf der unbedingten Durchsetzung der eigenen Interessen, während die zwischenmenschlichen Beziehungen zum unverbindlichen Nebeneinander oder offenen Gegeneinander entarten. Räumlich leben die Menschen heute zusammengedrängter als je zuvor, aber aus dieser physischen Nähe entsteht mehr Abneigung als Zuneigung, mehr Rivalität und Aggressivität als Verständigungswille und Hilfsbereitschaft. Je härter und erbarmungsloser der „Struggle for Life“ wird, desto hemmungsloser verbreitet sich das, was Max Horkheimer einmal den „unendlichen Imperialismus des Menschen“[1)] nannte. Entsprechend sind gegenseitige Entfremdung und Kommunikationslosigkeit die dominierenden Züge unserer Zeit geworden. Es fehlt die religio in ihrem ursprünglichen Sinn, als freiwillige Bindung zu den Anderen. Die wahrc „Irreligiosität“ ist heute nicht mehr der von Nietzsche verkündete Tod Gottes, sondern der Tod der gemeinsamen Bande zwischen den Menschen.

Es war aber gerade diese religio, die dem Proletariat der klassischen Zeit erlaubte, sich zu einer immer mächtiger werdenden Totalität zu organisieren und Widerstand gegen das kapitalistische System auch unter den schwierigsten Bedingungen zu leisten. Anders als der entsozialisierte und entsolidarisierte Mensch der Gegenwart, fühlten sich die Arbeiter damals als Teil eines solidarischen Ganzen. Das System hat mit allen Mitteln und weitgehendem Erfolg versucht, diese Tradition der Arbeiterklasse auszuhöhlen und ihr seine eigene Ich-Ideologie einzuimpfen. Durch diese geistige Kolonisierung ist es ihm gelungen, aus ihr eine amorphe und strukturlose Masse von atomisierten Monaden zu machen. Ich brauche nicht zu unterstreichen, dass der vom System propagierte Hyperindividualismus ein schäbiges, engstirniges und höchst defizitäres Erfüllungsmodell ist, das unweigerlich zum Hobbes‘schen Krieg aller gegen alle führt und nur die aggressive und destruktive Anlage des Einzelnen fördert, bei gleichlaufender Unterdrückung seines Kooperationstriebs. Die Hoffnung Hermann Brochs, dass sich die Demokratien nach dem Zweiten Weltkrieg zu einer „starken Humanität" entwickeln würden, hat sich nicht erfüllt. Durchgesetzt hat sich leider die Brutalität. Mit Richard Sennet meinen wir: „Ein Regime, das Menschen keinen tiefen Grund gibt, sich um einander zu kümmern, kann seine Legitimität nicht lange aufrechterhalten"[2).

Eine Exekutionsmaschine

Die Ich-Ideologie, die der waltende Neoliberalismus als Allheilmittel für alle Probleme propagiert, hat sich als haltlose Scharlatanerie entpuppt. Einzig wahr ist, dass der spätkapitalistische Mensch in der Regel im Zustand der Ohnmacht lebt. Was als Selbstbestimmung gilt, ist in Wirklichkeit Fremdbestimmung, Autonomie nichts anderes als Heteronomie. Innengeleitetes Handeln ist heute die Ausnahme, außengeleitetes die Regel. Die Existenz des Einzelnen ist im wesentlichen Sein-für-Anderes geworden.

Wir befinden uns in einem nihilistischen Zivilisationsstadium, dessen wesentliches Merkmal die Produktion von Tod und Zerstörung ist. Das System hat sich tatsächlich in eine Mega-Exekutionsmaschine verwandelt, die im Zuge ihres thanatischen Kreuzzugs durch den ganzen Globus alles zerstört, was ihr begegnet: die Menschen, die Natur, das zwischenmenschliche Miteinander, die ethischen Werte, die politische Kultur, die Beziehungen zwischen den Völkern, den Frieden. Selbst das eigene System vernichtet sie. Deshalb wird der Konkurrenzkampf zwischen den Wirtschaftsträgern immer brutaler und rücksichtsloser. Samir Amin übertreibt keineswegs, wenn er den globalen Kapitalismus als „selbstmörderisch" und „kriminell" bezeichnet.[3)] Der einst vielgerühmte „Welfare State" ist ein unsozialer Staat geworden, dessen einzige Funktion sich darin erschöpft, die Reichen noch reicher und die Armen noch ärmer zu machen. Das ist das Endresultat eines Systems, das sich ausschließlich nach der Logik der Kapitalvermehrung richtet und buchstäblich über Leichen geht, um diese Logik umzusetzen.

Eine Regenerierung der bestehenden Verhältnisse ist so gut wie ausgeschlossen. Das System ist nicht mehr in der Lage, seinen eigenen Produktions- und Reproduktionsprozess in den Griff zu bekommen und hat nichts weiter zu bieten als den Ausnahmezustand in Permanenz und das Reich des Chaos. Es gilt, sich von diesem entwürdigenden Zustand zu befreien und einen breitangelegten Widerstandsprozess in die Wege zu leiten, der der verheerenden Herrschaft der Weltlenker ein Ende setzt und zwar bevor es zu spät ist und alles vor die Hunde geht. Die Bestimmung des Menschen ist nicht das Heideggersche „Sein-zum-Tode“, sondern das von der humanistisch-emanzipatorischen Theorie immer wieder bejahte „Prinzip Leben“. Sich für letzteres Anliegen mit allen Konsequenzen einzusetzen - darin liegt die große Aufgabe, die auf alle Menschen wartet, die nicht bereit sind, sich mit den immer sinnloser werdenden Weltverhältnissen abzufinden und die Hoffnung auf eine bessere, humanere Zukunft nicht aufgegeben haben.

Subjektivität und Intersubjektivität

In Anlehnung an die Phänomenologie Edmund Husserls und der Ich-Du-Philosophie von Martin Buber - von Feuerbach im Kern schon antizipiert – ist in den letzten Jahrzehnten eine Intersubjektivitätslehre entstanden, die im offenen Gegensatz zur weit verbreiteten Selbstsucht, die interpersonale Dimension des persönlichen und gesellschaftlichen Zusammenlebens in den Vordergrund stellt. So läuft die ganze Theorie Emmanuel Levinas - der radikalste Vertreter dieser Geistesrichtung - darauf hinaus, den absoluten Vorrang der Anderen über das Selbst als einzig legitimen Standpunkt unter Beweis zu stellen. Alles, was sich diesem Deutungsschema nicht beugt, wird von ihm kurzerhand als „Egologie“ abgestempelt. Nur, in seinem Eifer, immer wieder und apodiktisch für den anderen Partei zu ergreifen, übersieht der französisch- jüdische Philosoph, dass es ohne ein Ich kein Du und keinen Nächsten gibt und dass man den Anderen erst richtig empfangen kann, wenn man sich selbst akzeptiert. Er scheint ebenso zu vergessen, dass der von ihm fetischierte Andere sich in der Regel genauso egoistisch oder rücksichtslos wie das Selbst verhält, das er prinzipiell als das schlechthin Negative abstempelt. Zurecht fragt Paul Ricoeur in diesem Zusammenhang: „Und was soll man wohl vom Anderen sagen, wenn er der Henker ist?“[4)]. Der Konzeption Levinas‘ fehlt überdies die Dimension des Politischen, wie ihm wiederum Ricoeur vorwirft. Denn der Andere existiert nicht nur in Form von „Angesicht zu Angesicht“, wie es Levinas haben will, sondern auch als ein Dritter, der zwar physisch unsichtbar bleibt, aber trotzdem immer da ist und zur Gemeinschaft gehört: „Die Pluralität schließt Dritte ein, die niemals ein Angesicht sein werden“[5)]. Das intersubjektive Prinzip kann zweifellos dazu beitragen, das Verhältnis zwischen den Einzelnen zu vermenschlichen, und darin liegt sein Vorzug; was es aber nicht vermag, ist die Gesellschaft als Totum zu verändern, eine Aufgabe, die schon rein quantitativ die Beziehung

Ich-Du überschreitet und nur im makroskopischen Bereich des Allgemeinen bewältigt werden kann.

Auch die Theorie des „kommunikativen Handelns" und der „Diskurs -ethik" von Jürgen Habermas gründet sich auf die Priorität der Intersubjektivität und impliziert à priori die Entwertung des Einzelsubjekts sowohl als Dreh- und Angelpunkt des zwischenmenschlichen und gesellschaftlichen Geschehens, wie als Träger bestimmter Werte und Ideen. Und ähnlich wie bei Levinas bedeutet das dialogische Modell Habermas' eine Marginalisierung und Depotenzierung des Politischen. Pierre Bourdieu geht mit seiner Behauptung nicht fehl, Habermas' Reduktion der „politischen Macht- und Gewaltverhältnisse" (rapports de force politiques) zum intersubjektiven Dialog kommt einer Entpolitisierung der gesellschaftlichen Verhältnisse gleich.[6)]

Habermas' Vision einer „gewaltfreien Intersubjektivität der Verständigung" geht an der fundamentalen Tatsache vorbei, dass innerhalb einer Klassengesellschaft kein wirklicher Verständigungsdialog zustande kommen kann, ein Anliegen, dessen Verwirklichung nur in einer aus gleichberechtigten Individuen bestehenden klassenlosen Gesellschaft möglich wäre. Aber gerade ein solch qualitativer Systemwechsel ist von Habermas weder vorgesehen noch erwünscht. Er bleibt der bürgerliche Philosoph und Soziologe, der die Studentenrevolte der 60er-Jahre als „Linksfaschismus" denunzierte und radikale Veränderungen ein Greuel sind, genauso wie beim späten Adorno und späten Horkheimer. Anders als die liberale, repräsentative und kapitalistische Demokratie westlichen Zuschnitts kommt für ihn nicht in Frage. Nicht auf eine Aufhebung des Systems zielt sein gesellschaftspolitischer Entwurf, sondern auf seine Erhaltung.

Wenn man sich mit diesem Fragenkomplex befasst, darf man nicht aus den Augen verlieren, dass der ganze Emanzipationsprozess der Moderne gerade mit der Selbstsetzung des Subjekts als ein freies, autonomes und selbstbestimmendes Individuum beginnt. Das gilt auch für die Entstehung des modernen Naturrechts, das eine Schöpfung des subjektbejahenden Denkens ist. Alain Renaut: „So ist das moderne Naturrecht ein subjektives Recht, von der menschlichen Vernunft gegründet und definiert"[7)]. Ähnlich fasst Alain Touraine die Moderne als „die Geschichte der doppelten Bejahung der Vernunft und dem Subjekt" auf.[8)] Der Aufstand des modernen Menschen gegen jede Form von Bevormundung war eine längst fällige Antwort auf den subjektfeindlichen, korporativ-hierarchischen Ständestaat des Mittelalters. Eines darf man auf jeden Fall nicht tun: die aus dem humanistischen Geist der Renaissance und des Rationalismus hervorgegangene Subjektbejahung auf eine Ebene mit der heutigen spätkapitalistischen und postmodernen Ich-Gesinnung zu stellen. Die Stifter der neuzeitlichen Subjektphilosophie waren alles andere als unsolidarisch gesinnt. Ihr Blick war universal ausgerichtet. Das gilt gleich für Descartes, dem Hauptbegründer des neuen Denkens. Deshalb sprach er vom „Gesetz, das uns zwingt, soweit es in unserer Hand steht, für das Wohl aller Menschen (tous les hommes) hinzuarbeiten", ein Vorsatz, der im Kern die später entstandenen sozialen Doktrinen vorwegnimmt.[9)] Aber genauso wie die Bourgeoisie den kartesianischen Cogito zur „instrumentellen Vernunft" entstellte, schaffte sie es auch, die moderne Subjektwerdung zum Ich-Absolutismus zu reduzieren, oder genauer: zu reinem Besitz. Denn auch längst nach der Französischen Revolution blieben die individuellen und staatsbürgerlichen Rechte ein Privileg der Reichen. Wer kein Eigentum besaß, war nur auf dem Papier ein Individuum und ein Citoyen. Es war genau dieser Entartungsprozess der Subjektkultur und ihre Vereinnahmung durch die Bourgeoisie, die das Proletariat auf den Plan rief, seine eigene Auffassung von Mensch, Gesellschaft und Geschichte in die Waagschale zu werfen.

Das Gemeinsame

Subjektivität ist in ihrem ursprünglichen humanistisch-aufklärerischen Sinn nur ein anderer Name für Selbstachtung, Selbstbewusstsein und Selbstwertgefühl, nicht zufällig die Werte, die dem System ein Dorn im Auge sind, eben weil sie seiner eigenen Ideologie offen zuwiderlaufen. Deshalb hat es mit allen Mitteln versucht, die Subjektivität des Menschen zu liquidieren und sie zum gefügigen, mechanischen Objekt seines Verwertungs- und Vermarktungsprozesses zu degradieren. Nicht der Abbau der Subjektivität ist dementsprechend das Gebot der Stunde, sondern ihre Wiederherstellung, denn ohne sie kann keine echte Intersubjektivität und auch kein wirklich Allgemeines gedeihen. Das Ganze ist nur das Wahre, wenn es von konkreten Subjekten getragen wird, sonst degeneriert es zum Unwahren, wie Adorno an die Adresse Hegels schrieb. Aber auch das von Adorno bejahte Prinzip des Nichtidentischen verliert seine Legitimität, wenn es sich weigert, die Rechte und die Bedürfnisse der gesellschaftlichen Totalität anzuerkennen. Denn wie schon Thomas Paine klar erkannte, „ohne die Hilfe der Gesellschaft ist kein Mensch in der Lage, seine eigenen Bedürfnisse zu befriedigen"[10)].

Subjektivität ist keineswegs unvereinbar mit Kollektivität. Aus beiden Grundkategorien eine fruchtbare, harmonische und ausgeglichene Synthese zu machen, war stets eines der Hauptziele der emanzipatorischen Theorie und Praxis. So Feuerbach: „Was wahr ist, ist weder mein noch dein ausschließlich, sondern allgemein"[11]. Das Partikuläre bedarf des Allgemeinen, sonst verkommt es zur abstrakten, leeren Ich-Bezogenheit. Das Allgemeine erfüllt wiederum nur seine wahre Funktion, wenn es das Partikuläre achtet und berücksichtigt. Hält es sich nicht an diese Regel, entartet es früher oder später zum totalitären Leviathan.

In seinem 1887 erschienenen und viel beachteten, aber auch umstrittenen Buch „Gesellschaft und Gemeinschaft", zog Ferdinand Tönnies eine scharfe Trennlinie zwischen beiden Begriffen. Gesellschaft verkörperte für ihn das Prinzip des Mechanischen und Willkürlichen, Gemeinschaft hingegen die naturhafte-organische Dimension des Menschen. Jene war das Produkt der Zivilisation, diese der Kultur. Mit der Auffassung Tönnies habe ich mich in meinem jüngsten Buch auseinandergesetzt.[12] Hier beschränke ich mich darauf hinzuweisen, dass wir heute sowohl in einer Nicht-Gesellschaft wie einer Nicht-Gemeinschaft leben, so dass Tönnies Entgegensetzung beider Kategorien von der geschichtlichen Entwicklung ad absurdum geführt worden ist. Oder wie Alain Touraine schreibt: „Die Moderne ersetzte die Idee Gottes durch die Idee der Gesellschaft. Die Krise der Moderne hat nun die Idee der Gesellschaft verschwinden lassen".[13]

Das System hat es tatsächlich weitgehend geschafft, die Bindung der Einzelnen zum Gemeinwesen zu ersticken und stattdessen seine Absonderung zu fördern. Daher die wachsende Entpolitisierung und die Verkümmerung der aristotelischen Kategorie des zoon politikon und der res publica überhaupt. Was Montesquieu vertu politique nannte, existiert heute nur in residualer Form. Diese Entwicklung wird von der politischen Kaste schamlos benutzt, um sich alle möglichen Schweinereien zu leisten, unter anderen, der Wiedereinsetzung des Manchester-Kapitalismus Vorschub zu leisten, sich der Macht und den Machenschaften des Big Business zu beugen, die Re-militarisierung der Politik zu betreiben oder zu dulden, die Völker der Dritten Welt immer mehr im Stich zu lassen und sie zusätzlich mit neoimperialistischen Kriegen zu bestrafen.

Das Gemeinsame existiert heute vorwiegend in verzerrter Form, ist vom System für seine eigenen Zwecke weitgehend instrumentalisiert worden. Es gilt, die genuine, ursprüngliche Bedeutung dieser Kategorie zurückzugewinnen. Es versteht sich von selbst, dass dieses Ziel nur im Rahmen eines Gesellschaftsvertrags erreicht werden kann, der auf der Grundlage der

Kooperation, der gegenseitigen Hilfe und der Solidarität steht und den Weg für die allmähliche Aufhebung der gegenwärtigen Diktatur des Kapitals und des Marktes öffnet. Nur unter diesen Voraussetzungen wird es möglich sein, ein Gesellschaftsmodell zu entwickeln, das in der Lage ist, die kollektiven Bedürfnisse in Einklang mit den Bedürfnissen des Einzelnen zu bringen. Und genauso einleuchtend ist, dass dieses Ideal nur verwirklicht werden kann, wenn die Unterdrückten ihrem jetzigen „wirlosen Ich“ (Norbert Elias) den Rücken kehren und von neuem lernen, den Schulterschluss mit ihren Leidens- und Schicksalsgenossen zu suchen. Ohne diese Rückkehr zum gemeinsamen Handeln wird alles beim Alten bleiben. Befreiung setzt innerhalb des eigenen Bewusstseins ein, aber sie kann nur zur allgemeinen Befreiung werden, wenn sie kollektive Praxis wird. Die spätkapitalistischen Menschen müssen deshalb aus ihrem ghettoisierten Ich heraustreten und sich zum gemeinsamen Raum der Agora begeben.

Das heißt aber nicht, dass in einer postkapitalistischen Gesellschaftsordnung paradiesähnliche Verhältnisse herrschen würden. Wer so denkt, unterschätzt die Anlage des Menschen zur Irrationalität und Selbstentfremdung. Die Vorstellung, dass es ein konfliktfreies Verhältnis zwischen Individuum und Gesellschaft geben kann, ist ideologischer Natur und gründet sich auf einer äußerst schematischen Auffassung von der Dialektik Subjekt-Objekt. Beziehungen zwischen Menschen werden immer problematisch bleiben, sowohl in interpersonaler wie in gesamtgesellschaftlicher Hinsicht. Die Dialektik von Mensch und Mitmensch enthält konstitutiv den Moment des Konflikts. Es ist aber klar, dass zwischenmenschliche und kollektive Konflikte in einer klassenlosen Gesellschaft ganz anderer Natur wären und anders verlaufen würden als im kapitalistischen System. Der Sinn, für eine herrschafts- und repressionsfreie Gesellschaft zu kämpfen, liegt ja darin, die zwischenmenschlichen und gesellschaftlichen Konflikte auf das unvermeidliche Mindestmaß zu reduzieren.

Widerstandskultur

Befreiung war letztendlich immer Selbstbefreiung. Die Arbeiterbewegung war von früh an internationalistisch gesinnt, aber Widerstand gegen das Kapital fand an erster Stelle im konkreten Umfeld statt, dort also, wo die Werktätigen ihren Wohnsitz und ihre Arbeitsplätze hatten. Dies trifft auch für den heutigen Globalkapitalismus zu. Mit dem Soziologen und Philosophen Oskar Negt gesprochen: „Die Demokratisierung der Gesellschaft muss in den Bereichen beginnen, die die alltägliche Erfahrung der Menschen bestimmen: in den Betrieben, Büros, Schulen, Universitäten"[14]. Zurecht oder unrecht halte ich wenig von einer Widerstandsauffassung, die alles auf spektakuläre Großveranstaltungen und Großdemonstrationen setzt und wenig übrig hat für die geduldige Basisarbeit. Denn damit läuft man Gefahr, sich ausschließlich auf Aktionen zu fixieren, die die Aufmerksamkeit der Medien anziehen. Widerstand ist alles andere als eine Summe von mehr oder weniger gelungenen „Events". Deshalb sollte man darauf verzichten, mit dem System eigenen Methoden der Werbung, des Marketing und der Publicity wetteifern zu wollen und nur auf Schlagzeilen zu achten. Wahrer, solider Widerstand erfordert Kontinuität und tägliche Arbeit, und sein natürlicher Rahmen ist dort, wo man zu Hause ist und arbeitet. Es ist auch der einzige Ort, an dem man in den nicht seltenen Stunden der Demoralisierung und der Vereinsamung die Wärme und die Freundschaft finden kann, die man braucht, um nicht aufzugeben und sich wieder dem Kampf anzuschließen. Ohne die in situ existierenden und operierenden Bürgerinitiativen, Vereine und Gruppen wird globaler Widerstand ein Torso bleiben.

Was Maxim Gorki über die Kultur im Allgemeinen sagte, gilt genauso für die Widerstandskultur: „Es gibt keine Kultur, die nicht mit dem Alltagsleben verbunden wäre"[15]. Mit erratischem Widerstand und Polittourismus wird man höchstens die Massenmedien mobilisieren, kaum das System zu Fall bringen. Subversion leisten nicht nur diejenigen, die auf den Großszenarien der Weltbühne ihren Protest kundtun, sondern auch diejenigen, die es in lokalem, kommunalem oder regionalem Rahmen tun. Man muss in diesem Zusammenhang nicht aus den Augen verlieren, dass die Mehrheit der Unterdrückten - nicht nur in der Dritten Welt - nicht das nötige Geld haben, um sich in ein Flugzeug zu setzen und dort hinzufliegen, wo die Bosse der Politik und des Business sich gerade verabredet haben. Wahre Emanzipation von Unterdrückung und Ausbeutung erfolgt grundsätzlich auf endogenem, selten auf exogenem Weg. Nicht von ungefähr schrieben Marx und Engels im „Kommunistischen Manifest": „Das Proletariat eines jeden Landes muss natürlich zuerst mit seiner eigenen Bourgeoisie fertig werden"[16]. Daran hat sich wenig geändert. Das Entscheidendste und Fruchtbarste ist langfristig die geduldige Kleinarbeit, die man im Alltag leistet, auch wenn diese Form des Engagements nicht so medienwirksam ist wie generalstabsmäßig organisierte Aktionen. Herbert Marcuse: „Im übrigen haben radikale Veränderungen in der Geschichte nie mit Massenbewegungen angefangen"[17].

Nicht nur Reformismus

Aber es geht nicht nur um die Formen des Widerstandes, sondern auch um Inhalte. Die Bewegungen und Organisationen, die heute die Auseinandersetzung mit dem System weitgehend bestimmen, sind mehrheitlich reformistisch ausgerichtet und lehnen radikal-fundamentale Optionen grundsätzlich ab. Ihre immer wieder gestellten Forderungen nach „kosmopolitischer Demokratie", „Global Civil Society", „Weltbürgerschaft" oder weltweite Einhaltung der Menschenrechte stammen aus dem Fundus der bürgerlichen Theorie und sind klassenunspezifische Zielsetzungen. Daher auch ihre ambivalente Haltung zum System. James Petras ist nicht der einzige, der die NROs beschuldigt, Transmissionsriemen der Großkonzerne, der nationalen Regierungen, der Weltbank, des IWF und anderer supranationaler Institutionen geworden zu sein. Keine Frage: die Verwirklichung dieser Werte ist eminent wichtig, aber sie allein reicht nicht aus, um eine wirklich transformative Politik zu ermöglichen. Sie kann deshalb nicht das letzte Wort des Kampfes gegen die bestehenden Verhältnisse sein. Reformpolitik ist von ihrem Wesen her kontradiktorisch, denn während sie einerseits das System partiell humanisiert, trägt sie andererseits zu seiner Stabilisierung bei.

Wir leben weiterhin in einer Klassengesellschaft, auch wenn die Klassenverhältnisse heute komplexer und unüberschaubarer sind, als in den Zeiten von Marx und Engels und die Arbeiterklasse in das System weitgehend integriert ist. Der Hegelsche Dualismus von Herr und Knecht reproduziert sich jeden Tag von neuem, auch in der angeblich freien, demokratischen und emanzipierten Gesellschaft der Ersten Welt. In gewissen Aspekten haben sich die Klassenunterschiede sogar verschärft, wie die Verelendung immer größer werdender Menschenmassen unmissverständlich belegt. Und solange dieser Zustand bleibt, steht die soziale Frage im Zentrum des Kampfes gegen das System.

Ich brauche nicht ausdrücklich zu betonen, dass wir heute meilenweit von diesem Ziel entfernt sind. Wir leben in einer Gesellschaft, die sowohl den Mut wie die Phantasie für große utopische Entwürfe und Träume weitgehend verloren hat. Der aus dem angloamerikanischen Kulturraum stammende, aber überall herrschende positivistisch-pragmatische Ungeist hat die angeborene Fähigkeit des Menschen zur Transzendenz abgewürgt. Die historische Linke hat längst abgewirtschaftet, die in den 70er-Jahren entstandenen neuen sozialen Bewegungen haben es bis jetzt nicht vermocht, das System wirklich in Schwierigkeiten zu bringen. Und gerade weil sich die Emanzipationskultur in einem historischen Tiefstand befindet, ist Aufklärungsarbeit nötiger und dringlicher als je zuvor geworden.

Widerstand und Selbstverwirklichung

In einer Welt, die immer unmenschlicher wird, kann der Sinn des eigenes Lebens nur darin bestehen, sich gegen diesen Zustand zur Wehr zu setzen und sich für die Herbeiführung einer gerechten und humanen Gesellschaft zu engagieren. Selbstfindung und Selbstvollendung, die diesen Namen verdienen, sind heute nur als Militanz gegen die herrschenden Verhältnisse vorstellbar. Wer nicht die Negation der bestehenden Negation wählt, entscheidet sich für die Selbstnegation, also für den Verzicht auf seine Würde, seine Selbstbestimmung und auf das unveräußerliche Recht auf ein repressions- und angstfreies Dasein. Alles andere ist Ersatz-Identität und Kapitulation vor sich selbst und vor dem Feind. Mit den Worten Herbert Marcuses: „Das Individuum in vollem, klassischem Sinn, als wahres Selbst, scheint nur gegen seine Gesellschaft möglich, wesentlich im Konflikt mit den etablierten Werten“[18].

Die ganze Motivationslogik der bürgerlich-kapitalistischen Ideologie beruht auf dem kalkulierenden Prinzip des Selbstinteresses. Was nicht Gewinn oder Erfolgt bringt, ist für sie irrelevant. Der Kampf für eine bessere Welt geht hingegen von dem Prinzip Selbstlosigkeit aus. Deshalb ist das Begehren nach materiellen oder symbolischen Begünstigungen und Vorteilen ihm wesenhaft fremd. Nicht die Schwachen muss man verachten, wie Nietzsche empfahl und wie heute die herrschende Ideologie tut; verachten muss man die Trophäen, mit denen das System seine Getreuen und Lakaien belohnt. Menschen oder Gruppen, die den Wert ihres Engagements vorwiegend oder ausschließlich an den Erfolgsaussichten messen, handeln nach dem Nützlichkeitsprinzip der Bourgeoisie und haben schon die Grundlage der emanzipatorischen Gesinnung verlassen, die unvereinbar mit jeder Form von utilitaristischer Berechnung ist. Die Erkenntnis, dass unsere Einwirkungsmöglichkeiten gering bleiben, und dass man nicht alles erreichen kann, was man möchte, bedeutet mitnichten, dass unser Widerstand gegen Machtwillkür und Unrecht sinnlos wäre. Das ist ja das Argument, dessen sich die Zyniker bedienen, um sich ein gutes Gewissen zu verschaffen. Wer in seiner Auseinandersetzung mit dem System nicht im voraus bereit ist zu verlieren, hat das Wesen der Revolte nicht verstanden. Oder wie Marx an Kugelmann schrieb: „Die Weltgeschichte wäre allerdings sehr bequem zu machen, wenn der Kampf nur unter der Bedingung unfehlbar günstiger Chancen aufgenommen wäre“[19]. Man muss sich in diesem Zusammenhang immer wieder an die Worte Jean-Paul Sartres erinnern: „Seuls les salauds croient gagner“, „nur die Lumpen glauben zu gewinnen“[20]. Man kann in tieferem Sinn nur von Erfolg oder Sieg sprechen, wenn unsere Handlungen einem humanen, unegoistischen Ziel dienen. Alles andere ist Niederlage und Selbstbestrafung. Es stimmt einfach nicht, dass „Truth is what works", wie William James aus seiner pragmatischen Sichtweise meinte. Vielmehr stand die Wahrheit meistens auf der Verliererseite. Aber das heißt keineswegs, dass es keinen Sinn hat, zu ihr zu stehen. Oder wie Hermann Hesse in einem seiner Romandialoge sagt: „Dein Kampf wird auch dadurch nicht flach und dumm, wenn du weißt, dass dein Kampf erfolglos sein wird. Es ist viel flacher, Harry, wenn du für etwas Gutes und Ideales kämpfst und nun meinst, du müsstest es auch erreichen"[21)].

Nur ein tugendhaftes Leben ist ein gelingendes Leben. Diese von Platon vertretene These ist heute genauso gültig wie vor 2.500 Jahren. Dies ist auch die Lehre, die uns die großen Denker und Erzieher der Menschheit übermittelt haben, so Spinoza: „Die Belohnung für die Tugend ist nicht das Glück, sondern die Tugend selbst"[22)]. Ähnlich Montaigne: „Aber die tugendhaften Handlungen sind an und für sich zu edel, um eine andere Belohnung als ihren eigenen Wert zu suchen"[23)]. Oder auch Kant: „Daher ist auch die Moral nicht eigentlich die Lehre, wie wir uns glücklich machen, wie wir der Glückseligkeit würdig werden sollen"[24)]. Solche oder ähnliche Erfüllungsvorstellungen, die mit einem hohen Ideal kausal verbunden sind, werden von den heutigen Menschen als völlig nutzlos, obsolet und weltfremd von sich gewiesen; entsprechend begnügen sich die meisten von ihnen mit dem platten Hedonismus, den ihnen die Werbung, die Medien und die Kulturindustrie als summum bonum vorgaukeln, ohne dabei zu merken, dass ihre Wertewahl nur das Resultat ihrer Selbstentfremdung und ihrer Selbstverlorenheit ist. Wäre es nicht so, würden sie das Bedürfnis empfinden, sich anderen, sinnvolleren, erhabeneren Glücksmodellen zuzuwenden. Eines steht für mich fest: Mensch sein in einer entmenschlichten Welt kann nur heißen, sich auf die Seite der Gedemütigten und Entrechteten zu schlagen, eine Option, die meines Erachtens keine Last, sondern vielmehr ein Privileg und die einzig wahre und vollendetste Form der Selbstverwirklichung darstellt.

[1)] Max Horkheimer, Zur Kritik der instrumentellen Vernunft, Frankfurt am Main 1962, S.157
[2)] Richard Sennet, Der flexible Mensch. Die Kultur des neuen Kapitalismus, Darmstadt 1998, S. 203
[3)] Samir Amin, „Les défis de la mondialisation", Paris/Montreal 1996, S. 106
[4)] Paul Ricoeur, „Das Selbst als ein Anderer", München 1996, S. 407
[5)] Ebd.: S. 238

[6] Pierre Bourdieu, Méditations pascaliennes, Paris 1997, S. 81
[7] Alain Renaut, L'ère de l'individu, Paris 1989, S. 53
[8] Alain Touraine, Critique de la modernité, Paris 1992, S. 430
[9] René Descartes, Discours de la méthode, Paris 1951, S. 90
[10] Thomas Paine, Rights of Man, Middlessex 1976, S. 185
[11] Ludwig Feuerbach, Philosophische Kritiken und Grundsätze, Leipzig 1969, S. 37
[12] Vgl.: von Verfasser, „Macht ohne Moral", Köln 2003
[13] Alain Touraine, a.a. O., S. 171
[14] Oskar Negt, Achtundsechzig, Göttingen 1995, S. 149
[15] Maxim Gorki, Für Frieden und Demokratie, Berlin 1954, S. 109,
[16] MEW, 4. Band, S. 473
[17] Jürgen Habermas u.a., Gespräche mit Marcuse, Frankfurt 1978, S. 35
[18] Herbert Marcuse, Ideen zu einer kritischen Theorie der Gesellschaft, Frankfurt 1969, S. 170
[19] Karl Marx, Briefe an Kugelmann, Berlin 1952, S. 125
[20] Jean-Paul Sartre, La nausée, Paris 1961, S. 221
[21] Hermann Hesse, Der Steppenwolf, Frankfurt 1979, S. 130
[22] Spinoza, Ethik, V., XII.
[23] Michel de Montaigne, Essais, 2. Band, Paris 1965, S. 288
[24] Immanuel Kant, Werke, 7. Band, Frankfurt 1968, S. 261

Underdogfrauen, gezoomt

3 Kurzgeschichten

von Annemarie Moser

1. Snackbar in Rosa

In der Mitte des weitläufigen Konsumtempels, die Fußgängerströme entschlossen verengend, beginnt die Snackbar mit einer voluminösen Tortenvitrine, ergänzt von einer schlankeren Sandwichvitrine, und breitet sich zwischen schräg gegeneinander versetzten Bartischteilen, ständig die Anbauwinkel ändernd, seitwärts in die einzige gemauerte Ecke aus. Die Barhocker sind aus Schmiedeeisen, mit Sitzfladen aus glänzendem rosa Kunststoff, die Bartische rosa mit chromfarbenen Kunststoffleisten, die Vitrinen rosa und weiß mit chrom- und goldfarbenen Leisten. Über der Theke hängt ein von Girlanden in Rosa, Weiß und Chrom umschlungenes, mit winzigen Spiegeln behängtes walzenwurmförmiges Überkopfding, das vielleicht eine Dunstabsauganlage enthält, oder auch Kabelstränge, weil es über dem Geräteblock – Espressomaschine, Toaster, Mikrowellenbackherd, Geschirrspüler – anfängt und sich erst im dunkelsten Hintergrund zu einer blechumfaßten Maueröffnung hinaufwindet.

Manuela und Rikki haben das Überkopfding mit den pendelnden Spiegelstückchen ständig über den Köpfen, wenn sie an der Theke arbeiten. Sie haben weiße enge Blusen an, enge schwarze Röcke, und darüber rosa Schürzchen mit Rüschen. Links oben über dem Schürzenlatz, unter dem Ansatz des Bandes, mit dem die Schürze um den Hals gehängt wird, trägt jede ein weißes Schildchen mit ihrem Namen, genauer: Vornamen, und neben dem Namen, der „Frau Rikki" und „Frau Manuela" lautet, ist ein grünes Ornament auf das Schildchen gedruckt, das an Zierpetersilie erinnert. Der Juniorchef kommt, wenn er kommt, entweder in seiner Privatkleidung nur so vorbei oder in Schwarz-Weiß ohne Rosa und mit einer mattchromartig gerasterten Fliege, wenn er zum Mithelfen und Repräsentieren bleibt. Auf dem kurzen schwarzen Ober-Gilet trägt er ein Namensschildchen ohne Namen. Sein Schildchen ist mehrfarbig bedruckt, man kann Suppengrün, Maiskölbchen, Spargel vermuten. Auf Anfrage erklärt er bereitwillig, daß auch Zwiebel und Knoblauch darauf zu sehen sind. Die Chefin, seine Mutter, hat ein Schildchen, auf dem ein üppiges Torteneck abgebildet ist, macht die Mehlspeisen, besorgt die Bäckerwaren und kommt überhaupt nicht in den Gästebereich.

Manuela und Rikki heißen privat Christine und Irmingard, was so leider den Konsumenten nicht zumutbar wäre. Da Christine dunkles Haar hat, wird sie „Manuela“ gerufen, und die helle Irmingard „Rikki“. Das hat den Vorteil, daß keine neu beschrifteten Schildchen vonnöten sind, wenn eine der Damen ihre Mitarbeit in dem Unternehmen beendet und eine Nachfolgerin ihre Arbeit übernimmt. Der Juniorchef ist stolz auf seine Erfindung, die Namen klingen gut und können von den Gästen leicht erlernt werden, a-e-a und i-i. Frau Manuela sollte aber nicht erblonden, und Frau Rikki beim Tönen allenfalls, wenn es schon unbedingt sein muß, einen sanften Stich ins Rötliche einwaschen, damit die Namenklangwelterfindung des Juniors nicht zuschanden wird. Die Chefin erfindet Mehlspeisen, Vanillesoßen, Fruchtsalate und Zutaten zu den Eiskreationen.

Manuela hat eine private Wechselgeldkassa erfunden, die sie persönlich bestückt, weil an manchen Tagen besonders viele Gäste mit großen Scheinen zahlen wollen und der Juniorchef, wenn er spätabends die Kassa ausräumt, manchmal alles Geld restlos mitnimmt, sogar die Zehn-Cent-Stücke. Seit Manuela die private Wechselgeldkassa erfunden hat, ist niemand mehr beim Kassieren verstört, wenn ein Gast mit einem großen Schein zahlen will, sie muß nur darauf achten, daß sie ihr privates Geld, wenn sie solches in die Kassa gegeben hat, beizeiten wieder herausnimmt, sonst hat die Bank das Geld und der Buchhalter den Kassastreifen, und sie steht am nächsten Morgen wieder vor einer leeren Lade.

Rikki hat einen speziellen Glasscherben-Mistkübel erfunden, in welchem immer eine Schaufel und ein kurzer Besen stecken, da Glasscherben leicht die Müllsäcke zerstechen. Außerdem hat sie die Efeuranken in Grün, Weiß, und Rosa erfunden, die büschelweise, von Eiswürfelimitationen aus Acryl gehalten, in Sektgläsern steckend die Vitrinen verzieren.

Die Snackbar als Ganzes hat der Juniorchef erfunden, die besonders raffinierte Deckenverkleidung hat die Chefin erfunden: aus schwarzen Kunststoffleisten quadratisch zusammengesteckte Gitter, deren Einzelteile so breit sind, daß man bei seitlichem Hinaufschauen zur Decke, aus der räumlichen Position eines Gastes, ein kompaktes Ornament von Grau-und-Schwarz-Schattierungen erblickt, ohne dabei der Lichtquellen ansichtig zu werden, und nur wer senkrecht in die Gitterleistenlandschaft hinaufschaut, erblickt darüber, hoch oben, Neonröhren und Kabelstränge, die mit metallenen Bändern an rohem, stellenweise ausgeschlagenem Beton fixiert sind, was keine

Ausnahme ist. Der ganze Konsumtempel, in dessen unübersichtlich bunter Einkaufswelt aus wenigen großen Märkten und vielen schmalen Läden die Snackbar, wie der Juniochef gern betont „ein ansprechend natürlicher rosaroter Akzent, der zum Bleiben einlädt" sein soll, logiert in einem Betongehäuse, das an Fabrikshallen erinnert, an Lagerhäuser großer Speditionen, ohne je für einen anderen Zweck als den des Konsumtempels errichtet worden zu sein. Die Dekorationen sind daher unerläßlich, unverzichtbar, wie der Junior gern erklärt, und die vielen tanzenden Spiegelstückchen über den Köpfen der Beschäftigten geben den Augen der Gäste zu tun und wenden bekanntlich „den bösen Blick" ab.

Natürlich hat ein Innenarchitekt und nicht die Chefin persönlich, direkt, aber es war doch immerhin ihre Idee, diese schamlos offenen und zugleich alles verbergenden Gitter, es kommt nur auf die Perspektive an, pflegt sie zu sagen, und wo sie recht hat, hat sie recht. In der warmen Jahreszeit dürfen Manuela und Rikki rosa-weiß gestreifte Hemdblusenkleider tragen, Hemdblusenminikleidchen mit Gürtel und weiße Servierschürzchen, dazu weiße Söckchen und beige Kellnerinnenschuhe aus Stoff statt der grauen aus Leder, und rosa Haarbänder, sofern sie welche brauchen. Anfang Dezember bekommen sie schwarze Haarbänder mit je zwei schwarzen Hörnern, auf deren Enden Lämpchen blinken, und rot-schwarze Schürzchen, damit sie fesche Teufelchen sind. In der Erdbeerzeit, wenn die Chefin wieder neue Erdbeerköstlichkeiten erfunden hat, bekommen sie erdbeerfarbene Häubchen mit grünen Stengeln aufgesetzt. Am Faschingdienstag, wenn der Fasching zu Ende geht, bekommen sie Hütchen aus Stroh mit grünen und weißen Bändern und dürfen T-shirts nach eigener Wahl tragen, irgendwelche bunten T-shirts, die nur eine kleine leichte einfache Bedingung erfüllen müssen: es darf kein Text aufgedruckt sein.

----x----

2. Der Rat

Als der Zug wieder zu fahren anfängt, läßt sie sich von der schwingenden Tür in den Raucher-Teil des Waggons hereinstauchen und geht schwankend, ohne sich irgendwo festzuhalten, durch bis vor die Tür zum Nichtraucher-Teil. Am linken Fenster sitzt ein Arbeiter, sie schaut ihn unüblich lang an und wendet sich ins rechte Abteil, wo vereinzelt, wie der am linken Fenster, ein anderer sitzt.

„Sind Sie Nichtraucher ?“ fragt sie vernehmlich, der Angesprochene sagt überdeutlich, mit abweisendem Unterton „Ja“. Sie dreht sich um und setzt sich mir gegenüber auf den Fensterplatz gegen die Fahrtrichtung, immer noch in einem Schwanken befangen, das nun nicht mehr nur von außen kommen kann, der Zug hat sich über die Weichen hinweg zurechtgerüttelt und beschleunigt rasch.

Eine alte verwaschene Flanellbluse, vielleicht ein Herrenhemd, darunter steife Jeans. Daß sie diese Kleidung trägt, wäre eine unpassende Behauptung. Die Sachen, die sie anhat, tragen sie. Sie muß enorm untergewichtig sein. Alles, was an Haut zu sehen ist, ist eigentümlich gelbbraun, sonnengebräunte Haut mit einem fahlen Gelbstich darin, der Hals reckt sich aus Bündeln seidendünner Hautfalten hoch und trägt einen mit Häuten überzogenen Knochenschädel. Über den Augenbrauen wieder diese Hautüberschüsse, zusammengeschoppt. Die Wangen hohl, die kurzgeschnittenen gelblichen Haare stehen in Rupfbüscheln wirr gegeneinander, matt, borstig. Auch da dieses Gelb. Sie hat im Näherkommen ihrem Schwanken ein undeutliches Reden hinzugefügt, Dahinreden, Daherreden, gleichmäßig unverständlich, sich wackelnd und redend mir gegenüber hingesetzt, sie redet noch immer. Zieht eine Zigarettenpackung aus dem Hosensack, zündet sich eine an, redet unter ständigem Kopfwackeln und schnellem Hin- und Herschauen zuerst in meine Richtung, dann zur Fensterscheibe, dann in ihren Schoß hinunter, verstummt dann und sitzt ruhig, mit beiläufigen Rauchbewegungen der linken Hand. Jedem Zug aus der Zigarette folgt ein Husten, das durch heillos verschleimte Bronchien herausrasselt. Sie hustet nicht, sie läßt das Husten geschehen, läßt sich widerstandslos den Furor ihrer Lunge gefallen.

Wie alt mag sie sein. Welche Krankheit ist das. Kommt aus einer Entwöhnung, aus einem Spital, einer Anstalt, einem Pflegeheim. Oder sie ist obdachlos. Eine Sandlerin. Ja, eine Obdachlose. Und Alkoholikerin. Mir graust. Dieses Schwanken, Torkeln, dazu das Reden, der Schleim in den Lungen, und ohnehin schon ein wandelndes Skelett, und wahrscheinlich stinkt sie auch. Wenn sie mich beim Husten anspuckt. Den Arbeiter hat sie gefragt „Sind Sie Nichtraucher ?“, komische Frage in einem Raucher-Teil, mich hat sie nichts gefragt. Erstens gesehen, daß ich rauche, zweitens Frau, kein Problem. Was sie dahergeredet hat, war nicht zu verstehen. Ich will es aber gar nicht verstehen. Tu dir das nicht an, ihr fürs Reden grünes Licht zu geben, dann beugst du dich automatisch näher zu ihr hin und sie spuckt dich an. So sitzenbleiben, keinen Zentimeter weiterrücken. Obwohl du sie nicht verstehst den Abstand wahren, wenn du einmal mit ihr zu reden angefangen hast, das gelingt dir nicht. Du mußt ja nicht eindeutig wegschauen. Mußt dich nicht abwenden. Schau einmal links, einmal rechts gelangweilt an ihr vorbei, und über sie hinauf und hinunter zu den Schuhen, nicht sie messen, locker irgendwie herumschaun, nicht offen taxieren, auf deine Knie kannst du starren und dabei ihr das Gesicht zugedreht lassen. Schau irgendwohin, nur nicht demonstrativ weg. Daß sie unverständlich redet, weiß sie vielleicht, das haben ihr andere schon gesagt. Immerhin sitzt sie schon minutenlang ruhig da, direkt brav, brave Schrumpfköpfin, hat ausgeraucht und ausgehustet und gibt Ruhe.

Neuerlich fängt sie zu reden an, fließend aus dem Denken heraus, mit lässigem Gemurmel, dann lauter. Der Zug fährt an Weingärten vorbei, Guntramsdorf oder Gumpoldskirchen, sie fragt mich etwas, aber der Zug ist so laut, sie wiederholt etwas, von dem ich diesmal „Landwirtschaft" verstehe, aber ich verstehe von der Landwirtschaft nichts, dann verstehe ich immerhin „Freizeit", und ob ich die Weingärten kenne, ob ich schon in den Weingärten war oder ähnliches, während ich noch den Kopf schüttle steht sie auf und tritt in den Mittelgang, der Zug fährt in eine Station ein. Schon hinter mir, sagt sie über die Kopflehne der Sitzbank zu mir zurück „Ich habe heute frei !", und mit einem hellen Schwung in der Stimme „Befreien Sie sich von Ihrer Berufskrankheit !" und geht ohne Schwanken und Schütteln, und steigt aus.

Ihr nachschauen mit einem Gefühl, das den ganzen Körper ausfüllt und raumsuchend durch die Haut hinaus will. Wie kommt sie dazu, mir das zu sagen. Wo ist sie? Wenn sie in der Unterführung verschwunden ist – ja, sie taucht auf, als eine der wenigen Ausgestiegenen, geht aber drüben weder zum Ausgang, noch durch den Kassenraum hinaus, auch nicht zu den WCs oder ins Bahnhofsrestaurant, sie geht mit ruhigen, sicheren Schritten an der Fahrdienstleitung vorbei und verschwindet durch eine Tür, die nicht beschriftet ist. Sie kennt sich aus hier. Hat heute frei. Arbeitet. In der Landwirtschaft. Jedenfalls hat sie das so gesagt. Vermittelt. Suggeriert. Und sagt mir so etwas. Befreien Sie sich von Ihrer Berufskrankheit. Was hat sie gemeint? Und meinen Beruf – woher gekannt? Erraten? Alles Blödsinn. Eine Kranke. Eine Alkoholikerin. Das Rauchen wird sie nicht gemeint haben, sie raucht ja selber. Daß ich die Weingärten nicht kenne, kann sie wissen. Und ziemlich blaß bin, Zimmerfarbe, Schreibtischfarbe, Bürofarbe. Und sie? Der fahle Gelbstich in der Bräune – womöglich die Leber. Leberzirrhose. Befreien Sie sich. Ist sie denn frei? Kann man in so einer Verfasung sich frei fühlen? Vielleicht – genau, gerade im Endstadium kann das ja – Delirium – oder sie weiß, was sie hat, und fühlt sich – oder sie verdrängt das und fühlt sich erst recht frei – oder sie war auch unfrei und hat sich zu irgendeiner schwierigen Freiheit hin befreit, in freier Entscheidung fürs Zugrundegehen entschieden, und stirbt in völliger Freiheit, und spürt ihren freien Willen auch noch, wenn sie röchelnd nach Luft ringt, gibt es das, eine glücklich leidende Sterbende, wie es vielerlei Unvorstellbares auch sonst noch gibt?

Oder – nein. Diesem Satz zu viel Bedeutung beigemessen, den Worten. Bedeutsamkeit, als wäre jedes Wort gesucht, ausgewählt, bewußt so verwendet. Du bist unfrei – befreien Sie sich. Du hast eine Berufskrankheit.

Vielleicht hat sie gesehen, daß ich gesünder bin als sie, und gepflegter, daß meine Haut schöner ist, meine Frisur. Daß ich eine große Tasche habe, die nicht billig war, und eine Brille und ein Buch. Sie hatte Schuhe an aus Rindslederimitation, billige bockige Sandalen, ausgelatscht, sie stand locker in diesen Schuhen, die ihr mindestens eine Nummer zu groß waren. Ohne Strumpfhose oder Socken. Mir würden solche Schuhe sofort die Haut blutig wetzen.

Vielleicht arbeitet sie wirklich. Und hat eine schwere Krankheit hinter sich. Hinter sich. Und hat nie etwas anderes machen können als diese Arbeit in der Landwirtschaft. Was heißt das. Im Freien, den ganzen Tag in der Sonne, im Wind, Weingarten, Erdbeerfelder, Bücken, Sichbücken, Aufnieder, etwas machen mit Baumschere, mit Draht, heben, schleppen, sammeln, ich kann es mir nicht vorstellen. Sie – bei schwerer Arbeit? Nein. Dieses Skelett – nein. Sie ringt schon nach Luft nach einem Lungenzug. Die arbeitet nicht. Die trinkt. Ich hab heute frei. Ja, Ausgang vielleicht, aus einer Anstalt vielleicht. Das mit der Arbeit war ein Schmäh. Wer so ausschaut, kann nicht arbeiten und muß auch nicht. Aber wenn sie in einer Anstalt lebt, kann es sein, daß sie schon arbeitet. Zwei Stunden am Tag und nur wenn sie will. In der Gärtnerei. Oder Servieren. Oder irgendwo putzen. Aber diese Farbe – die lebt viel im Freien. Obdachlos. Und wie sie angezogen war. Obdachlos. Sandlerin. Hat bemerkt, daß ich unfrei bin, und nicht verstanden, daß das mit ihr zu tun hat. Daß mir graust und ich ihr nicht zu nahe kommen will. Berufskrankheit. Hat irgendeinen Trumpf ausspielen wollen. Ich hab heute frei. Als ob das nicht jeder hätte, manchmal.

Was hat sie gemeint, was hast du verstanden. Was hast du gemeint, was hat sie verstanden. Was hat sie erraten, was. Du hast sie nicht verstehen wollen. Sie wollte gar nicht verstanden werden, am Anfang nicht, da hat sie mit sich selber geredet. Später dann schon. Was hat sie verstanden, was hat sie gemeint. Was hat sie gewußt. Was.

Du wolltest keinen Rat. Wer war sie. Wer warst du in ihren Augen.
Was hast du gesagt. Wie hast du geschaut, gewirkt, wie bist du gesessen.

Du hast geraucht. Ihr habt beide geraucht. Gleichzeitig?

Sie hat teure starke Zigaretten geraucht. Du rauchst leichte. Hätte sie deine Berufskrankheit bemerken können? Ständige Denkwerkelei, Lesenschreibendenken, alles vom Papier und wieder für Papier, dazwischen das Leben. Wie kann man so viele Lebensinteressen aus Papieren ziehen, hunderterlei Gegenwartsfragen, und Politisches, und Historisches, und die Kunst und die Psychologie und die Religion, die Gesellschaft, die Medien. Vom Papier durch ein Denkleben mit Erfahrungsfilter aufs Papier.

Und sie? Delirium in der Landwirtschaft.

Hat sie Geld, hat sie Angehörige, einen Freund? Hat sie ein Kind? Oder alles gehabt, gehabt, oder nichts davon jemals gehabt. Oder Drogen? Drogen von Anfang an?

Ohne diesen Satz „Befreien Sie sich von Ihrer Berufskrankheit !" könntest du sie vergessen. Sie war schon im Gehen, im Aussteigen, und hat keine Antwort abgewartet. Eine Fremde. Unbekannte. Hat sich mit ruhigen Schritten entfernt. Ist verschwunden. Liegt zu Weihnachten vielleicht schon in einem Armengrab.

Was das alles auslöst, nur weil du nichts von ihr weißt und sie nie wieder sehen wirst, und weil sie das gesagt hat. Oder sie war ein Engel. Engel? Distanzlos, unappetitlich, schwierig, schwerkrank? Von ihrem Sterben gezeichnet. Sie – ja, sie. Was das alles nicht sagt. Wie das alles nichts sagt. Sie – ja. Dir? Was das alles auslöst. Oder doch nicht. Oder schon.

----xx----

3. Die Pyramidenfrau

Beim ersten kurzen, unwillkürlich erstaunten Hinschauen ist sie nicht zu erkennen. Groß, hager, in einem hellgrauen, zu engen Mantel scheinbar ohne Busen, überragt sie die Kinderpyramide, als deren Zentrum sie sich bewegt.

Sie schiebt einen offenen Kinderwagen, in dem ein Windelkind angegurtet, damit es weder aufstehen noch umfallen kann, in weichen Pölstern lehnt. Zu beiden Seiten des Wagens bewegen sich je zwei annähernd gleich große Kinder, wobei jedes sich am oberen Wulstrand des Kinderwagens festhält. Alle vier sind so klein, daß sie eben noch dem im Wagen sitzenden Kind ins Gesicht schauen könnten. Neben der Frau, die den Wagen schiebt, gehen zwei größere Mädchen, eines links, eines rechts von ihr. Mit einer Hand schiebt sie den Wagen, die zweite Hand hält sie einem der beiden neben ihr gehenden Kinder hin, wechselt ab und zu die Schiebehand und teilt so ihr Handreichen zwischen den beiden Mädchen auf.

Die Pyramide bewegt sich phänomenal gleichmäßig fließend dahin, zwölf Kinderfüßchen trippeln auf engstem Raum, sie selbst bringt ihre größeren, ruhig ausholenden Schritte im Bereich der Wagenstange unter.

Strohige blonde Haare, von einer Dauerwelle mehr gekraust als gelockt, darunter ein sehr blasses, verkniffenes Gesicht, sie hält den Kopf gerade und schaut nicht hinunter zu den Kindern. So weit sie die vielfarbig mit wattierten Jacken und ebensolchen Hosen rundlich verpackten Kinder überragt, wirkt ihre Gestalt kahl, trocken, dürr, nur unter der Wagenstange schwingt ihr Mantel glockig aus, und die langen dünnen Waden und sehnigen Fußgelenke haben etwas von Freiheit, raschem, zielstrebigem Gehen, unter der Wagenstange hat sie Platz dafür, während die dicken Jacken der Kinder raschelnd aneinander wetzen und reiben.

Undenkbar, daß die blasse Transporteurin stehenbliebe und mit einer Bekannten zu plaudern begänne. Solang sich alle gleichmäßig schnell bewegen und brav am Wagen hängen, hat jedes Kind ausreichend zu tun: den Füßchen des anderen ausweichen, den Rädern, am Wagen nicht zerren, den Takt nicht verlieren, und sie bewältigt ihre Aufgabe, sieben Kinder über verkehrsreiche Straßen, Radwege, eine Brücke, an Baustellen und Schanigärten vorbei sicher durch die halbe Stadt zu bringen.

Etliche Stunden später, in Gegenrichtung unterwegs, hat sie nur zwei der vier Trippelkinder mit, und auch die größeren Mädchen sind nicht dabei. Dann schiebt sie den Wagen mit dem Kleinkind allein, und die beiden Mädchen stapfen, trotten, stampfen manchmal, als gäben sie dem Asphalt zornig Tritte, mit hängenden Köpfchen im Gleichmaß vor dem Wagen her. Wenn eines zur Seite ausweicht und stehenbleibt, marschiert sie ohne Verzögerung weiter, den Wortwechsel mit dem Kind über die Schulter führend, und wartet erst am Gehsteigrand, bevor sie die nächste Straße überquert, auf das zurückgebliebene Kind.

----xxx----

10 Gründe für einen Generalstreik

von Fritz Keller

Die Gründe:

1. Seit 1978 fordert der ÖGB vergeblich die Einführung der 35-Stunden-Woche bei vollem Lohnausgleich.

2. Durch die „maßvolle“ Gehaltspolitik der sozialdemokratisch dominierten Gewerkschaften in ganz Europa ist EU-weit der Anteil der Nichtselbstständigen am Volkseinkommen unter das Niveau der USA gesunken.

3. Im Zeitraum von 1995 bis 2001 sind die Gewinneinkommen in Österreich um ein Drittel, die der unselbstständig Erwerbstätigen hingegen nur um ein Sechstel gewachsen. Die Einkommen der Frauen und Männer driften seit 1997 immer mehr auseinander.

4. Die geplante Erhöhung des Pensionsantrittalters auf 65 Jahre bedeutet keine Senkung, sondern im Gegenteil eine drastische Erhöhung der (Lebens-) Arbeitszeit.

5. Der als „Pensionssicherung“ vermarktete Raubzug der Regierung Schüssel/Haupt beseitigt die Verteilungsungerechtigkeiten im bestehenden Pensionssystem nicht, vielmehr erfolgt eine weitere drastische Umverteilung zuungunsten der ASVG-Versicherten, deren Durchschnittsbezüge (ca. 1.100 € bei Männern, 700 € bei Frauen) schon jetzt kaum Existenz sichernd genannt werden können.

6. Der geplante Ausbau des so genannten dritten und vierten Standbeins (Pensionskassen und private Rentenversicherung) verschärft diese Umverteilung des Volksvermögens zugunsten der Reichen und Superreichen in unserer Gesellschaft noch.

7. In seinen langfristigen gesellschaftspolitischen Plänen billigt Bundeskanzler Schüssel Gewerkschaften nur die Rolle von gelben Organisationen im Rahmen von Unternehmen zu, deren primäre Aufgabe in der Standortsicherung „ihrer“ Firma besteht.

8. Im Zuge dieser neoliberalen „Reform“pläne will Bundeskanzler Schüssel offenbar derzeit das politische Gewicht des ÖGB austesten. Der Konflikt um den Pensionsraub der Regierung bekommt dadurch eine politische

Dimension, die weit über den aktuellen Konflikt hinausgeht. Geht Schüssel in diesem Streit als Sieger hervor, steht das Tor zur „Dritten Republik" offen.

9. Zwei Mal schon hat der Funktionärsapparat des ÖGB die Masse der Mitglieder von Aktionen gegen die Regierungen Schüssel I + II abgehalten: unmittelbar nach der ersten schwarz-blauen Regierungsbildung und nach der Urabstimmung im ÖGB. Wenn die Masse der Mitglieder, die ihre Kampfbereitschaft bei Hagel und Sturm eindrucksvoll demonstriert hat, nun wieder zurückgepfiffen wird, ist zu erwarten, dass Aufrufe zum Widerstand in der Zukunft nur auf geringe Resonanz stoßen werden.

10. Wer kämpft, kann verlieren, wer nicht kämpft, ist verloren.

Noch unter dem lebendigen Eindruck von 200.000 kampfentschlossenen DemonstrantInnen, die am 13. Mai - trotz strömenden Regens - die Straßen Wiens bevölkert hatten, trug ich als Delegierter auf dem 15. Gewerkschaftstag der Gemeindebediensteten vom 19. bis 22. Mai im Austria Center/Wien diese „10 Gründe" mündlich vor.

Seither fand am 3. Juni ein vom ÖGB organisierter 24-stündiger Abwehrstreik stantt, an dem sich mehr als eine Million Lohnabhängiger beteiligten, allerdings meist passiv, weil offensive und öffentlichkeitswirksame Aktionen von der Gewerkschaftsführung vermieden wurden; außerdem noch ein Autokorso vor dem Parlament am 11. Juni, dem Tag der Abstimmung.

Den Kampf gegen den Rentenklau hat der ÖGB damit verloren – Teilerfolge, wie das Hinausschieben der Frührentenregelung und die Deckelung vieler Maßnahmen mit einem Maximalverlust von 10 Prozent können darüber nicht hinwegtäuschen. Das für Herbst angekündigte eigene Pensionsmodell des ÖGB ist nicht mehr als ein Schwanengesang der GewerkschaftsfunktionärInnen zur Beruhigung der Basis.

Die Ursachen dieses konkreten Misserfolges sind vielfältig:

- Die veröffentlichte Meinung akzeptierte weithin die von neoliberalen „Fachleuten" propagierten Thesen von der angeblichen „Unfinanzierbarkeit" der Altersversorgung aufgrund der demographischen Veränderungen.[1)]
- Selbst im ÖGB wurde nur in Nischen über grundsätzliche Alternativen zur Pensionsfinanzierung in Form von Kapitalbesteuerung oder Wertschöpfungsabgabe nachgedacht,[2)] weil das Auf-die-Tagesordnung-setzen der Verteilungsfrage das definitive Ende der Sozialpartnerschaft bedeuten würde.

• Der aus der „Überparteilichkeit" des ÖGB resultierende Zwang zum politischen Arrangement mit den ÖVP-Gewerkschaftern erwies sich als permanenter Hemmschuh.
• Die sozialdemokratische Führung des ÖGB fürchtete die Radikalisierung der Basis durch die Eigendynamik einer Bewegung. Dazu der Vorsitzende der Gewerkschaft der Gemeindebediensten Rudolf Hundstorfer in seiner Begrüßungsansprache vor dem 53. Österreichischen Städtetag vom 4. bis 6. Juni: „Ich möchte mich bei dieser Gelegenheit dafür bedanken, dass diese [Streik]-Aktivitäten akzeptiert worden sind, dass es möglich war – das zeichnet unsere österreichischen Gewerkschaften aus -, dass diese Aktivitäten ohne Chaos, ohne Zusammenstöße, ohne Randale über die Bühne gegangen sind. Wir wissen, dass wir hier auch unsere Grenzen haben ... Wir bekennen uns auch weiterhin zu einer gemeinsamen Gestaltung unseres Pensionsrechtes ... ."[3)]
• Die SPÖ in Person des Parteivorsitzenden verkündete öffentlich, die Pensions"reform" im Falle eines Wahlsieges nicht zurückzunehmen, sondern nur im Sinne eines „Fairness-Modells" abändern zu wollen.
• Die Grünen ließen durch ihr schaumgebremstes Engagement ebenfalls keinen Zweifel darüber, dass sie im Interesse ihrer herbeigeflehten Regierungstauglichkeit die von der EU im Sinne der „Methode der offenen Koordinierung"[4)] vorgegebenen Eckpfeiler[5)] akzeptieren würden.

Im September folgte der Niederlage im Kampf gegen den Pensionsklau das Desaster bei der VOEST-Alpine – die Verschleuderung des Unternehmens an „Share Holder" unter dem Buchwert. Ob die kompromissheischende Linie der Führung der EisenbahnerInnen-Gewerkschaft die von Margaret Thatcher inspirierten Pläne der ÖVP-FPÖ-Regierung bei der Neustrukturierung der ÖGB werden bremsen können, muss zumindest bezweifelt werden.

Die eigentlich Misere des ÖGB geht aber über diese geschilderten oder zu erwartenden Niederlagen weit hinaus und lässt sich in folgender Situationsbeschreibung zusammenfassen:

• In den letzten Jahrzehnten verlor der ÖGB seinen Einfluss auf eine Fülle von Institutionen, auf denen nach 1945 seine Stärke in der Innenpolitik und Sozialpartnerschaft beruhte (Verstaatlichte Industrie und Banken, Konsum, Sozialministerium ...).

• Mit diesem Macht- ging ein Mitgliederverlust einher: Der ÖGB, der in den 50er Jahren 60 Prozent aller Lohnabhängigen erfasste, erreicht mittlerweile nämlich nur mehr einen Organisationsgrad von unter 40 Prozent. Jahr für Jahr verlieren die 13 Fachgewerkschaften im Durchschnitt 1,4 Prozent der Mitglieder.[6)]
• Die Gewerkschaftsbewegung hat sich auf den öffentlichen Sektor zurückgezogen und wird in dem Ausmaß reduziert, wie dieser durch Privatisierungen zerschlagen wird.
• In ganzen Industriezweigen sind Gewerkschaften überhaupt nicht mehr vertreten.
• Nur wenige Teilzeitbeschäftigte und weibliche Arbeitnehmer sind Gewerkschaftsmitglieder.
• Sehr wenige Mitglieder sind unter 25, viele sind hingegen männliche White-Collar-Worker.
• Es gibt einen zunehmenden Wettbewerb zwischen den Fachgewerkschaften über die Vertretungsrechte.
• Jahrzehnte sozialpartnerschaftlichen Handels nach dem Motto „Wann's mein Herrl gut geht, geht's mir a' gut, wann's mein Herrl schlecht geht, geht's mir a' schlecht!" (Copyright: Schmetterlinge) haben Solidarität aus den Herzen und Hirnen der Mitglieder verbannt und alle rebellischen Traditionen verschüttet.

Obwohl der ÖGB seine Rolle als quasi „Staatsgewerkschaft" offensichtlich ausgespielt hat, werden weiterhin weniger als drei Prozent des Etats für Organisierung und Werbung neuer Mitglieder herangezogen. 97 Prozent des ÖGB-Budgets fließen in Serviceangebote und in die politische Vertretung einer abnehmenden Zahl von Mitgliedern. Alle Strukturreformen des ÖGB orientierten sich bisher an aus der Privatwirtschaft übernommenen Konzepten und zielten auf Synergie-Effekte durch Zentralisation ab. Tatsächlich umgesetzt wurden dabei nur jene Fusionen, die den Intentionen leitender FunktionärInnen entsprachen – sachliche Notwendigkeiten blieben häufig auf der Strecke (die Vereinigung der Gewerkschaften öffentlicher Dienst und Gemeindebedienstete scheiterte ausschließlich am Problem, ob „Rote" oder „Schwarze" in der fusionierten Organisation die Mehrheit haben würden). Was Wunder, wenn jeder auf diesem Weg bisher erreichte Einsparungs-Nutzen mit wachsender Entfremdung der Mitglieder von den immer abgehobeneren Strukturen einher ging. Immer neue Marketing-Strategien sollten die sich abzeichnenden Identitätskrisen der Basis-AktivistInnen beheben.

Angesichts dieser Beschreibung des Ist-Zustandes erhebt sich die Frage: Welche Taktik ist vom ÖGB in Zukunft zu erwarten? Die pessimistische Antwort lautet: Wenn die organisatorische Krise eine Kehrtwende unvermeidbar macht.

Für eine solche Prognose spricht einmal, dass in der Hohenstaufengasse wie in vielen anderen österreichischen Institutionen der durch den ÖGB-Präsidenten Fritz Verzetnitsch personifizierte Fluch des edlen Hauses Habsburg lastet: „Auf halben Wegen und zu halber Tat mit halben Mitteln zauderhaft zu streben.“[7)]

Außerdem erhärten ausländische Beispiele solche pessimistischen Erwartungen: Erst als die finanziell am Boden liegende AFL/CIO durch den politischen Druck von der republikanischen Mehrheit im Kongress knapp vor der Implosion stand, löste im Oktober 1996 - gegen den vehementen Widerstand eines Teiles des Apparates - John J. Sweeny, ein deklarierter Sozialdemokrat, Thomas R. Donahue und Lane Kirkland an der Spitze der Organisation ab. Der neue Präsident kündigte sofort drastische Abkehr von der Ausrichtung als Serviceorganisation an. AFL/CIO sollten sich zum Sprecher aller Entrechteten machen, weshalb 20 Frauen, Schwarze und Hispanics in den 57-köpfigen Führungsrat nachrückten.[8)] Die Gewerkschaften, erklärte Sweeny, müssten sich vermehrt auch durch „zivilen Ungehorsam“ Gehör verschaffen.[9)]

Auf Österreich umgelegt, würde eine derartige neue Konzeption zunächst einmal einen Abbau der traditionellen Spannungen (Stichworte: Zwentendorf, Hainburg) zwischen Gewerkschaften und „neuen sozialen Bewegungen“ bedeuten. Daraus könnte eine Kooperation mit beiderseitigem Nutzen entstehen. Die Gewerkschaften könnten sich von Vertretern von Partikularinteressen wieder in Richtung von international agierenden Anwälten des ökologischen und sozialen Gemeinwohls entwickeln. Für die NGO's böte eine Kooperation die einmalige Chance der Überwindung der Grenzen jener „harten“ Politikbereiche, wo hinter verschlossenen Türen die wirtschafts- und finanzpolitische Macht verhandelt und zementiert wird.

Gemeinsamer Referenzpunkt könnte die Forderung „Nachhaltigkeit“ sein, was bedeutet, dass Veränderungen nur in einer ökologisch und sozial verträglichen Weise vorgenommen werden sollen. Es müsste also eine gemeinsame Idee entwickelt werden, wie den globalen Problemen von Umwelt und Entwicklung mit einem alternativen Gesellschaftsmodell begegnet werden könnte, beruhend auf einer neuen Vorstellung von einem „guten Leben“ jenseits des alten fordistischen Traums eines ungebrochenen Zusammenhanges von Arbeit, Fortschritt und Glück.[10)] Das „Recht auf Arbeit" müsste also dem „Recht auf Faulheit"[11)] weichen!

Fast unnötig zu betonen, dass eine solche Perspektive völlig neue Organisationsformen verlangen würde, die den neuen Identitäten in der Arbeitswelt entsprechen.[12)] Vorbilder dafür gäbe es in Hülle und Fülle:[13)]

• 1986 startete das Projekt Weltschokoladefabrik: Innerhalb der „Kakaokette" wurden direkte Kontakte zwischen örtlichen Gewerkschaftsorganisationen, Betriebsgruppen und BetriebsrätInnen hergestellt. So entstand – unterstützt vom niederländischen Voedingbond FNV, der österreichischen Gewerkschaft Agrar-Nahrung-Genuss und in Kooperation mit der Internationalen Union der Lebensmittel- und Genussmittelgewerkschaften - ein internationales Solidaritätsnetzwerk von Ghana, Malaysia und Brasilien bis nach Europa, das seine Schlagkraft schon wiederholt unter Beweis gestellt hat. Sei es, um die Anwendung von Phosphin gegen Insekten bei der Produktion der Kakaobohnen einzustellen, sei es, um Gewerkschaftsorganisationen in der Dritten Welt zu finanzieren, sei es, um die Entlassung der Gewerkschaftsführung bei der Schokoladefabrik Cadbury in England durch eine internationale Aktion zu verhindern.[14]

• 1996 gründeten in der Schweiz die seit Jahrzehnten verfeindeten und konkurrierenden Organisationen SMUV (Gewerkschaft Industrie, Gewerbe, Dienstleistungen) und GBI (Gewerkschaft Bau und Industrie) zusammen mit zwei kleineren PartnerInnen eine neue Dienstleistungsgewerkschaft UNIA. Ausschlaggebend für diesen bahnbrechenden Schritt war die Erkenntnis, dass alle Beteiligten durch die Verbreitung prekärer Arbeitsformen, wie Arbeit auf Abruf, Leiharbeit, geringfügige Beschäftigung, unselbstständige Selbstständigkeit extrem unter Druck gesetzt wurden. Die UNIA wirbt mit der Individualität des Mitgliedes und sieht ihre Aufgabe darin, die Individuen mit ihren unterschiedlichen Erfahrungen, Lebenslagen und Interessen zu einem Ganzen zu verbinden. „UNIA - der Klang des Namens steht für ein weites rundes Gefäß. Einerseits vereint diese Gewerkschaft Menschen, andererseits lässt sie ihnen Raum für Individualität. Genau dafür steht das große I im Namen von UNIA - die Mitglieder von UNIA sind Menschen die ich/je/io sagen können", heißt es dazu in einem 1996 verfassten Manuskript zum Selbstverständnis. Als im Sommer 1996 etwa der Kollektivertrag im Gastgewerbe aufgekündigt wurde, verbreitete die UNIA mittels intensiver Medienarbeit „schwarze" und „weiße" Listen von „guten" und „bösen" Restaurants und Hotels.[16)] Eine weitere Kampagne galt der „Arbeit auf Abruf", die sich vor allem im Handel ausbreitet.[17)] Gemeinsam starteten SMUV, GBI und UNIA außerdem „Das Bouquet - Initiative für eine soziale Schweiz" mit den Forderungen „Arbeitszeit verkürzen statt mehr Arbeitslose (36-Stunden-Woche-Initiatve)" und „Aktionärsmillionäre sollen Steuern zahlen (Kapitalgewinnsteuerinitiative)".

• Ebenfalls in der Schweiz entstand eine Frauengewerkschaft FSG, in der sich „Haustätige und Berufstätige, Arbeitslose und Arbeitsscheue" mit folgenden Zielvorstellungen organisieren:

Die Umverteilung der Arbeit auf der Grundlage von Frauenbiographien gestalten.
Den Ausverkauf der Frauenarbeit und Frauenkörper verhindern.
Garantiertes Mindesteinkommen fordern.
Die Haushaltskassen gegenüber dem Staatsetat für Militär, Technologie und Beton verteidigen.
Die Rechtlosigkeit der Frau im Rechtsstaat thematisieren.
Nullwachstum leben lernen.
Für menschengerechte Produktions- und Reproduktionsverhältnisse kämpfen.
Den öko-sozialen Umbau beginnen.
Solidarität mit allen unterdrückten und ausgebeuteten Frauen weltweit praktizieren.
Die Utopie für ein ganzes Frauenleben umsetzen.[18)]

Zusammenfassend gesagt:

Wenn der ÖGB nicht „Fortwurschteln" und den Mitgliederschwund einfach hinnehmen möchte,[19)] dann müssten sich die österreichischen Gewerkschaften durch eine intensive Kampagnen-Politik[20)] zur „APO der Nation" entwickeln,[21)] ihre ihre seit den Tagen Victor Adlers bestehende „Zwillings"-Bindung an die immer mehr von neoliberalen Ideen infizierte SPÖ aufgibt.[22)] Mehr noch: Der ÖGB müsste zunehmend bewusst als Teil eines weltumspannenden Movements agieren. Aktionen, wie der erste Eurostreik 1997 gegen die Schließung des Renault-Werkes in Vilvorode/Belgien, wären das Mittel dafür. Koordinierte Arbeitsniederlegungen durch den Europäischen Metallarbeiterbund in Belgien, Frankreich, Spanien, Portugal sowie Slowenien wären dann nur die ersten Schritte in Richtung jenes Zukunftsmodells „globale Gewerkschaftsbewegung“ gewesen, das in den zirka fünf Millionen Mitgliedern, die in 120 Ländern dem Internationalen Transportarbeiterbund (ITF) angeschlossen sind, bereits einen Ansatz gefunden hat. In der internationalen Schifffahrt konnte der ITF nämlich einen weltweiten Mindestlohn durchsetzen, der zehn mal so hoch wie manche lokale Ansätze ist.[24)] Sogar Schiffen, die aus Steuergründen unter ausländischer Konvenienzflagge fahren, ist sichere Durchfahrt nur bei Bezahlung einer der vereinbarten Entschädigungen zusammen mit einer Spende an den Wohlfahrtsfonds des Berufssekretariates möglich. Rund um die Welt händigen rund 100 ITF-Inspektoren gewerkschaftliche Genehmigungsiegel aus, ohne die, die Flottenbesitzer Streiks, Boykotts oder das Verderben der beförderten Waren risikieren würden.[25)]

Institutionen, die auf diesem „long way“ zum Global Player nützlich sein könnten, gäbe es in einer gewerkschaftlichen Form, die sich Global Labour Institute nennt - eine Stiftung nach schweizerischem Recht. Im Stiftungsrat sitzen derzeit vier Generalsekretäre von internationalen Berufssekretariaten: der Sekretär der europäischen Organisation der Arbeiterbildung; ein Däne, der einmal als internationaler Sekretär tätig war; der Generalsekretär der „Solidar“, der früheren Internationalen Arbeiterhilfe; der Generalsekretär des Internationalen Journalistenbundes. Dan Gallin, Präsident des Institutes, definiert die Zielvorstellungen so: „Die Weltwirtschaft steht erneut an der Schwelle zur Barbarei, indem die universellen Werte, auf denen der soziale Konsens der Nachkriegszeit aufgebaut war, verworfen werden. Es ist eine virtuelle Weltregierung entstanden, die sich auf der einen Seite auf den Konsens der konservativen Regierungen der führenden Nationen stützt, die sowohl politisch wie auch militärisch tonangebend sind, und die auf der anderen Seite auf die transnationale Konzernmacht bauen kann. Es geht daher jetzt darum, gewerkschaftliche Kräfte zu bündeln, Zusammenarbeit zu fördern mit dem Ziel, zum transnationalen Kapital eine Gegenmacht aufzubauen. Das Kapital hat sich nämlich globalisiert, die Gewerkschaftsbewegung nicht. Es gibt zwar internationale Organisationen, die jedoch weiterhin national denken und handeln. Der Zweck des Global Labour Institute ist, die Bewegung zunächst im Denken zu globalisieren. Internationale Zusammenarbeit soll wieder eine Frage der einzelnen Gewerkschaftsmitglieder werden und nicht die Frage der Führungsspitze sein. Wir brauchen neue Basisstrukturen, wenn wir dem globalisierten Kapital ernsthaft etwas entgegensetzen wollen. Und wir brauchen Bündnisse und Netzwerke in der Zivilgesellschaft. Ich denke dabei an Organisationen, die in den Bereichen

Menschenrechte, Bildung, Frauenrechte und Umweltschutz aktiv sind, an die sozialen Bewegungen der Landlosen und des urbanen informellen Sektors sowie an progressive StudentInnenbewegungen, Bürgerinitiativen, Konsumentenschutzverbände und andere".[26)]

Optimistischer Nachsatz:

Geschichte ist keine Einbahnstraße und sie ist machbar! FunktionärInnen der GPA, der Eisenbahner- und der Chemiegewerkschaft beteiligen sich engagiert am Österreichischen Sozialforum. Vielleicht gelingt es, die Dynamik der europäischen Entwicklung in eine Koordination der Komitees, Initiativen, Einzelgewerkschaften, NGOs und BasisaktivistInnen hineinzutragen und eine breite Diskussion über Inhalt und Formen des Widerstandes gegen Neoliberalismus und Krieg zu entfalten, die die verkrusteten Strukturen des ÖGB aufweicht. Vielleicht gelingt es uns gemeinsam, neue Streik- und Aktionsformen zu erfinden, die den Wert von Solidarität wieder in den Herzen und Hirnen der Lohnabhängigen verankern können (EisenbahnerInnen, die keine Fahrkarten kassieren; Parksheriffs, die keine Organstrafen verhängen; Krankenpflegepersonal, das keine Sozialversicherungs- und Controlling-Daten mehr in die Computer eingibt und sich anstelle vermehrt um die PatientInnen kümmert; Blockade der FAX-und E-Mail-Einrichtungen, KäuferInnenstreik ...). Vielleicht können wir damit sogar einen Zugang zu jener verschütteten, aber dennoch existenten Tradition der Rebellion gegen Vorsitzende jeder Art[27)] in der österreichischen ArbeiterInnenbewegung wiederfinden, die sich im die Märzrevolution 1848 in Wien einleitenden Aufstand der Naschmarktweiber,[28)] in der spontanen Großdemonstration für Koalitionsfreiheit am 13. Dezember 1869 vor dem Parlament, im legendären Tramway-Streik 1889, im Matrosenaufstand von Cattaro, im Jänner-Streik 1918, in den Demonstrantionen des Juli 1927, in den Kämpfen des Februar 1934 und im Oktober-Streik 1950 manifestierte!

[1)] Eine der seltenen, diesem Mainstream zuwiderlaufenden Darstellungen findet sich im Standard vom 28. Juni 2003 (Album Dossier Vorsorge)

[2)] Eine solche Ausnahme ist: GPA (Hg.), Mythos Kapitaldeckung. Die Risken der Privatisierung des Pensionssystems, Wien o. J (2003)

[3)] Österreichische Gemeinde-Zeitung, Nr. 7/2003, S. 12

[4)] Auf dem Frühjahrsgipfel 2002 in Barcelona „wurde von den Staats- und Regierungschefs beschlossen, dass nunmehr alle 15 EU-Mitgliedsstaaten bis September 2002 der Europäischen

Kommission einen Bericht über die nationalen Strategien zur langfristigen Sicherung der Zukunftsfähigkeit der Renten auf einem angemessenen Leistungsniveau vorlegen. Dieses Verfahren ist ein Teil der so genannten ‚Methode der offenen Koordinierung', bei welcher alle Mitgliedsstaaten zwar die nationale Eigenständigkeit bewahren, durch einen intensiven Erfahrungsaustausch, die Suche nach guten Praktiken und das Messen der Erfolge der einzelnen Mitgliedsstaaten bei den jeweils ergriffenen Maßnahmen aber wesentlich zu einer Vertiefung der politischen Prozesse auf europäischer Ebene beitragen" (Republik Österreich [Hg.]: Bericht über die österreichische Rentenstrategie 2002, Wien 2002, S. 2).

5) Siehe dazu etwa: Rat der Europäischen Union - Übermittelungsvermerk des Ausschusses für Wirtschaftspolitik und des Ausschusses für Sozialschutz über den Entwurf eines gemeinsamen Berichtes der Kommission und des Rates über angemessene und nachhaltige Renten, Brüssel, den 3. März 2003, ECOFIN 51 SOC 72.

6) Durchschnittsverlust seit Anfang der 90er Jahre (Angaben nach Standard 22. August 2003).

7) Franz Grillparzer, Ein Buderzwist in Habsburg, in: Franz Grillparzers, Sämtliche Werke, Bd. III, Leipzig o.J., S. 318

8) Es werden auch Information "Especially for minorities and women" verbreitet (http://www.aflcio.org/uniondifference/uniondiff4.html und http://www.aflcio.org/women/equalpay.html).

9) Informationen darüber finden sich unter http://www.aflcio.org/home.htm

10) Siehe dazu Sabine Krüger: Nachhaltigkeit als Impuls – Sozial-ökologische Bündnisse zwischen NGO's und Gewerkschaften, Münster 2002

11) Das klassische, von Marx' Schwiegersohn Paul Lafargue verfasste Pamphlet zum Thema beginnt mit den denkwürdigen Worten: „Eine seltsame Sucht beherrscht die Arbeiterklasse aller Länder, in denen die kapitalistische Zivilisation herrscht, eine Sucht, die das in der modernen Gesellschaft herrschende Einzel- und Massenelend zur Folge hat. Es ist dies die Liebe zur Arbeit, die rasend, bis zur Erschöpfung der Individuen und ihrer Nachkommenschaft gehende Arbeitssucht. Statt gegen diese geistige Verirrung anzukämpfen, haben die Priester, die Ökonomen und die Moralisten die Arbeit heiliggesprochen", in: Paul Lafargue, Das Recht auf Faulheit, Wien-Berlin o.J., S. 9

12) Viele theoretische Inputs dazu finden sich in Michael Jonas/Sabine Nover/Ursula Schumann (Hg.), Brennpunkt Arbeit. Initiativen für eine Zukunft der Arbeit, Münster 2002

13) Weiter Beispiele finden sich in: Mike Conelly, New Unionism. „Gewerkschaft neu", in: Erwin Kaiser ua. (Hg.), Auf zu neuen Ufern. Gewerkschaftliche Organisationsmodell in Österreich und Europa, Wien 1999, S. 231ff.

14) Gerhard Riess, Die Weltschokoladefabrik, in: alternative, Nr. 7-8/Juli-August 1995

15) Im Logo der UNIA wird das i als langes j geschrieben.

16) Noch wirkungsvoller hat sich die von der österreichischen Gewerkschaft Hotel-Gastgewerbe-Persönlicher Dienst erfundene „Betriebsbesetzung durch AktivistInnen bei Mindestkonsumation" erwiesen (vgl.: Rudolf Kaske, Kampagnen gewinnen an Bedeutung. Mobilisierung, a.a.O., S. 67ff.).

17) Angaben nach: Corinne Schärer, Eine atypische Gewerkschaft für atypische Beschäftigungsverhältnisse, in: Gerhard Gstöttner-Hofer (Hg.), Was ist morgen noch normal?, Wien 1997, 283ff. Die UNIA publizierte 1997 dazu die Broschüre „Jederzeit abrufbar? Alles was Recht ist!"

18) FSG Frauengewerkschaft Schweiz – Utopie für ein ganzes Frauenleben (Werbeprospekt).

19) Im Jahr der Urabstimmung im ÖGB – 2002 – kehrte nur 0.9 der Mitglieder dem ÖGB den

Rücken – der langjährige Durchschnitt liegt bei 1.4 Prozent, in: Standard, 22. August 2003.

[20] Andy Banks, Strategische Gewerkschaftskampagnen in den Vereinigten Staaten von Amerika, in: Gerhard Gstötner-Hofer, Mobilisierung und Kampagnenfähigkeit. Impulse für die gewerkschaftliche Interessendurchsetzung, Wien 1998, S. 51ff.

[21] Eine Vorstellung, die der DGB-Chef Michael Sommer Ende August im Norddeutschen Rundfunk entrüstet von sich gewiesen hat.

[22] In britischen Gewerkschaften sind bereits intensive Diskussionen über den Bruch mit traditionellen Bindungen an Blairs Sozialdemokraten und vermehrte Kontakte zu Kräften links von Labour, wie Scottish Socialist Party, im Gange. Vgl.: Neue Linkskräfte und Gewerkschaften, Interview mit Patrick Sikorski, stellvertretender Generalsekretär der Eisenbahner- und Transportarbeitergewerkschaft [National Union of Rail, Maritime and Transport Workers] in England, in: INPREKORR – Internationale Pressekorrespondenz, Nr. 380-381 / Juli-August 2003.

[23] Siehe dazu: Wolfgang Greif, Ansätze zur Europäisierung der Arbeitsbeziehungen, in: Wolfgang Greif ua. (Hg.), Alternativen zum Neoliberalismus, Wien 1999, S. 215ff.

[24] Economist, 1997, S. 85

[25] Detailliert wird die Entwicklung im Buch von Sigrid Koch-Baumgarten, Gewerkschaftsinternationalismus und die Herausforderung der Globalisierung. Das Beispiel der Internationalen Transportarbeiterföderation, Frankfurt am Main/New York 1999 geschildert.

[26] Global Labour Institute; in: Wir Gemeindebedienstete, Februar 1999. Kontakt ist möglich über Global Labour Instiute, Avenue Wendt 12, CH 102 Genève, oder gli@prolink.ch.

[27] Schließlich leitet sich das Wort „präses" (Voristzender) im Lateinischen davon ab, dass Sklaven ihren Herrn auf den kalten Steinen der Toiletten „präsidere" (vorsitzen) mussten.

[28] Siehe dazu Ferdinand Kürnberger, Der Radikalismus auf dem Naschmarkt, in: Karl Riha (Hg.), Feuilletons, Frankfurt am Main 1957, S. 71 ff

Mein Ich, meine Solidarität und mein Alltag

Warum die Solidarität des Ichs mit sich selbst nichts mit Egoismus zu tun haben muss!

von Michael Rosecker

1) Vom Klagen über die alltägliche soziale Ignoranz

„Der Egoismus ist kolossal: er überragt die Welt.“[1)]

(Arthur Schopenhauer)

Es vergeht kein Tag, an dem man nicht mit dem Klagen über die Eiseskälte der Menschen im Alltag konfrontiert wird. Wir lesen Berichte über verwesende Alte in unseren altersgerechten Standardwohnungen, deren Ableben erst Jahre später entdeckt wurde. Nicht einmal die penetranten Dekompositionsgerüche werden als Belästigung empfunden. Nur die fehlenden Rentenabbuchungen auf der Toten Bankkonten, durch aufmerksame Bank- oder Postbeamte bemerkt, können eventuell zur Entdeckung führen. Hitzewellen tun ihr Übriges dazu, Alterseinsamkeit ins Zentrum des öffentlichen, aber nicht des persönlichen Interesses zu rücken. Ebenso vergeht kein Tag, an dem man nicht mit dem Klagen über die Niedertracht und die Bösartigkeit irgendwelcher ArbeitskollegInnen konfrontiert wird. Spott und Hohn, sexuelle Demütigungen und die Ignoranz gegenüber dem dadurch verursachten Leid prägen das alltägliche Sprechen über die Arbeitswelt. Penetrante Hinweise auf die Notwendigkeit, sich in schlechten Zeiten nach der Decke strecken zu müssen und sich nicht um arbeitsrechtliche Mindeststandards kümmern zu können, begleiten dieses Klagen genauso, wie Berichte über wie Sklaven gehaltene Mitarbeiter in der Tourismusbranche. Hinzu kommt das Wehklagen über der Jugend soziale Isoliertheit, ihre asoziale Grundhaltung und ihre angeblich soziopathische Verhaltensweise gegenüber den Mitmenschen. Parallel dazu werden Berichte über sexuellen Missbrauch von und Handel mit Kleinkindern durch Erwachsene Bestandteil des alltäglichen Imformationsinputs des Durchschnittsmenschen.

Es vergeht aber genauso kein Tag, an dem man nicht mit irgendeinem Werbeslogan konfrontiert wird, der Einsamkeit als Freiheit sowie Habsucht als Stärke preist oder der über die „Geilheit" des Geizes und des Neides referiert. Generationenverträge werden, um spezielle Pensionsversicherungen zu bewerben, lustvoll aufgekündigt, damit klargelegt wird, dass jene verlassen sind, die sich auf die Solidarprinzipien der öffentlichen Hand verlassen. Markenturnschuhe werden gleichsam als Einzelstücke der Freiheit und niedrige Handytarife als Symbole der Gleichheit feilgeboten. Genauso kann es jedoch schon auch einmal vorkommen, dass katholische Philosophieprofessoren öffentlich über die segensreichen Grundtugenden des Menschen, den Geiz und den Neid, referieren, da der Erstere sparefröhlich und der Zweitere anspornend sei. Auch Politiker überleben in der medialen Berichterstattung keinen Augenblick, wenn sie nicht rund um die Uhr begeistert unter tosendem Beifall des Publikums betonen, dass die Zeiten der Großzügigkeit vorbei seien und jeder der strauchelt, sich schon fragen müsse, ob er auch alles an nach unten offener Selbstlizitation versucht habe, um Arbeit zu finden; fast so als wäre der Sozialstaat ein Gnadenakt guter Zeiten und nicht Notwendigkeit schlechter Zeiten. Gegen Napoleons Revolutionsarmeen riefen spanische „Freiheitskämpfer": „Nieder mit der Freiheit!" Heute rufen europäische Sozialhilfeempfänger gemeinsam mit amerikanischen Neoliberalen: „Nieder mit dem Sozialstaat!"

2) Von der Zeitnot und der geographischen Abwesenheit des Abenteuers

„Immer weniger Zeit für immer mehr Möglichkeiten."[2)]

(Hans Blumenberg)

Auch alltäglich ist das Klagen über Zeitnot. Zum einen über die Zeitnot, die mit immer komplexeren und beschleunigteren Arbeitsabläufen, wie sie eine an reiner Effizienz und Profitorientierung ausgerichtete Ökonomie verlangt, zu tun hat. Zum anderen ist es die beklagte Zeitnot, die epidemisch in der Freizeit um sich zu greifen scheint. Partygäste, die gelangweilt dem Gesprächspartner vom Stress des Feierns erzählen, sind keine Seltenheit. So ist Freizeit generell ein bedeutender Wirtschaftsfaktor geworden, der dementsprechend immer mehr nach effizienter Nutzung und Ausbeutung verlangt, und das scheint allen im Bewusstsein verankert zu sein.

Die Erkenntnis, dass der Menschheit immer mehr Erfüllungspotentiale geboten werden, ist Allgemeingut. Dass diese das einzelne Individuum überfordern, noch nicht, da die Tatsache der biologischen Zeitbegrenzung der Einzelnen noch verdrängt wird: Die Spannungen hingegen, welche die auf „Überstürzung angelgt[e] Erfüllungsbesessenheit des Individuums“[3] erzeugt, gehören aber bereits zum alltäglichen Neurosenpotential. Sogar permanente Aufforderungen zur Muße, bezwecken primär Zeitgewinn und schielen auf Effizienz, da die Werbezeiten dafür Geld kosten. „Freizeit ohne Muße“ ist ein Schlagwort der kommenden Generationen. Freizeit wurde ursprünglich als „Kannzeit“ neben die „Musszeit“ Arbeitszeit gesetzt. Sie sollte aber nicht nur lohnarbeitsfreie Erholungszeit, sondern auch Freiheitszeit, als freie Kulturpflegezeit oder Zeit zur Selbstverwirklichung sein. Damit hat Freizeit heute kaum noch etwas zu tun. Das ursprüngliche Verständnis verlor immer mehr an Sinn. Freizeit ist Krieg.

Auch die Räume des alltäglichen Lebens werden uns permanent verdorben. Zunächst werden uns unsere Arbeitsplätze fremd, da die Arbeit selbst, trotz höchster Kosten, entwertet sowie uns immer mehr entfremdet wird und oben angesprochene Arbeitsverhältnisse sie uns zusätzlich immer mehr verdrießen. Außerdem hört man es ja jeden Tag, dass in der Welt der unbegrenzten Möglichkeiten jeder Arbeitsplatz nur als kurzfristige Durchgangsstation auf dem Weg zum großen beruflichen Erfolg, zum abenteuerlichen Einkommen und zur spannenden Tätigkeit geglaubt und dadurch unerträglich wird. Der Weg zum Ziel des beruflichen Erfolges, das nie erreicht wird, ist Ungeduld und Fremdheit.

Die Räume der Freizeit hingegen neigen ebenfalls dazu, Ursache von Klagen zu werden, da die Halbwertszeit der Spannung, die sie vermitteln sollen, mit der sich stetig potenzierenden Höhe der notwendigen Dosis von vermeintlichen Abenteuern permanent abnimmt. Reiseveranstalter leben von diesem räumlichen Problem. Alltag raus und irgendwas anderes rein, das irgendwo anders liegt und nichts mit meinem Lebensraum zu tun hat. Diese Räume des nicht alltäglichen Abenteuers sind, so suggeriert es unser Reiseverhalten, durch unnütze Nichträume vom persönlichen Lebensraum getrennt. Die Zwischenräume möglichst schnell zu überwinden, ist die hohe Kunst des guten Reiseveranstalters. Das Reisen hingegen selbst, als die Eroberung des Reiseziels, ist lästig und sinnlos. Fast so, als kennten wir diese Zwischenräume schon so gut, dass wir sie nicht mehr durchqueren müssten, um sie uns anzueignen.

Raum und Zeit des Lebens lösen sich auf. Die ländlichen Unterschichten wurden in der Frühindustrialisierung aus der hörigen Ortsgebundenheit des

Feudalismus befreit, um an die lohnabhängige Zeitgebundenheit des Takts der Maschinen gekettet zu werden. Wir hingegen werden heute aus jeglicher Bindung befreit, um uns an nicht erreichbare Räume und nicht vorhandene Zeiten in Form von Sehnsüchten zu ketten: Gefangen im freien Fall.

3) Das Ich: Der Adressat und Absender für alles und nichts

"Ja, es ist eine große und geheimnisvolle Sache um das, was man als ‚Persönlichkeit' bezeichnet."[4)]

(Carl Gustav Jung)

Wer klagt hier wen alltäglich an? Wer jammert hier jeden Tag? Und wen sollen all diese Botschaften denn nur erreichen? Kurze Antwort: die anonymen Einzelnen. Diese werden als „Ich" angesprochen. Was denn nun das menschliche „Ich" sei, kann hier nicht in all seinen Facetten referiert werden. Es ist nicht von Nöten. Außerdem verwenden Werbeberater, Soziologen, Wahlstrategen, Selbstfindungsgurus, Meinungsforscher und andere Botschafter des 21. Jahrhunderts sehr selektive und bedarfsorientierte marktkonforme Ich-Analysen. Hinzu kommen die Naturwissenschaften wie die Neurophysiologie, die versuchen das „Ich" als Täuschung und Illusion zu enttarnen.

In diesem Text wird davon ausgegangen, dass die Möglichkeit „Ich" zu sich zu sagen ein Ich-Bewusstsein schafft. Es gab und gibt verschiedenste Ansätze das „Ich" verstehbar zu machen. Bei Freud war das „Ichgefühl (...) ein eingeschrumpfter Rest eines weit umfassenderen, ja - eines allumfassenden Gefühls, welches einer innigeren Verbundenheit des Ichs mit der Umwelt entsprach."[5)] Für den deutschen Idealisten Fichte war das „Ich" eine „Tathandlung", da „das Ich ursprünglich sein eigenes Sein [setzt]."[6)] Und bei dem Existentialisten Kierkegaard war das Selbst ein „Verhältnis das sich zu sich selbst verhält."[7)] Helmuth Plessner hingegen hat in seiner philosophischen Anthropologie das „Ich" wie folgt beschrieben: „Mit dem Durchbruch zum Ich ist [...] eine Positionsform etabliert, die ihrer eigenen Mitte ansichtig sein kann und muss und darum nicht mehr in sich ruht. Sie hat ihren Schwerpunkt außer sich, weshalb ich von der exzentrischen Positionsform spreche."[8)]

Fest steht, dass „alle unsere Erfahrung der äußeren und inneren Welt durch unser Ich hindurch [muss], um überhaupt wahrgenommen werden zu können."[9)]

Das „Ich" eines Menschen sei hier jene schwer fassliche aber doch so selbstverständliche Instanz, der es obliegt, die emotionalen Regungen, empirischen Umwelteindrücke und alltäglichen Sehnsüchte sowie grundlegenden Ängste auf sich selbst zu beziehen und zu reflektieren. Es wird weiters jene Realität damit bezeichnet werden, die letztendlich darüber entscheidet, ob gehandelt wird oder nicht, ob zugeschlagen wird oder nicht, ob geredet wird oder nicht und schließlich ob gekauft wird oder nicht. Genau jene Instanz wird permanent als „Ich" angesprochen. Als Konsument, als Staatsbürger, als Sozialfall, als Fernsehstar, als Konkurrent oder als Versager. Mein „Ich" macht mich zum Einzelnen, als einzige Instanz der Entscheidung, gleich ob es um den Kauf von Markenjeans oder die Bekämpfung des Welthungers geht. Genauso wie ich alles auf mich beziehe, tritt mir alles von mir differenziert gegenüber.

Genau dieses „Ich" wird immer intensiver für „alles" zur Verantwortung gezwungen, aber auch immer umfangreicher als Instanz unterlaufen, da es von diesem „alles" überfordert wird; Die permanente Predigt von der vollständigen Selbstverantwortlichkeit als Mittel zum Zweck der völligen Selbstentmündigung.

Die eigene Lebenssphäre des einzelnen Ichs scheint eingewoben zu sein in ein hochgradig komplexes zusammenhängendes System, in dem die großen Katastrophen irgend wie auf den Einzelnen zurückwirken, ja ihn in irgendeiner Form sogar mitverantwortlich machen. Das eigene kleine Schicksal jedoch, das für das „Ich" eigentlich allumfassend ist, verschwindet hingegen in der Globalität des Weltgeschehens in der Bedeutungslosigkeit. Anders ist es auch nicht zu erklären, dass viele einzelne „Ichs" alle Scheu und Hemmung über Bord werfen, um in irgendwelchen schwachsinnigen Nachmittagsshows als Schicksals-Freaks des „Banalen" doch ein wenig Aufmerksamkeit zu erheischen. „Arm ist, wer nicht genug Beachtung und Anerkennung bezieht, um sein Selbstwertgefühl intakt zu halten."[10] Und ähnlich der Zeit der frühen Industrialisierung, in der die Massen zwar aus den alten feudalen Lebensgrundlagen freigesetzt wurden, jedoch noch nicht mit den neuen industriellen versorgt werden konnten, können heute die herrschenden Medien die von ihnen beherrschten Medienkonsumenten eben nicht mit genug Aufmerksamkeit versorgen.

Es funktioniert weder die Verteilung der Aufmerksamkeit, noch deren inhaltliche Schwerpunktsetzung. So können wir zwar ruhigen Gewissens behaupten, nichts vom Schicksal unseres Nachbarn zu wissen und nichts dafür zu können, aber angesichts des Ozonlochs, des Welthungers oder Ählichem können wir nicht sagen, wir hätten es nicht gewusst und wir könnten nichts dafür. Unsere Aufmerksamkeit wird gefordert, wir werden aber nicht beachtet.

Permanent informiert und mitverantwortlich über das Ferne, verliert das Nahe völlig an Übersichtlichkeit und Unmittelbarkeit. Für diese „Ichs“ wird der Unterschied zwischen Freiheit und Sklaverei immer unkenntlicher. Genauso wie kaum mehr zu unterscheiden sein wird, wer Täter und wer Opfer ist. All jene Populisten, die uns immer öfter klar machen, dass ja alles ganz einfach ist, geben uns den Rest. Mit ihrer „pragmatischen Komplexitätsreduktion“[11)] sind sie genau jene, die jegliche Lösungskompetenz des „Ichs“ endgültig vernichten, gerade in dem sie simplifizieren. Ob es aus Dummheit oder Berechnung geschieht, ist fast schon einerlei.

4) Die Ichs und die Globalisierung

> *„Das komplexeste gesellschaftliche System bringt am Ende beschämend primitive Menschen hervor (...).“*[12)]
>
> (Norman Birnbaum)

Über Fluch und Segen der Globalisierung wird viel gestritten, über ihre Existenz kaum noch. Es steht also fest, dass wir in einer globalisierten Welt leben. Damit verbunden haben sich auch die Kanäle der gesellschaftlichen Gestaltungsmacht verändert.[13)] Die Gestaltung gesellschaftlicher Strukturen hat sich daher ebenfalls verlagert. Nicht mehr nur politische Parteien, nationalstaatliche Parlamente und „allmächtige“ Politikerpersönlichkeiten geben der Gesellschaft ihre Rahmenbedingungen. Die weit reichende Ökonomisierung des Lebens und die globalisierte Markt- und Konkurrenzsphäre lockern die sozialen Bindungen, trocknen die Ressourcen des wechselseitiges Vertrauens aus und fördern den Hang zur Anomie.[14)] Im Allgemeinen sind die Machtzentren heutiger Prägung für viele Menschen nicht mehr lokalisierbar, nicht mehr einschätzbar und weniger nachvollziehbar.

Genauso wie die soziopathische Beweglichkeit des Finanzkapitals sind Informationen allgegenwärtig. Sie drängen sich auf. Die Bilderfluten „stopfen uns die Augen“.[15)] Und vor lauter „networking“ und Surfen im Internet haben wir eine der Bedeutungen des Begriffs Netz völlig vergessen. Aus der Perspektive des Fisches ist das Netz wohl eher das Ende der Freiheit als deren Garant. Auch die Sichtweise des Akrobaten verbindet mit dem Netz erst nach dem Scheitern Sicherheit. Hinzu kommt, dass die Maschen des globalen Netzes ja auch global und daher für viel alltägliches Scheitern zu groß sind. Die „Ichs“ sind aber eben alle rund um die Uhr vernetzt, also erreichbar. Das permanent Anrufbar- und Abrufbarsein, wird als Freiheit und Mobilität gepriesen, obwohl „früher nur das ‚Personal' ständig erreichbar sein musste.“[16)]

All das überströmt das Ich. Jegliche Filterwirkung muss angesichts dieser Reizüberflutung von außen versagen. Die Überforderung von innen baut auf der Reizüberflutung von außen auf. All diese ungefilterten Impulse erwecken nicht nur in Form von Werbung unendlich viele Sehnsüchte nach Erfolg, nach Glück, nach Besitz usf. Die Sehnsucht des Menschen ist eine Begleiterscheinung seiner Freiheit. Aber eine filter- und grenzenlose Flut an primär unerfüllbaren oft irrsinnigen Sehnsüchten verkehrt diese anthropologische Größe in ihr Gegenteil. Das antike Sinnbild vom „Rad des Ixion“ ist ungebrochen und tragisch aktuell. All das hat im Bewusstsein der „Ichs“ Ohnmachtsgefühle entstehen lassen, obwohl es das Zeitalter der „Ich-AG“, der Freiheit und der Selbstschöpfung sein sollte. Den Adressaten der eigenen neuen Heilsbotschaft zu unterlaufen, ist eine Dialektik neuer Qualität. Es kann passieren, dass das menschliche „Ich“ nicht mehr in seiner universalen Potenz angesprochen werden kann, da es allumfassend überbeansprucht wurde.

5) Alltag als Zeit und Raum wo ich mit mir lebe

> *„Im Kleinsten und Alltäglichsten unwissend zu sein und keine scharfen Augen zu haben – das ist es, was die Erde für so viele zu einer Wiese des Unheils macht.“*[17)]
>
> (Friedrich Nietzsche)

All das oben Beschriebene ist nicht einmal in Gestalt des Internets ort- und bindungslos. Es braucht eben einen Adressaten, es braucht „Ichs“. Menschen sind einfach nicht ort- und bindungslos. Wirkungszusammenhänge des Alltages bestimmen das Leben der menschlichen „Ichs“ genauso intensiv, wenn nicht intensiver, als die weit reichenden Folgen der Geschehnisse an der Wall-Street oder global wirkende ökologische Veränderungen. Die Globalisierung ist nicht die Welt des „Entweder-Oder“, sondern des „Sowohl-als-Auch“. Mögen Milliarden Dollar an Finanzkapital in 24 Stunden um den Erdball jagen und mögen Informationen aller Art in Echtzeit an jedem

Ort der Welt jederzeit abrufbar sein, das alltägliche Leben einzelner Menschen wird trotzdem in überschaubaren Räumen stattfinden müssen. Trotz der notwendigen Mobilität und Flexibilität wird es stets einen unmittelbaren Lebensraum geben. Alltag als Zeit und Raum des „Ich". Auch die globalisiertesten und flexibelsten „Ichs", die ihre gewohnte Umgebung verlassen, werden an jedem neuen, daher anfangs fremdem Ort, bald neue soziale, ökonomische und emotionale Bindungen eingehen und neue Gewohnheiten entwickeln oder alte transformieren. Das „Problem" der unmittelbaren „Lebenswelt" wird nicht wegglobalisiert werden können. Auch werden sich, trotz steigernder Flexibilität und Mobilität, Eigenheiten und Besonderheiten, also Unterschiede nicht nur in den individuellen sondern auch kollektiven Lebensweisen feststellen lassen und eben im Bewusstsein der Einzelnen das „Besondere" des „Eigenen" verankern. „We all, for instance, are bound to a certain spatial environment to one degree or other by our private properties which are located at a specific point in space and time." [18)]

Vielmehr wird einfach festgestellt, dass die Notwendigkeit einer verstehbaren und spürbaren Stabilität der unmittelbaren alltäglichen Lebenswelt die Voraussetzung für die Stabilität der menschlichen Ich-Identität ist. So wird das „globalisierte Ich" in einer mehrdimensionalen Welt leben, die, will sie sinnvolle und lebenswerte Rahmenbedingungen schaffen, nach dem Subsidiaritätsprinzip funktionieren wird müssen. So, dass „Regelungen auf der Ebene getroffen werden sollen, wo sie mit den geringsten Transaktionskosten verbunden sind und am Angemessensten für die Betroffenen vorgenommen werden können".[19)] Daher werden viele Belange des menschlichen Lebens einfach noch immer vor Ort zu regeln sein. Vor allem wird Kommunikation zwischen Anwesenden[20)] in der unmittelbaren Lebenswelt, wird das Teilen von gegenseitiger Aufmerksamkeit im alltäglichen Leben und wird authentische Präsenz zivilgesellschaftlicher sowie staatlicher Institutionen im alltäglichen Problemlösen unumgänglich sein, wenn die globalisierte Welt noch in irgendeiner Art mit dem Begriff Demokratie kompatibel sein will. Der Mensch und seine Bedürfnisse werden auch in einer sich globalisierenden Welt real bleiben, daher braucht es auch die dafür notwendigen „haptischen" Institutionen und praktischen Handlungsweisen. Vor allem, wenn man davon ausgehen kann, dass andernfalls die Städte zu Netzwerken verkommen, in denen sich alles verfängt, was in der globalisierten Welt scheitert und die ländlichen Regionen veröden und nur noch von Touristen und Greisen bewohnt sein werden. Das Leben menschlicher Gesellschaft braucht Raum und Zeit: Und das ist der Alttag vor Ort. Das Hier und Jetzt, mein eigenes Gestern und Morgen, sind die Einheiten in denen ein Leben gelingt oder scheitert. „Obwohl sich die Menschheit zu einer globalen Schicksalsgemeinschaft entwickelt, spielt sich das Schicksal in vieler Hinsicht regional, kommunal und ganz individuell ab.“[21] Gerade aber diese Sphäre wird durch Geschwindigkeit, Virtualität, unerfüllbare Sehnsüchte und existenzielle Überforderung zerstört. Es gibt Echtzeit, Weltzeit, aber individuelle Lebenszeit ist keine sinnvolle Einheit mehr.

Auch die individuelle Lebenswelt ist durch anonyme Globalität und die Allgegenwärtigkeit von aufdringlicher Ferne bedroht. Georg Simmel schrieb in seiner „Philosophie des Geldes“ im Jahre 1920: „Noch das Mittelalter hatte durch die ausgedehnte Produktion für den Selbstbedarf, durch die Art des Handwerksbetriebes, durch die Vielfachheit und Enge der Einungen, vor allem durch die Kirche eine viel größere Zahl definitiver Befriedigungspunkte des Zweckhandelns, als die Gegenwart, in der die Umwege und Vorbereitungen zu solchen ins Endlose wachsen, wo der Zweck der Stunde so viel häufiger über die Stunde hinaus, ja, über den Gesichtskreis des Individuums hinausliegt.“[22] In der globalisierten Welt ist zwar der Gesichtskreis des Individuums erweitert, aber der „Zweck der Stunde“ und „definitive Befriedigungspunkte“ liegen trotz oder gerade wegen beschleunigter Informationsflüsse und potenziertem Wissensstand unerkennbar „weit hinaus“. Der Hinweis, dass in vormodernen Zeiten die Endlichkeit von Raum und Zeit leichter hingenommen wurde, weil es nur endliche Möglichkeiten gegeben hat beides auszufüllen, erklärt vielleicht, was die virtuellen unendlichen Möglichkeiten der globalisierten Welt mit unserem Zeit- und Raumempfinden anstellen. In der globalisierten Welt flieht jeder Mensch seinen Alltag obwohl er dennoch ständig in ihm lebt. „Wer seinen Alltag erobert, hat eine Welt zu gewinnen“, wird entweder zur utopischen Denkungsart und zur pragmatischen Handlungsweise oder das alltägliche Sein ort- und zeitlos.

6) Die Solidarität des „Ichs mit sich selbst“

> *„Wer sein Leben als ein eigenes gestalten will, muss den Punkt kennen, wo er aufhört, sich formatieren und in-formieren zu lassen.“*[23]
>
> (Rüdiger Safranski)

Dennoch ist es eine zu akzeptierende gesellschaftliche Tatsache, dass Individualisierung im Guten und Vereinzelung im Schlechten stattgefunden haben. Die Erosion verschiedenster Formen von Institutionen und Organisationen ist genauso passiert. ohne neue zu entwickeln, wie das Gefühl der Bindungslosigkeit einzelner Menschen zum Massenphänomen geworden ist. Gerade jene Umfragen, die die Sehnsüchte nach Familie, Heimat und höheren Werten belegen, beweisen diese Phänomene. Im neuzeitlichen Denken hat es begonnen, dass wir im „rationalen Ich-Bewusstsein das entscheidende Merkmal des Menschseins und die Basis sowohl für personale Identität als auch für die Möglichkeit der Erkenntnis erblickt“[24] haben. Es war die Voraussetzung zu Selbstschöpfung und zur Selbstgestaltung, um so ein Leben zu entwerfen und zu entfalten, das sich selbst genügt und das es im Bewusstsein des eigenen Todes wert war, entfaltet worden zu sein.

Dafür braucht das „Ich“ einen „Sinnenkreis und Handlungskreis“.[25] Beides wird jedoch durch Reizüberflutung und Überforderung sowie durch Allverantwortlichkeit und Ohnmacht bedroht. Der realen - vermeintlich - fremden Nähe entspricht irreale Ohnmacht und der irrealen - vermeintlich - bekannten Ferne entspricht reale Ohnmacht. Ist dies der Fall, ist das „Ich“ keine zu erfüllende Potenz mehr, sondern ein zu füllendes Gefäß: Kreieren und Konsumieren, Aneignen und Verbrauchen stehen einander unversöhnlich gegenüber. Es ist ein Individualismus ohne Individualität. Wird der Einzelne einfach als „Ich“ angesprochen, heißt das noch lange nicht, dass ein Individuum gemeint ist: Der Mensch zwar einzeln, aber als Ichling, als Irgendeiner und nicht als Individuum. Und der Ichling ist jener Mensch, der immer nur „sein Ich ist“ und es als etwas, das zu wenig abzubekommen droht, sieht. Er glaubt aneignen heißt verschlingen und verzehren. Außerdem hält er das Kreieren und Reflektieren für eine ineffiziente Energie- und Zeitverschwendung. Er bildet ein auf sich selbst rückbezügliches System, reflektiert und erlebt dieses aber nicht wirklich.

7) Selbstbefähigung des Ichs zur Solidarität

> *„Der entfremdete Mensch verbringt seine Tage als Sklave seiner Unterwerfung unter ein verordnetes Massiv aus Tatsachen.“*[26]
>
> (Peter Sloterdijk)

Wenn wir nun schon im Zeitalter der massenhaften einzelnen „Ichs“ leben, indem jeder und jede zu einander in Konkurrenz zu stehen scheinen, in einer Konkurrenz der Entfaltungsmöglichkeiten, der Triebbefriedigungen, der Überlebenschancen, des Lebensglücks und schließlich in einer Konkurrenz der Sehnsüchte, daher alle als vereinzelte einsame „Ichs“ überfordert werden mit den Anreizen aber auch den Anforderungen der Welt, liegt es schnell besehen auf der Hand, dass das Thematisieren von Solidarität eigentlich maximal eine moralische Reminiszenz, ein wohlwollender Anachronismus oder eine unerfüllbare Hoffnung sein kann. Auf den ersten Blick!

Die Globalisierung braucht jedoch die menschliche Solidarität, wenn es ihr mit der viel gepriesenen Selbstverantwortlichkeit ernst sein sollte. Es muss nur der Blickwinkel geändert werden: Die Solidarität des „Ichs mit sich selbst". Denn all das, was das „Ich" gefährdet, hat in sich auch eine positive Seite, sinnvolle Inhalte. Die erreichte Freisetzung des Individuums aus althergebrachten Institutionen, Hierarchien und Sicherheiten ist eben auch als reale Befreiung der Einzelnen zu bewerten. Vielfältige Handlungsoptionen eröffneten und eröffnen sich: „Es (= das Ich; Anm. MR) weiß sich vielmehr berechtigt, aber auch dazu verurteilt, den Sinne seines Lebens, die Normen seines Handelns und den Entwurf seines Lebensglücks aus sich selbst zu schöpfen und dafür selbst die Verantwortung zu übernehmen."[27)]

Das Wort „solidarisch" wird im Bedeutungslexikon unter anderem mit „füreinander einstehend und miteinander übereinstimmend" erklärt. In diesem Sinn muss sich das „Ich" mit sich beschäftigen, sich Raum und Zeit seines alltäglichen Lebens und sein Verhältnis zu diesen schaffen, um mit seinem Menschsein einstehen und übereinstimmen zu können. „Ich beschäftige mich mit mir" ist heute keine Forderung des Egoismus, sondern der Solidarität. Erst ein Individuum, das sich als „das bin Ich" versteht und diese schwerwiegende Herausforderung des Menschseins annimmt und sich nicht in Eskapismus und das Ferne flieht, kann „wechselseitig für das Ganze haftend" - wie das Herkunftswörterbuch „solidarisch" etymologisch von „solidaire" ableitet - für andere einstehen und in die Gesellschaft gestaltend eingreifen. Erst mit einem solidarischen Umgang mit sich selbst eröffnet sich auch die Einsicht in die Notwendigkeit von Solidarität mit Mitmenschen, MitstreiterInnen, Mitleidenden, MitbürgerInnen usf. Denn erst der Umgang mit sich selbst kann dem einzelnen Menschen auch die Wirkung und den Einfluss des Gesellschaftlichen auf ihre Identität bewusst werden lassen: In der Beschäftigung mit sich selbst werden Bedürfnisse benennbar, Amalgamierungen realer Bedürfnisse mit gesellschaftlichen Konventionen sowie Ausbeutung erkennbar und die Notwendigkeit von Gestaltung einsehbar. Scheinprobleme und Scheinlösungen werden genauso verstanden wie Verführung und Entmündigung. Erst in der Kenntnis von sich selbst und seinen Bedürfnissen wird das „Ich" seine Verwiesenheit auf den sozialen Kontakt zu den anderen und schließlich die Fähig- wie Notwendigkeit von und zu Solidarität erkennen. Der Ichling hingegen sitzt der „Irrealisierung der Person"[28)] auf.

Auch eröffnet diese Selbstbefähigung des „Ichs" zur Solidarität die Möglichkeit der erweiterten Mobilität von Menschen in einer globalisierten Welt gerecht zu werden. Die Bindungen an „Volk", „Boden", „Nation", „Stand" und „Klasse" sind verschwunden oder zumindest aufgeweicht; und dies nicht zum Nachteil der Menschheit. Das 20. Jahrhundert hat uns bitter gelehrt, was es heißt, wenn Menschen moderner Gesellschaften die „heiße Liebe zur Gemeinschaft", die „die Schranken des Ich [zerbricht]"[29] wieder entdecken - wie es Max Weber in den Lazaretten des Ersten Weltkrieges euphorisch empfunden hatte.

Die Probleme des Alltags bleiben in der Globalisierung genauso wie die Notwendigkeit von Solidarität, nur Menschen und Umgebung ändern sich bei erhöhter Mobilität. Den bewussten Umgang mit mir selbst kann „ich" genauso überall hin mitnehmen, wie die Selbstbefähigung zur Solidarität; wo immer „ich" bin. Diese Versenkung der solidarischen Produktivität in den Einzelnen hilft vielleicht auch die Universalismus-Partikularismus-Problematik von Ethik zu lösen. Denn die universalistische Ethik, die es mit allen gleich gut meint, also die Menschheit als solches im Auge hat, „wirkt im alltäglichen sozialen Raum steif und verkrampft und merkwürdig fremd und kalt."[30] Die Universalismusethik des Abstrakten negiert die besondere Pflicht und Loyalität des Freundes, des Liebenden und des Mitgliedes einer besonderen Gruppe in der unmittelbaren Lebenswelt. Jedoch die partikulare Loyalitätsethik des Konkreten beurteilt alles aus dem Blickwinkel des Unmittelbaren, Lebensweltlichen und „Eigenen" und wird daher unfähig zu differenzieren. Das fremde Andere wird sodann zumindest nicht verstanden und im schlimmsten Falle zerstört, da es eben nicht zum Intimen passt. Ein Individuum, das mit sich in Raum und Zeit des Alltags umgehen kann, wird seine Solidarität angemessen dem Konkreten und dem Allgemeinen, dem Universalen und dem Partikularen gegenüber anwenden können. „Wir müssen nicht nur hinter dem verallgemeinerten Anderen den konkreten Menschen entdecken, sondern im konkreten Anderen jeweils auch den allgemeinen Anderen sehen."[31] Um dies zu können, bedarf es eines „Ichs", das von seinem Verhältnis zu sich und zu den anderen im alltäglichen Leben weiß.

Die Schaffung von gesellschaftlichen Strukturen, die die Selbstbefähigung zur Solidarität ermöglichen oder zumindest fördern, ist eine wichtige politische Forderung, deren Sprengkraft noch immer unterbewertet wird. Jegliche solidarische freie demokratische gesellschaftliche Realität „ist auf eine Gesellschaft von Demokraten, Bürgern und Menschen angewiesen, die mit Großzügigkeit und Intelligenz, Wissen und Hingabe zu handeln vermögen."[32] Hier geht es nicht um Allmachtsphantasien des menschlichen Ichs oder um prästabilierte bestmögliche Ich-Welten, die entstünden, wenn man das „Ich" nur es selbst sein ließe, sondern eher um alltäglich reale Bedürfnisse des menschlichen Individuums, die immer weniger - wie Studien vermehrt darlegen - im Finanz- und Konsumkapitalismus befriedigt werden können, da in diesem Raum und Zeit des „Ichs" zertrümmert werden. Das selbstbefähigte, tragfähige und freie Ich-Bewusstsein wird als subversive Kraft erkannt und daher bewusst unterlaufen. Individualismus kann wenig mit Individualität zu tun haben. Vielmehr geht es hier um eine Art mathematische Progression der Gesellschaftsveränderung durch Selbstbefähigung zur Solidarität.

Manche werden meinen, dass diese Suppe der „Selbstbefähigung des Ichs" zu dünn und zu schwach sei, für die Anforderungen der Globalisierung. Es wird ebenso vielen klar sein, dass die Beschäftigung mit dem Alltag, also der nahen Welt der Individuen, zu provinziell und zu ohnmächtig sei, um die globalisierte Zukunft verändern und verstehen zu können. Mag sein. Aber das Eintreten für große Umbrüche, große Zeiten, große Veränderungen und große Bewegungen fällt und steht mit der Verfasstheit der menschlichen Individuen. Solidarität ist dafür unerlässlich, aber das „Ich" des Einzelnen muss dafür fähig sein. Denn die Überspanntheit unerfüllbarer alltagsferner Hoffnungen überfordert das Individuum genauso, wie die Allgegenwärtigkeit von Information, die Globalität von Verantwortung oder die Permanenz von Erreichbarkeit. Die Erlösungs- und Allmachtsphantasien alltagsferner Ideologien und Geschichtsmythen sind treue Begleiter realer Ohnmacht oder wirklicher Faulheit. Das „Leider-Noch-Nicht-Aber-Bald-Wenn-Dann ..." ist eine Zumutung an Freiheit und Gerechtigkeit, wenn „ich" nicht hier und jetzt beginnen kann, dafür zu arbeiten. Solidarität in einer individualisierten globalisierten Welt kann nur dort herrschen, wo das Individuum Raum und Zeit hat, sein auf sein „Ich" bezogenes Verhältnis zur Gesellschaft und zu sich selbst zu reflektieren. Erst damit hat es einen Horizont, indem es weiß, etwas schaffen und auch erreichen zu können. Und die Schlucht zwischen gesellschaftlicher Wirklichkeit und erhoffter Utopie darf nur so weit sein, dass sie in einer Lebenszeit für den Einzelnen gerade noch, unter zumutbarer Gefahr, überspringbar bleibt.

Erst dann können die schöpferische Produktivität des Menschseins und die Fähigkeit zu Solidarität des Einzelnen entfaltet werden, wenn sie vom Individuum erkannt, akzeptiert und auch aufgenommen werden. Dann werden wir nicht mehr streiten, ob die Welt in der wir leben, modern, post- oder postpostmodern ist. Wir werden das, was uns bedroht, uns ausbeutet und was wir brauchen erkennen. Ebenso wird es müßig geworden sein, wie unsere vermeintlichen „Paradiese“ auszusehen haben und wann und wo sie erreicht worden sein werden. Globale abstrakte theoretische Gruppen- und Klassengebilde werden nicht greifen, wenn nicht das Individuum hier und jetzt seine Ich-Identität entwickelt hat, nicht als Individuum angesprochen wird und nicht im Alltag zu wirken beginnen kann. Erst dann werden wir die Möglichkeiten unserer Chancen zum „Ich-selbst-Sein “ als unsere Lebenszeit in der Weltzeit erkannt haben.

Aber vielleicht ist meine Schlucht zwischen meiner Realität und meiner Utopie in diesem Moment für mich unüberspringbar, da unzumutbar gefährlich, geworden.

---

1) Arthur Schopenhauer, Preisschrift über die Grundlage der Moral. § 14 Antimoralische Triebfedern, Frankfurt am Main 1989, S. 728

2) Hans Blumenberg, Lebenszeit und Weltzeit, Frankfurt am Main 1986, S. 177

3) Ebd.: S. 175

4) Carl Gustav Jung, Wirklichkeit der Seele, München 1997, S. 110

5) Sigmund Freud, Das Unbehagen in der Kultur und andere kulturtheoretische Schriften, Frankfurt am Main 1994, S. 33

6) Johann Gottlieb Fichte, Grundlage der gesamten Wissenschaftslehre. Triumph des Ich, S. 220, in: Günter Schulte (Hg.), Fichte. Ausgewählt und vorgestellt, München 1996

7) Sören Kierkegaard, Die Krankheit zum Tode, Düsseldorf 1985, S. 8

8) Helmuth Plessner, Mit anderen Augen. Aspekte einer philosophischen Anthropologie, Stuttgart 2000

9) Jolande Jacobi, Die Psychologie von C.G. Jung. Eine Einführung in das Gesamtwerk, Frankfurt am Main 1999, S. 19

10) Georg Franck, Mentaler Kapitalismus, S. 42, in: Konrad Paul Liessmann (Hg.), Die Kanäle der Macht. Herrschaft und Freiheit im Medienzeitalter, Wien 2003

11) Heike Kämpf, Helmut Plessner. Eine Einführung, Düsseldorf 2001, S. 97

12) Norman Birnbaum, Nach dem Fortschritt. Vorletzte Anmerkungen zum Sozialismus, Stuttgart/ München 2003, S. 11

13) Vgl.: Konrad Paul Liessmann, Einleitung, S. 12-13, in: Konrad Paul Liessmann (Hg.), Die Kanäle der Macht. Herrschaft und Freiheit im Medienzeitalter, Wien 2003

14) Nach: Elmar Altvater/Birgit Mahnkopf, Grenzen der Globalisierung. Ökonomie, Ökologie und Politik in der Weltgesellschaft, Münster 1999, S. 71

15) Günther Anders, Die Antiquiertheit des Menschen. Über die Seele im Zeitalter der zweiten industriellen Revolution, Bd.1, München 1994, S. 3

16) Rüdiger Safranski, Wieviel Globalisierung verträgt der Mensch?, München 2003, S. 111

17) Friedrich Nietzsche, Menschliches, Allzumenschliches, München 1990, S. 527

18) Peter Weichert, Embeddedness, Disembeddedness and Re-Embeddedness. Comments on Benno Werlen's lecture, http://mailbox.univie.ac.at/~weichhp3/shared/RegIdo8.htm, Wien 2002

19) E. Altvater/B. Mahnkopf, Grenzen der Globalisierung, S. 153

[20] Nach: Thomas Meyer, Mediokratie. Die Kolonisierung der Politik durch die Medien, Frankfurt am Main 2001, S. 202
[21] Otfried Höffe, Demokratie im Zeitalter der Globalisierung, München 1999, S. 21
[22] Georg Simmel: Die Philosophie der Geldes, Köln 2001, S. 482
[23] R. Safranski, Wieviel Globalisierung. S. 116
[24] Konrad Paul Liessmann, Keiner, Einer, Hunderttausend. Ein philosophisches Wörterbuch. Erstens: Ich. In: Der Standard 26./27. Juli, 2003
[25] R. Safranski, Wieviel Globalisierung, S. 78
[26] Peter Sloterdijk, Vorbemerkungen, S. 9, in: Günter Schulte (Hg.), Fichte. Ausgewählt und vorgestellt, München 1996
[27] Thomas Meyer, Fundamentalismus, Kehrseite der Moderne, S. 72, in: Asgar Klein/Frank Nullmeier (Hg.), Masse, Macht, Emotionen, Opladen/Wiesbaden 1999
[28] Nach: H. Kämpf, Plessner, S. 105
[29] Zitiert nach: Domenico Losurdo, Die Gemeinschaft, der Tod, das Abendland. Heidegger und die Kriegsideologie, Stuttgart/Weimar 1995, S. 46
[30] Wolfgang Kersting, Kritik der Gleichheit. Über die Grenzen der Gerechtigkeit und der Moral, Göttingen 2002, S. 10
[31] Rainer Zoll, Was ist Solidarität heute?, Frankfurt am Main 2000, S. 200
[32] N. Birnbaum, Nach dem Fortschritt, S. 23

Europa – groß und mächtig?[1)]

von Arno Tausch

Es mangelt heute nicht an Stimmen, die Europa ganz groß und ganz mächtig sehen wollen in der Weltgesellschaft. So stand zum Beispiel in der „Financial Times“ vom 24. 3. 2000:

„Europa soll wettbewerbsfähiger werden. Die Staats- und Regierungschefs der 15 EU-Mitgliedstaaten haben zum Ende ihres Sondergipfels am Freitag einen strategischen Plan für die wirtschaftliche und technologische Erneuerung der Union verabschiedet.

Darin setzen sich die Regierungschefs das Ziel, die Union zum „wettbewerbsfähigsten und dynamischsten wissensbasierten Wirtschaftsraum zu machen“. Die neue Strategie soll zur Vollbeschäftigung führen. Angestrebt werde ein dauerhaftes Wirtschaftswachstum um die drei Prozent.

Ein Schwerpunkt des Gipfels war das Thema Informationsgesellschaft. Der Zugang zum Internet soll vereinfacht und verbilligt werden, und alle europäischen Schulen sollen mit einem Zugang zum weltweiten Computernetz ausgestattet werden. Außerdem sollen die Lehrer für den Unterricht mit dem Internet geschult werden. Die Staats- und Regierungschefs streben die Angleichung und Verbesserung der Rechtsvorschriften für den elektronischen Handel an.“

Solche und ähnliche Berichte lesen wir immer wieder in der internationalen Qualitätspresse.

Wiewohl die intellektuelle Debatte in Europa das Für und Wider dieser weitgehend neo-liberalen Programmatik diskutiert, sind Stellungnahmen, die die Logik der weltwirtschaftlichen Herausforderung und Konkurrenz in einer globalisierten Weltwirtschaft an sich und ihre Alternativen beleuchten, eher spärlich.

Wie bereits in der 2. Hälfte des 18. und 19. Jahrhunderts ist die Globalisierung (der wachsende grenzüberschreitende Fluss von Gütern, Dienstleistungen, Kapital und Arbeit) im Anwachsen und mag durch folgende, von den Vereinten Nationen (UNDP HDR, 2000) erhobene Kennzahlen umschrieben werden:

- Die Weltexporte machen bereits 21 % des weltweiten Bruttosozialprodukts aus
- Die Auslandsinvestitionen betragen bereits weltweit 400 Milliarden $ (425 Milliarden Euro)
- Der tägliche Umsatz des weltweiten Handels mit Währungen macht 1.500 Milliarden $ (1.594 Milliarden Euro) aus - bei einem weltweiten BSP von 29409 Milliarden $ (31.253 Milliarden Euro) ist das jährlich das 18,6 fache der weltweiten Summe von Gütern und Dienstleistungen, die produziert werden
- Internationale Bankkredite betragen heute 4.200 Milliarden $ (4.463 Milliarden Euro)

Für den für unsere Analyse entscheidenden Weltsystemansatz bestünde die Grundfrage, welche sozialen Kräfte und Konstellationen in der Lage wären, diese globalisierte Weltwirtschaft und ihre innewohnende destruktive Logik des sozialen und internationalen Konflikts für den Globus und für die ihn bewohnenden Menschen wenigstens (v)erträglicher zu machen. Die Ersetzung einer hegemonialen Macht durch eine andere ersetzt noch nicht die Logik des Systems selbst, die noch immer bedeutet: zyklische Schwankungen der Produktion, die Unterbeschäftigung oder Arbeitslosigkeit von 2/3 der Erwerbsaltersbevölkerung unseres Planeten und die um 1340, 1560, 1750 sowie 1930 einsetzenden kataklysmischen Krisen und Rivalitätskämpfe im weltweiten kapitalistischen System, die ein Teil der Weltsystemanalysen - in Anlehnung an die verheerenden Seebeben im Pazifik - geneigt ist, Tsunami-Wellen zu nennen.

Christopher Chase Dunn, einer der Doyens des empirisch orientierten Weltsystemansatzes, ist für den Hinweis zu danken, dass bereits Mitte bis Ende des 19. Jahrhunderts in der belle epoque des Kapitalismus international eine globalisierende Phase festzustellen war, die - wie auch Giovanni Arrighi zeigt - wie stets davor von einer regulativen Phase abgelöst wurde. Sind also die heutige De-Regulierung, die liberale Reform, die Privatisierung und der wohlbekannte Rest des Credos das Ende aller Tage, oder gibt es erwartbare - wenn nicht sogar wünschbare - andere Perspektiven? Eine Sache ist, die Dominanz des heutigen Turbo-Kapitalismus festzustellen. Eine bekannte Definition stammt von Edward Luttwak, Ex-Sicherheitsberater von Präsident Ronald Reagan: Privates Unternehnmertum, ungehindert durch Regierungseingriffe, Gewerkschaften, Steuern und die Sorge für die Beschäftigten und die Gemeinschaften. Das Modell, das für den Aufstieg Amerikas in den 90-er Jahren sorgte, hat nach Luttwak sein Gegengewicht in der starken Gerichtsbarkeit und dem Zugang breiter Bevölkerungsschichten zu Instrumenten wie der Produkthaftung im Konsumentenschutz sowie eine durch die protestantische Ethik erklärbare vergleichsweise geringe Vererbung von Produktivvermögen zwischen den Generationen. Eine andere Sache ist jedoch, mit empirisch-quantitativen Methoden zu versuchen, die zu Grunde liegende Logik der Schwankungen und des Konflikts in dieser Weltökonomie seit circa 1350 abzuschätzen und vielleicht warnende Schlüsse daraus für die Zukunft zu ziehen.

Mein Zugang zu dem theoretischen Erbe von Karl Marx war stets über den Umweg der empirisch-quantitativen Wirtschaftsforschung und Politikwissenschaft, wie sie solche Forschungspersönlichkeiten wie Michal Kalecki, Oscar Lange, oder Karl Deutsch geprägt haben. Wenn ich also versuche, die Logik des kapitalistischen Weltsystems seit circa 1350 zusammenzufassen, so ist dies sicherlich ein wagemutiger Versuch, ein Versuch, der innerhalb fest umschriebener Datensätze und theoretischer Diskussionen steht - ich nenne hier nur Joshua Goldstein und Giovanni Arrighi - aber ein Versuch, der es einmal wert ist, auf den Plan zu einer hegemonialen Herausforderung Amerikas durch die EU bis 2010 einmal anzuwenden.

1) Seit 1495 - von da ab liegen Joshua Goldsteins minutiöse Datensätze über den Konflikt zwischen den Großmächten vor - erklären 3 untransformierte Polynome 6. Grades die geschätzten annual battle fatalities im Weltsystem; die Kurven haben die Gestalt eines nach rechts gerichteten ***W*** und zeigen die Wiederkehr globaler Kriege (30-jähriger Krieg, Napoleonische Kriege, Deutschlands Herausforderung ab 1914)
2) Die kurzfristigeren 50- und 20-jährigen Schwankungen der Weltwirtschaft interagieren mit diesen längerfristigen Kriegs- und Hegemonialzyklen
3) Die Ablösung einer Hegemonie (Genua, Holland, GB, USA) ist stets mit einer kataklysmischen Krise des weltweiten Kapitalismus verbunden (1340, 1560, 1750, 1930); regulatorische Muster werden stets von de-regulativen Phasen abgelöst
4) Jeder 50-jährigen Schwankung des Kapitalismus entspricht ein sozietales Modell, das wiederum eine Karriere des Aufstiegs, Höhepunkts, der Krise, der temporären Erholung und des Niedergangs hat (De-Feudalisierung ab 1756, Freiheit des Unternehmertums ab 1832, allgemeine Schulbildung und Koalitionsfreiheit ab 1885, Korporatismus ab 1932, neo-liberale De-Regulierung ab 1975/82)
5) Der Zeitabstand zwischen all diesen Schwankungen wird im Zeitabstand kürzer

6) In der Peripherie neigen die Aufschwungphasen eher zu autoritären Reformmodellen; so betrachtet - wie ich bereits in meinem Buch Rußlands Tretmühle darlegte - bestünde eine Kontinuität des Aufs von Iwan dem Schrecklichen bis Stalin, in milderer Form, Putin wer weiß, und des Ab von Boris Godunow bis Gorbatschow.

Wer auch immer über Hegemonien und Herausforderungen spricht, sollte diese - wie wir befürchten - fast unausweichliche Logik bedenken. Europäisches Großmachtdenken bedeutet vor allem: Wird Europa die Logik der hegemonialen Herausforderung unter den Habsburgern vor dem 30-jährigen Krieg, Frankreichs vor den napoleonischen Kriegen und Deutschlands vor 1914 wiederholen?

George Modelski und Giovanni Arrighi haben in ihren Analysen nun den ‚missing link' dieser Debatte zur Analyse über die Lissaboner Hegemoniebestrebungen dargelegt, indem sie aufzeigten, welche gesellschaftliche Logik jeweils ein hegemonialer erfolgloser Herausforderer und welche Logik der in den langen Weltkriegen jeweils triumphierende neue Hegemon vertreten hat. Der gescheiterte Herausforderer hatte stets eine große Armee, eine große Wirtschaft, eine geschlossene Gesellschaft, nicht offen für Migration und ethnozentrische Medien.

Mit ihren mehr als 375 Millionen Einwohnern bildet die EU den größten Binnenmarkt in der industrialisierten Welt. Kann also Europa sie erreichen, die globale Hegemonie? Wenn möglich, mit friedlichen Mitteln?

Bevor die Frage beantwortet werden soll, welche Indikatoren nahelegen, dass Europa „es", - i.e. die hegemoniale Herausforderung - ohnehin nicht schaffen wird, sei mit allem Nachdruck betont, welche andere Handlungsalternative mit dem Streben nach weltökonomischer Hegemonie unwiderbringlich verloren geht - die Chance zu einer tiefgreifenden Demokratisierung der Union im Inneren, und letztlich die Chance einer Stärkung der Vereinten Nationen, einer Demokratisierung der Weltgesellschaft, und die Chance einer auf einer Tobin-Steuer beruhenden, weltweiten Sozialpolitik.

Sozialwissenschafterinnen und Sozialwissenschafter glauben ohnehin heute, dass die EU ohne tiefgreifende Reformen und Demokratisierung nicht in der Lage sein wird, weltweit die Führungsmacht der Weltökonomie zu werden. Die bisherigen Ansätze - insbesondere die Ergebnisse von Nizza - werden als kleinster gemeinsamer Nenner gewertet, keinesfalls als Lösung der gravierenden inneren Strukturdefizite.

Wiewohl die Wirtschaft der EU-15 derzeit mit 3,2 % Jahreswachstum und 8,5 % Arbeitslosenquote die besten Werte seit Jahren erzielt, ist es angebracht, nicht nur wegen des Wachstums der Arbeitskosten um 4 % p.a. über die langfristigen Begrenzungen des Wachstumspotentials in der EU zu reflektieren.

Folgende Hauptthesen sind nun in unsrem Kontext zu bedenken:

1) Der Anteil der EU-Staaten am weltweiten technischen Fortschritt sinkt

Man misst diesen mit dem Anteil der residenten Patente, den heute die Wirtschaften der EU-15 in der Weltökonomie erzielen. Er liegt bei nur 25 % aller weltweiten residenten Patente, während Japan und Südkorea über 50 % Anteil haben. Die USA verfügen über 16 %. Bei zahlreichen Indikatoren der weltweiten ökonomischen Macht im Zeitverlauf sieht man den Abstieg Europas und seiner Konzerne, die durch die hohen Zollmauern der EU nach außen geschützt sind: es sinkt der Anteil am Kapitalstock der weltweiten Direktinvestitionen; es sinkt der Anteil der Europäer an den 50 führenden Konzernen der Welt etc. etc. Die technologische Abhängigkeit (ausländische Patente per gesamte registrierte Patente) ist eine der stärksten Determinanten der Arbeitslosigkeit eines Landes, auch der Frauenarbeitslosigkeit und Jugendarbeitslosigkeit. Ohne neue, im Land geschaffene Technologien verkümmert eine Ökonomie zusehends. Die negative Korrelation zwischen der technologischen Abhängigkeit und anderen Indikatoren des sozialen Wohlstands ist ebenso sehr ausgeprägt.

2) Die Ausgaben und Einnahmen der EU - mit ihrem hohen Anteil der struktur-konservierenden Maßnahmen - bedingen Stagnation

Die Ausgaben der EU zu 45 % für das Landwirtschaftssystem, und 37 % für Strukturfonds und die Einnahmen zu 40 % aus der Mehrwertsteuer in den Mitgliedsstaaten, zu 15 % aus Zöllen (durchschnittliches Niveau der Außenzölle gegenüber nicht-Mitgliedern über 8 %), und 43 % aus Zahlungen der Mitgliedsbeiträge bedingen, dass das strukturkonservierende Element auf beiden Seiten dominiert. Wenn Europa das nicht ändert, hat es im globalen Konkurrenz-Kampf wohl, so meinen die meisten Beobachter, keine Chance. Die Liste jener Sozialwissenschafter, die die EU-Wirtschaftspolitik als Interventionismus verurteilen, ist lange. Erich Weede von der Universität Köln etwa sagt, professionelle Ökonomen hätten sich hart getan, eine Politik zu erfinden, die so wenig Nutzen stiftet und der Weltwirtschaft so sehr schadet wie die gemeinsame Agrarpolitik. Nach Weede und anderen

Sozialwissenschafterinnen und Sozialwissenschaftern kommt hinzu, dass in alt werdenden Demokratien kleine Interessengruppen versuchen, den Markt durch sozialen Druck für sich zu beeinflussen. Die Macht der Agrarlobbies in Brüssel, die Auswüchse der Kadaververwertung sowie die Überhandnahme des „Pharming“ in der Landwirtschaft sind ein guter Beleg für Weede's Thesen.[2)] Hohe Staatsausgaben bilden für kleine, rücksichtslose Verteilungskoalitionen eine ideale Voraussetzung, ebenso der institutionelle, auf Interventionismus und Protektionismus ausgerichtete Rahmen der EU. Deshalb zeigen empirische Untersuchungen über das Wachstum und die soziale Entwicklung der westlichen Demokratien, dass Demokratiealter, Staatsausgaben und Jahre der EU-Mitgliedschaft das Wachstum und die Indikatoren der sozialen Entwicklung negativ determinieren. Die privaten und öffentlichen Forschungs- und Entwicklungsausgaben in Europa sind dafür im Zeitverlauf gesunken und betragen nur mehr 1,85 % des BIP in der 15-er EU.

3) Europa ist eine privilegierte Zone des multinationalen Kapitals

Ein hoher Anteil der Investitionen der transnationalen Konzerne - wie in Europa - zum BSP der Gastländer ist oftmals Ausdruck einer verfehlten inländischen Sparförderung, eines strukturellen Leistungsbilanzdefizits eines Landes oder einer verfehlten inländischen Investitionsförderung und muß nicht immer der wirtschaftlichen oder sozialen Dynamik in den Gastländern dienen.

4) Die Bevölkerungsprognosen sind für Europa äußerst ungünstig

Die jüngsten, mehr als pessimistischen Bevölkerungsprognosen der UNO für Europa im Vergleich mit Nordamerika und den übrigen Regionen der Weltökonomie lauten: Europa und Japan werden ohne entsprechende Migrationspolitik gegenüber den USA ins Hintertreffen geraten. Nordamerika wird einen Bevölkerungszuwachs von fast 90 Millionen Menschen haben, während Europa insgesamt um über 100 Millionen Menschen schrumpfen wird. Ohne eine entsprechende Migrationspolitik haben deshalb Europa - und Japan - nicht die geringste Chance im wirtschaftlichen Konkurrenzkampf mit den USA. Um nur die Erwerbsbevölkerung von 1995 bis 2050 konstant zu halten, braucht etwa Deutschland eine Jahreseinwanderung von 500.000 Menschen pro Jahr. Um den support level von 1995 konstant zu halten (4 Erwerbstätige auf 1 Pensionisten) würde Deutschland eine Jahreseinwanderung von 3.4 Millionen Menschen pro Jahr benötigen

5) Stagnation = Demokratiealter + Staasausgaben + Jahre der EU-Mitgliedschaft

Tatsächlich hatten in den letzten Jahren rasch wachsende Demokratien - wie die USA - relativ kleine zentralstaatliche Sektoren; tatsächlich hat sich die Dynamik des Wachstums in der EU selbst an den „Rand“ der Union, in die relativ jüngeren Mitgliedsländer, wie Portugal und Irland verlagert, und tatsächlich scheint ein relativ großer staatlicher Sektor in jüngeren Demokratien das Wachstum weniger zu behindern als in alten Demokratien, wo die von Weede beschriebenen kleinen und mittleren Interessengruppen versuchen, die staatlichen Ausgaben zu ihren Gunsten umzudirigieren - zum Schaden des gesamtwirtschaftlichen Wachstums und der schwächeren sozialen Gruppen, die keine oder nur wenig Druckmittel verfügen.

Ein empirischer Beleg für Weede's Thesen ist leicht zu finden, unabhängig vom verwendeten Datensatz. Die Schlussfolgerung könnte u.a. beinhalten:

• Die MOEL-BK wären gut daran beraten, schon heute nicht die Erfüllung der gemeinsamen Agrarpolitik einzufordern, sondern Mittel für die Humankapitalbildung und die weitere, notwendige institutionelle Reform. Mit einer Beteiligung der MOEL-BK an der gemeinsamen Agrarpolitik, die noch an die Hälfte des Budgets der EU ausmacht, würde zwar ein kurzfristiger, mikroökonomischer Nutzen entstehen, aber ein langfristiger, makroökonomischer Schaden
• Die Reduktion des staatlichen Sektors ist in all jenen MS eine besondere Notwendigkeit, deren Demokratie einen hohen Reifegrad besitzt. Im Unterschied zur klassischen neoliberalen Gesellschaftslehre schränkt Weede die Gültigkeit des Arguments auf die alten Demokratien ein; die empirische Evidenz gibt ihm Recht. Die Institutionenreform darf nicht mehr Staat bedeuten
• Will die Union erweiterungsfähig sein, müssen vor allem die eingesessenen Mitglieder und alten Demokratien auch eine Transformation leisten.

Ohne diese Maßnahmen riskiert Europa, bei dem seit den 80-er-Jahren einsetzenden langen Aufschwung der Weltökonomie, den Amerika und zahlreiche andere OECD-Demokratien bereits konsumierten, ins Hintertreffen zu geraten. Weitere statistische Untersuchungen zeigen allerdings auch, dass der Abbau des staatlichen Einflusses jene Ausgaben treffen sollte, die verteilungspolitisch neutral oder sogar regressiv sind.

Die Agrarsubventionen der EU kommen in hohem Ausmaß nur den reichen Produzenten zugute; zahlreiche Staatsausgaben erreichen gar nicht die sozial Bedürftigen. Alle vorhandenen Untersuchungen zeigen, dass eine halbwegs gerechte Einkommensverteilung dem wirtschaftlichen Wachstum dienlich ist.

Im Folgenden werde ich nun 6 sozialwissenschaftliche Bezugsfelder darlegen, die ebenso ein pessimistisches Bild der Zukunft Europas in der Weltgesellschaft entwerfen lassen:

a) Globalisierung - ihre negativen sozialen Auswirkungen auf Europa und sein geographisches Umfeld

Die Weltbank hat sehr genaue Daten vorgelegt, die zeigen, dass zwischen 1988 und 1993 nur 20 % der Weltbevölkerung ein steigendes Realeinkommen zu verzeichnen hatten, während 80 % in dieser Zeit absolut verarmten. Daß die Globalisierung starke Mechanismen in Richtung weltweit wachsender Ungleichheit in Bewegung setzt, ist auch der Datenbank über die Ungleichheit in mehr als 70 Staaten der Welt seit den 60-er-Jahren abzulesen, die an der Universität Texas (UTIP-Projekt) erhoben worden ist. Sowohl im Weltdurchschnitt, also auch im Schnitt der EU und der MOEL ist der Theil-Index der Ungleichheit zwischen den Wirtschaftssektoren der einzelnen Länder ab Ende der 80-er-Jahre stark gestiegen. Die Globalisierung schafft Gewinnmöglichkeiten, die nicht alle nutzen können (Quelle: Köhler G. and Tausch A. (2001) 'Studies on Unequal Exchange' Huntington, NY: Nova Science).

• Die UNICEF schätzt, dass durch die dramatisch gestiegene Sterblichkeit während der Transformationsjahre in Osteuropa 9,7 Millionen überschüssige Todesfälle (durch die normale Entwicklung der Sterblichkeitsmuster nicht erklärbar) zu beklagen waren.

b) Das Innovationspotential in Europa ist gering und das beeinträchtigt die soziale Entwicklung

Innovation würde bedeuten, dass Europas Konzerne und Europas Wirtschaften in Zukunftsbranchen eine führende Rolle spielen. Bei den jeweils führenden 10 oder 45 Konzernen pro Branche sowie an der Wirtschaftsleistung der Welt hat Europa aber folgenden Anteil:

EU-Anteil an den weltweit führenden collective service companies	74,60
EU-Anteil an der weltweiten Entwicklungshilfe	56,40
EU-Anteil an den weltweit führenden intermediary good companies	55,30
EU-Anteil an den weltweit führenden insurance companies	55,00
EU-Anteil an den weltweit führenden energy companies	50,20
EU-Anteil an der OECD-Gesamtarbeitslosigkeit	47,70
EU-Anteil an den weltweit führenden banking companies	45,90
EU-Anteil an der weltweit führenden automobile industry	41,60
EU-Anteil an den weltweit führenden chemical and pharma companies	40,00
EU-Anteil an den weltweit führenden electrical equipment companies	38,30
EU-Anteil an den weltweit führenden distribution companies	38,10
EU-Anteil OECD-BSP	36,50
EU-Anteil an den weltweit führenden food industries	34,30
EU-Anteil an der OECD-Bevölkerung	34,30
EU-Anteil an den weltweit führenden telecom companies	33,70
EU-Anteil an den OECD Rüstungsausgaben	33,50
EU-Anteil an den weltweit führenden electronical companies	25,70
EU-Anteil am Absatz der 45 führenden Industriekonzerne der Welt	21,10
EU-Anteil an den weltweit führenden consumer good companies	17,10
EU-Anteil an den weltweit führenden defense/aeronautic industries	16,80
EU-Anteil an den weltweit führenden mass communication companies	10,10
EU- Anteil an den weltweit führenden informatic companies	0,00

Quelle: Köhler G. and Tausch A. (2001) 'Studies on Unequal Exchange' Huntington, NY: Nova Science

Staatliche Elektrogiganten, Versicherungen, Stahlhütten, Autowerke - das sind die Technologien und Eigentumsformen des letzten, langen, wirtschaftlichen Zyklus, der in den 30-er-Jahren begann und in den 80er-Jahren endete; bei ihnen führt Europa ebenso wie bei den Banken und der Arbeitslosigkeit; aber wenn es um Zukunftsbranchen geht, wie Informatik, Massenkommunikation, Aeronautik, Elektronik, Telekom, ist Europa gegenüber Amerika und den übrigen westlichen Demokratien im Hintertreffen.

c) Europa ist der Hinterhof privilegierter Konzerne

200 Konzerne verfügen über 30 % des weltweiten BSP. Unter diesen Konzernen dominieren die Japaner und US-Amerikaner. Langfristig führt eine hohe Penetration eines Landes durch das Auslandskapital zu einer sozial und regional wenig ausgewogenen Entwicklung. Mit einer der Gründe könnte hierfür sein, dass der Penetrationskoeffizient dort hoch ist, wo die interne Ersparnisbildung niedrig ist, wie in vielen Staaten Europas. Der Anteil der kumulierten ausländischen Direktinvestitionen am GNP der einzelnen Staa-

ten der Welt war um 2000 - im Vergleich mit den anderen wichtigen Indikatoren der Abhängigkeit vom kapitalistischen Weltsystem - gestiegen.

Landkarte 1: Konzernpenetration im Weltsystem im Jahr 2000

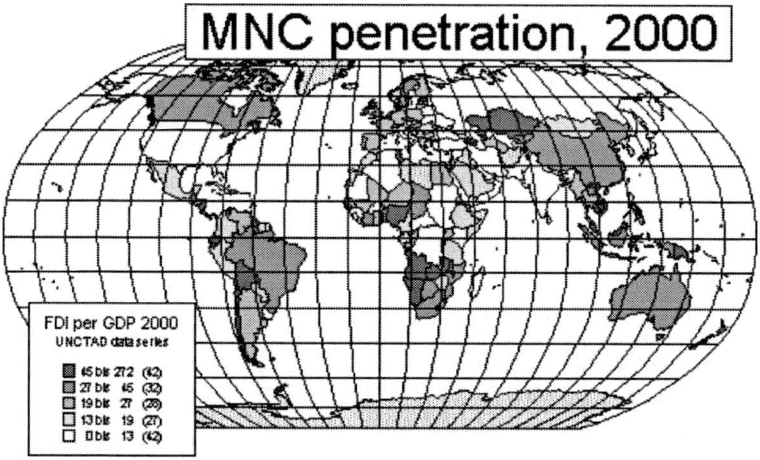

Fehlwerte: Grönland, Surinam, F. Guyana, West Sahara, Bosnien/Herzegovina, Serbien, Montenegro, Libyen, Irak, Somalia, Afghanistan und Nord-Korea

Die Story der vorherigen Landkarte ist schnell erzählt – das internationale Kapital strömt in das neue Europa des Donald Rumsfeld, während der muslimische Orient für das internationale Kapital weitgehend überflüssig wird.

Hier gibt es unabhängig vom erreichten Entwicklungsniveau in der Ausgangsperiode signifikante, negative Einwirkungen des Überfremdungsgrades einer Wirtschaft (FDI/GNP) auf das langfristige wirtschaftliche Wachstum, die Kontinuität der Wachstumsrate nach den Schocks der 70er-Jahre, die Lebenserwartung und deren Zuwachs, die Verwirklichung der politischen und bürgerlichen Rechte, den Humanentwicklungsindex, den Machtbeteiligungsindex für die Frauen, die Reduktion der Kindersterblichkeit, die Humankapitalbildung, die Vollbeschäftigung und die Reduktion der Ungleichheit und Armut. In den Ländern des Zentrums verschieben sich die langfristig bislang stabilen Positionen von Kapital und Arbeit zum Kapital; die Steueraufkommen des Staates belasten die relativ zum Kapital sinkenden Lohneinkommen.

Darüber hinaus muss jede realistische Prognose der Zukunft Europas in einer globalisierten Weltwirtschaft von folgenden Gegebenheiten ausgehen:

• In den industrialisierten Staaten wird sich die Notwendigkeit für tiefgreifende Änderungen des Pensionssystems verstärken. Durch die geringen Geburtenzahlen und den Überalterungsprozess wird der bisherige (auf dem Umlageverfahren basierende) Sozialkontrakt zerbrechen.
• Einige ostmitteleuropäischen Beitrittskandidaten der EU werden in den nächsten Jahren ein rasantes Wachstum erleben und werden gegenüber Westeuropa sowohl wirtschaftlich als auch institutionell rasch aufholen. Rußland hingegen wird relativ gegenüber den USA, Westeuropa, China, Indien, und Japan weiter zurückfallen.
• Die Hoffnung für einige Staaten der ehemaligen UdSSR, aus der weltweiten Knappheit an Energieträgern einen weltwirtschaftlichen Wiederaufschwung zu erreichen, ist mit der Blockade der weiteren Entwicklung durch Korruption und organisierter Kriminalität konfrontiert. Das für Russland wahrscheinlichste Szenario ist eine auf eine „gelenkte Demokratie" gestützte, weitere weltpolitische Rolle des Landes als Nuklearmacht, die durch erhebliche soziale Konflikte um die ungleiche Ausbreitung des technischen Fortschritts insbesondere im Bereich der Informationstechnologien begrenzt ist. Die Ukraine wird in noch stärkerem Maße als Russland selbst durch kriminelle Organisationen und einen mangelnden Rechtsstaat in ihrer Entwicklung behindert werden. Im Südkaukasus wird lediglich Georgien einige Chancen auf Stabilität und Prosperität attestiert. In Zentralasien werden die ethnischen Konflikte und die Konflikte um das Wasser weiter zunehmen.
• Amerikas führende Position in der Weltwirtschaft wird aus Gründen seines hohen Handelsbilanzdefizits und seiner geringen internen Sparquote erodieren.

d) Der Migrationsdruck aus den umliegenden Regionen wird in den nächsten Jahren eine selektive Migrationspolitik, wie sie insbesondere der weltwirtschaftliche Konkurrent Amerika betreibt, für Europa erschweren

Der Migrationsdruck aus Nordafrika, dem Nahen Osten, Südasien und Ostmitteleuropa nach Westeuropa wird sich in den nächsten Jahren erhöhen. Schon heute machen legale und illegale Einwanderer in 50 der über 180 Nationen der Erde mehr als 15 % der Gesamtbevölkerung aus, diese Relation wird sich in Zukunft weiter erhöhen.

• Kriminelle Netzwerke in Nordamerika, Westeuropa, China, Kolumbien, Israel, Japan, Mexiko, Nigeria und Russland werden noch tiefer als bisher in das Schlepperwesen einsteigen.

• TBC, Malaria, Hepatitis und AIDS werden sich weiter und mit wachsender Geschwindikeit in den Entwicklungsländern verbreiten. AIDS wird das dortige Wirtschaftswachstum um 1 % verlangsamen und 50 % der Gesundheitsausgaben verschlingen.
• AIDS und TB werden in Afrika die Lebenserwartung senken und 40 Millionen Waisenkinder schaffen und das soziale Gefüge weiter zerstören, mit den zusammenhängenden Problemen von Armut, Verbrechen und Instabilität.

Auch in einigen post-kommunistischen Ländern, insbes. in der ehemaligen UdSSR, wird diese Problematik eine bedeutende Belastung des weiteren Übergangsprozesses darstellen.

e) Der weltwirtschaftliche Aufschwung seit 1982 wurde in Europa verschlafen; nun ist er in den wichtigsten Handelspartnern bereits konsumiert

Wesentlich für unser Verständnis der Rolle Europas im globalen Kapitalismus ist auch der Begriff der Signalkrisen, also 50- bis 60-jährige, sich wiederholende Krisen in der Weltwirtschaft (1756, 1835, 1884, 1932, 1975/82). Entdeckt wurden diese Krisen durch den russischen Ökonomen N. D. Kondratieff (ein Opfer der Stalinistischen Repression); popularisiert und systematisiert wurden seine Entdeckungen vor allem durch Joseph Alois Schumpeter. Nach solchen Krisen erholt sich die Wirtschaft, es treten neue Technologien und soziale Modelle auf den Plan. Fazit: Es stehen zwar Europa noch einige Jahre des Aufschwungs bevor, die allerdings in den wichtigsten Handelspartnerländern bereits konsumiert wurden. In der Einschätzung des Schweizer Soziologen V. Bornschier sind es vor allem neue soziale Grundverträge, die erst den neuen Technologien zum Durchbruch verhelfen.

Europas Ringen um einen post-korporatistischen oder postfordistischen Grundvertrag dauert nun streng genommen bereits seit der Ölkrise 1973.

Folgende Grundverträge und grundlegenden sozialen Projekte kennzeichnen die Entwicklung der Weltwirtschaft: ab 1756 die Defeudalisierung (allgemeine Schulpflicht, franz. und amerikanische Revolution), ab 1835 die Freiheit des Unternehmertums und des Marktes (Koalitionsfreiheit), ab 1884 die Erweiterung der Partizipation (Sozialversicherung, Parlamentarismus), ab 1933 der Wohlfahrtsstaat und der demokratische oder autoritäre Korporatismus (Einbindung des Faktors Lohnarbeit). Das neue, seit den 80-er-Jahren sich abzeichnende Modell ist das Modell der neo-liberalen Deregulierung, kombiniert mit der Globalisierung und der technologischen Revolution.

f) 12 wachsende Hauptwidersprüche des weltweiten Kapitalismus

• die Beschäftigungsquoten der Männer zwischen 25 und 65 Jahren werden in den nächsten Jahren weltweit weiter zurückgehen, die der Frauen hingegen weiter expandieren (ILO)
• wiewohl in den Ländern der Semi-peripherie und Peripherie die unselbstständige Beschäftigung zunimmt, gibt es einen schier unaufhaltsamen Trend zur Schattenwirtschaft und zu Beschäftigungsformen, die nicht mehr dem des voll beschäftigten Arbeiters oder Angestellten im Zentrum nach dem Zweiten Weltkrieg entsprechen (ILO)
• innerhalb der Wirtschaftssektoren nimmt die Bedeutung des Dienstleistungsbereichs noch weiter zu, die der Industrie weiter ab (ILO)
• weltweit besteht das Problem der mangelnden Beschäftigungschancen für junge Menschen sowie der Verfestigung der Arbeitslosigkeit (ILO)
• die Armut konzentriert sich zunehmend in ländlichen Regionen, in strukturell benachteiligten Gruppen mit Dauerarbeitslosigkeit und mangelndem Zugang zu Beschäftigungschancen sowie Haushalten mit mehreren Kindern (ILO/UNDP)
• die Entstaatlichung in der MOEL-Region hat die Notwendigkeit geschaffen, dass dort effiziente Strukturen der Verwaltung auf allen Ebenen geschaffen werden
• nicht nur der Staat, die civil society, die einer der treibenden Faktoren der Revolution von 1989 in Ostmitteleuropa war, geht in ihrer Bedeutung in der Region der MOEL zurück (UNDP). Parteien, Wahlbeteiligung, Gewerkschaften, sie alle haben einen Schrumpfungsprozess in den letzten Jahren erfahren.
• die Widersprüche in der Weltökonomie seit dem Jahr 1989 haben noch zugenommen. 800 Millionen Menschen leiden weltweit an Hunger, jedes Jahr sterben 12 Millionen Kinder vor ihrem 5. Geburtstag (UNDP). Die Zentren der Weltökonomie „durchtauchten" die Krisen noch besser als die Peripherien, die - wie in Lateinamerika (80-er-Jahre), Sub-Saharisches Afrika (80-er Jahre bis heute), Südostasien (Ende der 90-er Jahre), Russland (Ende der UdSSR bis heute) dramatische Verluste ihrer relativen Pro-Kopf-Einkommen nach Wechselkursen auf dem Weltmarkt hinnehmen mussten (G. Arrighi). Seit 1980 hat der Globalisierungsprozess 1,5 Milliarden Menschen marginalisiert, während rasches Wachstum nur in 15 Nationen zu beobachten war. 82 Länder der Welt waren - in realen, inflationsbereinigten Werten - vor dem Jahr 1990 reicher als heute; und nur 55 Staaten der Erde hatten Ende der 90-er-Jahre ihr höchstes, je erreichtes reales Pro-Kopf-Einkommen. Ins-

besondere in der ehemaligen UdSSR sind diese Verarmungsprozesse relevant (UNDP). Ungleiche Spezialisierung im internationalen Handel, die seit der zweiten Hälfte des 19. Jahrhunderts einsetzenden Strukturen großer, am Markt oligopolistisch auftretender Konzerne und Banken, der kontinuierliche Preisverfall der meisten Rohshtoffe (außer Erdöl) in den Zyklen der Weltwirtschaft und viele andere Faktoren (etwa das Auseinanderklaffen von realer Kaufkraft im Inland und dem langfristigen Wegbrechen des Außenwertes der Währungen ärmerer Staaten) haben dazu beigetragen, dass sich die Reichtumsunterschiede zwischen den armen und den reichen Regionen in der Weltwirtschaft verfestigt haben.

In den Staaten der Europäischen Union beträgt der Anteil jener Menschen, die den 60. Geburtstag nicht erleben, 10,1%, in Japan 8 %, in den USA 13 % und im Durchschnitt Osteuropas und der UdSSR 25,7 %, in den meisten Transformations- und Entwicklungsländern weit darüber (vgl. UNDP, HDR 2000). Die 15 Staaten der Europäischen Union sind - mit ihren 375 Millionen Einwohnern - in die globalen Zusammenhänge auf das engste eingebunden. Die Dynamik der weltweiten wirtschaftlichen Entwicklung scheint sich jedenfalls seit dem letzten Viertel des vergangenen, 20. Jahrhunderts weg von Europa zu verlagern, und Arbeitslosigkeit und mangelnde technologische Innovation bleiben für die nächsten Jahre Probleme der politischen Agenda Europas (siehe Grafik: Seite 112 oben).

• Vergleiche der Entwicklung der letzten Jahre zeigen, dass die Marktwirtschaft ihre Dynamik immer mehr in Regionen mit abundanter, aber gut ausgebildeter „Reservearmee“ verlagert. Die Aufstiegschancen von Nationen werden durch das Vorhandensein einer größeren Reservearmee an gut ausgebildeten Arbeitskräften mit determiniert - ein Aspekt, der erhoffen läßt, dass sich die MOEL-Staaten in „emerald tigers“ nach irischem Vorbild verwandeln

• Der Rhythmus der längerfristigen Schwankungen der Weltökonomie wird, bedingt durch die De-Regulierung der Finanzmärkte, immer kürzer

• die internen Ungleichheiten haben in zahlreichen Gegenden der Welt, u.a. in Osteuropa, in den letzten Jahren zugenommen. Die schärfsten Polarisierungen treffen wir heute in Brasilien, Südafrika, Guatemala, Zimbabwe, Kenya und Chile an, aber auch Staaten wie Russland gehen in diese Richtung. Die Ungleichheiten sind letztlich dysfunktional für eine stabile und hohe wirtschaftliche Wachstumsrate

Forschungs- und Entwicklungsausgaben in den Staaten der 15-er EU als %-Satz des BIP

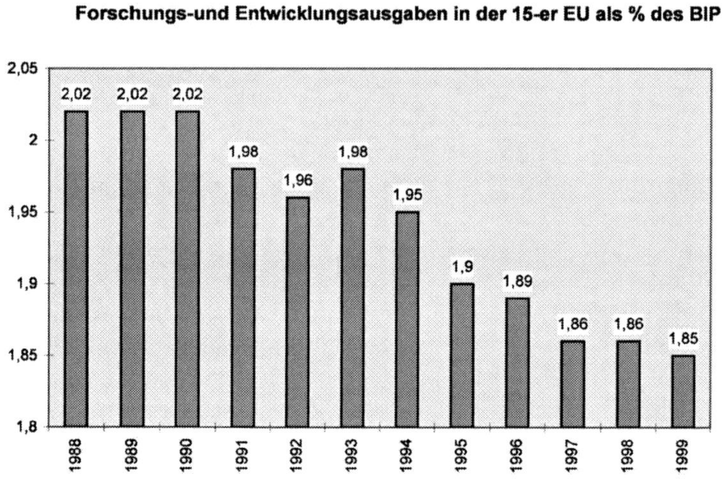

Legende: Anteil der F&E-Ausgaben (staatlich + privat) als %-Satz des BIP in den heutigen Staaten der 15-er EU. Eigene Zusammenstellungen aus http://europa.eu.int/comm/eurostat/

• der Prozess der Konzentration und Zentralisation schreitet immer weiter voran. Langfristig führt eine hohe Penetration eines Landes durch das Auslandskapital zu einer sozial und regional wenig ausgewogenen Entwicklung (Bornschier, 1996, Bornschier und Chase Dunn, 1985). In den Ländern des Zentrums verschieben sich die langfristig bislang stabilen Positionen von Kapital und Arbeit zum Kapital; die Steueraufkommen des Staates belasten die relativ zum Kapital sinkenden Lohneinkommen

Welche Prognosen wage ich nun aufgrund der bislang dargelegten Analyse?

1) Die Zyklen der Wirtschaft und Migration werden immer kürzer

13 Nationen waren in ihrer Geschichte niemals so arm wie 1995, 34 Nationen nie so arm wie in den 90-er-Jahren, und 82 der 159 klassifizierten Länder waren vor 1990 reicher als heute (UNDP). Das Wegbrechen der

Massenkaufkraft und das Entstehen von Prebisch/Keynes'schen Stagnationsgleichgewichten kennzeichnen die Situation (Köhler). Der Rhythmus der längerfristigen Schwankungen der Weltökonomie wird, bedingt durch die De-Regulierung der Finanzmärkte, immer kürzer. Die Aufnahme der internationalen Migration entsprach weitgehend dem Muster der langen Zyklen. Ab ca. 1966 ist die Funktion der Aufnahme der Migration prozyklisch mit der internationalen Konjunktur.

2) Der ungleiche Austausch wird Ostmitteleuropa weiterhin prägen, es sei denn, die EMU wird rasch auf den Osten des Kontinents ausgeweitet

Ost-Mitteleuropa hat in der Vergangenheit stark unter den Schwankungen der Weltwirtschaft gelitten, die bedingen, dass diese Länder heute ein vergleichsweise sehr geringes Pro-Kopf-Einkommen haben.

Entwicklung der Kaufkraft pro Kopf seit 1994 bis 2003 geordnet nach der bereits erreichten Einkommenskonvergenz, 2002

	1999	2000	2001	2002	2003
Österreich	111	114	111	110	110
EU15	100	100	100	100	100
Slowenien	68,6	70,8	72,5	72,6	
Zypern	82,4	75,8	73,6	71,1	
Tschechische Republik	59,2	56,6	59,5	59,2	
Ungarn	49	50,1	52,8	55,1	
Slowakische Republik	49,5	46,2	47,3	47,8	
Estland	38,6	40,4	40,3	41	
Polen	39	40,7	40,6	38,7	
Litauen	34,5	35,6	38,2	38,4	
Lettland	28,6	31,1	33,8	34,6	
Bulgarien	28,3	25,8	24,7	25,4	
Rumänien	23,9	23,6	24,2	24,4	
Türkei	26,4	25,5	22,5	22,5	

Quelle: eigene Zusammenstellungen aus Strukturindikatoren, EU-Kommission

Nicht nur, dass weiterhin gewaltige Kaufkraftunterschiede in Europa bestehen, auch das Tempo des Aufschließens der beitretenden Staaten und Beitrittswerberstaaten an das Europa der 15 ist weit unbefriedigender, als gemeinhin angenommen wird.

Konvergenz der Kaufkraft in Europa geordnet nach dem Tempo des Konvergenzprozesses

	Konvergenzprozess 1995 - 2002 der Kaufkraft pro Kopf (um wieviele Prozentpunkte hat ein Land gegen über dem EU-Schnitt gewonnen oder verloren?)
Lettland	9,91
Slowenien	9,65
Ungarn	9,47
Estland	7,04
Litauen	5,39
Polen	4,32
Slowakische Republik	1,83
Österreich	0
Tschechische Republik	-3,05
Rumänien	-3,52
Türkei	-4,03
Bulgarien	-7,72
Zypern	-10,99

Quelle: eigene Berechnungen aus Strukturindikatoren, EU-Kommission

Am Vorabend der großen Erweiterung muss man leider feststellen, dass in zahlreichen Staaten - unter ihnen Zypern, Tschechien, Polen und der Kandidatenstaat Türkei - bei oft recht niedrigem vergleichbarem Ausgangsniveau ein weiteres Absinken der durchschnittlichen Kaufkraft gegenüber den EU-15 festzustellen ist.

Eine baldige Mitgliedschaft der MOEL-Staaten in der EU und in der europäischen Währungsunion EMU würde sie vor Verhältnissen des ungleichen Austausches, die langfristig destabilisieren und die die Weltwirtschaft seit dem Ende der $/Gold-Konvertibilität kennzeichnen, retten.[3)] Ungleicher Austausch wird definiert durch ein Auseinanderklaffen von real existierender Arbeit und Kaufkraft in einem Land und der geringen Bewertung dieser Arbeit durch die internationalen Wechselkurse, und wird durch den „exchange rate deviation index" (ERDI-Index) gemessen. Ein hoher ERDI-Index[4)] bedeutet, dass in dem Land die Exporte höher bewertet werden als in dem Land mit niedrigen ERDI. Der Sozialwissenschafter Gernot Köhler schätzt, dass der ungleiche Austausch in Österreich etwa + 9 % des BIP pro Jahr ausmacht, in den Niederlanden + 17 %, in Spanien + 6 %, dafür aber in den mittel- und osteuropäischen Staaten die folgenden Wertverluste pro Jahr in % des BIP:

BUL	- 54 %
CS	- 46 %
EST	- 16 %
H	- 16 %
LAT	- 7 %
LIT	- 22 %
PL	- 18 %
ROM	- 29 %
SLK	- 8 %
TRK	- 10 %

Ohne Währungsunion käme es zu einem ständigen weiteren Werttransfer aus den ärmeren in die reicheren Regionen Europas. Köhlers empirische Berechnungen und theoretische Modelle im Anschluss an Samir Amin, Luigi Pasinetti, Kunibert Raffer, P.A. Yotopoulos und andere Theorien des „ungleichen Austauschs" lassen erkennen, wie sehr der Weltmarkt mit seinem Wechselkursmechanismus die Peripherien und Semi-Peripherien immer wieder in den Strudel weltkökonomischer Krisen hinabtauchte. In den 60-er-Jahren betrug der Gewinn aus dem ungleichen Austausch noch circa 1,5 % des BIP der Hocheinkommensländer; heute ist dieser Prozentsatz bereits auf über 5 % gestiegen. Ohne Teilnahme an der Währungsunion könnte selbst ein relativ reiches Land wie Österreich von derartigen weltwirtschaftlichen Turbulenzen erfasst werden.

3) Die Konvergenz der Einkommen in Europa wird nicht wirklich stattfinden, ebensowenig wie seit den letzten 125 Jahren

Nach Professor Jeffrey Williamson von der Harvard-University gibt es leider keine generelle Konvergenz der Einkommen in Europa in den letzten 125 Jahren. Die Daten von Aghion and Williamson, 1998 bedeuten u.a., dass immer wieder in der Weltwirtschaft sehr starke Mechanismen am Werk sind, die die Konvergenz behindern (vgl. z.B. ungleicher Austausch). Auch die Migrationsbarrieren in Europa haben die Konvergenz - im Unterschied zu den letzten 125 Jahren in der Konvergenz zwischen Europa und Übersee - gebremst. Es kann davon ausgegangen werden, dass die Währungsunion in ihrer derzeitigen Form den bisherigen, wechselkursbestimmten Aufstieg der südlichen Staaten Europas bremsen wird.

4) Kriminalität und Schattenwirtschaft werden ihren Anteil am BSP der EU erhöhen

Die Schattenwirtschaft beträgt in den EU-15 im Schnitt bereits 13,4 % des BSP. In der transnationalen Kriminalität ist ein wesentlicher Baustein einer terra-ferma-Konstellation zu suchen, einer Koalition, die ähnlich wie Venetien im Mittelalter auf folgenden Säulen beruht: Überausbeutung des ländlichen, durch Großgrundbesitz beherrschten Hinterlandes + Streben nach internationaler Dominanz (Giovanni Arrighi).

5) Die Migration wird die Ungleichheit in Europa erhöhen

Nach neuesten Untersuchungen verstärkt die Migration die Ungleichheit in den Empfängerländern. Die Massenmigration ist Teil des zyklischen Auf-und-Ab der Weltökonomie in den „langen Wellen" der Konjunktur. Die 30-er und 80-er-Jahre unseres Jahrhunderts waren depressive Abschwungphasen, also „B"-Phasen, sie setzen getreu einem Modell von W. W. Rostow, Arbeitskräfte insbes. in der Landwirtschaft frei und schickten sie auf 'Wanderschaft' und vergrößerten das Arbeitskräfteangebot in den Zentren der Weltökonomie. In den Zentren wächst durch die Migration in der „B"-Phase der Weltkonjunktur aber der Anpassungsdruck und der Druck auf die Löhne. Die Aufschwungphasen („A"-Phasen), die stets ein neues soziales Modell beinhalten, saugen das Arbeitskräftepotential wieder auf. Die Migrationsneigung in der Peripherie wird vor allem durch die Strukturkrise in den ländlichen Regionen sowie durch die Umstrukturierung der Schwerindustrie mit bestimmt; ab einem gewissen Niveau der sozialen Entwicklung (UNDP-Humanentwicklungsindex 0,900) werden die MOEL-Staaten aber selbst Einwanderungsländer aus den verarmten, umliegenden Regionen werden.

Was bewirkt die Migration in den Entsenderstaaten? Nimmt man die von Weltbank und IMF erhobenen „balance of worker remittances per GDP" als Indikator der ökonomischen Abhängigkeit einer Gesellschaft vom Migrationsprozess, steht fest, dass eine Abhängigkeit der Wirtschaft von hohen Überweisungen der eigenen Gastarbeiter im Ausland (verglichen mit den geringen Überweisungen der im Inland beschäftigten Gastarbeiter ins Ausland) zur

- Strukturkonservierung,
- zur mangelnden Anpassungsfähigkeit an weltwirtschaftliche Brüche,
- sowie zu einem langfristig schwachen Wirtschaftswachstum beitragen.

Darüber hinaus verstärkt die Massenauswanderung

- Tendenzen zur Benachteiligung der Frauen in der Gesellschaft - es sind zumeist die Frauen, die die Last der Migration zu tragen haben, insbesondere durch die Doppelbelastung aus dem praktisch alleinigen Erhalt der Familie und dem Erwirtschaften von Einkommen (die Auswanderer leben in den Empängerstaaten nicht „kostenlos").

In den Empängerstaaten trägt die Einwanderung zu einer höheren Einkommenskonzentration bei.

6) Rassismus ist Teil der Strukturen des ungleichen Austausches und wird als solcher erhalten bleiben

Rassismus - definiert im Sinne der einschlägigen Umfragen von Eurobarometer - und EU-Erweiterungsablehnung sind wie folgt in Europa vorhanden:

	Rassismus in %	Erweiterungsablehnung in %
F	48	35
DK	43	31
D	34	31
L	14	31
A	42	30
IRL	24	22
B	55	19
P	17	19
UK	32	19
NL	31	18
S	18	18
SF	35	17
I	30	13
E	20	12
GR	27	8

Starke statistische Zusammenhänge dieser Variablen gibt es vor allem mit dem ungleichen Austausch; die bisherigen Nutznießer des ungleichen Austausches in Europa fürchten um den Verlust ihrer Privilegien.

7) Ohne weitgehende Reformen wird Europa Herausforderer in einer terminalen Krise des Kapitalismus in der zweiten Hälfte des 21. Jahrhunderts

Terminale Krisen sind fundamentale Krisen in der Weltökonomie, die - wie wir bereits sagten - einen Wechsel in der dominanten Macht des internationalen Systems, das Abdriften der Welt in hegemoniale, kriegerische Auseinandersetzungen bedeuten: 1340,[5] 1560,[6] 1750,[7] 1930.[8] Zu solchen Perioden ereigneten sich intensive Auseinandersetzungen um die Vorherrschaft in der Weltwirtschaft. Fazit: derzeit besteht kaum Aussicht auf derartige Auseinandersetzungen, die Politik einer erweiterten Union - ohne wesentliche Reformen dann ein erweiterter Koloss - könnte aber die terraferma-Politik im Sinne Arrighis wiederholen.

8) Das wirtschaftliche Wachstum driftet weg von Europa

Das wirtschaftliche Wachstum in der Welt wanderte von 1975 bis 2000 eindeutig in die Region des Pazifiks und des indischen Ozeans ab, und wird auch weiterhin dorthin abwandern. Dies zeigt sich auch in der Landkarte 2:

Landkarte 2: Wirtschaftswachstum 1990-2000

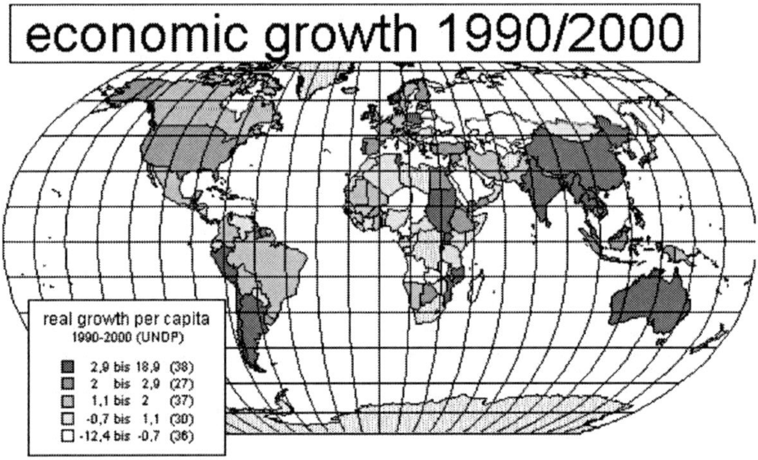

Fehlwerte für Grönland, Liberia, Somalia, Irak, Bosnien, Jugoslavien, Nord-Korea und Afghanistan.

9) Früher Tod und Armut kennzeichnen weiter Europa

Mit der bevorstehenden Erweiterung der Union nach Osten und Süden und den bestehenden Kaufkraftunterschieden auf unserem Kontinent kommt der Frage der absoluten Einkommensunterschiede der Armen eine erhebliche sozialpolitische Bedeutung zu. In 123 Staaten mit kompletten Daten der Vereinten Nationen ist heute zumindest die absolute Kaufkraft der ärmsten 20 % in den jeweiligen Gesellschaften der Welt abschätzbar. Dabei muss berücksichtigt werden, dass in Slowenien, Tschechien und Ungarn das abschätzbare, reale Lebensniveau der ärmsten 20 % unter dem der ärmsten 20 % in Portugal liegt, das nur Platz 29 von 123 Staaten der Weltgesellschaft einnimmt.

Kaufkraft der ärmsten 20 % in Europa geordnet nach dem Weltrang der Kaufkraft der ärmsten 20 %

Land	Kaufkraft der ärmsten 20 %	Weltrang der Kaufkraft der ärmsten 20 %
Luxemburg	21512	1
Finnland	12337	4
Dänemark	12035	5
Schweden	11002	6
Irland	10857	7
Belgien	10591	8
Niederlande	9924	9
Österreich	9356	12
Frankreich	8636	14
Slowenien	7794	15
Tschechien	7581	16
Spanien	7556	17
Italien	7401	19
Großbritannien	7369	20
Deutschland	7225	21
Griechenland	6191	24
Ungarn	6170	25
Portugal	5264	29
Slowakische Republik	5262	30
Polen	3686	32
Estland	3560	33
Litauen	3346	34
Lettland	2937	36
Rumänien	2390	40
Bulgarien	2308	41
Türkei	1796	49

Quelle: eigene Berechnungen aus UNDP, 2003

Spätestens seit US-Verteidigungsminister Donald Rumsfeld die politische Unterscheidung von „altem“ und „neuem“ Europa[9] geprägt hat, wächst mancherorts die Angst vor einem Import „amerikanischer“ Strukturen der Gesellschaftspolitik auf den „alten Kontinent“ nach der großen Erweiterung. Hinzu kommt, dass analytische Arbeiten mancher Wirtschaftsforscher - in Österreich allen voran Professor Karl Aiginger vom WIFO-Institut - zu dem deprimierenden Ergebnis gelangt sind, dass Europa - trotz der erklärten Ziele von Lissabon - gegenüber den USA weiter zurückfällt. In seinen rezenten Vorträgen an den Universitäten Harvard und Stanford hat Aiginger (und Prof. Michael Landesmann vom Wiener Institut für Internationale Wirtschaftsvergleiche) diese Thesen eingehender explizitiert.[10] Aus analytischer sozialpolitischer Perspektive muss festgehalten werden, dass beträchliche Ungleichheiten in Europa bereits vor der Erweiterung existierten. Eine rezente Studie der Kommission[11] („Sapir-Bericht“) hat darauf hingewiesen; sie lässt u.a. den Schluss zu, dass die gesamteuropäische Ungleichheit - zwischen und innerhalb der einzelnen Länder kombiniert - um weitere 33 % nach der Erweiterung am 1. Mai 2004 wachsen wird. Der Bericht geht angesichts der Herausforderung des Lissabon-Prozesses und der kommenden Erweiterung von der empirisch untermauerten These aus, dass es seit Jahrzehnten gar keinen Aufholprozess der EU-15 gegenüber den USA geben würde (Bericht, Seite 21). Im Vergleich mit den USA zeige sich überdies, dass insbesondere die wirtschaftlich fortgeschritteneren EU-Staaten wie Schweden, Frankreich, Deutschland gegenüber der Kaufkraft in den USA von 1970 bis 2000 sogar zurückgefallen seien (Österreich hat, zusammen mit Finnland, dem Süden der Union und Irland, positive Werte aufzuweisen. Die Kaufkraft Österreichs betrug 1970 65,2 % der amerikanischen Kaufkraft, 2000 schon 79,3 %).

Freilich hat die Erhaltung des „sozialen Raumes“ Europa zur Voraussetzung, dass Formen neu entstehender extremer Armut wieder beseitigt werden. Im Einklang mit dem Humanentwicklungsansatz der Vereinten Nationen ist es auch möglich, einen direkten Vergleich der „extremen Armut“ in Europa anzustellen. Wessen Lebensbedingungen - aus welchem Grund auch immer – so schlecht sind oder wer so gefährlich lebt, dass er/sie vor dem 40. Lebensjahr stirbt, ist arm. Extreme Armut ist auch die Voraussetzung der Ausbreitung von TBC.

Die Landkarte der extremen Armut in Europa hat folgende Gestalt. Sie zeigt an, wie sehr die Gefahr besteht, dass durch Fortbestehen extremer Armut in Europa zum Zeitpunkt der Erweiterung „amerikanische Verhältnisse“ einziehen, insbesondere in Polen, der Slowakei und in den baltischen Republiken. Mit dem Beitritt Rumäniens, Bulgariens und der Türkei werden sich diese Strukturen weiter vertiefen, wenn die Politik nicht „gegensteuert“:

Landkarte 3: Absolute Armut in Europa UNDP-Kriterium Betroffenheit vom Tod mit Alter 40

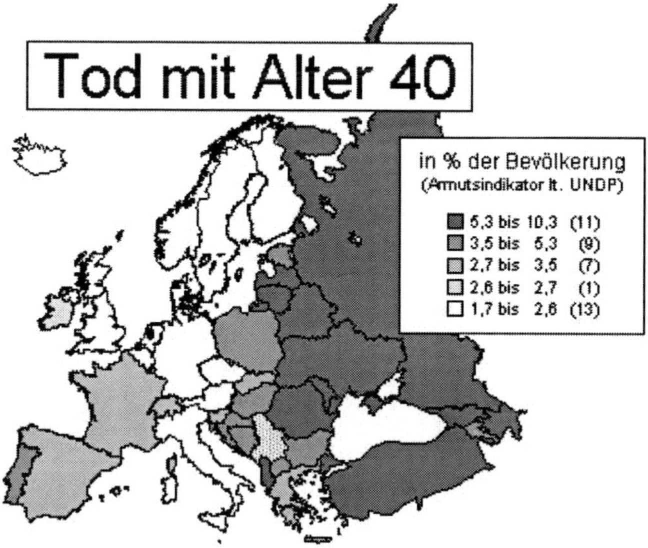

10) Lissabon, Stockholm, Göteborg - kein Rezept für einen Erfolg

Nur einige der seit Lissabon angenommenen starken, kausalen Mechanismen bewähren sich im globalen, multivariaten Vergleich. Zu ihnen gehören zweifelsohne die bestätigten, negativen Einflüsse der Überalterung auf das Wachstum sowie die positiven Einflüsse der Einflüsse der Investitionen der Multis auf die weibliche Beschäftigung.

Zu den größten Widersprüchen der Post-Lissabon-Strategie gehört nach multivariater Analyse der Wachstums- und Entwicklungsbedingungen nach dem Datensatz des UNDP HDR 2000:

- Die Maastricht-Austerität verschärft das Problem der Energieintensität des Wachstums
- Die New-Economy trägt ebenso zu diesem Phänomen bei

- Es gibt pervertierte Formen des „Keynesianismus“, insbes. Militärausgaben
- Der Feminismus weltweit hat drei Komponenten - eine egalisierend, westlich-demokratische; eine postkommunistisch-verteilungskoalitionär und eine neo-liberal, die männliche Arbeitskraft zugunsten der weiblichen Reservearmee substituierende
- Weiters ist auch zu bedenken, dass der ungleiche Austausch - kompatibel mit den Vorhersagen Gernot Köhlers - die nachhaltige Entwicklung blockiert und daß die Länder, die von ihm Nutzen ziehen, nicht nur ihre Beschäftigungsprobleme vergrößern (Köhler), sondern auch ihre Humanentwicklung blockieren.

Darüber hinaus stehen folgende Entwicklungsfunktionen mit Implikationen für Europa im Raum:

Die wesentlichsten Entwicklungsfunktionen im Jahr 2000 in Abhängigkeit vom erreichten Entwicklungsniveau

• Einkommenskonzentration	nimmt ab
• Humanentwicklungsindex	nimmt zu, aber langsamer als bisher
• Lebenserwartung	nimmt zu, aber langsamer als bisher
•Wachstum	verlangsamt sich
• Nachhaltige Entwicklung (BIP pro kg Energieverbrauch)	wird besser
• Wachstum der weiblichen Beschäftigung	nimmt ab
• Weibliche Beschäftigungsraten	nehmen wieder zu

11) Niederösterreich im 21. Jahrhundert

Eurostat-Daten (Strukturindikatoren) zeigen, dass mit dem Beitritt der 10 am 1. Mai 2004 sich die Problematik der regionalen, gesamteuropäischen Streuung der Lebenschancen in Europa weiter verschlimmern wird.

Gut 80 % des EU-Budgets entfallen heute bekanntlich auf die gemeinsame Agrarpolitik und die EU-Strukturpolitik. Die EU-Strukturpolitik zielt vor allem auf die Bekämpfung regionaler Entwicklungsprobleme in der EU; etwa 30 Mrd. € p. a. oder ein Drittel des Haushaltes werden hierfür eingesetzt. Die wesentliche Schwachstelle dieser Politik liegt daran - so sind sich alle BeobachterInnen praktisch einig - dass die Mittel viel zu wenig auf die bedürftigsten Empfänger konzentriert werden.

Nach dem Subsidiaritätsprinzip sollte, so etwa argumentiert das DIW[12)], die europäische Ebene nur dort tätig werden, wo die Mitgliedstaaten bestimmte Ziele nicht selbst besser erreichen können. Die Transfers aus den Strukturfonds sollten also ausschließlich an Mitgliedstaaten mit deutlich unterdurchschnittlichem BIP pro Kopf gehen; diese erhalten heute jedoch nur etwa die Hälfte der Mittel.

Bereits heute aber erhalten die Reichen mehr als die Armen, und die Union praktiziert bei ihren Strukturfonds ein System der Umverteilung von unten nach oben. Nur unter Ausschluss des extremen Falles Luxemburg und Irland - reiche Staaten, denen Brüssel netto noch dazulegt - ergibt sich überhaupt kein „perverses" Fördersystem, das von ärmeren zu reicheren Staaten umverteilt. Und auch Griechenland, Belgien und Dänemark kassieren im Vergleich mit ihrem Prokopfeinkommen viel zu viel aus Brüssel, während die Niederlande, das Vereinigte Königreich und Schweden im Vergleich zu ihrem Prokopfeinkommen viel zu viel in den gemeinsamen Topf einbezahlen.

Konsistente und sich sogar verfestigende Strukturen der Arbeitslosigkeit sind in Europas Randgebieten keine Seltenheit. Nehmen wir einmal den italienischen Mezzogiorno und Teile Südspaniens. Dort war die Arbeitslosigkeit schon 1990 über 10 %, und sie hat dort seither sogar noch zugenommen. Regionen mit hoher, noch wachsender Arbeitslosigkeit in Europa sind Kalabrien, Campania; Sizilien, Puglia, Sardegna (alle in Italien), Languedoc-Roussillon (Frankreich), Galicia (Spanien), Provence-Alpes-Côte d'Azur (Frankreich), Molise (Italien), Hainaut (Belgien), Nord-Pas-de-Calais (Frankreich) und Principado de Asturias (Spanien).

Insbesondere die Niederlande, aber auch Irland und Großbritannien waren Rekordhalter der Reduktion der Arbeitslosigkeit im Zeitverlauf. Unter den 10 besten Regionen Europas der Reduktion der Arbeitslosigkeit waren 9 Regionen der Niederlande vertreten.

Von den 10 schlechtesten beschäftigungspolitischen Regionen Europas (= hoher Zuwachs der Arbeitslosigkeit) waren 4 in Finnland, 3 in Griechenland, 2 in Schweden und 1 in Deutschland.

In der Europäischen Union haben nach der GD für Regionalpolitik (Kommissar Michel Barnier) die Disparitäten zwischen den einzelnen Mitgliedstaaten und insbesondere zwischen den einzelnen Regionen hinsichtlich des Pro-Kopf-Einkommens (Pro-Kopf-BIP) weiterhin ein beträchtliches Ausmaß. Insbesondere die Regionen Frankreichs fielen gegenüber dem EU-Durchschnitt zurück.

Nicht alle armen Regionen sind hoffnungslos, und nicht alle reichen Regionen können sich ihrer Privilegien sicher sein. Aber einige europäischen Regionen, deren Einkommen schon 1990 unter 80 % des EU-Durchschnitts betrugen, sind weiter zurückgefallen: und sind auch im erweiterten Europa eigentlich nichts anderes als Gebiete des beginnenden Pessimismus.

Es sind Regionen der Verlierer, des realökonomisch ja schon 1989 begonnenen Erweiterungsprozesses der EU, zu denen auch Gebiete gehören, die schon vor 1989 zu den EU-15 gehörten - verkommende alte Industriegebiete in Großbritannien, Ostdeutschland und Belgien sowie zurückbleibende Agrargebiete wie das schottische Hochland, Mecklenburg-Vorpommern, der französische Languedoc-Roussillon und der portugiesische Alentejo. Keine österreichische Region spielt derzeit in dieser Liga der Deklassierten.

Zu diesen Zonen werden sich auch bald jene Regionen gesellen, die 1990 noch zwischen 80 % und 100 % des EU-Bruttoinlandsproduktes pro Kopf erwirtschafteten, die aber auf die Verliererstraße geraten. Sie könnten bei weiterem Fortschreiten des Aufstiegs einiger Regionen, insbesondere im Süden und Osten der erweiterten EU, die 1990 noch ein BIP pro Kopf zwischen 80 % und 100 % des EU-Durchschnitts erwirtschafteten, weiter absinken und damit zu Regionen werden, die einen besonders hohen Widerstand gegen den Prozess der EU-Erweiterung leisten werden. In Österreich ist Kärnten bei dieser Regionengruppe.

Freilich, es gibt auch Hoffnung unter den bisherigen unter dem Durchschnitt liegenden Zonen, i.e. besonders ökonomisch erfolgreiche Regionen unter jenen Gebieten, die 1990 noch zum Teil erheblich unter dem EU-Durchschnitt lagen. Sie sind die Kategorie der „ärmeren Gewinner“ der letzten Jahre. In Österreich sind dies Niederösterreich, Steiermark und Burgenland; zu diesen Regionen gehören auch das Baskenland, Korsika, zahlreiche weitere Gebiete in Großbritannien, Italien, Spanien, Griechenland, den Niederlanden und in den EU-Kandidatenstaaten insbes. des „L“, das von der deutsch-polnischen Grenze an der Ostsee entlang der Oder, über Tschechien, die westliche Slowakei bis Westungarn reicht.

Interessant sind auch jene reichen Regionen, die 1990 noch z.T. erheblich über dem EU-Schnitt lagen, die aber nun zurückzufallen beginnen. In Österreich sind dies die Bundesländer Wien und Salzburg. Weitere typische Regionen hierfür sind Berlin, das Aosta-Tal, Antwerpen, Detmold und Köln in der Bundesrepublik, Nordost-Schottland und der Elsass.

Es wäre falsch, bei solchen Vergleichen nur das relative Einkommen heranzuziehen und nicht auch andere gesellschaftspolitische Größen. Zu aller erst sei hier die Beschäftigungsentwicklung genannt.

Die reichen „EU-Superstars“ mit hohem Einkommenszuwachs und sinkender Arbeitslosigkeit waren Irland Southern and Eastern; NL Utrecht; UK Berkshire, Bucks & Oxfordshire; Spanien Comunidad de Madrid und NL Noord-Holland.

Schließlich wäre auch noch zu erwähnen, dass das Bildungsniveau der ärmeren Regionen in der heutigen EU so kurz vor dem Erweiterungsprozess

z. T. erheblich unter dem der ostmitteleuropäischen Nachbarstaaten liegt, weshalb es letztlich zu einer erheblichen Ressourcenumverteilung in der erweiterten EU kommen müsste, wenn tatsächlich ein Markt - und nicht etwa Machtkartelle - das Geschehen im erweiterten Europa determiniert.

Ein optimistisches Signal für den kommenden Erweiterungsprozess ist der Aufholprozess der seit 1973 in der Union befindlichen Irischen Republik und die bereits heute stattfindende Angleichung der Kaufkraft der Nachbarschaftsregionen Österreichs in Tschechien, der Slowakei, Ungarn und Slowenien an das Niveau von EU-Regionen:

Bratislava und Prag befanden sich 2001 über dem Niveau des EU-Durchschnitts. Burgenland und Budapest sind bei 75 % bis 100 % des Niveaus der EU und damit gleich auf mit Wales, Cornwall, dem Norden der irischen Insel, Nordengland, weiten Teilen Schottlands, Frankreichs, den erfolgreicheren Regionen Nord- und Ostdeutschlands und den entwickelteren Regionen Spaniens, Portugals, und Griechenlands. Westungarn, die Region Warschau und weite Teile Tschechiens erreichten 50-75 % des EU-Durchschnitts und befanden sich damit auf dem Niveau von zahlreichen Regionen Süditaliens, Griechenlands, Südspaniens, und der neuen Bundesländer.

Die nicht in der Kaufkraft, sondern im Bruttosozialprodukt pro Kopf zu Wechselkursen gemessene Wertschöpfung der Union konzentriert sich nach Ansicht der Kommission heute im nordwestlichen Teil der Union, etwa von Nord-Yorkshire in Großbritannien, der Franche-Comté in Frankreich bis Hamburg in Deutschland. Während der Anteil dieses Gebietes an der Gesamtfläche der EU-15 nur ein Siebtel beträgt, lebt dort ein Drittel der Bevölkerung und - nach Schätzungen der Kommission - wird dort fast die Hälfte des Einkommens (47 %) erwirtschaftet. In vergleichbaren Wirtschafträumen, wie in den USA, sind die Aktivitäten räumlich breiter gestreut. In der Europäischen Union bringt diese Konzentration nicht nur für die peripheren Regionen negative Konsequenzen mit sich, sondern auch für die zentralen Regionen, insbesondere im Hinblick auf die Überlastung der Verkehrsnetze sowie Umwelt- und Gesundheitsschäden, wodurch die Vorteile langfristig kompensiert werden könnten.

---

1) Gekürzt nach einem Vortrag, gehalten am 24. März 2000 in Trier.

2) Vgl.: hierzu http://www.monde-diplomatique.fr/1999/07/MARECHAL/12216.html

3) 1922 Ende des allgemeinen Goldstandards, 1971 Ende der Gold-Konvertibilität der bisherigen Leitwährung des internationalen Wirtschaftssystems, des US-$. Einige neo-liberale Gesellschaftstheoretiker befürchten damit eine wachsende Instabilität der internationalen Währungsmärkte; die neo-marxistischen Theorien des ungleichen Austausches und die neo-liberalen Forderungen nach einer Rückkehr zum Goldstandard gehen also von der gleichen faktischen Prognose aus: wachsende Kursschwankungen auf den Währungsmärkten

[4] Exchange rate deviation index, i.e. die Abweichung der internen Kaufkraft eines Landes vom internationalen Wechselkurs der Währung
[5] Der „Hundert-Jahre"-Krieg in Italien
[6] Das Abdriften der Welt in den 30-jährigen Krieg 1618-1648
[7] Das Entstehen der Koalitionen, die die napoleonischen Kriege unausweichlich machten
[8] Die Große Depression 1929-1933
[9] Vgl. hierzu http://www.rferl.org/nca/features/2003/01/24012003172118.asp
[10] http://www.wifo.ac.at/Karl.Aiginger/publications/2002/background.pdf
http://www.wifo.ac.at/Karl.Aiginger/publications/2002/harvard02.pdf
[11] http://europa.eu.int/comm/lisbon_strategy/pdf/sapir_report_en.pdf
[12] http://www.diw.de/deutsch/publikationen/wochenberichte/docs/01-36-1.html

Brüderlichkeit und Einheit

Die Arbeiterbewegung Bosnien-Herzegovinas vor dem Ersten Weltkrieg

von Anton Faber

1992 bis 1995: Bürgerkrieg

Der blutige Bürgerkrieg in der ehemaligen jugoslawischen Teilrepublik Bosnien-Herzegovina von 1992 bis 1995 zeigte die momentane Zerrissenheit des inzwischen selbstständigen Staates in all seiner blutigen Deutlichkeit. Das Ergebnis der Kämpfe: hunderttausende Tote, Invaliden, Flüchtlinge, ein nicht funktionierender Staat und eine am Boden liegende Wirtschaft. Dafür blühen Kriminalität und Korruption. Von der Losung „Bratstvo - Jedinstvo" (Brüderlichkeit und Einheit) aus der Tito-Zeit blieben nur noch Erinnerungen und verblassende Buchstaben an Häuserwänden. Die drei großen nationalistischen Parteien, die SDS (Serbisch-Demokratische Partei), die muslimische SDA (Partei der demokratischen Aktion) und die HDZ (Kroatische Demokratische Gemeinschaft) hintertreiben rücksichtslos den Aufbau von zivilgesellschaftlichen Strukturen im Land. Die Parteien, ihre Mitglieder und Anhänger definieren sich vor allem durch ihre ethnische Abstammung und nicht durch ihre gesellschaftliche und ökonomische Position. Sie sind Sammlungsbewegungen in denen radikale Nationalisten den Ton bestimmen. Bosnien-Herzegovina sollte danach trachten, die Stagnation zu überwinden will es als selbstständiger Staat weiter existieren. Anstelle des nationalistischen und rassistischen Überlegenheitsdenkens der verschiedenen Nationen muss eine „Solidarität der Erschütterten"[1)] treten.

1878: Österreich okkupiert Bosnien-Herzegovina: Eine Arbeiterbewegung entsteht.

Als erste moderne politische Kraft versuchte die Arbeiterbewegung bereits Ende des 19. Jahrhunderts die religiösen und nationalen Animositäten in Bosnien zu überwinden. In ihren Reihen befanden sich Angehörige zahlreicher Nationen, autochthoner als auch zugewanderter. 1878, als sich die Doppelmonarchie Bosnien-Herzegovina einverleibte, existierte im Land so gut wie keine Industrie und in weiten Teilen herrschte wieder Naturalwirtschaft. In den letzten 150 Jahren der Herrschaft der Osmanen über Bosnien hatte das Land einen ökonomischen Niedergang erfahren und den Anschluss an moderne Entwicklungen verpasst. Neben wenigen Bergwerken und Sägewerksbetrieben existierte lediglich eine Brauerei als industrielles Unternehmen. Das Eisenbahnnetz kann nur als rudimentär bezeichnet werden. Eine kurze Bahnlinie von Banja Luka aus war 1872 in Betrieb genommen worden, funktionierte allerdings sechs Jahre später, als Wien die Herrschaft übernahm nicht mehr. Die vom Berliner Kongress (1878) sanktionierte Okkupation Bosniens durch die Truppen der Donaumonarchie stieß auf nicht erwarteten Widerstand. Besonders die muslimische Bevölkerung befand sich in Aufruhr. In Sarajevo organisierte ein Imam, Hadzi Lojo, den Widerstand gegen die Okkupanten. Teilweise unterstützten Serben diese Bewegung. Da aber beinahe die Hälfte der Dorfbevölkerung noch in Leibeigenschaft lebte, erhoffte sich die Majorität der christlichen Bevölkerung - die Serben stellten damals die größte Bevölkerungsgruppe - vom neuen Herren in Wien die Aufhebung der muslimischen feudalen Agrarstrukturen. Aus jener Zeit stammen die Zeilen eines Volkslieds, die das nahe Ende der Leibeigenschaft willkommen hießen: „Auf den Gipfeln feuert ab die Flinten – Der Türke hat nun kein recht mehr auf Finten.“[2)]

Trotz schwerer Kämpfe nahm die k.k-Armee unter General Phillipovic am 18. August 1878 Sarajevo ein und ersetzte damit die über dreihundertjährige türkische Okkupation Bosniens durch eine österreichische. Dieser Umstand bewirkte im Land gravierende wirtschaftliche, politische und soziologische Veränderungen. Mit der Habsburgermonarchie drang endgültig das 19. Jahrhundert, samt Industrialisierung und der damit verbundenen Auflösung der traditionellen Lebensweise, in Bosnien ein. Beinahe skurril, denn Österreich-Ungarn kämpfte noch selbst darum, die im Vergleich zu anderen Staaten versäumte industrielle Entwicklung nachzuholen. Das „Europäische China“ katapultierte die dem „Kranken Mann am Bosporus“ entrissene Provinz in die Moderne.[3)]

Nach Ende der Kämpfe machte sich die österreichische Verwaltung, aus militärstrategischen und wirtschaftlichen Gesichtspunkten, an den Aus- und Neubau der Verkehrswege und Kommunikationsnetze. Allein im Jahr 1880 wurden 1.380 neue Straßenkilometer angelegt.[4)] Bereits im September 1878 begann der Bau der Bosna-Bahn, benannt nach dem gleichnamigen Fluss, der auch dem Land den Namen gegeben hatte, von Bosanski Brod an der Save nach Zenica in Zentralbosnien. Der Bau der Eisenbahn spülte Eisenbahnbeamte, Facharbeiter, Ingenieure, Hilfsarbeiter und Glücksritter aus der gesamten Monarchie in die neue Provinz.

Wie sehr militärstrategische Überlegungen hinter dem Ausbau der Verkehrswege standen zeigt der Umstand, dass die Bosna-Bahn in den Monaten Juni und Juli des Jahres 1881 94.469 Militärangehörige und 33.139 Zivilpersonen transportierte. Die Rekonstruktion der unter osmanischer Herrschaft gebauten und ab 1875 dem Verfall preisgegebenen Bahntrasse war gelungen.[5)]

Besonderes Augenmerk legte die k.u.k.-Verwaltung auf die Förderung des Bergbaues. Zahlreiche Expertisen und Gutachten wurden in Auftrag gegeben und erstellt. Die wichtigsten Abbaustätten standen in den Jahren 1878 -1918 im Besitz des Staates. „Die bergmännische Exploration des Landes durch sofortige Proclamierung vollständiger Schurffreiheit und Concessionierung von Freischürfern der Privatindustrie zu überlassen, schien dem Ministerium nicht räthlich."[6)] Insgesamt entstanden in der 40-jährigen Herrschaft der Donaumonarchie in Bosnien-Herzegovina ungefähr 120 größere industrielle Betriebe, mit etwas über 50.00 Beschäftigten. Neben der Montanindustrie stand übrigens auch die Tabakindustrie in staatlichem Besitz. Trotz der allmählichen Industrialisierung des Landes überwog der Agrarsektor deutlich. Die Holzindustrie nahm in dem mit Waldreichtum gesegneten Bosnien eine herausragende Stelle ein. Zahlreiche Italiener und Slowenen verdingten sich nach der Okkupation als Angestellte und Arbeiter in diesem Industriezweig. Bosnische Beschäftigte verließen während der Erntezeit die Arbeitsstelle um auf ihren kleinen Höfen zu helfen. Daher holten die Firmen ausländische Arbeitskräfte ins Land.[7)] Der Verdienst der einheimischen Arbeitskräfte reichte nicht aus, um ihre Familien ganzjährig zu ernähren, wodurch sie auf den Ertrag ihrer kleinen Landwirtschaften angewiesen waren. Der Lohn der eingewanderten Italiener und Slowenen lag bis zu dreimal höher als der eines bosnischen Arbeiters. Die österreichischen Behörden förderten die Einwanderung von Siedlern aus allen Gebieten der Monarchie und verfolgten eine Art Kolonialpolitik. Sogar aus dem Rheinland und aus Schlesien, also aus dem Deutschen Kaiserreich, lockte die Verwaltung Menschen nach Bosnien-Herzegovina. Die Einwanderer erhielten Land zu günstigsten Pachtkonditionen, und wenn sie die bosnische Staatsbürgerschaft annahmen, ging das Land ohne weitere Zahlungen in ihr Eigentum über.[8)]

Die von Wien forcierte Industrialisierung des vorerst okkupierten und 1908 annektierten Landes bewirkte naturgemäß eine Änderung in dessen Gesellschaftsstruktur. In den Städten und Industrieansiedlungen bildete sich verstärkt industrielles Proletariat. Es setzte sich zusammen aus, heute wird oft der menschenverachtende Terminus „Modernisierungsverlierer" verwendet, durch österreichische Importe zu Grunde gerichteter kleiner Gewerbetreibender, ländlicher Bevölkerung, die in den Wirren der Jahre 1875 bis 1878 ihr Land aufgeben musste sowie arbeitslos gewordener Soldaten und Beamter aus der Zeit der türkischen Besatzung.[9)]

Neben zahlreichen Glücksrittern strömten auswärtige Arbeiter, Facharbeiter und Ingenieure in die neuen Betriebe. Mit diesen hielten auch vermehrt die Ideen der sozialdemokratischen Arbeiterbewegung und gewerkschaftliche Vorstellungen Einzug in das politische Leben Bosniens. In den achtziger Jahren des 19. Jahrhunderts schlossen sich die Eisenbahner - in der Eisenbahn dominierten besonders zu Beginn der österreichisch-ungarischen Herrschaft zugewanderte Arbeitskräfte - zu illegalen Zirkeln zusammen und betrieben gewerkschaftliche und politische Arbeit. 1896 gelang die Legalisierung ihres Vereines „Flugrad" durch die bosnische Landesregierung, dem die Behörde allerdings jegliche politische Agitation untersagten. Dennoch rekrutierten sich die ersten Aktivisten der im Aufbau begriffenen Arbeiterbewegung zu einem wesentlichen Teil aus diesem Verein. Das Vereinswesen stand unter ständiger Beobachtung der Staatsmacht, die versuchte die politischen Entwicklungen in ihrem Sinne zu beeinflussen. „Die Rechnung ging aber im Falle der Arbeiterbewegung, zu deren Organisierung die Zuwanderer wesentlich beigetragen hatten, nicht auf."[10)]

Das trade-unionistische Element spielte bei der Konstituierung der Arbeiterbewegung hin zu einer gesellschaftlich relevanten Organisation eine tragende Rolle. Ende August 1905 fand in Sarajevo, mit Billigung der Behörden, eine von Mico Sokolovic initiierte Arbeiterversammlung statt. Knapp drei Wochen zuvor hatte er gemeinsam mit einigen Gesinnungsgenossen eine Resolution an die Landesregierung in Sarajevo gerichtet, in der sie das Recht auf Versammlungsfreiheit ebenso forderten, wie die Verbesserung der sozialen Lage der Arbeiter. Sokolovic war in Belgrad, wo er eine Lehre als Buchbinder absolvierte, mit den Ideen der Arbeiterbewegung und des Sozialismus in Berührung geraten. 1903 war er zum Sekretär der Belgrader Buchbindergewerkschaft aufgestiegen. Zwei Jahre später kehrte er nach Bosnien zurück und widmete sich bis zu seinem frühen Tod im Jahre 1906 dem Aufbau der bosnischen Arbeiterbewegung. Er gehörte der ersten Generation in Bosnien-Herzegovina gebürtigen Arbeiterführer an, „sie waren jedoch alle früh ausgewandert und hatten die sozialistische Bildung außerhalb ihrer Heimat aufgenommen. Mit ihrer Rückkehr importierten sie den Sozialismus anderer Länder, ohne ihn den speziellen Verhältnissen ihrer Heimat anzupassen." Wie die Massendemonstrationen des Generalstreiks aber bewiesen, war die Arbeiterschaft fremden Einflüssen zugänglich.[11] Was die Anzahl der organisierten Arbeiterschaft betrifft, herrschte ein eklatantes Stadt-Land-Gefälle. 75 Prozent der Bauarbeiter in Sarajevo waren knapp nach der Jahrhundertwende Gewerkschaftsmitglieder. In der gesamten Provinz Bosnien-Herzegovina jedoch nur 2 Prozent. 1911 waren immerhin 11 Prozent der Arbeiter in gewerkschaftlichen Organisationen eingeschrieben.

1906-1914: Aufstieg und Niedergang

1905 entstand mit dem Arbeiterzentralverband (Glavni radnicki Savez za Bosnu i Hercegovina, GRS) die Dachorganisation für Arbeitervereine. Deren Ziel lag in der Verbesserung der sozialen Situation sowie der Bildung der Arbeiter und ihrer Familien. Die Landesregierung genehmigte 1906 die Statuten des Zentralverbandes, allerdings nicht ohne auch ihm jedwede politische Arbeit zu untersagen. Kurz vor der Genehmigung der Statuten manifestierte die erste große Streikbewegung das Entstehen eines politischen Bewusstseins in der Arbeiterklasse Bosniens-Herzegovinas. Von Sarajevo ausgehend hatte die Bewegung binnen eines Monats alle Landesteile erfasst. Neben der Verbesserung der Arbeitsbedingungen standen politische Forderungen im Mittelpunkt ihrer Anliegen. Die Bewegungs- und Straffreiheit für gewählte Arbeitervertreter und ihre Organisationen bei der Ausübung der Tätigkeit zur Erfüllung von Arbeiterwünschen wurde ebenso artikuliert wie das Recht auf Versammlungsfreiheit.[12] Im Zuge des Streiks kam es zu Unruhen, wobei in Sarajevo zwei Menschen ums Leben kamen. Die Gewerkschaften nahmen im Anschluss an den Arbeitskampf einen Aufschwung. Unter den drei großen Nationalitäten Bosnien-Herzegovinas stellten die Kroaten mit 33,45 % die größte Gruppe der Gewerkschaftsmitglieder, 26,68 % waren Serben und 12,15 % Muslime.

Parallel zu den sozialdemokratisch orientierten Arbeitervereinen hatten sich streng nationalistisch geführte Vereine gegründet, die mit den sozialdemokratischen konkurrierten. Sarajevos katholischer Erzbischof Stadler untersagte katholischen Mitgliedern der Sozialdemokratischen Partei ein Begräbnis auf dem regulären Friedhof, entgegen einer Weisung aus Wien. Für ihn stand der Kampf gegen den „atheistischen Sozialismus“ im Vordergrund seines politischen Wirkens.[13] 1909 formierte sich offiziell die Sozialdemokratische Partei in Bosnien-Herzegovina, die sich bemerkenswerterweise nicht am Hainfelder Programm ihrer österreichischen Schwesternpartei orientierte, sondern am Erfurter Programm ihrer Genossen aus dem Deutschen Reich. Eine ihrer Hauptaufgaben sah die Partei in der Lösung sowohl der nationalen als auch der Agrarfrage. Ständig stand die Partei im Schnittpunkt der nationalen und religiösen Konflikte. Unter Druck geriet die junge Partei während der Balkankriege 1912/13, als die Türkei beinahe alle ihre Besitzungen auf dem europäischen Festland verlor. Die Diskussionen der bosnischen Intelligenz drehten sich vor allem darum, ob die soziale der nationalen Befreiung vorangehen müsse, oder umgekehrt. „Nur die vorhergehende wirtschaftliche Befreiung der ausgebeuteten Klassen, der Bauern und Arbeiter, also der überwältigenden Mehrheit des Volkes, kann die realen Voraussetzungen für die Bildung selbstständiger Staaten schaffen. Die nationale Befreiung, wie die Vereinigung müssen daher im Geist der sozialen Befreiung und der Wiedergeburt vollzogen werden, sonst wird es geschehen, dass der Bauer, der Arbeiter und der Kleinbürger auch in die neuen Staatsgebilde als todbringenden Keim ihr Armeleutegefühl mit ihrem Sklavengeist und die zahlenmäßig geringen Ausbeuter ihre parasitenhafte und reaktionäre Mentalität und all ihre antisozialen Neigungen hineintragen,“[14] lässt Ivo Andric in seinem Roman „Die Brücke über die Drina“ einen jungen Intellektuellen verkünden, worauf sein Widerpart in der Diskussion erwidert, dass „sich die Dinge nicht nach den Voraussagen der deutschen Theoretiker entwickeln (...). Seit der Aufforderung Karageorges, ‚Ein jeder erschlage seinen Vogt‘, werden die sozialen Fragen auf dem Balkan durch nationale Befreiungsbewegungen und -kriege gelöst. Sind etwa die serbischen Siege dieser Jahre, die von Kumanovo und Breglanitza, nicht zugleich Siege des fortschrittlichen Gedankens und der sozialen Gerechtigkeit?“[15]

Das Verhältnis zwischen der österreichischen und der bosnisch-herzegovinischen sozialdemokratischen Partei war kein friktionsfreies, auch weil Serbiens Sozialdemokraten immer wieder die Haltung ihrer österreichischen Genossen in der nationalen Frage kritisierten. Auf dem Kongress der Sozialistischen Internationale 1910 in Kopenhagen griff Dimitrije Tucovic, Mitglied der serbischen Delegation, die Österreicher an: „Wenn schon die Haltung unserer österreichischen Genossen im Kampf gegen die Kriegsgefahr nicht genug energisch war, so vernachlässigten sie ihre Verpflichtung in bezug auf das Selbstbestimmungsrecht der Völker vollkommen.“[16]

Danilo Ilic, Mitglied der Gruppe rund um Gavrilo Princip, die das Attentat an Österreichs Thronfolger Franz Ferdinand am 28. Juli 1914 plante und ausführte, gab der Führung der österreichischen Sozialdemokratie Mitschuld am Verfall der sozialdemokratischen Bewegung in den Jahren vor dem Ersten Weltkrieg. „Die Führer unserer sozialistischen Bewegung (...)

erklärten öffentlich, wir Bosnier sollten uns glücklich fühlen, dass wir eine Kolonie sind (...) die Folge solch unkluger sozialistischer Führung in Bosnien ist die Abschwächung des sozialistischen Bewusstseins."[17] Tatsächlich hatte ab 1910 ein Niedergang der bosnischen Sozialdemokratie und der Gewerkschaftsbewegung eingesetzt. Die Gewerkschaften splitterten sich in rein konfessionell und national strukturierte Teile auf, die sich feindlich gegenüberstanden. Die zunehmende Negation der Agrarfrage, der gerechten Verteilung des bosnischen Grund und Bodens von Seiten der politischen Führung der bosnischen Sozialdemokraten war einer der entscheidenden Faktoren, weshalb sich erhebliche Teile der Einwohner Bosniens und der Herzegovina von den Sozialdemokraten abwandten.

Der Ausbruch des Ersten Weltkrieges bedeutete 1914 das vorübergehende Ende einer übernational und überkonfessionell organisierten Arbeiterbewegung in Bosnien-Herzegovina. Trotz anfänglicher Erfolge scheiterte die sozialdemokratische Arbeiterbewegung an der Überwindung nationaler Denkmuster in der Bevölkerung, obwohl sie die einzig relevante politische Kraft darstellte, in der alle Nationalitäten gleichberechtigt tätig waren und die die Gleichheit aller im Programm führte.

Die in der Zeit des kommunistischen Jugoslawiens von der Regierung verordnete Brüderlichkeit zwischen den Ethnien und Religionen scheint nicht sehr tief in das Bewusstsein der Bosnier eingedrungen zu sein. Denn kaum zerbrach der Vielvölkerstaat zu Beginn der neunziger Jahre des 20. Jahrhunderts, obsiegte der Nationalismus und die Nationen standen sich wieder feindlich gegenüber. Eine These besagt, dass sich das Zusammengehörigkeitsgefühl zwischen den Völkern Bosniens nicht nachhaltig entwickelte, sei an ihrem von oben dekretierten Charakter gelegen. Dem ist entgegenzuhalten, dass verordnete Brüderlichkeit organisiertem Hass vorzuziehen ist und das kein Determinismus existiert, der ein Individuum nach Wegfall derartiger Maßregeln verpflichtet, in dessen Gegenteil zu verfallen und in seinem Gegenüber nur noch einen Feind zu sehen, der sein Lebensrecht negiert und umgekehrt.

---

1) Vgl.: Andre Glucksmann, Am Ende des Tunnels. Das falsche Denken ging dem katastrophalen Handeln voraus. Eine Bilanz des 20. Jahrhunderts, Berlin 1991

2) Vladimir Dedijer, Die Zeitbombe. Sarajevo 1914. Wien/Frankfurt am Main/Zürich 1967, S.123

3) Ludwig Börne, Sämtliche Schriften, herausgegeben von: Inge und Peter Rippmann, Düsseldorf 1964, Bd.1, S. 635

4) Zur Orientierung über den gegenwärtigen Stand der bosnischen Verwaltung, Wien 1881, S. 36. KA Wien PA XL K:205

5) Antheilnahme der Occupations–Truppen und der Heeres Verwaltung an der Massnahme zur Förderung der materiellen und culturellen Entwicklung Bosniens und der Herzegowina,Wien 1882, S. 25-3

6) Zur Orientierung über den gegenwärtigen Stand, S. 30

7) Iljas Hadzibegovic, Postanak radnicke klase u Bosni i Hercegovini injen razvoj do 1914 godine. (Sarajevo 1980) S. 172

8) Vgl.: F. Schmid, Bosnien und Herzegowina unter Verwaltung Österreich – Ungarns, Leipzig 1914

9) Martha M. Cupic–Amrein, Die Opposition gegen die österreichisch – ungarische Herrschaft in Bosnien-Herzegowina 1878 – 1914, Bern/Frankfurt am Main/New York/Paris 1986, S. 124

10) Srecko M. Dzaja, Bosnien–Herzegowina in der österreichisch–ungarischen Epoche 1878 – 1918. Die Intelligenz zwischen Tradition und Ideologie, München/Oldenburg 1994, S. 103

11) Cupic – Amrein, S. 150

12) Ebd.: S. 134

13) Vgl.: Cupic – Amrein, S. 167

14) Ivo Andric, Die Brücke über die Drina, München 2001, S. 330

15) Ebd.: S. 330

16) Zitiert nach: Vladimir Dedijer, Die Zeitbombe. Sarajevo 1914, Wien 1967, S. 425

17) Ebd.: S. 427

Das desorientierte Individuum

von Günter Tolar

Mein Credo

Der Ausgangspunkt meiner Überlegungen ist das Individuum, muss es auch sein, weil für mich das Individuum die Keimzelle jeder Form von Menschheitsentwicklung ist. Das Individuum ist der einzelne Mensch, verstanden als einzigartige, von anderen unterscheidbare Person. Vom Einzelmenschen, seinen persönlichen Interessen und Rechten gehen Individualismus und Liberalismus aus. Der Individualismus folgt der Auffassung, dass die Interessen, Bedürfnisse und Rechte des einzelnen Menschen gegenüber seiner Gleichstellung mit anderen hervorgehoben gehören. Als sozialphilosophische Lehre sieht der Individualismus die Gesellschaft ganz einfach als Summe der Beziehungen zwischen Individuen. Der Liberalismus folgt der Staats-, Gesellschafts- und Wirtschaftsauffassung, die die Freiheit des Individuums als grundlegende Norm menschlichen Zusammenlebens ansieht und den Fortschritt in Kultur, Recht, Moral, Ethik, Wirtschaft und sozialer Ordnung als den Inhalt geschichtlicher Entwicklung versteht.

Darum sind auch bisher alle kollektivistischen Systeme, die die Unterordnung des Individuums unter Gemeinschaft und Gesellschaft forderten, gescheitert. Der Kollektivismus vertritt (oder vertrat) eine Gesellschaftslehre, die auf zwei Grundsätzen aufbaut: Das gesellschaftliche Ganze hat seins-, sinn- und wertmäßig den Vorrang vor dem Individuum. Und - das Denken und Handeln des Individuums ist ausschließlich vom Kollektiv, sei es Gesellschaft, Gruppe, Staat, oder Partei her zu bestimmen. Der Kommunismus, der den Kollektivismus in erster Linie vertreten hat, ist tot. Nationalistische und faschistische Strömungen, die ebenfalls stark kollektivistische Züge tragen, sind allenthalben noch zu orten.

Der Widerspruch

Dem Individuum steht eine Gesamtheit gegenüber, in die das Individuum, ob es will oder nicht, eingebettet ist. Aus Sicht der Gesamtheit ist das Individuum ein 10-Milliardstel, also durchaus eine statistisch zu vernachlässigende Größe. Aus der Sicht des Individuums sind wir aber 10 Milliarden Individuen. Eine riesige Masse also. Zwischen diesen beiden – zugegeben methodisch konstruierten – Zähl- und Wertungsweisen braucht es Vermittler, soziale Vermittler, die das Individuum und seine Stellung in der Gesamtheit prägen und sichern.

Man kann die beiden Sichtweisen auch praktikabler sehen:
Das Individuum braucht die Gesamtheit, um sich definieren zu können. Das Individuum ist letztlich nur ein Teil der Gesamtheit. Alles Recht für die Gesamtheit geht von der Gesamtheit aus. Bleibt also für das Individuum nicht viel mehr übrig, als ein Recht auf Respektierung seiner eigenen Persönlichkeit.

Womit der Spieß umgedreht wäre: Das Individuum existiert nicht ohne Gesamtheit, muss sich in ihr als seinem Nährboden sogar Achtung und Respekt verschaffen, erkämpfen.

Die Vermittler

Gesellschaft und Gemeinschaft sind Ausgangspunkt und Weg zum Individualismus, allesamt mehr oder weniger ausgeglichen durch mehr oder weniger Solidarität.

An der Solidarität ist ein großer Teil des Wandels der Zuordnung der Komponenten Gesellschaft und Gemeinschaft deutlich zu machen. Solidarität war im 19. Jahrhundert, als sie gleichsam „erfunden“ wurde, die Grundvoraussetzung für die Kämpfe der Arbeiterbewegung. Die Polarisierung war einfach: Arm gegen reich, Ausgebeutete gegen Ausbeuter. Viel hat sich seither verändert. In der Zwischenzeit verhungert die Dritte Welt, Teile Mittel- und Osteuropas sind ökonomisch zusammengebrochen, wir haben Massenarbeitslosigkeit, der Sozialstaat baut seine Leistungen ab, Frauen, Alte, nationale Minderheiten und Randgruppen sind fortdauernd benachteiligt. Solidarität als Bereitschaft zur wechselseitigen oder einseitigen Unterstützung ist heute wieder von zentraler Bedeutung.

Solidarität zwischen wem?

Es kann sich auf der einen Seite immer nur um das Individuum handeln. Das überindividuelle Funktionsgefüge heißt Gesellschaft. Das Individuum ist (ob es will oder nicht) Teil der Gesellschaft, sogar Handelnder in der

Gesellschaft. Im aristotelischen Gesellschaftsmodell (Aristoteles - griechischer Philosoph, 384 - 322 v. Chr.) war die Gesellschaftlichkeit des Menschen aus seiner „geselligen" Natur abgeleitet; Gesellschaft wurde mit dem Staat gleichgesetzt, der lediglich die äußere Organisationsform des Zusammenlebens zu liefern hatte. Die historische Differenzierung unterschiedlicher sozialer Lebenszusammenhänge, Gruppeninteressen und Weltbilder (Karl Mannheim - britischer Soziologe österreichischer Herkunft, 1893 - 1947) führte im Zuge der Aufklärung zur Unterscheidung zwischen Staat und Gesellschaft. Heute ist Gesellschaft ein sich selbst steuerndes und stabilisierendes System von Handlungsmustern, in dem Konkurrenz, Ausgleichs- und Differenzierungsbewegungen für soziale Dynamik sorgen. Individuelle Normen sind nur begrenzt verfügbar, Rollenzuschreibungen werden unübersichtlich. Die Verhaltensregeln in der Gesellschaft werden irgendwo im globalen Nirwana festgelegt, aber so raffiniert, dass das Individuum meinen soll, gefragt worden zu sein.

So muss naturgemäß der global manipulierten Gesellschaft die Gemeinschaft gegenüber stehen. Wenn die Gesellschaft der rational konstituierte Zweckverband auf der Grundlage gemeinsamer Interessen ist, dann scheint die Gemeinschaft dem Individuum mehr Chancen zu bieten, Individuum zu sein. Ferdinand Tönnies (Soziologe und Philosoph, 1855 – 1936, sein Hauptwerk „Gemeinschaft und Gesellschaft", 1887) nennt die Gemeinschaft eine auf naturhafter Grundlage beruhende Gruppe (Familie, Sippe), eine in Geistesgemeinschaft verbundene Gruppe (Freundschaft, Meister-Jünger-Verhältnis), aber auch ein (kleiner) geschichtlich gewachsener Sozialverband (Dorf, alte Stadt). Zu den Gemeinschaften zählen heute zum Beispiel Minoritäten in den Städten (etwa Ausländergruppen) sowie alternative Lebensgemeinschaften, die sich seit den 1960er-Jahren in den Industriegesellschaften herausgebildet haben. Diese Gemeinschaften führen ein relativ geschlossenes Eigenleben und versuchen zum Teil, durch ihre Lebensform der traditionellen Gesellschaft neue Impulse zu geben.

Das Individuum - im gemeinschaftlichen Zusammenschluss mit anderen gleichartigen oder gleich denkenden Individuen - kann so versuchen, aus einer Gemeinschaft, der es angehört, traditionelle Lebensformen, wie sie die Gesellschaft vorschreibt, mit neuen Impulsen zu versorgen.

Das Individuum steht also (ich wiederhole: Ob es will oder nicht) verankert in der Gesamtheit. Die Vermittler sind Gesellschaft und Gemeinschaft. Wobei die Gemeinschaft noch eine teilweise selbst gewählte, oder selbst zu wählende Lebensumgebung sein kann. Die Gesellschaft hingegen ist dem formenden Zugriff des Individuums entzogen. Von wem wurde dem Individuum der Zugriff auf seine Großraum-Umgebung, die, so sagt man, für alles verantwortlich und für alles verantwortlich zu machen ist, entzogen? Nun, da haben wir, die Individuen, schon auch unseren Teil beigetragen. In den 1960er-Jahren haben wir begonnen, im Zuge (zum Beispiel) der Entwicklung des Sozialstaates immer mehr Verantwortung abzugeben. Wir haben uns gegen alles versichert, wir haben für alles eingezahlt, wir haben uns individuelle Sicherheit massenhaft erkauft. Das Individuum wurde zum Wirtschaftsfaktor – und war auch noch stolz darauf, eigenen Besitz zu haben, Dinge zu besitzen, die „nur mir" gehören. „Nur mir" – nur dem Individuum. Das klingt wie ein Höhepunkt des Individualismus. Während sich die Individuen in ihrer massenhaften Einzigartigkeit wohl, sogar glücklich fühlten, arbeiteten sich die Gebühren, Prämien, Versicherungen (was man eben so alles eingezahlt hat und noch immer einzahlte) hinauf in die Höhen der sich immer mehr internationalisierenden Wirtschaft, dass sie heute, wo das Individuum das Eingezahlte zurück haben will, sich der Sicht entzogen haben, nein, der Sicht (vor allem der Aufsicht des Individuums) entzogen wurden. Es war dies die Zeit, in der wir alle die Gemeinschaft verlassen haben und uns plötzlich als namenloser Teil der Gesellschaft wiederfanden. Die für die Identität eines Individuums so wichtige Gemeinschaft ist großteils ein Auffanglager für Diskriminierte oder solche, die Schutz vor Diskriminierung suchten, geworden. Zumeist sind es Minderheiten-Gemeinschaften (Ausländergruppen, ethnische Gruppen, Homosexuelle, u.s.w.), die sich zwangs bedingt gebildet haben. Denn die Gesellschaft ist längst zu einem so übergeordneten Begriff geworden, dass sie zur Definition das Individuum nicht mehr braucht. Ein Individuum, das in der Gesellschaft seinen Platz erfragen will, wird keine Antwort bekommen, weil die Gesellschaft nämlich niemand ist, sondern wir alle. Eine tröstliche Definition.

Der Ausblick

Die Gesellschaft hat das für ein Individuum überschaubare Terrain längst verlassen. Gesellschaftspolitik (siehe zum Beispiel Sozialpolitik oder Bildungspolitik - beide das Individuum direkt betreffende Politikzweige) wird von ferngesteuerten Richtlinien gelenkt und an pekuniärer Rentabilität gemessen, auf die das Individuum keinerlei Einfluss hat - oder haben soll.
Die Gemeinschaft ist derzeit nur in (wie auch immer definierten) Minderheiten zu finden. Traditionell große Gemeinschaffen wie zum Beispiel die Gewerkschaften stören, weil sie den ungehinderten Kapitalfluss von ihrer

Klientel weg in den so genannten Kapitalmarkt (die Gesellschaft?) zu verhindern suchen. Erfolglos, wie wir wissen.

Und die Solidarität? Die (noch) bestehenden Solidarsysteme, wie zum Beispiel die Pensionen, sind auch schon in Zweifel gestellt, weil die Alten immer mehr und die Jungen immer weniger werden. Die klassische Familie (besonders von der Kirche mit Zähnen und Klauen als einzig selig machende Fortpflanzungsinstitution verteidigt) produziert keine Kinder mehr. Wie denn auch? Immer mehr Menschen müssen immer mehr Geld ausgeben, damit die alles dominierende Wirtschaft in Schwung bleibt. Kinder haben in dieser vom Kapital gesteuerten Umwelt keinen Platz, weil sie nur Kosten verursachen und die Zeitspanne, bis sie aktive Wirtschaftsfaktoren sind, zu lang ist. Kinder sind bestenfalls eine Langzeitinvestition, in einer Zeit des schnellen Geldgewinnes also zwangsläufig out, chancenlos.

Der Kapitalmarkt, der uns derzeit beherrscht, kennt keine Solidarität. Die Wirtschaft, die das Kapital zum Arbeiten bringen soll, braucht aber zum Funktionieren das Individuum, und zwar ein mit möglichst viel Kapital ausgestattetes Individuum, damit es als Wirtschaftsfaktor funktionieren kann und das Zeug kauft, das die Wirtschaft herstellen muss, um in Schwung zu bleiben.

Haben Gesellschaft, Gemeinschaft, Solidarität und Individuum ausgedient? Nein!

Die Gesellschaft steht für die Entwicklung des Menschen sowohl in individueller als auch in überindividueller, kultureller Hinsicht außer Frage. Die Gesellschaft wird auch weiterhin den Einklang suchen zwischen dem, was sie braucht und dem was sie produziert. Die in der Zeit der Aufklärung vorgenommene Teilung zwischen Staat und Gesellschaft scheint freilich in Frage zu stehen. Der Staat gibt vor, sich mit dem Slogan „weniger Staat - mehr privat“ nicht einmischen zu wollen, tut es aber in seiner Macht bewussten Lenkungsfunktion mehr denn je, vielleicht sogar so viel wie noch nie. Kollektive Produktion und Reproduktion, Naturaneignung, Abgrenzung nach außen, Basis für die Entfaltung kultureller Verhaltensmuster, Ausbildung von Kommunikationssystemen, Weltdeutung, Selbstbilder - all das war und ist Aufgabenbereich der Gesellschaft und bot letztendlich die Voraussetzung für die Menschwerdung der Hominiden. (Ich greife deshalb tief in den menschheitsgeschichtlichen Topf, weil die Hominisation neben der stammesgeschichtlichen Veränderung von Körpermerkmalen auch die Entfaltung der geistigen Leistungsfähigkeit und damit die Entwicklung von Technik, Kultur und sozialen Aspekten umfasst. Endprodukt der Hominiden-Evolution ist immerhin der heutige Mensch - das von mir so geschätzte Individuum.)

Die vom Individuum allerdings weit entfernte Steuerung der Gesellschaft gibt der Gemeinschaft wieder Chancen. Die Grundlage kann verschieden sein, ist auch verschieden. Sie kann historisch gewachsen, religiös-weltanschaulich, politisch ideologisch, ideell sein, einen eng begrenzten Sachzweck verfolgen, sie kann Volk, Nation, Staat, Kirche, (religiöse oder politische) Gemeinde, Ehe, Familie, Freundschaft, Interessensorganisation, Verein, und vieles andere sein.

In der Gemeinschaft kann sich das Individuum wiederfinden. Das Hemd ist näher als die Jacke. Die Gemeinschaft ist näher als die Gesellschaft. Wenn wir davon ausgehen, dass das Individuum allein nicht mehr lebensfähig ist, dann liegen seine Chancen in der Gemeinschaft.

Die Solidarität der Gemeinschaften schafft das ideelle Gleichgewicht als Basis für die Schaffung von Werten, deren Wert auch erkannt werden kann, der umsetzbar ist, beschreibbar, verstehbar, nachvollziehbar, begründbar, und letztendlich brauchbar.

Das Individuum, von dem ich noch immer ausgehe, braucht das: Werte, mit deren Wert es auch etwas anfangen kann.

Vergangenheit, Gegenwart oder Zukunft

Sie lassen sich bei diesen Gedankengängen nicht festmachen. Die Typologie definiert sich dauernd neu (das ist nichts Neues, sie hat sich immer neu definiert, oder wurde neu definiert, von Vor-Denkern und Nach-Denkern, zumeist nicht von Gegenwarts-Denkern). Wir müssen nur darauf achten, diese Definitionen auch zu verstehen. Zu viele politische Nebelwerfer sind derzeit unterwegs, die dazu neigen, dem Individuum nur in der massierten Form der Gesellschaft begegnen zu wollen. Kurz gesagt: Mit dem Individuum lassen sie sich gar nicht erst ein. Vor ihnen ist zu warnen. Sie erzeugen die Unsicherheit, die sie dann geschickt managen. Unsicherheit in der Gesellschaft irritiert Gemeinschaft und Individuum und erschwert Solidarität. Macht sie sogar irrelevant, wenn alles schief läuft.

Der Begriff der Individualität ist sogar heute, in einer Zeit also, in der Europa sich zusammenschließt, in eine Dimension gerückt, für die man bisher immer nur den Nationalismus verantwortlich gemacht hat. Jetzt aber plötzlich machen sich die einzelnen Länder in zunehmendem Maß (EU-legitime) Sorgen um die Individualität ihres Staates (Kultur, Sprache und sonstige Eigenheiten). Wenn in einem gemeinsamen Europa die Staaten (bisher irgendwie ja doch Repräsentanten der Gesellschaft) zu Gemeinschaften „schrumpfen", die um ihre Individualität ringen, dann erhebt sich die leise Frage, welche Chance denn dann das „echte" Individuum noch hat, seine Individualität zu erhalten, wenn die Gemeinschaft, der es angehört, um das gleiche ringt. Auch die Individualität scheint sich vom Individuum zu verabschieden und sich in höhere (übergeordnete) Sphären zu definieren

Solidarität mit wem? Solidarität wofür?

Die Ziele werden neu zu definieren sein (auch sie wurden übrigens immer neu definiert, allein in den etwa 40 Jahren, die ich bewusst gelebt habe einige Male). Ich werde aber das Gefühl nicht los, dass die Nebelwerfer in den relevanten Regierungen der Welt nur zweierlei erreichen wollen:
Wir sollen hinter der Nebelwand klar definierte Ziele vermuten.
Wir sollen nie erfahren, dass es in Wirklichkeit nichts zu verdecken gibt, denn dort ist nichts, jedenfalls keine klar definierten Ziele. Und schon gar keine Ziele die geeignet sind, dem Individuum seinen Selbstwert finden und erhalten zu helfen.

Wir dürfen aber auch nicht übersehen, dass man das ganze vereinte Europa als riesiges Solidar-System sehen kann. Die reichen Länder müssen solidarisch sein mit den armen Ländern, sonst wird das Ganze nie funktionieren. Wie die Entwicklung der EU-Erweiterung zeigt, fordern die neuen Länder (sie zählen nun einmal zu den ärmeren) sogar diese Solidarität. Sie haben sogar ein Recht auf Solidarität.

Conclusio

Die Gesellschaft ist ein weltumspannender (globaler) Begriff geworden. Die Staaten (man spricht ja auch bei der EU von einer Staaten-Gemeinschaft) sind Gemeinschaften geworden und bilden neue Gemeinschaften, um in der Gesellschaft einen definierten Platz zu haben. Solidarität ist die wirtschafts-ethische Basis, die das Funktionieren der Gemeinschaften ausgleichend regelt. Die Gemeinschaften ringen um Erhaltung ihrer Individualität. Das „echte" Individuum (zur Erinnerung: Der einzelne Mensch) läuft

Gefahr, als Faktor (für was auch immer – Wirtschaft, Bildung, Sozialsystem, u.s.w.) nur mehr statistisch anwesend zu sein: 1 Österreicher = 1 8-Millionstel aller Österreicher.

Wir müssen uns also keine Sorgen machen um die Gesellschaft, um die Gemeinschaft, ja nicht einmal um die Solidarität. Sie sind nach wie vor das, was sie ad definitionem immer waren. Um das Individuum aber müssen wir uns Sorgen machen. In (argumentativ zumeist peinlichen) Wahlkämpfen muss zwangsläufig der einzelne Mensch angesprochen, angebettelt, angelogen werden zu dem Zweck, einmal in 4 oder 5 oder 6 Jahren sich individuell zu äußern. Die Demokratie ist also mit ihren Wahlen einer der wenigen Garanten dafür, dass das Individuum in regelmäßigen Abständen gefragt werden muss. In den Zwischenzeiten ist das Individuum mehr und mehr aufgefordert, „Eigenvorsorge" zu betreiben, Eigenvorsorge, um nicht als Individuum völlig in den alles beherrschenden Meinungsumfragen oder sonstigen statistischen Zahlenkolonnen zu verschwinden.

Das für sich selbst sorgende Individuum, das sich in Gemeinschaften organisiert, stand am Anfang der Menschheitsentwicklung – und meiner Betrachtungen. Und da jeder wirkliche Fortschritt, jede wirkliche Innovation, jede wirkliche kulturelle Leistung, kurz, jeder Schritt nach vorne, zu Neuem, immer von Individuen ausgegangen ist und ausgehen wird, wird die Gesellschaft auf das Individuum nicht verzichten können, weil das Individuum sich seinen Platz als Erneuerer immer wieder selbst erobert. Es hat vielleicht Zeiten gegeben, in denen es das Individuum leichter hatte. Vielleicht. Ganz glaube ich es nicht.

Steht auf und geht!

Christinnen und Christen zwischen Resignation und Aufbruch

von Ingrid Thurner

Unterwegs – eine Geschichte

Zuerst waren es ja nur Blicke, verstohlene, ein bisschen abschätzende Blicke, die sie einander zuwarfen, doch allmählich riss auch das Gespräch zwischen ihnen ab. Einerseits wollte man ja niemandem weh tun, aber andererseits ...

„Warum schleppe ich so viel Gepäck und der dort fast gar nichts?" - „Geschieht ihr doch Recht, dass sie so schwitzt! Was muss sie sich auch mit ihrem großen Rucksack so wichtig machen?" - „Bin ich froh, dass ich nur meine eigenen Sachen tragen muss!"

Neid, Misstrauen und egoistische Gedanken hatten sich breit gemacht und eine angespannte Stimmung aufkommen lassen. Und am dritten Tag ihrer Wanderung brach der offene Konflikt aus. Zuerst warfen sie sich gegenseitig Vorwürfe an den Kopf, dann das Gepäck hin. Ihre Wanderung schien zu Ende, und alle saßen stumm und beleidigt irgendwo herum.

Dabei hatte alles so verheißungsvoll begonnen! Die Gruppe war sich schnell einig geworden: Unser Urlaub wird heuer anders, wir wandern gemeinsam durch unsere Heimat.

Der Termin wurde festgelegt und die Gegend, die sie durchwandern wollten, und fünf Verantwortliche, die alles organisieren sollten, wurden auch schnell bestimmt. Die Vorbereitung lief wie am Schnürchen. Einer kaufte Pläne und berechnete die einzelnen Tagesetappen; ein anderer besorgte zwei große Zelte; der Dritte bestellte bei verschiedenen Geschäften an der Strecke die notwendigsten Lebensmittel und packte den Vorrat für die ersten Tage gleich in seinen Rucksack. Die beiden Frauen dieser Gruppe kümmerten sich einerseits um das notwendige Kochgeschirr und andererseits um Verbandsmaterial, Medikamente, Näh- und Flickzeug.

Und so brachen sie auf: bei herrlichem Wetter, in bester Laune und selbstsicher im Bewusstsein einer optimalen Vorbereitung. Aber wie gesagt, bald gab es die ersten schiefen Blicke. Der mit der Karte hatte sich einmal geirrt, sie mussten einen großen Umweg machen, und er hatte die Vorwürfe deswegen satt. Dem mit den Zelten wuchsen Stangen, Schnüre und Zelttuch buchstäblich über den Kopf, und die Lebensmittel für so viele Menschen waren für den Dritten einfach zu schwer. Für die eine Frau war das Kochgeschirr lästig zu tragen und noch lästiger zu reinigen, und die andere hatte ständig alle Hände voll zu tun, um Blasen an den Füßen und verstauchte Knöchel zu versorgen, abgerissene Knöpfe anzunähen und es doch niemandem recht zu machen. Die einen waren überfordert, die anderen fühlten sich schlecht betreut, und allen wurde klar: So geht's nicht!

Da saßen sie nun und wussten nicht mehr weiter, bis endlich einem eine Lösung einfiel: „Wir tauschen jeden Tag das Gepäck und die Verantwortung reihum aus!" Das leuchtete ihnen ein, und alle schulterten darauf den Rucksack der neben ihnen Sitzenden. Diejenigen, die bisher nur ihr eigenes Bündel getragen hatten, spürten einen Tag lang, was es bedeutet, für viele andere etwas mitzuschleppen; die bisher Verantwortlichen genossen es, endlich einmal mit leichtem Gepäck und ohne große Verantwortung mit der Gruppe unterwegs sein zu können; und alle freuten sich, dass sie auf diese gerechte und einfache Lösung gekommen waren.

Na ja, so einfach und gerecht war es dann doch nicht. Wenn jemand die Tagesplanung übernommen hatte, aber vom Kartenlesen nichts verstand, landeten sie überall nur nicht dort, wo sie hin wollten. Die Verpflegung klappte auch nicht so ganz, und immer öfter kochten sich Einzelne ihre eigene Suppe. Manche mussten beim Zeltaufbau zuerst die Gebrauchsanweisung studieren, und so schliefen sie manchmal frierend unter freiem Himmel, weil die Zelte nicht rechtzeitig fertig wurden oder dauernd zusammenbrachen. Und anstatt den Neulingen zumindest mit guten Ratschlägen zu helfen, standen die früher Verantwortlichen ein bisschen schadenfroh grinsend den anderen im Weg herum.

Die Stimmung war wieder am Nullpunkt, kleine Grüppchen bildeten sich, ein paar Leute überlegten, doch lieber allein weiter zu gehen, die Gespräche beschränkten sich auf das Allernotwendigste und wurden vorwurfsvoll und rechthaberisch. Einige wollten wieder zurück, andere endlich weiter, die meisten aber nichts wie weg.

In all dem Gezänk blieb es fast unbemerkt, dass inzwischen ein Fremder unter ihnen war und mit der einen und dem anderen zu sprechen begonnen hatte. Auch später konnte sich niemand mehr genau erinnern, wann, wie und woher er gekommen war. Einige behaupteten sogar, dass er ohnehin von Anfang an dabei gewesen sei.

Auf jeden Fall hatte er etwas zu sagen. Das bemerkten alle, die nahe genug an ihn heran kamen und hören konnten, was er sprach. Und die Art, wie er mit ihnen redete, bewirkte den Umschwung: Sie begannen auch untereinander wieder offen zu sprechen. Missverständnisse wurden ausgeräumt, die verschiedenen Erwartungen und auch Möglichkeiten der Einzelnen besprochen, und schließlich setzten sie sich zusammen. Sie legten alles, was sie an Essbarem bei sich trugen auf eine Decke in ihrer Mitte und aßen.
Dieses gemeinsame Mahl bewirkte ein kleines Wunder: Es gab keine Diskussionen mehr, wer denn nun was, wie viel und wie weit schleppen müsse, sondern alle schulterten grad so viel, wie sie leicht tragen konnten. Und - nicht ein Gepäcksstück blieb übrig, als sie gestärkt und zuversichtlich wieder aufbrachen.

Noch Jahre später, als diese gemeinsamen Wanderungen schon längst Tradition waren und immer mehr Menschen daran teilnahmen, waren Geist, Haltungen und Veränderungen spürbar, die jener Fremde bewirkt hatte, auch wenn niemand so recht beweisen konnte, dass er damals tatsächlich dabei war und so manchen auch heute noch begegnet.[1)]

Angekommen im Heute

Doch halt! Ich wollte ja kein Märchen erzählen, sondern aus meiner Sicht, aus katholisch-christlicher Erfahrung, über Solidarität einst und heute einen Beitrag schreiben. Zugegeben: Der „sagenhafte" Schluss der obigen Geschichte ist eine Vision, meine Vision davon, welche Konsequenzen das gemeinsame Brotbrechen in der Eucharistiefeier haben sollte, haben könnte: Leben mit Jesus Christus und in seinem Geist. Wie weit entfernt unsere konkreten Erfahrungen von dieser Vision sind, erleben wir täglich – mitten in unserer kleinen und großen Welt, mitten in unserer Kirche, mitten in unseren Pfarrgemeinden. Hier ist sich jeder selbst der Nächste und „gemeinsam unterwegs" wird zum Schlagwort ohne Inhalt.

Ich weiß, gerade wir Österreicherinnen und Österreicher gehören zu den „Weltmeistern im Spenden". Selbstverständlich gehört auch das zur gelebten Solidarität mit Menschen, denen es aus den unterschiedlichsten Gründen schlechter geht als uns. Solidarität ist ja eines der Worte, die wir Christinnen und Christen besonders oft und gerne im Mund führen: Solidarität mit Ausgegrenzten, Verfolgten, Benachteiligten, Hungernden, am Leben Verzweifelnden gehört zum Alltag der Verkündigung, und es freut mich, dass diese Appelle gerade in Österreich immer auf offene

Ohren und geöffnete Geldbörsen treffen, wenn es darum geht, Kriegs- oder Erdbebenopfern, Menschen in der so genannten Dritten Welt oder Katastrophengeschädigten im eigenen Land tatkräftig zu helfen.

Aber ist das wirklich alles, was christliche Solidarität bedeutet, bedeuten sollte? Oder anders gefragt: Wenn wir den „Fernen“ von unserem Reichtum etwas abgeben und uns dabei „gut“ fühlen - ist das nicht oft genug ein Alibi dafür, die buchstäblich „Nächsten“ übersehen zu dürfen? Punktuelle Solidarität in Form von Geldspenden ist gut, notwendig und damit buchstäblich Not wendend; ich denke aber, dass Christinnen und Christen den Auftrag zur täglich gelebten Solidarität haben, auch wenn wir ständig - ich nehme mich dabei in keiner Weise aus - hinter dem Anspruch Jesu zurück bleiben. Hungrigen und Durstigen zu essen und zu trinken geben, Fremde und Obdachlose aufnehmen, Entblößte bedecken, Entrechteten zu ihrem Recht verhelfen ... – das sind seine Kriterien zur Aufnahme in den Himmel (vgl. Mt 25,31 f). Und das sind wohl auch die Kriterien, unter denen der „Himmel auf Erden“ erfahrbar werden könnte.

„Sehen - Urteilen - Handeln“, so hat es Joseph Cardijn, der Gründer der Katholischen ArbeitnehmerInnenbewegung, formuliert und diesen Leitsatz ungezählten Menschen mit auf den Weg gegeben - zum Segen Vieler. Wir Christinnen und Christen heute müssen uns den Vorwurf gefallen lassen, dass wir zu oft nur sehen und verurteilen, ohne auch nur daran zu denken, dass jede und jeder Einzelne hier, jetzt und heute zum Handeln aufgefordert ist, wenn Menschen in unserer unmittelbaren Umgebung in seelische oder materielle Not geraten. Sich dabei nur auf die institutionalisierte Diakonie, auf die Caritas und besonders engagierte oder beruflich qualifizierte Menschen zu verlassen, ist zu wenig. Dass wir heute weitgehend in einer „entsolidarisierten Gesellschaft“ leben, liegt auch an uns Christinnen und Christen selbst und an einem Kirchenimage, das - medial unterstützt - fast nur mehr vermittelt, es gehe der Kirche um Machterhalt, um Einmischung in die intimsten Bereiche der Menschen, um Disziplinierung, Strukturprobleme und die Ämterfrage.

Zugegeben: Die Kirche, gerade die römisch-katholische, hat ein großes Defizit an Glaubwürdigkeit, nicht zuletzt deshalb, weil sie Dialog, Solidarität, Mitverantwortung aller Getauften und ein lebendiges Miteinander von „Hirten und Herde“ predigt, zugleich aber unfähig zu sein scheint, dies alles innerkirchlich in die Tat umzusetzen. Wir machen es uns aber zu einfach, wenn wir die Ursachen für die schwindende Glaubwürdigkeit nur in Strukturen, Hierarchien und Leitungspersonen der Kirche orten. Wir alle, jede und jeder Getaufte, sind diese Kirche und prägen ihre Gestalt.

Und es liegt deshalb auch an uns selber, wenn heute kaum jemand auf die Idee kommt, das Gütezeichen der ersten christlichen Gemeinden „Seht, wie sie einander lieben!“ auf die heutige Kirche anzuwenden. „Seht, wie sie miteinander streiten!“ trifft wohl eher zu - vom kleinen Lebensraum Kirche in Pfarren und Gemeinschaften bis hin zur großen Weltkirche.

Wenn Rom immer noch und allen schönen Worten über die „Würde der Frau“ und deren „unersetzlich Dienst“ zum Trotz daran festhält, Frauen vor allem auf ihre Mutterrolle zu reduzieren und sie allein auf Grund ihres Geschlechts von Weiheämtern ausgeschlossen bleiben, ist dies verletzend, diskriminierend und diskreditiert eine Gemeinschaft, die die gleiche Würde aller Menschen ständig betont. Genau das Gleiche passiert aber Tag für Tag in unseren Pfarrgemeinden (und nicht nur dort!), sobald sich Frauen für die Gemeinschaft einsetzen und sich dadurch fast automatisch der Kritik, dem Misstrauen und diversen Unterstellungen aussetzen. Und oft genug sind es die „Frömmsten“, die Frauen am liebsten in den häuslichen Bereich verbannen möchten und von Wichtigmacherei und Anmaßung sprechen, sobald ein weibliches Wesen das in die Tat umsetzt, was allen Christinnen und Christen aufgetragen ist: ihren Anteil am priesterlichen, königlichen und prophetischen Amt Jesu Christi zu leben.[2)]

Wenn die Kirche nicht gegründet ist, um irdische Herrlichkeit zu suchen,[3)] Fernsehbilder aber einen ganz anderen Eindruck vermitteln, Kardinäle und Bischöfe in „Samt und Seide“ gekleidet sind, es eine Unzahl an Ehrentitel für Geistliche gibt und das Volk Gottes nur handverlesen zu Beratungen zugezogen wird oder gar in die Nähe des Papstes gelangen kann, liegt auch darin ein Teil ihrer geringen Glaubwürdigkeit. Katholikinnen und Katholiken, die sich liebend gern nur an „denen da oben“ orientieren, sich Kämpfe um Macht und Einfluss liefern und alle gering achten, die es nicht so weit wie sie selbst gebracht haben, sind aber um nichts glaubwürdiger.

Die Festschreibung des verpflichtenden Zölibats für Priester ist sicher - zumindest vordergründig - eine der Hauptursachen für die verschwindende Glaubwürdigkeit der römisch-katholischen Kirche. Wenn z. B. Priester der unierten Ostkirche, die selbstverständlich verheiratet sind, in römisch-katholischen Pfarren eingesetzt werden, weil der bisherige römisch-katholische Priester wegen einer Heirat aus seinem Amt scheiden musste, ist dies wirklich kaum mehr jemandem verständlich zu machen. Aber wie glaubwürdig sind Katholikinnen und Katholiken, die einen konkreten Mann oder eine konkrete Frau, die auf Grund des enormen Priestermangels so weit wie nur irgend möglich seelsorgliche Aufgaben erfüllen, nicht ernst nehmen, ihnen das Leben schwer machen und deren Einsatz sabotieren, nur weil sie nicht „elitär-zölibatär Geweihte“ sind? Sich in Umfragen für verheiratete Männer und Frauen im priesterlichen Amt auszusprechen (die Zustimmung bewegt sich in Österreich fast immer jenseits der Drei-Viertel-Marke) und dann Himmel und Hölle in Bewegung zu setzen, damit der eigene Ort einen zölibatären Priester bekommt, bzw. „Ersatzlösungen“ nicht zu akzeptieren, trägt nicht gerade zur Glaubwürdigkeit unserer Kirche bei.

Diese Beispiele müssen genügen (es gäbe noch so manch andere), um uns begreifbar zu machen, wie wenig uns bewusst ist, dass wir alle, die wir dieser Kirche angehören, ihr Erscheinungsbild prägen und die Verantwortung dafür nicht allein bei der Kirchenleitung liegt. Zugleich zeigen sie ein Muster an Ent-Solidarisierung auf, das erschreckend für mich ist: Die Leitung der Kirche nimmt nicht mehr wahr, was das Volk denkt, braucht, erwartet, und das Volk ignoriert zunehmend Weisungen, die aus dem Vatikan kommen. Katholikinnen und Katholiken leben und agieren bestenfalls neben, schlimmstenfalls gegen einander, nicht nur dann, wenn es um innerkirchliche Fragen geht, und vergessen dabei, dass die Konkretisierung ihres Glaubens in der Hinwendung zum Nächsten, zu den Mitmenschen besteht, damit dieser Glaube lebendig wird. Liturgie, Verkündigung und Leitung sind unersetzliche Grundlagen dafür - ohne Diakonie, ohne die vorbehaltslose Hinwendung zu den Menschen, die Tag für Tag um uns sind und unser Leben teilen, ohne gelebte Solidarität im alltäglichen Miteinander bleibt Glaube Theorie und verliert die Kraft, unsere Welt so zu verändern, dass alle in ihr „Leben in Fülle“ finden.

Sie fanden, was sie suchten

„Sie fanden, wonach sie suchten, diese ersten Christen: umfassendes Glück, erfülltes Dasein, ‚Leben in Fülle‘.“ So beschreibt Georg Betz in seinem Buch[4)] die „Atmosphäre engen Mit- und Füreinanders im Namen Gottes“ in den christlichen Gemeinden des Beginns.

„Diese Christen versuchten, den von Jesus empfohlenen Kontrast zu leben: den Kontrast zum Immer-mehr-Brauchen und Immer-mehr-haben-Wollen, zur Ellbogenstrategie, zur Bewertung des Menschen nach seiner Leistung, zur Diskriminierung der Schwachen und Versager, zur Unterscheidung von oben und unten, klein und groß, zur Feindschaft, zum Auge um Auge, zum Wettlauf um Ansehen, zum Selbst-sehen-Müssen, wie man zurecht kommt, zum Glauben an die Allmacht der Vernunft.“ [5)]

Diese Kontrastgemeinschaft zu leben – oft genug gegen den Mainstream der Zeit und allen Anfeindungen zum Trotz – ist auch den Jesusgemeinden des Anfangs nicht immer gelungen. Es gab Streit, Rivalität und Rückfälle ins alte Leben (nachzulesen in den Paulus-Briefen), aber das ehrliche Bemühen war da, gemeinsam „das ganz Andere“ zu leben, genährt und gestärkt durch die Erfahrung, dass all das mitten unter ihnen wahr wurde, was früher geschehen war, als Jesus selbst noch durch Städte und Dörfer zog:

„In den Gemeinden war zu spüren, wie sich Krankheit verkroch und neue Gesundheit breit machte, wie kaputte, gestörte Menschen in Ordnung kamen und Freunde wurden, wie Stumme ihre Stimme wieder fanden, Taube ihr Gehör, wie Blinde wieder sehen konnten, Lahme mobil, Beziehungslose wieder kontakt- und gemeinschaftsfähig wurden, von irgendeinem Ungeist Besessene wieder aufblühten. Es muss gar nicht verwundern, wenn in diesen Gemeinden wunderbare Veränderungen an den körperlich und seelisch Kranken vor sich gingen. Die krank machenden Stoffe waren in christlichen Gemeinden des Anfangs mit ihrem vorbehaltslosen Vertrauen auf Gottes väterliche Fürsorge und ihrem intensiven Mit- und Füreinander gering dosiert, die gesund machenden und gesund erhaltenden dagegen hoch. In diesen Gemeinschaften war auch der Hunger kein Gespenst mehr, weil die einen mit dem, was sie nicht brauchten, die Habenichtse, die Arbeitslosen, die Kinderreichen und die Witwen, die Waisen und die Alten satt machten. Wohnungsprobleme lösten sich, und auch der Tod verlor seinen Schrecken, nicht nur, weil man den Glauben teilte, dass der gute Gott keines seiner Kinder ins Leere fallen lässt. Der Tod verlor in der neuen Familie seinen Schrecken auch deshalb, weil er seine leidvollen Folgen für die Hinterbliebenen verlor. Die Gemeinde sicherte sie materiell ab und fing ihre Trauer auf. Einsamkeit und Not waren zu Fremdwörtern geworden. Im Wissen darum starb es sich leichter.“[6)]

Ich denke, es lebte sich auch leichter in dieser Atmosphäre des Vertrauens und der Geborgenheit! Zu erfahren, dass ich willkommen bin – unabhängig davon, wer und wie ich bin und woher ich komme; zu erleben, dass ich in meinem So-Sein anerkannt werde und darauf vertrauen zu können: In allen Situationen meines Lebens sind andere Menschen da, die mich trösten, sich mit mir freuen, die mich unterstützen und aufbauen ... davon träume wohl nicht ich allein. Und diese grundsätzliche Anerkennung, der Rückhalt und die Ermutigung durch eine Gemeinschaft machen es auch möglich, dass ich meine Lebensängste verliere und über mich hinaus wachse, mich zu dem Menschen entwickeln kann, der ich sein könnte – zur Verlebendigung meines eigenen Lebens und zum Heil vieler Menschen. Der Einwand ist berechtigt, dies sei doch alles Illusion oder nur eine schöne Geschichte aus längst vergangener Zeit und hat mit der Realität heute nichts zu tun. Es stimmt auch, dass die frühchristlichen Gemeinden eine andere Qualität besaßen als die ziemlich unverbindlichen und anonymen Gemeinschaften von Pfarren, Dekanaten und Diözesen, die wir heute kennen. Und es stimmt leider auch, dass wir beim Begriff „Kirche" eher an „Macht und Streit" denken, als an „Geborgenheit und Beistand", dass wir eher Ärger, Gleichgültigkeit und Resignation empfinden, als die Erwartung: In dieser Gemeinschaft lässt es sich gut leben.

Eine Kirche, die sich mehr an Tradition und Vergangenheit orientiert als an den Hoffnungen und Erwartungen der Gegenwart[7)] und die „Zeichen der Zeit" als „zeitgeistig" abwertet, der das Kirchenrecht wichtiger zu sein scheint als das Evangelium, die ignoriert, dass „der Geist weht, wo er will" und das richtige Handeln aus diesem Heiligen Geist nur wenigen auserwählten Männern zugesteht, eine Kirche, deren Leitung nicht wahrhaben will, dass sie sich von weiten Teilen ihrer Basis meilenweit entfernt hat und Menschen ignoriert oder maßregelt, die trotzdem immer wieder versuchen, über die Gräben zwischen „oben" und „unten" Brücken des Verstehens zu bauen, hat wesentlichen Anteil an dieser Entwicklung.

Ich glaube trotzdem immer noch daran, dass diese Kirche die Kraft hätte, das Angesicht der Erde zu erneuern, wenn sie sich von ihren Mauern befreit, Fenster und Türen weit aufreißt, wie es Papst Johannes XXIII zu Beginn des 2. Vatikanischen Konzils forderte und ihrem Auftrag nachkommt, mitten im Heute „Salz der Erde" und „Licht der Welt" zu sein. In dieser Hoffnung bin ich nicht allein – ich weiß mich verbunden mit ungezählten Menschen in aller Welt, die sich für eine Öffnung der Kirche, eine Reform ihrer Strukturen, für Dialog und Ökumene und einen Umgangsstil einsetzen, der dem Beispiel Jesu entspricht. Ich glaube allerdings nicht mehr, dass dies durch „Wunder" geschieht: durch ein neues Pontifikat, eine erneuerte Kurie, durch plötzliche Umkehr aller restriktiven Kräfte, durch einen „Deus ex machina", der durch sein Eingreifen mit einem Federstrich alle Probleme beseitigt.

Worauf ich setze, sind einzelne Christinnen und Christen, die sich von der Geisteskraft Gottes erfassen lassen, aus ihrer Erstarrung aufbrechen und ihren Glauben in die Tat umsetzen – sei es gelegen oder nicht. Auch frühchristliche Gemeinden wurden nicht von oben eingesetzt, strukturiert und reglementiert. Sie entstanden, weil Frauen und Männer ernst machten mit ihrem Glauben und ihn gemeinsam, füreinander und für andere Menschen lebten.

Wir können die Geschichte nicht zurückdrehen – auch nicht die leidvolle Geschichte der Kirche, die sich im Laufe der Zeit von einer lebendigen Gemeinschaft zu einer streng reglementierten Hierarchie entwickelte. Diese Tatsache darf aber kein Alibi dafür sein, dass sich die einzelnen Christinnen und Christen resigniert zurücklehnen und erst einmal abwarten, „was sich (oben) tut".

Den ersten christlichen Gemeinden war in all ihrer Vielfalt und Größe, in all ihrer Schwäche und ihrem Versagen, eines gemeinsam: Sie erfuhren als lebendige Gegenwart, was durch den Propheten Joël gesagt worden ist: So spricht Gott: Ich werde von meinem Geist ausgießen über alles Fleisch. Eure Söhne und eure Töchter werden Propheten sein, eure jungen Männer werden Visionen haben, und eure Alten werden Träume haben. Auch über meine Knechte und Mägde werde ich von meinem Geist ausgießen in jenen Tagen, und sie werden Propheten sein. (Apg 2, 17-18)

Sie kannten keine Über- oder Unterordnung, sie hatten Visionen und Träume, die sie leben und verwirklichen konnten und wurden so zum prophetischen Zeichen mitten in ihrer Welt, das nicht übersehen werden konnte, viele Menschen anzog und ihre Welt zum Besseren veränderte. Sie lebten nicht für sich allein, nur um ihr eigenes Seelenheil und Wohlergehen bedacht, und sind in dieser Haltung Vorbild und Ansporn zu erfahrbarer, gelebter Solidarität zwischen Menschen, Gemeinschaften und Völkern.

Aufbruch in die Zukunft

„Die Stunde ist gekommen, aufzustehen vom Schlaf!" Was der Apostel Paulus in seinem Brief an die Römer forderte, gilt heute mehr denn je – nicht nur dem Vatikan, sondern allen Christinnen und Christen, die sich ihrer Mitverantwortung für unsere Welt nicht entziehen möchten.

Mitten in einer Zeit, in der sich Menschen wieder darauf besinnen, dass sie ihre Mitwelt nicht ungestraft zerstören und vernichten dürfen, während die Schöpfung immer noch gnadenlos ausgebeutet wird;

mitten in einer Zeit, in der die Kluft zwischen Arm und Reich immer größer wird, während sich immer mehr Menschen ihrer Verantwortung für die Benachteiligten unserer Erde neu bewusst werden;

mitten in einer Zeit, in der verschiedenste Religionen und Weltanschauungen zaghaft versuchen, miteinander in Zukunft dieser Welt zu dienen, während zugleich Kräfte auftauchen, die durch Gewalt und Gruppenegoismus erneut Gräben aufreißen;

mitten in einer Zeit, in der die Würde der Frau mit vielen Worten beschworen wird, während zugleich die alten Vorurteile und Unterdrückung smechanismen weiter funktionieren;

mitten in einer Zeit, in der die Sexualität rücksichtslos gelebt und ausgebeutet wird, während zugleich immer mehr Frauen und Männer einen neuen, lebensfördernden Umgangsstil und die Achtung vor den Bedürfnissen und Ansichten anderer Menschen entdecken;

mitten in einer Zeit, in der in vielen Menschen erneut die Frage nach dem Sinn des Lebens und die Sehnsucht nach Frieden und Beheimatung erwachen, während sie in Scharen der Kirche den Rücken kehren, weil sie dort keine Antworten auf ihr Suchen finden;

mitten in einer Zeit, in der Machthaber, Unglückspropheten und Klageweiber überall nur Tod und Vernichtung verkünden, während zugleich unzählige Menschen als Prophetinnen und Propheten einer besseren Welt unter Einsatz ihres Lebens wirken;

mitten in einer Zeit, in der sich die Mächtigen der Welt mit Waffen bedrohen, während tausende Menschen Frieden und Gerechtigkeit fordern;

mitten in einer Zeit, in der die Mächtigen der Kirchen einander misstrauen und ausgrenzen, während Christinnen und Christen aller Konfessionen umfassende Gemeinschaft erhoffen und leben;

mitten in einer Zeit, in der politische Machstrukturen zerbrachen, weil sich das Volk seiner Würde und Verantwortung bewusst wurde, während zugleich neue politische, wirtschaftliche und ideologische Abhängigkeiten Menschen erneut versklaven ...

Mitten in dieser Zeit der Widersprüche und Verunsicherungen sind wir Christinnen und Christen gefordert, endlich vom Schlaf aufzustehen und den Aufbruch zu wagen – heraus aus der bequemen Beschaulichkeit sicherer Erwählung, heraus aus der Sicherheit vorgegebener Normen und Gesetze. Wir sind gerufen zum Auszug aus unseren gesicherten Räumen, zum Aufbruch aus unserer satten Überheblichkeit, zum Weggang von unserer eigenen Selbstzerstörung.

Es ist Exodus – hinein in die Welt, hinein in die gegenwärtige Gesellschaft, hinein in die Wüsten unserer Zeit, wo der Glaube vertrocknet, die Hoffnung brach liegt und die Liebe mit Füßen getreten wird.

---

[1] In: Ingrid Thurner, DIAPOSITIV - Biblische „Licht-Bilder“ ins Heute, 1996

[2] Vgl.: Vat. II, LUMEN GENTIUM, Dogmatische Konstitution über die Kirche, 31: „Unter der Bezeichnung Laien sind alle Christgläubigen verstanden, die, durch die Taufe Christus einverleibt, zum Volk Gottes gemacht und des priesterlichen, prophetischen und königlichen Amtes Christi auf ihre Weise teilhaftig, zu ihrem Teil die Sendung des ganzen Volkes in der Kirche und in der Welt ausüben.“

[3] Ebd. 8: „So ist die Kirche, auch wenn sie zur Erfüllung ihrer Sendung menschlicher Mittel bedarf, nicht gegründet, um irdische Herrlichkeit zu suchen, sondern um Demut und Selbstverleugnung auch durch ihr Beispiel auszubreiten."

[4] Georg Betz, Verehren wir den falschen Gott? Einspruch gegen die Verharmlosung der Sache Jesu, Freiburg i. Br. 1987, S. 99

[5] ebd.: S. 95

[6] ebd.: S. 97-98

[7] Vat. II, GAUDIUM ET SPES, Pastoralkonstitution. Die Kirche in der Welt von heute, 1: Freude und Hoffnung, Trauer und Angst der Menschen von heute, besonders der Armen und Bedrängten aller Art, sind auch Freude und Hoffnung, Trauer und Angst der Jünger Christi. (...) Darum erfährt diese Gemeinschaft sich mit der Menschheit und ihrer Geschichte engstens verbunden.

Internationale Solidarität – von der Zärtlichkeit der Völker

Ein Interview

von Gernot Trausmuth
mit Sadaf Zahra

Einleitung

Kinderarbeit, moderne Lohnsklaverei in den so genannten „sweatshops", Frauenunterdrückung, Umweltzerstörung im Zuge von Industrialisierungsprojekten, staatliche Repression gegen politische Oppositionelle und GewerkschafterInnen und militärische Interventionen durch die „internationale Staatengemeinschaft" - das sind die negativen Seiten dessen, was in den letzten Jahren nicht nur in kleinen linken Zirkeln sondern auch in den Massenmedien als „Globalisierung" thematisiert worden ist. Weltweit formiert sich jedoch auch der Widerstand gegen dieses „globale Kapital". Seinen Ausdruck findet er nicht nur in den Massenprotesten gegen die Gipfeltreffen von WTO, IWF, WEF oder wie immer sie heißen mögen, sondern auch in Form von Landbesetzungen, Streiks bis hin zu aufstandsähnlichen Massenbewegungen. Vor diesem Hintergrund gewinnt auch der Begriff der „internationalen Solidarität" an Aktualität und Bedeutung.

Die Charakterzüge dieses globalisierten Kapitalismus werden nun immer offensichtlicher und wer hinsieht, sieht Bilder über Ausbeutung, Unterdrückung und Krieg. Wer nur halbwegs einen Sinn für Gerechtigkeit hat, der wird darüber moralisch entrüstet sein und das Bedürfnis verspüren, dagegen etwas unternehmen zu wollen. Gestützt auf moralisch-philosophische Überlegungen hat ein pazifistisch-humanistischer Internationalismus in den letzten Jahren einen zweiten Frühling erleben dürfen. In der so genannten „Antiglobalisierungsbewegung" von Seattle über Genua hin zur Bewegung der Sozialforen dominiert eine Vorstellung, wie die Welt von Ausbeutung, Unterdrückung und Krieg befreit werden könnte.

Mit „Fair Trade", Verhaltenskodizes gegen Kinderarbeit und einer stärkeren Regulierung der internationalen Finanzmärkte will man Sand im Getriebe des Systems sein und dem Kapitalismus ein „menschliches Antlitz" geben. Abgerundet wird dieser Ansatz mit ein wenig karitativer Unterstützung von NGO-Projekten in der „Dritten Welt". Diese Form des Internationalismus stützt sich in erster Linie auf Methoden, die im Rahmen des kapitalistischen Systems bleiben und daher das Problem auch nicht an der Wurzel anpacken.

Solange es um maximalen Profit geht und solange Menschen gezwungen sind, ihre Arbeitskraft zu verkaufen, um ihre Existenz sichern zu können, wird es auch Ausbeutung geben.

Jagd nach Profit

Auf der Basis einer wissenschaftlichen Erklärung der Bewegungsgesetze der kapitalistischen (Welt-)Gesellschaft kann man jedoch nur zu dem Schluss kommen, dass es damit noch nicht getan sein kann. So jung das Phänomen „Globalisierung" auch sein mag, einen passenden Ansatz für seine Entschleierung liefert uns ein Text, der vor mittlerweile 155 Jahren geschrieben wurde:

„Die Bourgeoisie kann nicht existieren, ohne die Produktionsinstrumente, also die Produktionsverhältnisse, also sämtliche gesellschaftlichen Verhältnisse fortwährend zu revolutionieren. Unveränderte Beibehaltung der alten Produktionsweise war dagegen die erste Existenzbedingung aller früheren industriellen Klassen. Die fortwährende Umwälzung der Produktion, die ununterbrochene Erschütterung aller gesellschaftlichen Zustände, die ewige Unsicherheit und Bewegung zeichnet die Bourgeois-Epoche vor allen früheren aus. Alle festen, eingerosteten Verhältnisse mit ihrem Gefolge von altehrwürdigen Vorstellungen und Anschauungen werden aufgelöst, alle neugebildeten veralten, ehe sie verknöchern können. (...)

Das Bedürfnis nach einem stets ausgedehnteren Absatz für ihre Produkte jagt die Bourgeoisie über die ganze Erdkugel. Überall muss sie sich einnisten, überall anbauen, überall Verbindungen herstellen."

Diese Zeilen von Karl Marx und Friedrich Engels aus dem „Kommunistischen Manifest" mögen zwar sprachlich ein wenig antiquiert klingen, ihr Inhalt ist jedoch an Aktualität kaum zu überbieten. Zu diesem Schluss kam übrigens auch die Weltbank, die diese Textstelle in ihrem World Development Report von 1996 als Erklärung für den Globalisierungsprozess zitierte.

Kapitalismus bedeutet also permanente Weiterentwicklung der Art und Weise wie Güter und Dienstleistungen produziert werden und damit verbunden die Umgestaltung des gesellschaftlichen Lebens. Und der unstillbare

Hunger nach maximalem Profit erklärt die dem System inhärente Triebkraft, sich die ganze Welt untertan zu machen. Träger dieser Prozesse ist das Kapital, die bürgerliche Klasse, die durch ihre Verfügungsgewalt über riesige multinationale Konzerne und durch ihre engen Verbindungen zu den Spitzen des Staates scheinbar unvorstellbare Macht in ihren Händen konzentriert. Gleichzeitig ist sie jedoch dazu verdammt, den Gesetzen dieser Wirtschaftsordnung zu folgen. Wer im täglichen Konkurrenzkampf nicht mithalten kann, wer nicht billig genug produzieren kann, wer nicht ausreichenden Zugang zu billigen Rohstoffen hat usw. ist dem Untergang geweiht. Im Spannungsverhältnis zwischen dieser fast schon absoluten Machtfülle und der Ohnmacht gegenüber den Gesetzen der Profitwirtschaft sind auch die Erklärungen für die oft als irrational erscheinenden Entscheidungen des Kapitals und ihrer Regierungen zu suchen.

Die Rechnung dafür müssen weltweit die ArbeiterInnen und ihre Familien, die Landlosen und Kleinbauern sowie die „urban poor" begleichen. Solange es um maximalen Profit geht und solange Menschen gezwungen sind, ihre Arbeitskraft zu verkaufen, um ihre Existenz sichern zu können, wird es auch Ausbeutung geben.

Internationale Solidarität muss daher bei dieser Analyse ihren Ausgangspunkt nehmen. Wenn das Kapital weltweit auf die gleichen Methoden und Prinzipien zur Durchsetzung ihrer Interessen setzt, dann wird die ArbeiterInnenbewegung nicht umhin kommen, sich zur Verteidigung ihrer Interessen international zusammenzuschließen und gemeinsam Widerstand zu leisten.

Meine Spende kämpft!

Damit die Forderung nach Internationalismus nicht nur eine Phrase bleibt, haben sich vor rund 10 Jahren einige AktivistInnen der Sozialistischen Jugend zusammengetan, um diesen in der Geschichte der ArbeiterInnenbewegung so zentralen Gedanken wieder mit Leben zu erfüllen. Seither gehören internationale Solidaritätskampagnen zu unserer täglichen politischen Arbeit. Herzstück unseres Projekts „Meine Spende kämpft" ist eine seit dem Jahr 2000 permanent laufende Kampagne mit der Pakistan Trade Union Defence Campaign (PTUDC).

Im Rahmen dieser Kampagne haben wir bereits dreimal KollegInnen von der PTUDC nach Österreich eingeladen, um hier vor GewerkschafterInnen aber auch an Schulen, Universitäten und bei politischen Veranstaltungen über ihre Arbeits- und Lebensbedingungen und über die Situation der

Gewerkschaften in Pakistan zu berichten. Weit über dieses Informationsangebot hinaus geht es uns dabei um einen Meinungsaustausch, eine Debatte über gewerkschaftliche und politische Strategien der ArbeiterInnenbewegung zu Beginn des 21. Jahrhunderts. Wir verstehen diese Kampagne nicht nur als Unterstützung der PTUDC, sondern als enge Kooperation mit KollegInnen, die gegen die selben Probleme wie wir ankämpfen – nur eben unter viel schwierigeren Bedingungen.

Natürlich hat die Kampagne ein Element der handfesten Unterstützung für die Gewerkschaften in Pakistan. Wir sammeln finanzielle Mittel, die von der PTUDC dringend für den Aufbau ihrer Gewerkschaftsorganisation benötigt werden (Anschaffung einer eigenen Druckerpresse, eigener Gewerkschaftslokale, ...). Wir organisierten in mehreren Fällen (und erfolgreich!) so genannte „urgent action"-Kampagnen im Fall von staatlicher Repression, um internationalen Druck auf die pakistanischen Behörden zu machen. Dies wäre jedoch nur die halbe Sache, wenn wir nicht auch durch intensive Diskussionen eine gemeinsame politische Perspektive erarbeiten würden, die unter den oben beschriebenen Umständen nur eine antikapitalistische sein kann. Und davon, wie wir uns erfolgreich gegen das Kapital und alle seine unmenschlichen Auswüchse zur Wehr setzen können, können wir von den AktivistInnen der PTUDC einiges lernen.

Eine Idee lebt weiter!

Wir wollen damit an die Erfahrungen aus eineinhalb Jahrhunderten Internationalismus in der ArbeiterInnenbewegung anknüpfen. Seit sich ArbeiterInnen im Kampf für ihre Interessen organisieren, lebt in ihren Reihen die Idee der internationalen Solidarität. Die erste Manifestation eines internationalen Klassenbewusstseins fällt eigentlich mit den ersten politischen Kämpfen der damals noch jungen ArbeiterInnenklasse zusammen. Als 1834 in Lyon die französischen ArbeiterInnen einen Aufstand organisierten, schickten englische GenossInnen eine Grußbotschaft, in der sie sich mit dem Kampf der französischen KollegInnen solidarisierten.

Gerade in der Geschichte der österreichischen ArbeiterInnenbewegung finden wir genügend Beispiele von gelebtem Internationalismus. Als 1871 die Pariser Kommune die Macht übernahm, kam es in Wiener Neustadt und anderen Städten zu Solidaritätskundgebungen, bei denen die ArbeiterInnen leidenschaftlich Partei für die „Himmelsstürmer" - wie Marx die Kommunarden bezeichnete - ergriff. Nach der blutigen Niederschlagung der

Kommune wurden politisch verfolgte Kommunarden von österreichischen ArbeiterInnen aufgenommen und versteckt. Schon ein Jahr zuvor setzten 30.000 Deutsch sprechende und tschechische ArbeiterInnen ein wichtiges Zeichen und gelobten, gemeinsam gegen die Fabrikanten egal welcher Nationalität zu kämpfen. Und mit dem Parteitag von Neudörfl von 1874 wurde die Sozialdemokratie zur „ersten internationalistischen, gemeinsamen Organisation der Arbeiter in einem multinationalen Staat". Im dort verabschiedeten Parteiprogramm findet sich folgende Stelle: „In nationaler Beziehung stellt sie (die österreichische Arbeiterpartei, Anm.) das Selbstbestimmungsrecht der Völker als Grundsatz auf, erblickt jedoch in der nationalen Gliederung ihrer Genossen kein Hindernis ihres gemeinsamen Strebens nach materieller Befreiung, sondern erkennt im Gegenteil nur in einem brüderlichen Zusammenwirken, welches alle Arbeiterschaften gleich berechtigt und gleich verpflichtet, die einzige Bürgschaft eines Erfolges."

Ein weiterer Ausdruck dieser internationalistischen Haltung der jungen Sozialdemokratie war die – aller staatlichen Repression zum Trotz - konsequente Opposition gegen die Okkupation Bosnien und Herzegowinas durch die k.u.k. Armee.

Die überaus aktive Teilnahme am 1. Mai, dem von der Zweiten Internationale ausgerufenen Kampftag der internationalen ArbeiterInnenklasse, und die Mobilisierungen gegen den drohenden Weltkrieg waren zentrale Kampagnen, die den Aufstieg der von Victor Adler in Hainfeld vereinten Sozialdemokratie zur Massenpartei kennzeichnete.

Diese Beispielsammlung ließe sich noch lange fortsetzen. Höhepunkte wären gewiss die Demonstrationen in Solidarität mit der Russischen Revolution von 1917/18, die im Jännerstreik von 1918 gipfelten und ein gewaltiges Symbol der Völkerverständigung und des Antimilitarismus darstellten. Vergessen wollen wir auch nicht die Solidaritätskundgebungen der österreichischen ArbeiterInnenräte für die Ungarische Räterepublik. In dieser Reihe muss natürlich auch die Teilnahme unzähliger österreichischer SozialistInnen und KommunistInnen am Spanischen Bürgerkrieg auf Seiten der AntifaschistInnen Erwähnung finden.

Ein etwas genauerer Blick auf diese historischen Ereignisse zeigt, dass die Kräfte in der organisierten ArbeiterInnenbewegung, die ohne Wenn und Aber internationalistische Positionen vertreten haben, auch im eigenen Land versuchten, für eine revolutionäre Perspektive einzutreten. Umgekehrt reduzierten diejenigen, die sich mit der herrschenden Ordnung arrangiert hatten, den Internationalismus, der nur an Feiertagen, wie dem 1. Mai, kurz erwähnt wurde, auf ein Schattendasein in der politischen Praxis.

Mit unserer internationalen Solidaritätsarbeit verstehen wir uns natürlich in der Tradition all jener, die sowohl international wie auch im eigenen Land eine radikale Umwandlung der sozialen und politischen Verhältnisse anstrebten. Solidarität ist eine Grundvoraussetzung für eine derartige Politik, deren Ziel eine Welt ohne Ausbeutung, Unterdrückung und Krieg ist, eine Welt, die geprägt ist von der „Zärtlichkeit der Völker" (Ernesto „Che" Guevara).

Das Kapital agiert längst international. Die Antwort der ArbeiterInnenbewegung kann daher auch nur eine internationale sein.

ArbeiterInnen aller Länder vereinigt Euch!

Von der Solidarität zur Revolution! Interview mit Sadaf Zahra

Die 29-jährige Sadaf Zahra aus Lahore ist Frauensprecherin der Pakistan Trade Union Defence Campaign (PTUDC).

Allen Visaproblemen zum Trotz war sie von Ende Mai bis Mitte Juni 2003 in Österreich, um auf zahlreichen Veranstaltungen (u.a. beim Austrian Social Forum) über ihre Arbeit zu berichten. Mit Unterstützung der Gewerkschaft der EisenbahnerInnen (GdE) und der Sozialistischen Jugend hat die Zeitschrift „Der Funke" zum dritten Mal eine Solidaritätskampagne mit der PTUDC organisiert.

Im Zuge dieser Solidaritätskampagne führten wir auch folgendes Interview über ihre Erfahrungen mit politischer Arbeit unter den Bedingungen einer Militärdiktatur.

Gernot Trausmuth (GT): Kannst du kurz erklären, was die PTUDC genau ist und wie sie arbeitet?

Sadaf Zahra (SZ): Gegründet wurde die PTUDC als Antwort auf die Ermordung von Arif Shah, einem bekannten linken Gewerkschaftsführer, der erfolgreich den Widerstand gegen Privatisierungen organisierte. Dieser bezahlte Auftragsmord ist kein Einzelfall. Die meisten AktivistInnen haben schon mit staatlicher Repression Erfahrungen gemacht. Die PTUDC versucht, die stark zersplitterte Gewerkschaftsbewegung in Pakistan in einer gemeinsamen politischen Plattform zu vereinen, um erstens das Recht sich gewerkschaftlich zu organisieren, durchsetzen zu können und um gemeinsam für einen Mindestlohn, gegen Privatisierung, gegen Kinderarbeit und Frauendiskriminierung zu kämpfen. Wo immer ArbeitrInnen für ihre Rechte und Interessen kämpfen unterstützt die PTUDC diese Kämpfe und versucht, diese auszuweiten und miteinander zu vernetzen. In den letzten Monaten unterstützen und organisierten wir Bewegungen wie die der Krankenhausbediensteten in Sindh, die Streiks der Gemeindebediensteten in Quetta und in den Sugar Mills in Sindh und Südpunjab sowie die Proteste von LehrerInnen und ÄrztInnen in Punjab. Wir organisieren aber auch LandarbeiterInnen.

GT: Welche politischen Veränderungen gab es in den letzten Monaten in Pakistan?

SZ: Die Wahlen im letzten Jahr waren eine Farce. Die politische Situation in unserem Land ist noch immer davon geprägt, dass das Militär an allen Schalthebeln der Macht sitzt. Neu ist nur, dass die islamischen Fundamentalisten zu einer richtigen Kraft wurden. In der North West Frontier Province (an der Grenze zu Afghanistan, Anm.) bildeten sie sogar die Regierung und führten die Sharia ein. Nach der Wahl rissen sie alle Plakate von den Wänden, auf denen eine Frau abgebildet war. Sie haben alle Musikgeschäfte geschlossen. In der Öffentlichkeit haben Frauen in der North West Frontier Province nun einen Schleier zu tragen.

Das, was sich nicht geändert hat, ist, dass die Regierung seit Jahren unter dem Druck von IWF und Weltbank eine Politik der Privatisierungen, des Downsizing und der Massenentlassungen betreibt. Privatisierungen werden vehement vorangetrieben. Momentan sind gerade Krankenhäuser an der Reihe. In den Krankenhäusern, Schulen und Universitäten werden Aufsichtsräte installiert, in denen Politiker und Unternehmer sitzen. Ihre Aufgabe ist es, die privatisierten Einrichtungen zu managen. Die Erfahrung mit diesen neuen „Managern" ist aber eine sehr bittere: In der staatlichen Universität in Lahore wurden, nachdem der neue Aufsichtsrat seine Arbeit begonnen hat, die Studiengebühren um das 1.000-fache erhöht. Für Kinder aus Arbeiterfamilien wurde ein Studium somit unmöglich gemacht.

Es gibt aber auch direkte Angriffe auf die ArbeiterInnen: IRO 2002, eine Verordnung von Präsident und Ex-Armeechef Pervez Musharaf, verbietet es, Streiks zu organisieren und ermöglicht es Unternehmern, Leute ohne Begründung zu entlassen. Diese haben nun kein Recht mehr, bei der Nationalen Kommission für Arbeitsbeziehungen dagegen Einspruch zu erheben. Gerade im öffentlichen Bereich werden Menschen zu Tausenden entlassen, die Rechte der ArbeiterInnen sind damit auf ein Minimum reduziert worden.

Der Staat geht extrem repressiv gegen die ArbeiterInnenbewegung vor. Immer wieder werden im Zuge von Mobilisierungen politische AktivistInnen verhaftet, wovon auch wir betroffen sind. So hat eine unserer langjährigen AktivistInnen, Shaida Jabeen, Jahre in Gefängnissen verbracht. Es ist jedoch immer wieder gelungen, durch „urgent-action"-Kampagnen mit Protestbriefen und e-mails Verhaftete freizubekommen. Daher sind wir in unserer Arbeit auf internationale Solidarität angewiesen.

GT: Die PTUDC stellt aber seit den letzten Wahlen auch mehrere Parlamentsabgeordnete. Wie wirkt sich das auf die Arbeit der PTUDC aus?

SZ: Das stimmt. Als Kandidaten der Pakistani Peoples Party (PPP) zogen drei unserer Mitglieder, darunter unser Ehrenvorsitzender, Kollege Manzoor, ins Parlament ein. Ihr Wahlsieg war nur möglich, weil sie sich zum Sprachrohr der arbeitenden Menschen, Armen gemacht haben. Pakistan ist eine extrem korrupte Gesellschaft aber Manzoor hat jegliche Bestechungsangebote abgelehnt. Das Parlament hat in Pakistan nichts zu sagen, aber wir können es als Bühne nützen und im Parlament die Fragen thematisieren, welche die Menschen wirklich bewegen, und wir können ArbeiterInnen, die einen Arbeitskampf führen, eine größere Öffentlichkeit verschaffen. Und was uns sehr wichtig ist: durch diese Funktion haben wir auch die Mittel, das Band der Solidarität zur ArbeiterInnenbewegung in Indien neu zu knüpfen, um gemeinsam gegen die Kriegsgefahr am indischen Subkontinent anzukämpfen.

GT: Wie stellt sich die Lage für Frauen in Pakistan dar?

SZ: Frauen sind von allen Seiten Unterdrückungen ausgesetzt. Die meisten Frauen leben in konservativen Familienstrukturen, häusliche Gewalt ist allgegenwärtig.

Es gibt brutale Gesetze und Traditionen, die die Rechte von Frauen beschneiden: wie die Hadood Ordinance (wenn eine Frau eine Vergewaltigung nicht beweisen kann, kann sie wegen zina, außerehelichen Geschlechtsverkehrs, bestraft werden, Anm.), Half Witness (vor Gericht zählt eine weibliche Zeugin nur halb so viel wie ein männlicher Zeuge, Anm.), Karo Kari (Ehrenmorde, Anm.) oder die Heirat mit dem Koran (von der Familie erzwungenes Zölibat, Anm.). Aufgrund der Hadood Ordinance sind derzeit an die 5.000 Frauen in pakistanischen Gefängnissen. Von Ehrenmorden sind jährlich hunderte Frauen betroffen, ein Verbrechen, das kaum geahndet wird.

GT: Wie sieht in dieser Situation die Arbeit der PTUDC mit Frauen aus?

SZ: Die PTUDC ist eine Organisation, in der Frauen und Männer gleichermaßen vertreten sind, was in unserem Land nicht unbedingt üblich ist. Nun sind Frauen in Pakistan großteils unorganisiert und in den Gewerkschaften kaum vertreten. Frauen wird politische Aktivität sehr schwer gemacht.

Wir treten an Frauen in Fabriken heran und beginnen zunächst mit Studienzirkeln, um ihnen politische Bildung zu vermitteln und sie auf die gewerkschaftliche Arbeit vorzubereiten. Danach versuchen wir, in diesen Fabriken eine Gewerkschaft zu gründen. Für unsere politische Arbeit ist es wohl oder übel notwendig, ihre Familienmitglieder davon zu überzeugen, dass sie politisch aktiv werden und zu unseren Treffen kommen können. Ohne Erlaubnis von Vater, Ehemann oder Brüdern ist es ihnen nicht möglich, das Haus zu verlassen. Für Frauen, die nicht lesen können, bieten wir Alphabetisierungskurse an und bei rechtlichen Konflikten Rechtsbeistand. Meine Aufgabe ist es, all diese Tätigkeiten landesweit zu koordinieren.

Vor einigen Jahren war es undenkbar, dass Frauen außer Haus arbeiten. Durch die ökonomische Krise arbeiten inzwischen jedoch in manchen Industriezweigen bis zu zwei Drittel Frauen, etwa in der Textil- oder der Pharmaindustrie.

Arbeiterinnen sind tagtäglich mit Sexismus konfrontiert, auf dem Weg zur Arbeit oder an ihrem Arbeitsplatz selbst. Auch in den Gewerkschaften werden Frauen diskriminiert, da die meisten Gewerkschaften gar nicht daran interessiert sind, Frauen zu organisieren. In der PTUDC kämpfen wir gegen diese Haltung aktiv an, gegen Vorurteile und Geringschätzung gegenüber Frauen. Wir kämpfen gegen die frauenverachtenden Gesetze und organisieren Kampagnen gegen sexuelle Belästigung am Arbeitsplatz. Frauen sind in allen Bereichen davon betroffen, am stärksten die 36.000 Krankenschwestern.

Arbeiterinnen sind der am meisten unterdrückte und ausgebeutete Teil der pakistanischen Gesellschaft. Frauen arbeiten oft 12 bis 15 Stunden täglich und bekommen dabei nur die Hälfte des Lohns ihrer männlichen Kollegen. Ihre Arbeitsbedingungen sind wesentlich schlechter, egal, ob im öffentlichen oder privaten Sektor.

Gegen all diese Missstände des kapitalistischen Systems kämpfen wir. Solidarität und gewerkschaftliche Organisierung sind eine grundlegende Voraussetzung für eine revolutionäre Umwälzung der herrschenden Ordnung in Pakistan und international!

Nähere Informationen:
www.ptudc.org
www.derfunke.at
Spendenkonto: PSK 92 106 857, BLZ 60.000, KW Pakistan

Armut als ökonomische und soziokulturelle Problemsituation[1)]

Eine wirklichkeitssoziologische Perspektive

von Max Haller

Gibt es in reichen Gesellschaften mit einem gut ausgebauten Wohlfahrtsstaat noch Armut? Diese Frage ist sicherlich zu bejahen. Nach dem „Bericht über die soziale Lage“ des Bundesministerium für Soziales (2001-2002) gab es in Österreich 1999 310.000 akut arme Personen, ca. 4 % der Bevölkerung. Man muss aber auch sehen, dass absolute Armut und Not weitgehend beseitigt werden konnten und die noch bestehenden oder neu entstandenen Formen von Armut immer weniger „sichtbar“ sind. Ich gehe davon aus, dass eine Neuorientierung der Forschung und Sozialpolitik notwendig ist, um das Phänomen der Armut in einem Land wie Österreich heute adäquat erfassen zu können. Die statistische „Messung“ von Armut als dem Anteil jener Personen, die unter einer bestimmten Einkommensgrenze liegen, ist aus soziologischer Sicht unzureichend. Es gibt Menschen und soziale Gruppen, die trotz eines sehr geringen Einkommens nicht als „arm“ zu bezeichnen sind. Am besten illustriert wird dieser Fall durch die Parabel vom „Hans im Glück“, der einen großen Beutel Gold durch immer weniger wertvolle Tiere und Dinge eintauscht, bis er am Ende ohne jeden Besitz, aber frei und glücklich dasteht. Als wirklich arm zu bezeichnen ist jedoch ein Mann wie der alte Laotse, von dem es in Bertolt Brecht's Ballade heißt: „Arm am Beutel, krank am Herzen, schleppt er seine langen Tage ...“

Die These, die ich in meinem kurzen Beitrag aufstellen und belegen möchte, lautet: Armut ist ein mehrdimensionales Phänomen, das unter zwei Aspekten und unter zwei Perspektiven gesehen werden muss, nämlich dem materiellen und sozialen oder soziokulturellen Aspekt und unter einer strukturellen und einer dynamischen bzw. akteursbezogenen Perspektive. Die neuere Armutsforschung hat gezeigt, dass Armut sehr oft nur ein vorübergehendes Stadium in einem bestimmten Lebensabschnitt darstellt (Barlösius/ Mayerhofer 2001). In Österreich war die Hälfte aller Personen, die von 1994 bis 1998 von Armut betroffen waren, für nur ein Jahr dieser Situation ausgesetzt (Bericht über die soziale Lage 2001-2002, S.15). Damit zusammen hängt die Tatsache, dass Armut (im rein statistisch-ökonomischen Sinn) nicht immer als eine den Betroffenen aufgezwungene Situation zu sehen ist, sondern oft sogar bewusst in Kauf genommen wird, weil einem andere Ziele wichtiger sind. Sozialwissenschaft, Sozialarbeit und Sozialpolitik dürfen diese individuellen Einstellungen und Entscheidungen nicht übergehen, da sie ansonsten Gefahr laufen, in eine paternalistisch-bevormundende Haltung zu verfallen. Mit diesem Hinweis soll die Relevanz des Themas „Armut im Wohlfahrtsstaat“ keineswegs verharmlost werden. Eine solche dynamische Perspektive zeigt nämlich auch, dass das Risiko, jemals arm zu werden, sehr viel mehr Menschen trifft, als es der zu einem Zeitpunkt erfasste Bestand an Armen suggeriert. Aus wissenschaftssoziologischer und wissenssoziologischer Perspektive müssen wir auch sehen, dass nicht jede Person oder jede Organisation oder Bewegung, die sich mit Armut befasst, per se schon als idealistisch oder humanitär anzusehen und von jeder Kritik auszunehmen ist. Die Geschichte ist voll von Ideologien und Organisationen mit besten Absichten, die sich im Laufe ihres Bestandes alles andere als idealistisch verhalten bzw. als wohltätig erwiesen haben. So haben auch all jene, die sich aus beruflichen, professionellen oder politischen Gründen mit Armut befassen – Wissenschaftler, Sozialarbeiter, Sozialpolitiker, karitative Organisationen – Eigeninteressen, die in der Regel eher gefördert werden, wenn sich der Umfang und die Folgen der Armut als groß bzw. als gravierend darstellen. Niemandem – am wenigsten den Armen selber – ist jedoch gedient, wenn wir uns auf unzutreffende Analysen der sozialen Realität verlassen. Die Frage, wer nun wirklich als „arm“ zu bezeichnen ist und wer nicht, ist also nicht nur von akademischem Interesse. Aus ihrer Beantwortung ergeben sich konkrete politische Strategien; die gesamte aktuelle Debatte um den Umfang und die angemessenen Funktionen des Wohlfahrtsstaates hängt damit zusammen.

Wie bereits angesprochen, muss eine adäquate Betrachtung der Armut aus soziologischer Sicht zwei Dimensionen betrachten, die materielle und die soziale. Durch ihre Kombination ergibt sich eine sehr einfache Typologie (vgl. Übersicht 1).

Wer über ein sehr niedriges Einkommen und kein Vermögen verfügt, ist in einer reichen Gesellschaft wie Österreich ohne Zweifel materiell benachteiligt. Als „arm“ im wirklichkeitssoziologischen Sinne[2)] muss er deshalb keineswegs bezeichnet werden. Dies wird vor allem klar, wenn man auch die dynamisch-lebensgeschichtliche Perspektive einbezieht. Der Paradefall sind hier Studenten, nicht nur aus Arbeiter- und Bauernfamilien, die oft ohne

Zweifel mit sehr wenig Geld auskommen müssen, sich vieles, was andere Gleichaltrige haben, nicht leisten können und dies auch spüren und oft als bedrückend empfinden mögen. Da das Studentendasein aber per se als Übergangsphase zu einer Berufskarriere definiert ist, können wir diesen temporären Verzicht nicht als soziale Ungerechtigkeit betrachten. Dies noch viel weniger deshalb, weil gerade die Hochschulabsolventen später überdurchschnittlich viel verdienen.

Übersicht 1: Typen der Armut aus wirklichkeitssoziologischer Sicht

Soziokultureller Aspekt	Materiell-ökonomischer Aspekt arm	 nicht arm
arm	A. „Die Ärmsten der Armen“	B. Sozial Isolierte und/oder stigmatisierte Randgruppen
nicht arm	C. Wirtschaftlich Benachteiligte	D. Wirtschaftlich & sozial adäquat Integrierte

Zeitlich begrenzte Situationen materieller Deprivation gibt es vielleicht viel mehr, als man annehmen würde. Darunter fallen auch Personen, die vorübergehend freiwillig aus dem Erwerbsleben ausscheiden, eine Teilzeitarbeit annehmen usw. Weitere Gruppen von Menschen, die unter Typ C fallen, sind etwa Bauern, Rentner oder kinderreiche Familien. Armut hängt also auch stark mit dem Lebenslauf und Familienzyklus zusammen. Alle vorhin gennanten Gruppen sind, statistisch gesehen, zweifellos „arm“ und in ihrem Fall ist die Armut auch zeitlich kaum begrenzt. Viele, vielleicht sogar die meisten unter ihnen, werden sich aber selber durchaus nicht als arm empfinden, vor allem dann nicht, wenn ihre Lebensumstände nicht eklatant von ihren Erwartungen abweichen und sie die Situation, die mit dem niedrigen Einkommen zusammenhängt, selbst (mehr oder weniger frei) gewählt haben. Auch ein umfangreiches und befriedigendes Netzwerk von Menschen, denen sie sich nahe fühlen und die sie im Falle von Notlagen unterstützen, wird das Gefühl reduzieren, arm im sozialen Sinn zu sein. Dies mag auch der Hauptgrund dafür sein, dass sich die Menschen in relativ armen südamerikanischen Ländern wie Venezuela oder Kolumbien im internationalen Vergleich als zu den mit ihrem Leben insgesamt am glücklichsten gehören (Haller 2003b).

Als arm in einem solchen Sinn würde ich dagegen auch Menschen betrachten, die zwar materiell gesichert, aber in sozialer Hinsicht isoliert sind.

Diese Situation scheint in reichen Gesellschaften immer häufiger zu werden. Die Kehrseite des Strebens nach individueller, von anderen unabhängiger Lebensgestaltung mag viele Menschen dazu bringen, dass sie am Ende allein dastehen. So zeigen etwa Studien über Singles in fortgeschrittenerem Alter, dass dieser Status sehr selten gewollt herbeigeführt wurde. Technische Neuerungen der letzten Jahrzehnte, wie Fernsehen und Internet, können die Tendenz zur einsamen Zeitverbringung stark fördern. Gravierende soziale Probleme auch in Österreich, wie hohe Unfall- und Selbstmordraten (insbesondere bei alten Menschen), zunehmende Lebensunlust und Depression bei jungen Menschen und andere Phänomene zeigen, wie gravierend diese Probleme sind.

Als die „Ärmsten der Armen"[3)] sind jedoch jene Menschen zu bezeichnen, die materiell depraviert sind, zugleich aber auch in sozialer Hinsicht auf nur wenig oder gar keine Unterstützung bauen können und möglicherweise auch noch in soziokultureller Hinsicht stigmatisiert werden (Typ D in Übersicht 1). Hierunter fallen Obdachlose aller Altersgruppen, vereinsamte Rentner mit Niedrigstrenten und -pensionen, aber vielleicht auch manche jungen, ungelernten Arbeitslosen ohne berufliche Zukunftsperspektiven oder geschiedene Frauen und Männer, deren materieller Absturz einherging mit einem Abbruch der meisten bisherigen Bekanntschafts- und Freundschaftsbeziehungen. Angesichts der hohen Arbeitslosigkeit, steigenden Scheidungsraten usw. kann es sich also auch hier durchaus um beachtliche Gruppen handeln. Man muss auch sehen, dass ökonomische Armut, soziale Isolierung und soziokulturelle Diskriminierung eng zusammenhängen. Ökonomisch Benachteiligte haben auch weniger Chancen zu sozialer Teilnahme, oder ziehen sich sogar selbst zurück; Menschen ohne Unterstützungsnetzwerke geraten eher auch in wirtschaftliche Notlagen. Arme, insbesondere sichtbar Arme, werden auch sozial diskriminiert.

Es ist in diesem Rahmen nicht möglich, eine quantitative Schätzung des Umfangs dieser drei Typen von Armut zu geben. Ich möchte jedoch abschließend einige Überlegungen zu den politischen Implikationen der hier entwickelten Perspektive anstellen. Die allgemeinste Folgerung lautet wohl: Die Bekämpfung von Armut ist nicht nur ein ökonomisch-materielles Problem und nicht nur ein Problem, das der Sozialstaat allein lösen kann! Man muss sogar sehen, dass der westeuropäische Sozialstaat viele der Probleme und Phänomene neuer Armut selber erst erzeugt. Dies betrifft etwa die Entstehung der wohl umfangreichsten Gruppe armer Menschen, nämlich der Armut bei älteren, alleinstehenden und verwitweten Frauen mit Mindestrenten – eine Situation, in die sie infolge ihres kinderbedingten langen

Ausscheidens aus dem Erwerbsleben geraten sind. Sie sind also letztlich infolge einer krassen staatlichen Benachteiligung in einem Sozialversicherungssystem, das Erwerbstätige und Kinderlose bevorzugt, in diese Situation einer „Alters-Armutsfalle" geraten. Ein anderes Beispiel sind männliche Obdachlose, die in diese Situation infolge unzumutbarer wirtschaftlicher Belastungen nach einer Ehescheidung gerieten. Auch diese Beispiele zeigen, dass die Linderung und Reduzierung von Armut eine komplexe Aufgabe ist, bei der eine Reihe von Akteuren mitwirken müssen. Ich möchte hier vier Bereiche bzw. Akteure nennen.

(1) Zunächst sind wir alle persönlich mit dem Phänomen der Armut direkt oder indirekt tangiert. Denken wir an die verschiedenen Formen von sozialer Armut, Ausschließung und Isolierung, so sind in erster Linie auch alle jene Lebensbereiche, Kontexte und Akteure involviert, in denen und mit denen Menschen ihren Alltag verbringen. Hier geht es um die Qualität der Familien- und Verwandtschaftsbeziehungen, der Nachbarschaftsbeziehungen, aber auch der sozialen Kontakte am Arbeitsplatz. Bedeutet es nicht eine soziale Verarmung, wenn wir Beziehungen zur weiteren Verwandtschaft – zu Großeltern und Schwiegereltern, zu erwachsenen Geschwistern, Onkeln, Tanten, Neffen und Nichten, Kusinen usw. – immer weniger pflegen? Im Falle von Scheidungen und anderen kritischen Ereignissen könnten hieraus vielleicht wichtige Unterstützungen bezogen werden. Der heurige heiße Sommer hat wieder gezeigt, wie vereinsamt, unbeachtet von ihren unmittelbaren Wohnungsnachbarn, viele alte Menschen heute ihr Leben fristen oder völlig isoliert dort sterben. (In Frankreich wurden Tausende solche Todesfälle registriert.) In der Schule, auf der Universität und im Berufsleben bemüht man sich oft wenig, Näheres über die Menschen zu erfahren, neben denen man sitzt oder mit denen man jahrelang zusammenkommt.[4] Hier besteht also ein breites Feld an möglichen und sinnvollen Aktivitäten, die vor allem in der amerikanischen Sozialphilosophie und Soziologie unter Stichworten wie „Zivilgesellschaft" oder „gesellschaftliche Gemeinschaft" theoretisch thematisiert wurden (vgl. u.a. Etzioni 1997).

(2) Private Unterstützungsnetzwerke können wohlfahrtsstaatliche Interventionen aber keineswegs ersetzen. Man kann hier zwei Formen unterscheiden. Zum einen all jene allgemeinen staatlichen Maßnahmen, die Armut direkt oder indirekt reduzieren können, wie adäquate Sozialhilfebeträge, Mindestrenten, eine Politik zur Reduktion von Arbeitslosigkeit, adäquate Berufsausbildung für Jugendliche usw. All diese Maßnahmen sind zweifellos dort weiterhin gefragt, wo es um offenkundige materielle Deprivation oder Benachteiligung geht. Durch die Höhe von Mindestrenten, Sozialhilf-

ebeiträgen, Arbeitslosengeld, Studienstipendien usw. kann und muss der Staat hier weiterhin direkt einspringen. Die laufende Reduktion der Mindeststandards in vielen dieser Zahlungen, die als soziale Rechte, und nicht als Almosen zu sehen sind, ist zweifellos sehr problematisch und durch die dafür gegebenen Begründungen (z.B. Reduktion von Missbrauch) oft nicht gerechtfertigt.

(3) Eine weitere Form sind spezifische Maßnahmen des Staates, aber auch nichtstaatlicher Organisationen, Verbände und Vereinigungen, die konkrete Gruppen von Armen betreffen. Hier ist zu denken an Maßnahmen wie Schuldnerberatung, Betreuung von Flüchtlingen und Einwanderern, Integration von Behinderten, Drogen- und Suchtberatungsstellen und ähnliches. Hier geht es vor allem um die materiell und sozial zugleich Benachteiligten (die „Ärmsten der Armen"). In all diesen Fällen geht es um materielle und soziale Deprivation, und eine adäquate sozialpolitische Bearbeitung muss an mehreren Stellen bzw. mit mehreren Instrumenten ansetzen. Der erste und wichtigste Aspekt liegt darin, dass die neueren Formen von Armut dieser Art oft schwer erkennbar sind oder von den Betroffenen selber sogar bewusst verborgen werden, um sozialer Diskriminierung und Stigmatisierung zu entgehen. Hier müssen daher sozialwissenschaftliche Analysen, die Erfahrungen und das Wissen der beruflich damit befassten Experten (wie Sozialarbeiter, vielleicht aber auch Polizisten usw.) sowie die Aktionen der zuständigen öffentlichen Behörden laufend aufeinander abgestimmt, Informationen ausgetauscht werden.

(4) Schließlich muss aber auch in der Öffentlichkeit grundlegenden gesellschaftlichen Werten, wie insbesondere jenen der sozialen Gerechtigkeit und Gleichheit, wieder mehr Geltung verschafft werden – auch und trotz des Gegentrends von weltweiter Liberalisierung und Sozialabbau. Auch die österreichische Soziologie selber muss sich des Themas der Armut in viel stärkerem Maße befassen als bislang, stellte doch die klassische Studie von Jahoda, Lazarsfeld und Mitarbeitern über „Die Arbeitslosen von Marienthal" aus den dreißiger Jahren bis heute die einzige große Arbeit zu diesem Thema dar.[5)]

[1)] Beitrag zur Arbeitstagung „Armutsforschung in Österreich", Salzburg, 10.-11. 10. 2003, veranstaltet von Clemens Sedmak, Paris Lodron Universität Salzbug

[2)] Näheres zu diesem Begriff in Haller 2003a

[3)] Im Sinne der Zielgruppe der Vinzenzgemeinschaft, vgl. dazu die interessante, von mir betreute Diplomarbeit von Martina Schellander und Klaus Ulrich Jantsch, Graz 2001

[4] Der Grazer Betriebswirt Kurt-Martin Lugger hat ein Computerprogramm entwickelt, das dazu anstoßen soll, dass sich Arbeitskollegen, die in einem Unternehmen mit ähnliche Probleme zu tun haben, voneinander aber nichts wissen, kennenlernen und ihre Erfahrungen austauschen. Bei der Anwendung dieses Programmes im Rahmen einer großen Lehrveranstaltung stellte er fest, dass ein erheblicher Teil der Hörer im dicht besetzten Hörsaal überhaupt keinen Kontakt zu anderen Studienkollegen bzw. -kolleginnen hatte.

[5] Eine Vernachlässigung des Themas „Armut" in der deutschen Soziologie insgesamt - etwa in deutlichem Gegensatz zur englischen und amerikanischen Soziologie - konstatierten Leibfried und Voges 1992.

Zitierte Literatur:

Bericht über die soziale Lage 2001-2002. Analysen und Ressortaktivitäten, Bundesministerium für soziale Sicherheit und Generationen, Wien 2002

Amitai Etzioni, Die Verantwortungsgesellschaft. Individualismus und Moral in der heutigen Demokratie, Frankfurt am Main/New York 1997

Max Haller, Soziologische Theorie im systematisch-kritischen Vergleich, Opladen 2003a[2]

Max Haller, Happiness as an expression of freedom and self-determination. A comparative analysis of subjective quality of life and its micro and macro social structural determinants, Paper presented at the 5th International Conference on Quality of Life, Frankfurt/Main 2003b

Stephan Leibfried/Wolfgang Voges (Hg.), Armut im modernen Wohlfahrtsstaat, Sonderheft 32 der Kölner Zeitschrift für Soziologie und Sozialpsychologie, Opladen 1992

Kurt-Martin Lugger, Das Random Communication Program: Kommunikation und Wissen als Instrument der Wissensorganisation, Dissertation am Institut für Organisations- und Personalmanagement der Universität Graz 2002

Martina Schellander/Klaus Ulrich Jantsch, Armendienst ist Gottesdienst. Identität und Ziele der Vinzenzgemeinschaft in Österreich im Lichte der Beweggründe und Erfahrungen ihrer ehrenamtlichen Mitglieder, Diplomarbeit am Institut für Soziologie der Universität Graz, 2001

Night Shopping

von Horst Hahn

Night Shopping

Entlang der langen Straße muss ich an dich denken, alter Freund.
In dieses Bild mit Treppen hab ich dich gemalt.

M. C. E.[1)] im Supermarkt.
Aufwärts oder abwärts?
Du hältst nicht an, jetzt nicht.
Du kreist im Bauch der Menschenmenge.

Im Spiegel: Frauen, Männer, Kinder,
Zwischen den Regalen glänzt das Glas.
beim Einkauf in der Nacht.

Manch einer lächelt wirklich,
der andere stellt Fragezeichen auf.

Ich finde keinen Reim auf Solidarität

Das blasse Blau auf Bons gedruckt,
der Hintergrund mit uns verwischt.

Im Wagen: Mütter, Väter, Kinder.
inmitten der Zahlen gleißt das Licht
beim Einkauf in der Nacht.

M. C. E. im Wohnpark.
Drinnen oder draußen?
Ich ruf nicht an, jetzt nicht.
Der Mondschein haucht an dunkle Scheiben.

In dieses Bild der Leere hab ich dich gemalt.
Entlang der hellen Hallen muss ich an dich denken, Karl Flanner.

Night Shopping

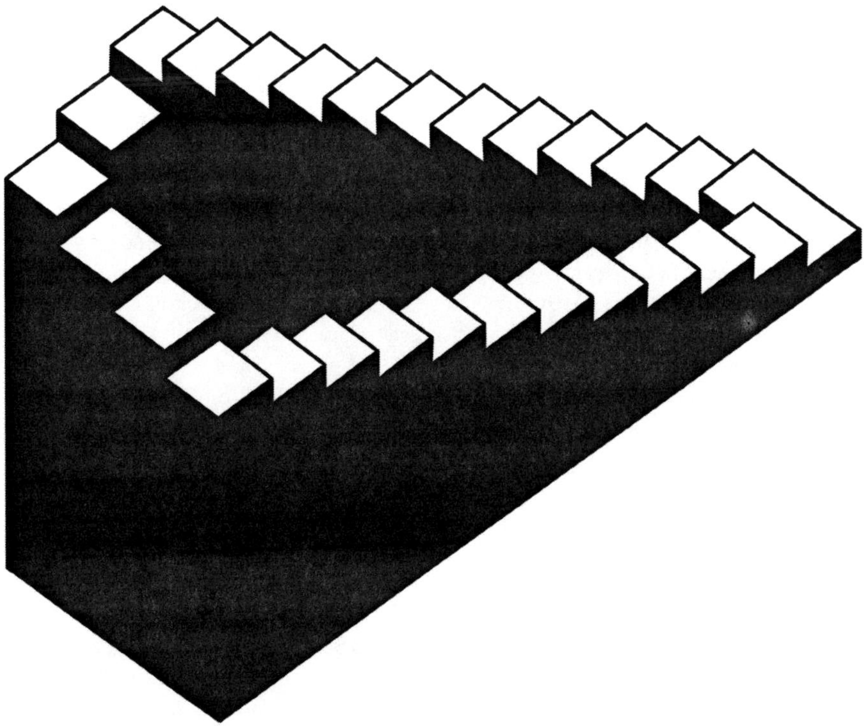

[1)] M.C.E. = Maurits Cornelis Escher: Niederländischer Graphikkünstler (1898-1972), mehr unter: www.mcescher.com
[2)] Graphik: „Treppe“ von Markus Grabenwöger, Katzelsdorf 2003, inspiriert von M.C. E.

Solidarität als vernunftgeleiteter Egoismus

von Michael Amon

Das Wort „Solidarität" hat einen merkwürdigen Klang. Etwas Hehres, Unantastbares schwingt darin mit. Es klingt, als hätte es etwas mit Aufopferung, Selbsthingabe und Philantropie zu tun. Das Wort verbreitet den Weihrauchduft höherer Moral und der Einsicht ins bessere Menschentum. Wahrscheinlich war am Anfang – nicht wie in der Bibel fälschlich behauptet - das Wort, sondern das Wort „Solidarität", welche wohl Adam dazu veranlaßte, herzhaft in den dargebotenen Apfel zu beißen. Der Erwerb der Erbsünde als erster Ernstfall und Folge solidarischen Verhaltens. Und so schwebt noch heute irgendwo über der Arbeiterbewegung das Wort Solidarität als unantastbarer Wert an sich, gesalbt mit den heiligen Weihen der christlichen Soziallehre und unterfüttert mit den weniger heiligen Weihen des Sozialismus.

Inzwischen hat der Begriff einen durchaus inflationären Prozeß durchlaufen. Unsere Solidarität mit allen möglichen Gruppen und Menschen wird laufend von eben diesen eingemahnt: Dritte Welt, Aids-Kranke, Drogenopfer, VOEST-Arbeiter und die österreichische Fußballnationalmannschaft - alle bedürfen unserer Solidarität. Die angeblich privilegierten Piloten der Austrian Airlines dürstet es nach der Solidarität des angeblich unterprivilegierten Bodenpersonals, das seinerseits wiederum die Solidarität der Piloten einfordert. Nicht zu vergessen natürlich die frierenden Bosnier und die bedrohten Königspinguine, die hungernden Somalier und die unterdrückte Freiheit der Kunst im Burgtheater. Nichts ist erschütternd und nichts banal genug, kein Anlaß ist zu nichtig und keiner zu überhöht, um nicht sofort Gegenstand unterschiedlicher Solidaritätsadressen zu werden. Und dann gibt es da natürlich noch eine Zeitung namens „Solidarität", herausgegeben vom Österreichischen Gewerkschaftsbund, dessen Präsident Fritz Verzetnitsch nach Ansicht mancher ganz unsolidarisch in einem Penthouse im ersten Wiener Gemeindebezirk residiert. Kritik an dieser Tatsache empfindet wiederum der so Kritisierte als unsolidarisch, da er dank seiner zentral gelegenen Behausung auf dem Weg zur Arbeit zu Fuß gehen und dabei leichter Kontakte mit der ebenfalls arbeitenden Bevölkerung knüpfen kann, solidarisch per pedes sozusagen.

Wir sehen: Solidaritäten gibt es viele. Da bleibt dann nur mehr eine Frage: Warum gibt es im realen Leben so wenig von dieser oft begehrten und an- bzw. eingeforderten „Solidarität"?

Ein geschichtlicher Vergleich könnte zu der irrtümlichen Annahme verleiten, die guten Menschen, die der Solidarität noch fähig waren, seien inzwischen weitgehend ausgestorben! Denn haben nicht einst die Arbeiter sich in heftiger Solidarität geübt, während heute jeder das Heil im individualistischen Eigenwohl sucht? Immerhin wurden vor über hundert Jahren Gewerkschaften aufgebaut, sozialistische und sozialdemokratische Parteien gegründet, und man war scheinbar überhaupt den ganzen lieben Tag lang - und nicht nur am 1. Mai - solidarisch. Die Leute damals müssen von geradezu unerträglicher Gutheit gewesen sein, könnte man meinen. Bloß die miesen Kapitalisten (und viele waren und sind nun ja unbestreitbar wirklich mies) frönten unverfroren dem eigenen Wohlergehen und pfiffen sich einen Dreck um die Solidarität der Arbeiterklasse, waren aber zueinander - dem heftigen Wettbewerb am Markt zum Trotz - solidarisch in der Abwehr der Gewerkschaften. Ein merkwürdig Ding also, diese Solidarität. Doch schon Friedrich Engels sah die Angelegenheit ganz nüchtern, wenn er 1885 vom „einfachen, auf der Einsicht in die Gleichheit der Klassenlage beruhenden Gefühl der Solidarität" schrieb.

Denn in der Tat, es ist ganz einfach: Die Solidarität ist ihrem Wesen nach nie ein moralischer, sondern ein praktischer Begriff gewesen. Die unterdrückten und ausgebeuteten Arbeiter des Frühkapitalismus setzten dem Egoismus' der Fabriksherren ihren ganz eigenen, ebenfalls klassenspezifischen Egoismus entgegen und nannten das Solidarität. Es bedurfte keiner großen moralischen Einsichten, um erkennen zu können, daß nur der gemeinsame Kampf zu einer Verbesserung der jeweiligen Lebensverhältnisse des Einzelnen führen konnte. Solidarität ist der Ausdruck eines puren und ehrlichen Egoismus, der keineswegs - wie uns heute oft vorgegaukelt wird - jemandem anderen etwas vom Eigenen abgeben und somit teilen will. Keineswegs und ganz im Gegenteil. Es geht zumeist darum, jemandem anderen etwas wegzunehmen. Dann stehen einander zwei Solidaritäten gegenüber: die Solidarität derjenigen, die etwas haben wollen gegen die Solidarität derjenigen, die nichts ab- oder hergeben wollen. Beide handeln auf ihre Art solidarisch, eine Paradoxie, ein Widerspruch, der von den meisten politischen Populisten ausgenutzt wird. „Österreich zuerst" - das klingt schließlich in vielen Ohren durchaus anständig und solidarisch. Man ist halt nur nicht im Rahmen einer Klasse, einer sozialen Schicht oder innerhalb einer Berufsgruppe solidarisch, sondern im Rahmen der Nation, der Tüchtigen und Anständigen, der Einheimischen, oder wie immer das dann genannt wird.

Solidarität in ihrer ursprünglichen Form wendet sich nicht mit moralischen Aufrufen an quasi Außenstehende, nicht Betroffene, sondern richtet sich an Schicksals- und Leidensgenossen mit der Aufforderung, gemeinsam die eigene Lage zu verbessern, weil der einzelne dazu nicht in der Lage ist. Genausogut kann es sich aber auch um einen Aufruf der Nicht-Leidenden handeln, sich gemeinsam gegen die Leidenden zu schützen. Solidarität ist nichts anderes als die Verhaltensweise einer Interessensgemeinschaft, die versucht, ihre egoistischen Ziele möglichst wirksam durchzusetzen. Solidarität ist also weder objektiv gut, noch objektiv schlecht. Es gibt keine Solidarität, die schon für sich genommen sozial verträglich oder sozial unverträglich ist. Wenn hundert Primarärzte für höhere Gagen streiken, dann pflegen sie durchaus den Gedanken der Solidarität, über die soziale Verträglichkeit der Tat kann man aber guten Gewissens geteilter Ansicht sein. Wie ist etwa die Solidarität streikender Beamten zu bewerten, die dafür kämpfen, daß ihr Pensionsrecht nicht an das der Beschäftigten in der Privatwirtschaft angeglichen wird? Und wie ist das wirklich mit dem Bodenpersonal und den Piloten? Oder wenn wir Gesetze machen, die die inländischen Arbeitskräfte vor ausländischen schützen? Das ist zwar offenbar ein Akt nationaler Solidarität, über die Moral dahinter darf jedoch nachgedacht werden.

Man sieht also, daß Solidarität eigentlich immer nur dann funktioniert und funktioniert hat, wenn die dahinterstehenden egoistischen Interessen deckungsgleich waren. In dem Moment, wo Solidarität als moralischer Anspruch auftritt, scheitert sie. Das mußte schon die Sozialdemokratie erkennen, als sie 1914 die internationale Solidarität der Arbeiterklasse über Bord warf und den Kriegskrediten zustimmte. Offensichtlich gab es keine wirkliche Interessensidentität zwischen den Arbeitern verschiedener Länder, der eigene Kapitalist stand ihren Egoismen näher als der fremde Arbeiter. Dies mag kurzfristig gedacht sein, aber Egoismus ist immer kurzfristig und unmittelbar. Diese Eigenschaften teilt der Egoismus zwangsläufig mit der Solidarität, schließlich sind sie siamesische Zwillinge. Solidarität ist immer kurzfristig und situationsbezogen. Wenn das Kampfziel erreicht ist, zieht sich jeder zurück und versucht, das Erreichte für sich selbst zu bewahren. Wer es nicht glaubt, studiere die Geschichte der Arbeiterbewegung.

In einer Zeit, die uns allen eingeredet hat, nur der einzelne zähle, jeder sei für sich selbst seines Glückes Schmied, hat die Solidarität es nicht deshalb schwer, weil die Leute unmoralischer geworden sind, sondern weil sie glauben, es sich alleine besser regeln zu können. Erst im Niedergang der Wirtschaft - und wir erleben das derzeit - wächst langsam wieder die Erkenntnis, daß der einzelne allen von Menschen geschaffenen Systemen - heißen sie nun Kapitalismus, EU oder sonstwie - reichlich hilflos gegenübersteht, und daß individualisierter Egoismus nur eines erreicht: der Mehrheit der arbeitenden Bevölkerung Schaden zuzufügen. Erst in der Krise wächst die Einsicht, daß nur ein kollektiver Egoismus auch den Einzelegoismus an sein Ziel führen kann. Der in den letzten Jahren auf so merkwürdige Art aufflammende Nationalismus (solidarisch gegen die Sanktionen der EU etwa) ist ja nichts anderes, als eine untaugliche Spielart eines kollektiven Egoismus, der auf einer sehr primitiven und schlichten Erkenntnisfähigkeit beruht. Nationalismus ist der am einfachsten zu aktivierende kollektive Egoismus, da er auf einfachen Lösungen und Losungen beruht, leicht verständlich ist und schnelle Wirkungen verspricht (ein Versprechen, das er aber – nicht nur die jüngste Geschichte zeigt es – nicht einlösen kann).

Insofern funktioniert Solidarität meist dann am besten, wenn sie nicht auf moralischer Einsicht beruht. Übrigens eine bemerkenswerte Parallele zu Adam Smith und seiner Theorie des Marktes, die ja davon ausgeht, daß es vernünftiger ist, nicht darauf zu hoffen, daß einem der Apotheker deshalb ein Medikament verkauft, weil er ein guter Mensch ist und Wert darauf legt, seine Kunden gesund und glücklich zu machen, sondern weil er erwartet, damit selbst reich, vermögend und glücklich zu werden. Wenn man so will ist Solidarität das nicht marktfähige Gegenstück zur merkantilen Vernunft. Diese moralfreie Darstellung der Solidarität mag manche erschüttern. Denn natürlich gibt es sie: Menschen, die sich freiwillig selbst besteuern und das Geld in soziale Projekte stecken. Leute, die nur Produkte kaufen, deren Produzenten faire Preise garantiert werden. Beispiele dieser Art gibt es viele. Und für all das wird gerne das Wort „Solidarität" verwendet. Aber letztlich ist das ein semantischer Irrtum. Die beschriebenen Handlungsweisen sind eher karitativer Natur, haben mehr mit Subsidiarität als mit Solidarität zu tun. Solidarität verlangt ja nicht, daß etwas aus Mitleid und freiwillig geschieht, sondern strebt immer nach dem verbrieften, einklagbaren Anspruch auf einen für gerecht oder zumindest gerechtfertigt erachteten Anteil an einer Sache. Der moderne Wohlfahrtsstaat, der soeben auch unter tatkräftiger Mithilfe sozialdemokratischer Regierungen demontiert und demoliert wird, ist der in Gesetzesform gebrachte Ausdruck dieses Anspruchs. Daß auch der Wohlfahrtsstaat oft seinem eigenen Anspruch nicht gerecht wird (Gerechtigkeit ist mangels Definitionsmöglichkeit ohnedies nicht erreichbar), ist bloß eine logische Folge des Wesens der Solidarität. Je stärker eine in sich solidarische Gruppe ist, um so mehr wird sie einen Anteil in diesem System festgeschrieben erhalten. Das beginnt schon bei den Kollektivverträgen (man vergleiche Metall- und Textilindustrie!) und wirkt sich in der konkreten Sozialpolitik ebenso aus wie in der Bildungspolitik, der Kulturpolitik und in allen Bereichen organisierten privaten oder staatlichen Handelns.

Da insbesondere die Postmoderne den Menschen vielfach überfordert hat, indem sie ihm nicht eine eindeutige Identität zubilligt, sondern von jedem einzelnen Menschen verlangt, in vielen Identitäten aufzutreten, sein Gesicht je nach Tageslaune und Verwertungsinteressen des Großkapitals zu ändern, ist es natürlich kein Wunder, daß die scheinbar einfachen und eindeutigen Lösungen im Vorteil sind. Denn wer oder was ist Herr Meyer eigentlich wirklich (und für Frau Meyer gilt das entsprechende): Arbeiter, Sozialdemokrat, Wiener, Österreicher, Europäer, Kleinkapitalist (er hat zwei EVN-Aktien), Rentier (fünf Stück Bundesanleihe), Homosexueller, Inländer (in Österreich), Ausländer (im Rest der Welt) oder Konsument? Ist er Gestalter oder Gestalteter? Ist er Gläubiger (bei Geburt, Hochzeit und Begräbnis) oder Ungläubiger (den großen Rest der Zeit)?

Solidarität setzt Identität voraus. Wenn alle gesellschaftlichen Gruppierungen in unzählige Einzel- und Selbstdarstellungen aufgesplittert werden, wird es für den Einzelnen eben ungeheuer schwierig, die Ziele und Möglichkeiten seines eigenen Egoismus zu definieren. Ohne eine solche Selbstdefinition kann es keine Solidarität geben und damit auch kein Gegengewicht zur scheinbaren Vernunft des Marktes. Der immer größeren Zentralisierung der Kapitalien entspricht die Vereinzelung des Individuums in immer anderen Identitäten als Konsument. Daß das Kapital seinem Wesen nach immer gleich bleibt, wird dabei natürlich gerne verschwiegen. Solidarität ist damit auch heute noch keine moralische Frage, sondern eine der praktischen und egoistischen Vernunft. Denn hinter dem mehr oder weniger schönen Schein der wohlfeilen Warenwelt verbirgt sich das, was jeder einzelne Mensch als seine eigentliche Wesenheit erkennen muß. Das setzt Vernunft und Nachdenken voraus, denn wenn wir nicht wissen, wer wir sind, und was wir wollen, wie sollen wir da solidarisch sein?

Barrieren in Gesetzen und Köpfen

Wie solidarisch geht die Gesellschaft mit behinderten Menschen um?

von Franz-Joseph Huainigg

Immer wieder werde ich mit der Feststellung konfrontiert, dass unsere Gesellschaft immer kälter wird, dass die Solidarität ständig abnimmt - wenn sie überhaupt noch vorhanden ist. Der Trend der Zeit sei es, dass die Menschen immer mehr dem Egotripp verfallen. Ich-Bezogenheit steht/stünde im Vordergrund jeglichen Handelns, bestätigen tatsächlich die Meinungsforscher. Gelebte Nächstenliebe wird so verstanden, dass jeder sich selbst der nächste ist. Für andere da zu sein, etwa für die pflegebedürftigen Eltern, verlangt Abstriche und Kompromisse. Einfacher ist es da die pflegebedürftige Mutter ins Altersheim zu geben. Dort ist sie gut versorgt und mit einem wöchentlichen Besuch übt man ja immerhin noch einen Akt der Solidarität aus. Die Gesellschaft hat sich auch in den Strukturen verändert: Es gibt Angebote von Sondereinrichtungen, Sonderschulen, Heimen, geschützten Werkstätten, die von der Politik als Solidaritäts-Einrichtungen geschaffen wurden. Angesichts dieser Tatsache, dass persönliche Verantwortung immer mehr abgeschoben und der Allgemeinheit überlassen wird, ist die Frage nach einem solidarischen Klimawechsel klar mit ja zu beantworten. Andererseits nehme man die Kronenzeitung zur Hand und schlage die geliebte Tierecke auf. Die Herzen der ÖsterreicherInnen schlagen höher, wenn es um verletzte, gepeinigte, behinderte, ausgehungerte, ungepflegte oder gar ausgesetzte Hunde und Katzen geht. Auch wenn es sich nicht nur um Vierbeiner sondern um Zweibeiner handelt, die durch Missgeschicke noch dazu einen Fuß verlieren, wie der Wellensittich Hansi, ist dringender Handlungsbedarf gegeben, denn auch wenn Hansi von der Stange gekippt ist, muss sein Fortleben gesichert sein. Ganze Internetseiten füllt das Schicksal dieser Tiere und die Erretter, die neuen Helden, sind nicht weit und werden hoch gepriesen. Die Mutter im Altersheim, der blasenschwache Hund, der alle zwei Stunden „gassi geführt" werden muss, wird zuhause gepflegt, eine immer typischere Situation. Freundschaft und Partnerschaft wird immer öfter mit Tieren gelebt, da nach Aussagen der Betroffenen nur von ihnen Dankbarkeit zu erwarten ist. Man erwartet von Anderen keine Solidarität mehr und übt so auch weniger Solidarität aus, der Teufelskreis ist geboren.

Wie erlebt man als behinderter Mensch die Hilfsbereitschaft anderer? Vor kurzem benötigte ich Hilfe beim Einsteigen ins Auto und rief einen vorbeieilenden jungen Mann zu: „Entschuldigung, können Sie mir bitte helfen?". Der junge Mann bleibt stehen, dreht sich um, sieht mich im Rollstuhl und meint achselzuckend: „Tut mir Leid, ich hab kein Geld.". „Licht ins Dunkel-Syndrom", denke ich, „man sieht einen Rollstuhlfahrer und denkt sofort ans Spenden". Mit 10 Euro oder bei besonders schlechtem Gewissen darf es auch ein bisschen mehr sein, kauft man sich von moralischen Verpflichtungen frei. Szenenwechsel: Ich benötige Hilfe beim Einsteigen in die U-Bahn. Bei der Tür steht eine ältere Frau mit der „Kronen-Zeitung" in der Hand. „Na die hilft sicher nicht", denke ich mir und ertappe mich bei einem Vorurteil. Doch wer eilt herbei, als meine Hinterräder in den Spalt zwischen Bahnsteig und Zug stecken bleiben? Die „Kronen-Zeitung-Leserin" versucht mit aller Kraft den Rollstuhl hinten hoch zu stemmen. Da es ihr nicht ganz gelingt, motiviert sie die lässig herumstehenden MitfahrerInnen zu Unterstützung. Meiner persönlichen Erfahrung nach könnte ich nicht behaupten, dass die Hilfsbereitschaft und Solidarität der Menschen nachgelassen hat. Mir wird und wurde immer geholfen, wenn meine Notlage erkannt wurde. Die Leute sind jedoch zumeist sehr verunsichert und wissen nicht, ob und wann sie helfen sollen. Es mag aber vielleicht an meiner positiven Werthaltung zu Menschen liegen, dass ich Menschen, die an mir vorbeieilen oder nur verdattert meine Notsituation beäugen, als hilflos verunsichert einstufe. Angesichts der Schilderungen anderer behinderter Menschen muss ich mich wohl kritisch fragen, ob ich nicht einem Zweckoptimismus unterliege. Denn es gibt sie, die tagtäglichen Erlebnisse und Erfahrungen behinderter Menschen bei denen ihnen die Behinderung als solche vorgeworfen und im weiteren Sinne das Lebensrecht in Frage gestellt wird. Gut in Erinnerung ist mir die Rollstuhlfahrerin, die mit dem Auto um einen Behindertenparkplatz streiten musste. Der dort parkende Mann, natürlich nicht behindert, weigerte sich vehement sein Auto woanders hinzustellen. Sein Argument: „Ihr bekommt ja ohnehin soviel Pflegegeld und Sozialleistungen, jetzt wollt ihr auch noch meinen Parkplatz. Euch hat wohl der Hitler vergessen!" Erlebnisse die im ersten Moment sprachlos machen, die man jedoch gesellschaftspolitisch nicht unkommentiert lassen darf.

Ich möchte in diesem Beitrag in drei verschiedenen Ansätzen auf die Lebenssituation behinderter Menschen und deren solidarische Eingebundenheit in die Gesellschaft eingehen. Im ersten Teil möchte ich meine biographischen Erfahrungen am Beispiel Mobilität und der damit verbundenen Frage eines barrierefreien Lebens schildern und ob die Gesellschaft es zulässt oder eben nicht. Teil II beschäftigt sich mit der Schulintegration, durch welche charakterisiert wird, wie das gelebte Miteinander aussieht. Teil III ist der Versuch einer Darstellung, wie Politik auf die veränderten Rahmenbedingungen speziell im Arbeitsleben reagieren soll.

Teil 1: Gehsteigkante. Treppenlift. Wie mobil ist man als Mensch mit Behinderung in unserer Gesellschaft?

Den ersten Mobilitätsschub meines Lebens erfuhr ich bald nach jener Dreifachimpfung, nach der meine Beine gelähmt waren. Therapeuten kneteten, drehten und zerrten an meinen Gliedern und meinten zu meinen Eltern, dass dies notwendig sei um mich zu mobilisieren. Natürlich wurde meinen Eltern von dieser fachlichen Seite auferlegt, dies zuhause ebenfalls zu machen. Und so wurde mir täglich ein ordentliches Übungsprogramm auferlegt, das mir furchtbar auf die Nerven ging. Und ganz tief im Unterbewusstsein entstand der erste Groll gegen diese mobile, schnelle Welt, in der man als behinderter Mensch gezwungen ist mitzuhalten. Anpassung statt Individualismus. Möglichst in der Glattheit der schönen, heilen Welt, die auch täglich in der Werbung als ideal vorgespiegelt wird, nicht auffallen. Als Erstes wird versucht, behinderte Menschen zu einem gesellschaftlichen Gleichschritt zu bringen. Denn wer auffällt wird später möglicherweise diskriminiert, abgeschoben, an den Rand gedrängt. Dies gilt es, so wird den Eltern gesagt, durch Therapie zu verhindern; dies selbst dann, wenn der Tag des Kindes mit Therapie derart ausgefüllt ist, dass das wirkliche Leben nicht mehr auffindbar ist.

Während meines ganzen Studiums hüpfte ich mit zwei Krücken durch die Universität Klagenfurt. Zu diesem Zeitpunkt hatte ich bereits zu meinem eigenen, individuellen Lebenstempo gefunden, das bedeutend langsamer als jenes der anderen war. Die damals relativ neu gebaute Universität war eher klein und bestand aus einem Campus, also ideal für behinderte Menschen. Trotzdem waren die Wege vom behindertengerechten Nebeneingang bis zum Germanistikinstitut und dann weiter ins Vorstufengebäude, wo sich das Institut für Medienpädagogik befand, für mich sehr lange und körperlich erschöpfend. Studieren in Wien wäre jedoch wesentlich schwieriger gewesen, da die verschiedenen Institute über die Stadt verteilt sind und sich meistens in alten, schwer zugänglichen Gebäuden befinden. Als ich gegen Ende des Studiums einen Rollstuhl bekam und damit das erste Mal durch die Universität rollte, tat ich dies mit einem breiten Grinser im Gesicht. So leicht und schnell kam ich voran, ich konnte es kaum glauben und bereute es ein wenig, dass ich nicht schon früher auf diese glorreiche Idee der Fortbewegung gekommen bin. Meine Freude wurde jedoch von allen, die ich auf dieser ersten Fahrt begegnete, nicht geteilt. Im Gegenteil: Alle waren darüber entsetzt, dass ich plötzlich im Rollstuhl saß und fragten mich „Was ist dir passiert?", „Geht es dir jetzt so schlecht, dass du im Rollstuhl sitzen musst?". Es bedurfte einiger Anstrengungen meinerseits, den StudienkollegInnen und ProfessorInnen zu erklären, dass ein Rollstuhl eine tolle Sache ist. Man kommt schnell voran, ist mobiler – und bequem sitzen tut man darin obendrein. Der Rollstuhl wird jedoch von den meisten als das Symbol für Behinderung gesehen, wer darin sitzt ist gleich „an den Rollstuhl gefesselt" und die Lebensqualität wird gleich einmal in Frage gestellt. Doch die Lebensrealität behinderter Menschen sieht anders aus. Es liegt nicht immer nur an den individuellen Problemen sondern am gesellschaftlichen Umfeld. In der Behindertenbewegung gibt es den Spruch: Man ist nicht behindert, man wird behindert. Denn es ist nicht das Problem im Rollstuhl zu sitzen, das Problem ist vielmehr, dass man ständig auf Stufen, zu enge Türen und nicht zugängliche Toiletten etc. stößt. Es zählt zur Lebenserfahrung eines jeden Rollstuhlfahrers, dass er mit übervoller Blase vor einem WC steht, in das er nicht kommt, weil etwa die Tür wegen des Waschbeckens nicht ganz aufgeht. Behindertengerechtes Bauen heißt auch menschengerechtes Bauen, denn wer Rampen statt Stufen und Lifte statt Treppen baut, ermöglicht auch Eltern mit Kinderwägen und älteren Menschen einen leichteren Zugang. Gebäude und öffentliche Verkehrsmittel, die gleich barrierefrei errichtet worden sind, haben auch kaum Mehrkosten verursacht. Nur nachträgliche Adaptierungen sind teuer. So wurde in Wien die U-Bahn Jahre später mit Liften ausgestattet, was kostenintensiv aber auch gesellschaftspolitisch dringend notwendig war. Beim U-Bahn-Bau wurde absichtlich auf behindertengerechte Zugänglichkeit verzichtet, RollstuhlfahrerInnen war es auch feuerpolizeilich untersagt die U-Bahn zu benutzen. Aus heutiger Sicht ruft diese Vorgangsweise völliges Unverständnis hervor. Wo blieb hier der konsequent angewandte Solidaritätsgedanke, der im öffentlichen Verkehrsnetz ein Angebot für alle Menschen in unserer Gesellschaft bieten muss? Behinderte Menschen sind durch die schulische und berufliche Integration sowie die immer besser werdenden Hilfsmittel mobiler und damit unabhängiger geworden. Barrierefreies Bauen ist leider noch immer keine Selbstverständlichkeit. So sind die Ausführungsgesetze durchwegs Ländersache und zumeist wird die bestehende Ö-Norm nur als Kann- und nicht als Mussbestimmung vorgeschrieben. Mit dem Effekt, dass Architekten noch immer ihren Traum vom stufenreichen Eingang verwirklichen. Wichtig wäre in diesem Zusammenhang einerseits eine Vereinheitlichung der Bauordnungen und andererseits eine verpflichtende Vorlesung für ArchitekturstudentInnen. Es würde den ArchitekturstudentInnen und natürlich auch allen anderen Menschen gut tun, sich einmal in den Rollstuhl zu setzen und sich auf eine kleine abenteuerliche Reise auf vier Rädern durch die Stadt zu begeben. Auch der öffentliche Raum müsste durch die sukzessive Beseitigung von Gehsteigkanten und behindertengerechten Verkehrsmitteln für RollstuhlfahrerInnen zugänglich gemacht werden.

Blinde Menschen benötigen unter anderem Blindenleitsysteme (wie es sie in der Wiener U-Bahn bereits teilweise gibt) sowie akustische Ampeln und Lifttasten in Blindenschrift. Was in anderen Ländern bereits selbstverständlich ist, stößt bei uns noch immer auf seltsame Widerstände, und sei es nur, dass der Blindenhund nicht mit ins Museum darf. Die Mobilität behinderter Menschen ist schon so groß geworden, dass es ihnen nicht mehr reicht, sich in ihrer Ortsumgebung zu bewegen, nein sie verlassen jetzt auch schon in der Bahn oder im Flugzeug Österreich. Wer als RollstuhlfahrerIn einmal beispielsweise nach Amerika kommt, dem bleibt angesichts der zahllosen Rampen und Rollstuhllifte vor Erstaunen der Mund offen. Behindertengerechtes Bauen ist dort nicht die seltene Ausnahme, sondern die selbstverständliche Regel. Auch was mir einst unvorstellbar schien, nämlich wie man Busse barrierefrei berollen kann, lernte ich in New York und auch in Barcelona kennen. Dort wurde jeder Bus mit einem Hublift ausgestattet. Naturgemäß braucht es Zeit, bis eine elektrische Rampe ausfährt, der Rollstuhlfahrer in den Bus rollt und dort beim entsprechenden Stellplatz seinen Rollstuhl einparkt und fixiert. Die Leute in den Bussen nahmen diese Zeitverzögerung mit Gelassenheit hin. Während ich vermute, dass in Wien viele nervös auf ihre Uhren blicken würden und dass dem einem oder anderen ein unmutiger Raunzer entfahren würde.

Einen weitreichenden Mobilitätsschritt erreichte ich durch das world wide web. Im Internet herumsurfen, von einer Sekunde auf die nächste zwischen Kontinenten zu switchen, stellte für mich eine große Faszination dar. Das Internet unterstützte mich besonders bei der Ausführung meines Berufes. Vieles kann mittels E-Mail kommuniziert werden. Die körperliche Einschränkung und die doch oft schwierige Mobilität kann durch das Internet teilweise kompensiert werden.

Auch für gehörlose Menschen ist die schriftliche Kommunikation im Internet eine Möglichkeit, mit anderen Menschen auf gleicher Ebene und barrierefrei zu kommunizieren. Blinde Menschen stoßen beim Surfen im Internet oft auf Barrieren der neuen Art. So sind viele Websites durch Flashanimationen, Bilder und andere grafische Spielereien von den Blindenleseprogrammen nicht lesbar. Die durchgängige Einhaltung von Accessability-Bestimmungen ist daher sehr wichtig. Auch hier gilt wie beim behindertengerechten Bauen, wer gleich richtig programmiert, verursacht keine Mehrkosten. Durch technisch bessere Hilfsmittel und bessere Bildung steigt auch die berufliche Mobilität von behinderten Menschen.

Die Wahrnehmung, wie mobil behinderte Menschen sind und wie wichtig dies für sie ist, wird vor allem durch die Medien vermittelt. Noch immer herrschen dort sehr klischeehafte Bilder vor. Auf der einen Seite der an den Rollstuhl gefesselte Mensch, dessen Leben und Mobiliät nun ein Ende hat. Und auf der anderen Seite die sportlichen Rollstuhlkämpfer mit ihren überdimensionalen Oberkörpern, die so im Leben stehen und mitmachen, als ob sie gar nicht behindert wären. Dazwischen spielt sich jedoch die Realität ab und es führt so mancher behinderter Mensch auch mit größeren Mobilitätseinschränkungen ein erfülltes Leben. Das zu erkennen, das zu sehen und zuzulassen, ist Teil einer modernen Solidaritätspolitik!

Teil 2: Integration oder Inklusion

Feste soll man feiern wie sie fallen. Doch während man sich mit dem Sektglas gegenseitig zuprostet, werden unweigerlich Erinnerungen wach. Mir kommt es wie gestern vor, als ich mit anderen behinderten Freunden und Freundinnen durch die Wiener Innenstadt rollte. Wir bekundeten damit Solidarität mit den Eltern behinderter Kinder, die mit Plakaten wie „Gesetz statt Gnade“ oder „Integration ist unteilbar“ für die gesetzliche Verankerung der schulischen Integration demonstrierten. Tatsächlich wurden 1993 die Erfahrungen der Schulversuche zur Integration ins allgemeine Schulwesen übernommen. Damit gelang etwas, das für das österreichische Schulsystem völlig untypisch war: Nicht PädagogInnen oder SchulexpertInnen hatten das Bildungssystem um eine Facette erweitert, sondern die Eltern. Nunmehr hatten Eltern die Wahlmöglichkeit, ihr behindertes Kind in die Sonderschule oder in eine Integrationsklasse der Volksschule zu geben. Vier Jahre später folgte konsequenterweise die Möglichkeit, die integrative Schullaufbahn in Hauptschulen oder Polytechnischen Lehrgängen fortzuführen. Andere Schultypen blieben trotz vehementer Forderungen der ElternvertreterInnen ausgeschlossen. Zehn Jahre Recht auf Schulintegration, ein Grund zum

Feiern, ein Grund über die gemachten Erfahrungen nachzudenken und ein Grund über den Stand der Umsetzung der Integration im Schulalltag nachzudenken und Zukunftsperspektiven zu entwickeln.

Eigene Erfahrungen: Mit sechs Jahren ging meine Mutter mit mir wie selbstverständlich zur Schuleinschreibung in die nächstgelegene Volksschule. Doch was für sie selbstverständlich war, nämlich den behinderten Sohn mit seinen Defiziten und vor allem auch den Fähigkeiten so anzunehmen wie er ist, stieß bei der Schulbehörde auf größte Verwunderung: „Was, sie wollen ihr Kind hier in die Schule geben? Aber der Franzi ist doch anders, er ist behindert, so etwas hatten wir noch nie. Da gibt es eigene Behindertenschulen in Wien, dort bekommt er die Förderung, die er benötigt." Meine Mutter und auch mein Vater konnten und wollten dies nicht glauben. Vor allem waren sie nicht bereit, ihr Kind mit sechs Jahren von zuhause wegzugeben, doch was sollten sie gegen die Schulbehörde tun? Sie suchten zunächst eigene Wege. Ein Privatlehrer sollte Franzi daheim unterrichten und ihm die nötige Bildung vermitteln. Doch in Spittal/Drau fand sich kein Lehrer, der bereit war, ein behindertes Kind zu unterrichten. Ein Jahr später gingen meine Eltern mit mir zu nächsten Schuleinschreibung. Wieder Verwunderung bei der Schulbehörde aber auch erste Zeichen der Annerkennung der Leistung und Beharrlichkeit der Eltern. Eine Lehrerin erklärte sich dazu bereit es mit Franzi einmal zu probieren. Ein eigener gepolsterter Sessel wurde in die Klasse gestellt und vor der Bank wurde ein kleiner Teppich ausgelegt, darauf konnte Franzi zwischen durch hocken oder liegen. Das Experiment gelang. Die Fragen der anderen Kinder verebbten zur Selbstverständlichkeit. Ich war einer von ihnen geworden, der in der Pause mit am Gang rutschte. Regelmäßig veranstalteten wir Wettrutschen am Pausengang, die ich oft gewann. Ich werde oft gefragt, ob ich nicht ausgespottet oder gar ausgelacht wurde. Nein, sage ich dann immer, warum auch? Man spottet doch nur über jemanden oder etwas das einem befremdet. Ich aber war in dieser Klasse kein Fremdkörper, ich war ein Schulkollege, ein Banknachbar, ein Freund. Meine weitere Schullaufbahn verlief wie die eines nichtbehinderten Schülers: Hauptschule, Handelsakademie, Matura, Studium. Doch die Weichen für diesen Lebensweg wurden in der Volksschule gelegt. Oft höre ich von anderen die Aussage „du bist so normal". Abgesehen davon, dass ich nicht weiß, ob ich dies als Kompliment werten soll, steckt bei weiterer Nachfrage mein selbstverständlicher Umgang mit nichtbehinderten Menschen dahinter. Behinderte FreundInnen, die eine Heim oder Sonderschul-Karriere hinter sich haben, erzählen tatsächlich aus ihrer eigenen Erfahrung, dass sie Probleme im Umgang mit so genannten nichtbehinderten Menschen haben. Wer in Sondereinrichtungen lebt und aufwächst, bekommt das Bild einer geteilten Gesellschaft vermittelt: Wir da drinnen, die da draußen. Der „normale Umgang“ wird immer wieder nicht gelebt, sondern muss erst mühsam hinterfragt bzw. erlernt werden. Mit der Frage „Was hat´n der?“ wird mit dem Zeigefinger auf den Anderen gezeigt. In Integrationsklassen wird hingegen die Selbstverständlichkeit des Miteinander erfahren. Beide Seiten profitieren und der Keim für die spätere Integration in die Wohn-, Freizeit- und Arbeitswelt wird gelegt.

Erfahrungen der Eltern: Während meines Studiums, Ende der 80er Jahre, hörte ich von einer Elterngruppe, die für das Recht ihrer behinderten Kinder auf schulische Integration kämpften. Aufgrund der eigenen Erfahrung schien mir dies sehr wichtig und ich pilgerte mit meinem Auto kurz entschlossen zu einem Treffen der Elternbewegung nach Oberösterreich. Dort traf ich Eltern, die wie meine mutig und überzeugt davon waren, dass ihre behinderten Kinder einen Platz mitten in der Gesellschaft haben sollten und nicht in Sondereinrichtungen verwahrt und weggesperrt werden durften. Selbst wenn diese Sondereinrichtungen mit noch so tollen Förder- und Therapieangeboten locken und paradiesische Zustände vorspielen, kann dies ein integriertes Miteinander nicht ersetzen. Zu denken gab mir vor allem der Vater eines behinderten Kindes mit seinen Erfahrungen. Im Vorwort zum Buch „Was hat´n der?“ schildert er, warum für ihn Integration der einzig richtige Weg ist:

„Es geschah an einem Montag früh, Mitte Feber 1984. An diesem Tag brachte ich meinen Sohn Ernsti das zweite Mal in ein von zu Hause 100 km entferntes Heim. Unsere Entscheidung für dieses Heim war getragen vom Gedanken, unserem Kind die beste Förderung zukommen zu lassen. Auch hatten wir das ohnmächtige Gefühl, dass es halt so sein muss, weil wir uns sonst schuldig machen, wenn wir ihm für seine Entwicklung Wesentliches vorenthalten würden.

Ernsti empfand das aber anders: An diesem Morgen schrie er ganz furchtbar, seine ganze Verzweiflung schrie er heraus. Heute weiß ich, das war das Schlüsselerlebnis in meinem Leben. Ab diesen Sekunden sah ich mein Leben mit anderen Augen. Ich veränderte mich, begann für die Integration meines Sohnes zu kämpfen.

Dieser mir ‚aufgezwungene‘ Weg ist in vielen Lebensfragen besonders schmerzlich. Und oft fühle ich mich auch missverstanden. Das wird sozusagen körperlich spürbar, wenn mein Gegenüber sich die Fragen stellt: ‚Was hat´n der?‘, ‚Warum tut er das?‘ und ‚Warum tut er gerade so?‘. Auch in mir gibt es oft Konflikte: ‚Was tun?‘ und ‚Wie soll ich mich verhalten?‘, frage ich mich dann. Inzwischen habe ich gelernt, damit umzugehen, d.h. ich versuche zu reflektieren, wie die momentane Diskussionsbasis ausschaut. Es gelingt mir daher immer öfter, einen bestehenden Konflikt in einem konstruktiven Dialog zu bewältigen bzw. einen solchen einzuleiten. Meine Erkenntnis, gewonnen durch die langjährigen Erfahrungen in dieser für mich sehr wichtigen Elternbewegung für ein gemeinsames Leben, ist die, dass ich heute auf derartige Fragen, wie z.B. ‚Was hat´n der?', versuchen würde, eine Antwort zu geben. Auch dann, wenn ich nicht unmittelbar angesprochen bin. Eine Gesellschaft ohne Aussonderung werden wir nicht schaffen können, indem wir den alltäglichen Konflikt(ch)en aus dem Weg gehen. Eine gewisse Konfliktfreudigkeit ist nicht immer angenehm, aber ohne sie würde mein Sohn Ernsti heute nicht in eine integrierte Schule gehen. Er und ich, haben für uns einen Weg gefunden, den wir heute für richtig halten."

Erlebnisse in Schulklassen: Die Begegnung mit Kindern ist immer sehr spannend. Sie starren mich mit offenen Mündern und weit aufgerissenen Augen an, heben die Hände und zeigen mit den Fingern auf mich: „ Mama, was hat´n der? Warum sitzt der Mann im Rollstuhl?" Die Eltern reagieren meist sehr verlegen, zerren das Kind mit einem entschuldigendem Lächeln auf die Seite und sagen: „Das erzähl ich dir zuhause". Was immer sie dort ihren Kindern erzählen, auf diese Art und Weise lernen Kinder sehr früh, dass man mit behinderten Menschen anders umgehen muss. Man muss aufpassen was man sagt, darf nicht alles fragen, und ob man überhaupt hinsehen darf, wird in Frage gestellt. Auch für mich waren diese Begegnungen mit Kindern immer Momente, bei denen ich selbst unsicher und verlegen wurde. So schrieb ich Anfang der 90er Jahre ein Kinderbuch mit dem Titel „Meine Füße sind der Rollstuhl" (neu aufgelegt 2003 Verlag Annette Betz, Wien). Mit der Geschichte von Margit, für die es ganz selbstverständlich ist im Rollstuhl durchs Leben zu rollen, aber ständig auf menschliche und bauliche Barrieren stößt, tingelte ich von Schule zu Schule und kam mit Kindern ins Gespräch. Dabei ermutigte ich sie, behinderte Menschen einfach zu fragen, was ihnen passiert ist. Denn dabei kommt man auch auf der Straße, am Schulweg oder im Einkaufszentrum ins Gespräch. Dass der Rollstuhl nichts schlimmes darstellt, sondern viel mehr ein tolles Gerät zur Fortbewegung ist, lernten die Kinder, wenn sie sich selbst in den Rollstuhl setzten und damit ihre Schule erkundeten. Während sich die Kinder derart vergnügten, redete ich mit den LeherInnen und fragte sie wie nebenbei, warum es in ihrer Klasse kein behindertes Kind gibt und ob sie sich das vorstellen könnten. Ich erhielt Antworten wie: Natürlich täten wir gerne, aber das Schulgebäude ist leider nicht adaptiert, der Direktor will nicht, es gibt bei uns im Ort keine behinderten Kinder, es gibt zu wenig Lehrerressourcen... Häufig hörte ich die Meinung, „ein körperbehindertes Kind wäre überhaupt kein Problem, aber bei geistigbehinderten Kindern geht das eben nicht“. In dieser Hinsicht war ich anfangs selbst verunsichert. Ich verstand zwar die Forderung der Eltern, das ihre geistig und mehrfachbehinderten Kinder integriert werden sollten, wie das allerdings gehen sollte, wusste ich nicht. Vor Augen hatte ich immer meine Erfahrungen wie Schule aussieht und der Unterricht funktioniert: 30 Schüler in einer Klasse, der Lehrer steht draußen und monologisiert über komplizierte Begriffe und mathematische Formeln, alle sind leise und schreiben brav in ihren Heften mit. Wie sollte in so einer Klasse etwa ein Kind mit Down-Syndrom unterrichtet werden können. Erst bei meiner Lese- und Diskussionstour quer durch Österreichs Schulen war ich Gast in beeindruckenden Klassen. Wenn eine Schulklasse schon einmal mehr einem Wohnzimmer ähnelt als einem kühlen Klassenraum mit Dreierreihen, ist das ein Erlebnis für sich. Zwei LehrerInnen, weniger SchülerInnen, Spiel- und Lernmaterial und ein offenes Klima, so hätte ich auch mir meine Schulzeit erträumt. Und ich beneidete die SchülerInnen um diese Erfahrungen und um die Selbstverständlichkeit des Zusammenlebens. Mir wurde bewusst, dass die Eltern Recht hatten: Nicht das behinderte Kind stellt das Problem dar, sondern die Schule und das Schulsystem, das nicht die geeigneten Rahmenbedingungen zur Verfügung stellt. Neue Bilder von Schule und Unterricht müssen entstehen und vor allem auch bei der Lehrerausbildung vermittelt werden. Das Argument „geistigbehinderte Kinder zu unterrichten kann ich mir nicht vorstellen“ oder „hab ich nicht gelernt“ oder „hat es noch nie gegeben“, darf im Sinne der lebensentscheidenden Auswirkungen auf das Kind heute keine Gültigkeit mehr haben.

Integration bedeutet nicht, Solidarität theoretisch mühsam zu erlernen, sondern sie in der Praxis zu leben und zu erleben. Wird beispielsweise eine Schulexkursion geplant, muss im Vorfeld abgeklärt werden, ob der Fahrtendienst wirklich pünktlich kommen kann, ob der Bus einen Hublift hat oder wer das behinderte Kind in den Bus tragen kann, wer den Rollstuhl auf dem Ausflug schieben kann, ob vielleicht eine Mutter oder ein Vater auch Zeit hat mitzuhelfen, ob das Museum barrierefrei zugänglich ist, ob die Führung auch in Gebärdensprache angeboten wird, wer auf der Toilette hilft .... Das selbstverständliche Miteinander von behinderten und nicht behinderten Kindern ist somit solidaritätsstiftender, als ein rein theoretischer Unterricht.

Integration heute. Meinungsforscher geben an, dass die Gesellschaft überwiegend für die Integration von behinderten Menschen sei. Je persönlicher jedoch Menschen im eigenen Leben damit konfrontiert werden, desto mehr steigt die Skepsis und desto geringer ist die Bereitschaft, Integration auch zu realisieren. Bei der schulischen Integration stellt sich die Situation ein wenig anders dar: Viele Eltern nichtbehinderter Kinder haben die Chance für ihre Kinder erkannt, die Integrationsklassen bieten: Durch die geringere SchülerInnenzahl und Qualität des Unterrichts wird auf jedes Kind besser eingegangen und individueller gefördert. Während hochbegabte Kinder in normalen Klassen auffällig werden, da sich der Lehrer immer an das Mittelmaß der Klasse hält, werden sie in Integrationsklassen dort abgeholt, wo ihre Begabungen liegen. Weiters werden in Integrationsklassen Werte wie selbstständiges Arbeiten, Teamfähigkeit, soziale Kompetenz etc. vermittelt.

Behinderte Kinder sind, im positiven Sinne gemeint, ein „Störfaktor". Durch ihre Integration war das Schulsystem in den letzten zwanzig Jahren gezwungen, neue Unterrichtsmethoden und Schulformen zu entwickeln. Wir stehen heute an einem Punkt, wo es diese Erfahrungen für das gesamte Schulsystem zu nutzen gilt. Warum, so sollten wir uns fragen, braucht es überhaupt Integrationsklassen? Ist nicht die Integration per se schon der erste Schritt der Aussonderung, denn es kann nur der integriert werden, der zuerst von einer Gruppe als anders ausgeschlossen wurde? Kann und soll nicht Schule ein Ort sein, wo jeder nach seinen Bedürfnissen und Fähigkeiten gefördert und unterrichtet wird? Kann Schule nicht ein Ort sein, wo man gerne hingeht? Kann und muss nicht Schule jene Werte und Selbstverständlichkeit des miteinander Lebens vermitteln, die wir uns später auch als Gesellschaftsbild vorstellen? Dazu gehört auch, dass jegliche Form der Sonderschulen und Sondereinrichtungen hinterfragt werden muss.

Die Zukunftskommission des Bildungsministeriums wurde beauftragt, Zukunftsszenarien für das österreichische Bildungssystem zu entwickeln. Dabei zeigt es sich, wie schwierig es ist, Visionen für das Schulwesen zu entwickeln. Auf der neu eingerichteten Internetplattform „Schule: Zukunft" wird nunmehr ein Schwerpunkt zum Thema Integrationsklasse der Zukunft eingerichtet. Eine Chance für Eltern behinderter Kinder ebenso wie für Eltern nichtbehinderter Kinder, eine neue Schule zu denken, die eine wertvolle Lebensbasis darstellt.

Teil 3: Arbeitswelt für behinderte Menschen neu denken!

Österreich muss neu gedacht werden. Zur Lösung der oft gar nicht so neuen Probleme im solidarischen Miteinander braucht es neue Methoden und Wege. Erstmals findet sich in einem Koalitionsübereinkommen das Vorhaben, ein Behindertengleichstellungsgesetz umzusetzen. Damit soll Art. 7 der österreichischen Bundesverfassung, in der die Gleichbehandlung behinderter Menschen festgeschrieben wurde, mit Leben erfüllt werden. Besonderes Augenmerk gilt dabei der Gleichstellung am Arbeitsmarkt sowie der Ausbildung. So sieht das Regierungsprogramm vor, alle Berufsausbildungs-, Ausübungs- und Zugangsgesetze auf mögliche Diskriminierungen von Menschen mit Behinderung zu durchforsten.

Beginnt man erst damit, wird man auch bald fündig werden. In Erinnerung ist noch die blinde Frau aus Kärnten, die nach erfolgreichem Abschluss ihres Jusstudiums die Richterkarriere anstreben will, was ihr bis heute verwehrt wurde. Das Justizministerium wie auch die potentiellen RichterkollegInnen beriefen sich bei der strikten Ablehnung auf die gesetzlich vorgeschriebene „körperliche Eignung". Man konnte sich offenbar nicht vorstellen, dass ein blinder Mensch ein objektives Urteil fällen kann und vergaß dabei, dass die Justitia, um gerecht urteilen zu können, immer mit verbundenen Augen dargestellt wird. Besonders durch die neuen Technologien und Hilfsmittel (Braillezeile am Computer, Internet, etc.) werden die potentiellen Einschränkungen dieser Sinnesbehinderung derart ausgeglichen, dass ein Ausschluss vom Richterberuf wegen Blindheit nicht mehr gerechtfertig ist.

Augenschein in Linz: Auch dort wird einer Studentin der ordentliche Besuch der Pädagogischen Akademie verwehrt, weil sie gehörlos und deshalb angeblich körperlich nicht geeignet ist, den Lehrberuf auszuüben. Nicht einmal dann, wenn die SchülerInnen selbst gehörlos sind. Das Bildungsministerium verweist auf die wortgetreue Interpretation des Gesetzes.

Die Lebensgeschichte dieser jungen Studentin allerdings verdeutlicht die Absurdität dieser gesetzlichen Barriere:

Frau Astrid W. hat gehörlose Eltern und ist selbst auch von Geburt an gehörlos. Sie wuchs mit Gebärdensprache als Muttersprache auf. Trotzdem beherrscht sie auch das Lippenablesen perfekt und kann auch in Lautsprache kommunizieren. Eine überaus beachtliche Leistung stellt dar, dass sie ohne Gebärdendolmetscher an einer AHS erfolgreich maturierte. Sie wurde zunächst Zahntechnikerin, da es hieß, Lehrerin könne sie nicht werden. Im Herbst letzten Jahres nahm sie allen Mut zusammen und inskribierte an der Pädak in Linz, um doch noch ihren Berufswunsch erfüllen zu können.

Der Direktor der Pädak unterstützte dies, durfte sie allerdings nur als außerordentliche Hörerin aufnehmen. Astrid W. erwies sich als engagierte und begabte Studentin, die von allen Pädak-LehrerInnen sehr gelobt wird. Besonderes Geschick hat sie im Umgang mit Kindern, was sich in einem Praktikum zeigte. Und ein geradezu idealer Nebeneffekt, sie kann die gehörlosen Kinder auch in ihrer Muttersprache unterrichten, findet daher zu ihnen einen besonders guten Zugang. Wenn es Astrid W. nicht gäbe, müsste man sie für die gehörlosen Kinder geradezu erfinden.

Solidarität neu zu denken heißt für mich, nicht Defizit orientiert zu beurteilen, sondern aus der Sicht der Betroffenen neue Entwicklungen mutig und offen anzugehen.

Solidarität neu zu denken heißt für mich, nicht das unlösbare Problem zu sehen, sondern es als Herausforderung anzunehmen.

Solidarität neu zu denken heißt für mich, Barrieren in den Köpfen und in den Gesetzen abzubauen, und zwar ab sofort.

Solidarität neu zu denken heißt für mich, althergebrachte Denkmuster zu verlassen, neuen Entwicklungen offen gegenüber zu stehen und die Rahmenbedingungen mutig zu verändern.

„Sie zogen demnach in die Fremde.“[1]

Ausweisung und Vertreibung. Eine historische Skizze

von Sylvia Hahn

„No Border – No Nation – Stop Deportation“, so lautet der Slogan der „Jungen Linken“ in Herford (Deutschland) auf einer Demonstration am 14. Oktober 2003, bei der gegen die Abschiebung von Ömer und Ali Demir, beide türkische Staatsbürger und Angehörige der kurdischen Minderheit, protestiert wird.[2] Einige Monate zuvor, am 30. Juli 2003, wollte die Ausländerbehörde in Hamburg „vier Mädchen und Jungen im Alter von 13 und 14 Jahren“ in ihr Herkunftsland Ghana abschieben, und das, obwohl ihre Mütter sich legal in Deutschland aufhalten.[3] Aus Österreich wiederum erfahren wir, dass Mitte Juni 2003 dem aus dem Kongo stammenden Nsayala Misitu die Abschiebung in sein Herkunftsland droht.[4] Zu diesem Zeitpunkt sind es gerade vier Jahre und ein Monat her, dass Marcus Omofuma am Samstag dem 1. Mai 1999 bei seiner Abschiebung nach Nigeria bei der Zwischenlandung in Sofia im Flugzeug stirbt, da er von den ihn begleitenden österreichischen Fremdenpolizisten mit Klebebändern an den Flugzeugsessel gefesselt und ihm Mund und Teile der Nase ebenfalls mit Klebebändern zugeklebt worden waren. Marcus Omofuma erstickt hilflos am unfreiwilligen Weg zurück in sein Herkunftsland, das er einstmals in der Hoffnung auf eine bessere Zukunft verlassen hatte.

Ausweisungen und menschenrechtliche Pannen und Blamagen wie der Tod von Marcus Omofuma gehören in Österreich und zahlreichen anderen europäischen Ländern in den letzten Jahren und Jahrzehnten vermehrt zum (politischen) Alltag. Aus einem Bericht des Europarates geht hervor, dass seit 1998 in der Europäischen Union mindestens zehn Personen im Zuge ihrer erzwungnen Deportation ums Leben gekommen sind.[5] All diese Vorfälle haben dazu beigetragen, dass das Thema Schub, Abschiebung, Deportation wieder stärker ins Bewusstsein der Bevölkerung rückte. Schon weniger ins Bewusstsein rückte die Tatsache, dass Schub, Abschiebungen und unfreiwillige Deportationen in Österreich wie auch in anderen Gebieten Europas eine lange Tradition und Geschichte haben und letzere ebenso wechselvoll ist wie die Jahrhunderte und ihre gesellschaftlichen Veränderungen. Die Gründe für die Ausweisungen und Abschiebungen standen stets eng mit den regional je unterschiedlichen wirtschaftlichen, sozialen und politischen Gegebenheiten in Zusammenhang.

Blicken wir in der Geschichte zurück, so lassen sich über die Jahrhunderte hinweg die unterschiedlichsten Bevölkerungsgruppen ausmachen, die abgeschoben und ausgewiesen wurden. Die Bandbreite reichte dabei, um nur einige Beispiele zu nennen, von nicht konform handelnden Bürgern über die Bettler, Armen, Vaganten bis hin zu ethnischen und/oder religiösen Minderheiten sowie politisch Andersdenkenden. Im Mittelalter und auch noch in der frühen Neuzeit war es weniger das Faktum der Armut oder der Erwerbslosigkeit, das zu einer Ausweisung aus den festummauerten Städten und Märkten führte. Almosen und Mildtätigkeit gegenüber den Armen zählte mehr oder weniger zur (christlichen) Bürgerpflicht mit der man/frau sich eine gute Stellung im späteren Jenseits sichern wollte. Von der Ausweisung aus der Stadt getroffen werden konnten im Spätmittelalter und der frühen Neuzeit einheimische Bürger ebenso wie zugewanderte Fremde. So wurde etwa in der Stadt Augsburg in Bayern den Stadtbürgern, die eine ehrverletzende Handlung begangen hatten, oder eine auferlegte Geldstrafe nicht erbringen konnten, mit einem „Stadtverweis als Erzwingungsstrafe“ gedroht.[6)] Hinsichtlich der Bestrafung konnte es jedoch zu feinen Unterschieden kommen: Wie aus Augsburg bekannt ist, wurden für Delikte wie Ehebruch, Kleindiebstähle und Körperverletzungen die einheimischen Stadtbürger zumeist nur zu einer Geldstrafe verurteilt, hingegen zugewanderte Fremde „aus der Stadt abgeschafft“. Vielfach genügte bei Fremden „allein der unbewiesene Verdacht auf eine Straftat“ um „ihn vor die Tore zu schicken.“[7)] Andererseits bekamen einfache Handwerksmeister oft derart hohe Geldstrafen für kleinere Delikte verordnet, so dass sie kaum in der Lage waren, diese zu bezahlen und damit ständig am Rande der Verweisung aus der Stadt standen.

I. „.... und zwischen hie und der heylig dreyer König Tag ausgetrieben ...“

(Edikt von 1496)

Neben den Ausweisungen von Bürgern, kleinen Handwerkern und mobilen Fremden aus den (spät)mittelalterlichen und (früh-)neuzeitlichen Städten, kam es in diesem Zeitraum aber auch zu Verfolgungen und Ausweisungen von religiösen und/oder ethnischen Minderheiten. Zu den zeitlich gesehen am längsten andauernden Verfolgungs- und Ausweisungswellen – angefangen vom 14. bis zum 20. Jahrhundert – zählen jene gegen die jüdischen (Mit-)BürgerInnen. Die Vertreibungen, Verfolgungen und Ermordungen der jüdischen Bevölkerung auf dem Gebiet des heutigen Österreich (aber auch darüberhinaus) ziehen sich wie ein roter Faden durch die Geschichte und die Jahrhunderte, wobei sich Phasen der Anwerbungen, des Schutzes, der Vertreibungen und Ermordungen abwechselten.

Im 13. und 14. Jahrhundert etwa versuchten die habsburgischen Herrscher, ähnlich wie andere Fürsten auf dem europäischen Kontinent, „die Juden durch möglichst günstige Rahmenbedingungen zur Einwanderung zu veranlassen“.[8)] Die Gründe dafür waren die prosperierenden Handels- und Finanztätigkeiten eines Teiles der jüdischen Bevölkerung, deren finanzielle Erfolge das Herrscherhaus für sich nutzbar machen wollte. In diesem Zusammenhang ist auch die von Friedrich dem Streitbaren 1244 erlassene Judenordnung zu sehen, die der jüdischen Bevölkerung und deren Einrichtungen Schutz gewährte, wirtschaftliche Fragen hinsichtlich ihrer Erwerbstätigkeiten regelte und in der Folge auch von Böhmen, Ungarn und dem westlichen Polen übernommen wurde.[9)] Tatsächlich kam es zur Ansiedelung von Juden und Jüdinnen in zahlreichen Städten und Dörfern, wie etwa in Wien, Wiener Neustadt, St. Pölten, Graz, Judenburg, Salzburg, um nur einige Beispiele zu nennen.

Die größte jüdische Gemeinde des Habsburgerreiches befand sich gegen Ende des 14. Jahrhunderts in Wien. Rund fünf Prozent der Stadtbevölkerung, was ungefähr 800 bis 900 Personen entsprach[10)], waren „IsraelitInnen“. Das Interesse des Herrscherhauses an der jüdischen Bevölkerung galt insbesonders deren Finanzkraft. Einige erfolgreiche jüdische Unternehmer, wie etwa Samuel Oppenheimer im späten 17. Jahrhundert oder Samson Wertheimer im frühen 18. Jahrhundert, zählten zu den bedeutendsten und wichtigsten Geldbeschaffern und –verleihern des chronisch finanzmaroden Herrscherhauses. Auf dieser finanziellen Abhängigkeit der Obrigkeit wiederum beruhte die zeitlich meist befristete Schutzfunktion, die man der jüdischen Bevölkerung in bestimmten Perioden zukommen ließ.

Im Gegensatz zu den Phasen, in denen insbesondere die Hoffaktoren, wie Oppenheimer und Wertheimer, oder auch andere „befreidte Juden“ einen gewissen Schutz genossen, überwogen, in der historischen Langzeitperspektive betrachtet, in weit größerem Ausmaß die Phasen der Verfolgung, Ausweisung und/oder Ermordung. In Salzburg beispielsweise, wo sich ungefähr um 1200 eine erste jüdische community bildete, wurde diese zunächst um 1350 von der Pest hinweggerafft. Nach ihrer Wiedergründung um 1370 kam es rund 30 Jahre später zu einem schwerwiegenden Konflikt, bei dem den jüdischen Einwohnern von der überwiegend katholischen Stadtbürgerschaft zum einen Hostiendiebstahl und zum anderen ein Ritualmord an einem Christenknaben vorgeworfen wurde. Diesen Anschuldigungen folgten Verhöre, Folter und letztendlich die Verbrennung der anwesenden jüdischen Bevölkerung im Jahr 1404.[11)] Auch in der Steiermark kam es 1312 in Fürstenfeld und Judenburg zu tätlichen und tödlichen Übergriffen gegenüber den jüdischen MitbewohnerInnen mit anschließenden Ausweisungen der Überlebenden. Ähnliche Vorfälle ereigneten sich in den habsburgischen Vorlanden, wie etwa 1348/50 in Schaffhausen, wo ebenfalls jüdische EinwohnerInnen der Stadt verbrannt wurden.[12)]

Zu den massivsten Verfolgungen und Vertreibungen zählten diejenigen, die um 1420/21 unter Herzog Albrecht V., in den 1490er Jahren unter Maximilian I. und im 17. Jahrhundert unter Leopold I. (1659-1705) durchgeführt worden waren. Die gegen Ende des 15. Jahrhunderts durchgeführten Ausweisungen der jüdischen Bevölkerung aus der Steiermark und Kärnten (1496/97) sowie aus Salzburg (1498) waren nicht nur auf das österreichische Territorium beschränkt: Fast zeitgleich erfolgten Ausweisungen in Spanien (1492), Portugal (1497) und aus zahlreichen Territorien des Deutschen Reiches. Als mögliche Gründe für diese beinahe gesamteuropäische Vertreibungswelle der jüdischen Bevölkerung wird von der Forschung vor allem die in dieser Zeitperiode sich vollziehenden Glaubensspaltungen und „der Verlust der wirtschaftlichen Bedeutung des Bürgertums“ gesehen.[13)]

Teilweise wurde die jüdische Bevölkerung selbst zur „Abschaffung“ der „unliebsam“ gewordenen Juden und Jüdinnen herangezogen. In Wien beispielsweise mussten im Jahr 1582 die dort lebenden „befreidten Juden“ bei der „Abschaffung der frembden Juden“ mithelfen, wie aus einer „Instruction“ an die „Stadtpolizei von Wien“ hervorgeht: „Nachdem über die alhie befreidten Juden, noch anndere mehr Juden von Venedig, Pollen, Behaimb, Mähren, sich alhie underschlaiffen, darüber die hiesigen Juden selbst klagen, so sollen die von Wienn, dieselben frembden Juden alle von der Stat und Purkhfridt wekhschaffen, unnd forthin khaine mehr gedulden, sonnder wo sie betretn fencklich einziehen und straffen, Inmassen dem Stathaubtmann auch bevolchen worden.“[14)]

Wohin die überlebenden vertriebenen Juden wanderten, ist schwer nachzuvollziehen. Von den 1421 aus Wien vertriebenen Juden wird angenommen, dass sie nach Mähren und Ungarn flüchteten.[15)] Von der 1496/97 unter Maximilian I. aus der Steiermark und Kärten vertriebenen jüdischen Bevölkerung wiederum vermutet man, dass sie sich „in Marchegg, Zistersdorf, Eisenstadt und einigen anderen ostösterreichischen und westungarischen

Grenzorten“ nach einem Zwischenaufenthalt in Wiener Neustadt und Neunkirchen niedergelassen hat.[16] Darüber hinaus wird auch berichtet, dass ein Teil der vertriebenen Juden und Jüdinnen aus der Steiermark und Kärnten sich nach Italien begab, wo ihnen ein neuer Aufenthalt aufgrund bestehender Netzwerke durch ihre Handelsbeziehungen ermöglicht worden war.[17]

Von der im 16. und 17. Jahrhundert aus Wien, Salzburg oder anderen Gebieten vertriebenen jüdischen Bevölkerung wird angenommen, dass sich ein nicht unbeträchtlicher Teil in den von den Türken verwüsteten und brachliegenden westungarischen Gebieten ansiedeln konnte.[18] Diese (Re-)Kolonialisierung der teilweise zerstörten westungarischen Region durch die jüdische Bevölkerung wurde von den ungarischen Magnaten aus Eigeninteresse durchaus gefördert und den jüdischen ZuwanderInnen auch rechtlicher Schutz geboten. Aus dieser Wiederbesiedelungswelle entstanden in der Folge die später als die „Siebengemeinden“ bekannten westungarischen (bzw. im 20. Jahrhundert dann burgenländischen) jüdischen Gemeinden in Eisenstadt, Mattersdorf (heute Mattersburg), Lackenbach, Deutschkreutz, Frauenkirchen, Kobersdorf und Kittsee.[19]

Auch im 18. Jahrhundert wurde die Verfolgung und Vertreibung der wenigen auf dem Gebiet des heutigen Österreich und in Wien lebenden Juden fortgesetzt. Insbesondere von Kaiserin Maria Theresia ist bekannt, dass sie „eifrig“ achtete, „die Vermehrung der paar hundert Juden, die es damals in Wien gab, durch Unterbindung der Zuwanderung zu verhindern“.[20] Darüber hinaus fasste sie in den 1740er Jahren den Plan, „die Juden aus den Sudetenländern, wo sie sehr zahlreich waren (…) dann ganz aus ihrem Reiche zu vertreiben.“[21] Tatsächlich wurde 1744 eine Verordnung erlassen, „die den Auszug der Juden (…) aus Prag“ verlangte.[22]

Mit dem von den Ideen der Aufklärung beeinflussten und unter Joseph II. erlassenen Toleranzpatent von 1782 verbesserte sich die Situation der jüdischen Bevölkerung in manchen Bereichen, wie etwa dem gleichen Zugang zu fast allen Berufs- und Erwerbszweigen, jedoch blieben Diskriminierungen in vielen Bereichen, wie das uneingeschränkte Ansiedelungs- und Wohnrecht, die ungehinderte Errichtung von Synagogen oder eigenen hebräischen Druckereien etc. weiter bestehen.[23] Wic sehr die jüdische Bevölkerung noch immer unter Beobachtung stand, von Kontrolle betroffen, und von starken Einschränkungen bezüglich ihrer Erwerbstätigkeiten und von Ausweisungen auch nach dem erlassenen Toleranzpatent bedroht war, davon geben Dokumente aus dem Polizeiapparat dieser Zeit Auskunft. So versuchte man im ausgehenden 18. Jahrhundert „die Polizei-Wachsoldaten zu einer schärferen Aufsicht anzuspornen“, um gegen die „nicht tolerierten

Juden", die entgegen des Verbotes einen Handel betrieben, rigoros vorzugehen. Den Wacheorganen wurde „für jeden beim Handel ertappten fremden Juden (...) eine Belohnung von 17 kr. zugesagt".[24] Dabei scheint es zu extremen Missbräuchen von Seiten der Wacheorgane gekommen zu sein. „In einer Note der n.ö. Regierung vom 19. Jänner 1796" jedenfalls wird die Polizei-Oberdirektion aufgefordert, „die Militär-Polizeiwache von dieser Belohnung auszuschließen, da von ihr zu den unerlaubtesten Plackereyen gegriffen werde, indem sie alle fremden Juden, deren sie habhaft werden könne, ohne alle Ursache arretiere und nach Erlegung der 17 kr. ohne gepflogene Amtshandlung wieder freilasse. Die Belohnung solle nur noch Vertrauten verabfolgt werden. Sei ein Jud schuldig befunden, so solle nicht nur auf die 17 kr., sondern auch auf 34 kr., ja bis zu 1 fl. zum Besten des Einziehers erkannt werden. Schuldlose aber müssten ohne irgendeine Zahlung entlassen werden."[25]

II. „Betrachtet, o Herrscher, und bewundert den Glaubenseifer Ferdinands des Zweiten: Mein Reich Verlasse, so befiehlt er, jeder, der Gott untreu ist. Ich will nicht als Diener den, der nicht dem Himmel dient."[26]

„Wir gehen jetzt fort, aber die ärgisten Heuchler bleiben noch da."[27]

Neben den Juden zählte die Vertreibung der Protestanten aus den östereichischen Ländern zu einer der größten gezielt und teilweise relativ brutal durchgeführten Ausweisungswelle. Die im Zuge der Gegenreformation erfolgten Vertreibungen und erzwungenen Abwanderungen der Protestanten erstreckte sich über mehr als ein Jahrhundert. „Nur wer katholisch war", wie Eduard Winter festhielt, „schien ein gesicherter loyaler Untertan. (...) Alles Nichtkatholische wurde zu vernichten gesucht oder in den Untergrund gedrängt."[28]

In Salzburg erließ Erzbischof Wolf Dietrich von Raittenau (1587-1612) das erste Mal 1588 ein Emigrantenpatent, wodurch zahlreiche Familien – in der Hauptsache aus der Stadt Salzburg – zum Auswandern gezwungen wurden.[29] In Tirol erfolgten erste Repressalien gegen Protestanten 1684 im Defreggental: Alle Einwohner, die sich weigerten zur katholischen Beichte zu gehen bzw. dem katholischen Glauben anzugehören, mussten binnen weniger Wochen[30] auswandern. Die Kinder unter 14 Jahren mussten zurückgelassen werden und erhielten einen katholischen Vormund. Erst nach sechs Jahren und aufgrund massiver Proteste und des unaufhörlichen „Zeter- und Wehgeschrei" der Vertriebenen wurden die Kinder den Eltern zurückgegeben. Eine weitere Vertreibung erfolgte 1690 in Hallein, wo es zur Ausweisung der überwiegend protestantischen Bergleute kam.[31)] Auch die ersten Kleinadeligen, wie Wolfgang Helmhard Freiherr von Hohberg, der „nicht zuletzt unter dem erlebten konfessionellen Druck zu einem der größten Epiker im deutschen Sprachgebiet" wurde, verließ 1664 die österreichischen Erblande.[32)]

Prinzipiell wurden die Grundobrigkeiten dazu verpflichtet, „bei der Aufspürung der Nichtkatholiken behilflich zu sein".[33)] Aber auch an die Torwächter an den Stadtmauern sowie an die sonstigen Kontrollorgane in den Städten und Dörfern, ja selbst an einzelne Familienmitglieder und die Kinder erging im Zuge der Gegenreformation die Order, eventuelle Religionsabtrünige zu observieren und der Obrigkeit zu melden. Aus der in Niederösterreich liegenden Kleinstadt Bruck an der Leitha beispielsweise ist überliefert, dass den Bewohnern das Zusammentreffen mit anderen protestantischen Glaubensanhörigen sowohl innerhalb, wie außerhalb der Stadt verboten war. So verbot man 1582 den Bürgern das so genannte „Auslaufen zu auswärtigen Prädicanten"[34)] vorzugsweise nach Arbesthal, Trautmannsdorf oder Enzerstorf. In den überlieferten Quellen wird berichtet, dass selbst die „Rathspersonen (...) zu den fremden benachbarten sectischen Prädicanten auslaufen"[35)] würden. Zwei Jahre später, 1584, erging ein weiterer schriftlicher Tadel des Erzherzogs an die Bewohner von Bruck an der Leitha, in dem ihnen vorgeworfen wurde „nit allein fremde, streichende und verführerische Prädicanten in die Stadt und eure Häuser" aufzunehmen, sondern darüberhinaus „auch Feiertag und Werktag mit Weib und Kind zu der benachbarten landleut Prädicanten gen Trautmannsdorf un Enzerstorf reiset und daselbst die Sacramenta und Predigten suchet, keinen Fast- und Feiertaf haltet, an Freitagen offentlich Fleisch kochen, feilhaben und verkaufen lasset (...)".[36)] Diesem Tadel folgten weitere Verwarnungen und kurz darauf die Ausweisung der Andersgläubigen, darunter auch der rund 15 Jahre für die Stadt tätige Stadtschreiber Georg Khirmair. Als Angehöriger der augsburgischen Glaubensgemeinschaft wurde Khirmair am 3. Mai 1586 seiner Ämter enthoben und aus der Stadt ausgewiesen. Er konnte in Znaim mit seiner Familie eine neue Bleibe finden und starb dort bereits nach fünf Jahren (1591).[37)]

Insgesamt mussten, Schätzungen zufolge, rund 30.000 bis 40.000 Menschen im Zuge des Druckes der gegenreformatorischen Strömung ihre Häuser und Wohnorte allein oder mit ihren Familien verlassen. In Oberösterreich wiederum sollen es rund 20.000 Exulanten, wie diese aus religiösem Grund Vertriebenen genannt wurden, gewesen sein, die gezwungen worden waren, ihre Herkunftsgebiete in Richtung Deutschland oder Amerika zu verlassen. Die letzte grosse Ausweisung von Protestanten erfolgte 1731/32 aus Salzburg, bei der zwischen 20.000 und 30.000 Personen, was ungefähr ein Siebentel der Salzburger Bevölkerung ausmachte, aus ihren Herkunftsdörfern vertrieben wurden. Der Großteil wanderte nach Brandenburg-Preußen oder nach Litauen, einige auch über den großen Teich und ließen sich in der Folge an der Westküste von Amerika nieder.

Vom wirtschaftlichen Aspekt aus betrachtet waren die Ausweisungen und Vertreibungen sowohl der jüdischen Bevölkerung, wie der protestantischen Glaubensangehörigen für einige wenige zwar kurzfristig ein ökonomischer Gewinn, langfristig gesehen jedoch für die Region und die Bevölkerung ein grosser finanzieller und wirtschaftlicher Verlust. Dies waren auch die Gründe, warum zeitgenössische Ökonomen und Finanzexperten strikte Gegner der religiösen Ausweisungen und Vertreibungen waren. Ein Vertreter dieser Anschauung war beispielsweise Ph. W. von Hörnigk, selbst ein protestantischer Konvertit aus dem deutschen Raum, der ohne seinen Übertritt zum Katholizismus in Österreich nie Karriere hätte machen können. In seiner wirtschaftspolitischen Schrift „Österreich über alles, wenn es nur will“ hielt Philip William von Hörnigk diesbezüglich fest, „daß er es für eine unschätzbaren Schaden halte, Leute samt deren Manufakturen und der Nahrung wegen ihrer Religion aus dem Land zu schaffen“.[38)]

Ähnlich lautete der Tenor von Johann Heinrich Gottlob von Justi, der sich ebenfalls gegen die Vertreibung von andersgläubigen Menschen aussprach und darin vor allem auch wirtschaftliche Nachteile für den Staat sah. In seinen politischen und Finanz-Schriften von 1761 nahm er in § 24 dazu folgendermaßen Stellung:

„Allein, wenn der Zwiespalt einmal vorhanden ist, so muß man ihn weder durch Verfolgung, Ausjagung, noch andere gewaltsame Mittel aufzuheben suchen, und dadurch das Land in Zerrüttung, Armuth und Mangel an Einwohnern setzen, auch wegen der Einheit in der Religion das Land nicht in Mangel der Commercien und Manufacturen laßen.“[39)]

Aber nicht nur wirtschaftlich, sondern auch populationsmäßig bedeuteten diese Ausweisungen und Vertreibungen massive Verluste an Humankapital. Nicht von ungefähr zählte daher zu einem der Hauptziele der merkantilistischen Wirtschaftspolitik des 17. und 18. Jahrhunderts die Vermehrung der

Bevölkerung, also eine aktive Popolutationspolitik. Das heißt, die Bevölkerungsverluste, die einerseits durch die Ausweisungen und Vertreibungen der religiösen und ethnischen Minderheiten und Andersdenkenden geschaffen wurden, versuchte man andererseits wiederum durch eine gezielte Populationspolitik wettzumachen, zu der auch massive Anwerbungen und Herbeiholungen von AusländerInnen, verschärfte Auswanderungsverbote etc. gehörten. Auch die von Joseph von Sonnenfels zur Mitte des 18. Jahrhunderts durchgesetzte Abschaffung der Todesstrafe war ein – immerhin positives – Resultat der merkantilistischen Bevölkerungspolitik.

III. „Leb wohl du teures Land, das mich geboren, Beamtenwillkür treibt mich von hier."

(Friedrich Hecker, um 1848)

Mit dem Anwachsen der Zahl der armen oder verarmten Bevölkerung seit Beginn der Neuzeit, und der damit Hand in Hand gehenden Veränderung der offiziellen Armenpolitik[40)], verlagerte sich die Ausweisungspolitik auch auf diese Bevölkerungsgruppe: Vor allem die Ausweisungen und Verbannungen von Armen, Bettlern[41)], Vaganten oder einer kriminellen Tat Verdächtigen aus den Städten und Dörfern nahmen zwischen dem 16. und 18. Jahrhundert enorm zu. Vielfach konnten die Ausgewiesenen „Schlupflöcher" für eine Rückkehr in die Städte oder Dörfer finden.[42)] Die für Wien in gedruckter Form vorliegenden Verhörprotokolle der im Lauf des 18. Jahrhunderts zum Tode verurteilten Frauen und Männer, geben davon ein anschauliches Zeugnis.[43)] Von den insgesamt 239 „Delinquenten", die in den Totenbruderschaftsprotokollen zwischen 1702 und 1830 erfasst sind, waren 42,1 Prozent oder 101 Personen nicht aus Wien.[44)] Die regionale Bandbreite reichte dabei von den unmittelbaren Vorstädten und der Umgebung Wiens, über Nieder- und Oberösterreich, Salzburg und Bayern bis nach Frankreich im Westen, von Preßburg bis Belgrad im Osten oder Böhmen und Schlesien im Norden. Rund die Hälfte hatte demnach relativ weite Migrationsstrecken hinter sich und, wie in den Verhörprotokollen angegeben wurde, war der Großteil auf der Suche nach Arbeit unterwegs. Der überwiegende Teil der zum Tode Verurteilten war bereits vorher ein, zwei oder auch mehrere Male wegen eines kriminellen Deliktes aufgegriffen, zu einer Gefängnisstrafe verurteilt, anschließend aus der Stadt verwiesen worden, aber trotz gesetzlichen Verbots, immer wieder in die Hauptstadt zurückgekehrt.

Mit dem zur Mitte des 18. Jahrhunderts eingeführten Heimatrechtes, das auch die Aufenthaltsgenehmigung regelte, wurde die Abschiebung bzw. Ausweisung insbesondere der in einem Ort nicht heimatberechtigten Bevölkerung auf eine rechtliche Basis gesetzt. Das heißt, eine Stadt oder ein Gemeindeverband war berechtigt, jede(n), der an einem Ort oder in einer Stadt lebte ohne dort zuständig zu sein und keine materielle oder finanzielle Basis für den Lebensunterhalt nachweisen konnte, in den jeweiligen Zuständigkeitsort abzuschieben. Obwohl, wie wir oben gesehen haben, Ausweisungen und Verbannungen aus einem Ort oder einer Stadt bereits vor der Einführung des Heimatrechtes existierten und üblich waren, so bestand doch ein wesentlicher Unterschied zwischen den früheren und den durch das Heimatrecht geregelten Ausweisungen: Waren die „unwürdigen" Armen, Bettler, Erwerbslosen etc. in den Jahrhunderten vor der Einführung des Heimatrechtes „nur" aus der Stadt, vor die Stadttore, getrieben worden und, wie die Quellen zeigen, trotz Verbotes immer wieder in die Stadt zurückgekehrt, so wurden die Auszuweisenden im späten 18. und 19. Jahrhundert auf polizeilichem Wege in ihre Zuständigkeitsgemeinde abgeschoben. Vor allem für erwerbslose verwitwete Frauen konnte dies fatale Folgen haben: Sie wurden in die Zuständigkeitsgemeinde ihres Mannes abgeschoben, die sie aufgrund der Heirat gesetzlich übernehmen mussten und zu der sie in vielen Fällen keinerlei Bezug hatten. In einer Studie über „Schub und Heimatrecht" in Österreich hat Harald Wendelin den bürokratischen Vorgang sowie den langwierigen sich oft über Wochen und regional über lange Strecken hinziehenden Prozess des Schubes nachgezeichnet.[45)]

Zu Beginn und dann vor allem noch im Laufe des 19. Jahrhunderts wurden weitere gesetzliche Veränderungen gesetzt, die die Ausweisungs- und Abschiebungsmaßnahmen mit Hilfe der Heimatrechtsgesetzgebung ermöglichten. Dazu kamen die, spätestens seit der Französischen Revolution, fast hysterischen Ängste vor zugewanderten Fremden und allem und jedem nur in Ansätzen „französisch" Klingenden oder Aussehenden. Der aus Italien stammende und in Wien für einige Jahre arbeitende und lebende Lorenzo Da Ponte, bekannt auch als Librettist Mozarts, hat darüber in seinen autobiographischen Schriften in humorvoller Weise berichtet.

So sei etwa bei einer der zahlreich und wiederholt auf den Straßen durchgeführten Passkontrolle, seine Frau, die Engländerin war, von den österreichischen Offizieren „beim ersten Anblick als Fremde erkannt und für eine französische Spionin gehalten" worden.[46)] Oder: Bei einer „Unterhaltung" von jungen Leuten in einem venezianischen Kaffeehaus, die er mitanhörte und bei der es um die „gegenwärtige Weltlage" ging, also konkret um die Besetzung der Stadt durch Österreich, hätte einer der Diskutanten den Ausruf „Quanto cantera il Gallo!"[47] getätigt: „Bei diesen Worten", schrieb Da Ponte, „ kam der Besitzer des Cafés ganz erschrocken herbeigeeilt und bat inständigst, ihn nicht zu kompromittieren. ‚Bei der Liebe Gottes', rief er mit flehender Stimme, ‚schweigen Sie! Ich will nicht glauben, dass jemand von Ihnen Lust verspürt, den Stock auf seinem Rücken zu fühlen!' (...) Er zeigte hierauf den jungen Leuten einen anderen Saal, wo sie von außen nicht gehört werden konnten, und bat sie, daselbst einzutreten, was sie auch taten".[48]

Neben den Fremden begann man auch mit der intensiven Beobachtung von eventuell politisch verdächtigen Personen, Klubs und (Geheim-)Logen. Der „Studenten Klub" in Innsbruck stand beispielsweise seit 1791 unter genauer Beobachtung.[49] Ähnliches galt für die Freimaurerlogen und andere geheime Verbindungen und Vereinigungen in Wien oder anderen Städten. Unter Franz I. erfolgte dann die generelle Order, dass man etwaige Fremde wie auch Einheimische, „welche zum Schaden für die Ruhe des Staates" beitrugen, „mit dem Verluste ihrer Freyheit (...) bestraffet" bzw. sie „förmlich abschaffe".[50] In der Folge waren davon zahlreiche Künstler und Intellektuelle betroffen, die auf staatlichen Druck hin ihre Arbeitsorte und ihre Heimat verlassen und jenseits der eigenstaatlichen Territorialgrenzen ein „neues" Leben beginnen mussten. Ernst Violand, selbst ein Emigrant der 1848er Revolution, vermerkte dazu, dass es „allgemein bekannt" sei, dass „alle diejenigen, welche sich durch ihre geistige Kraft auszeichneten und von der Natur bestimmt waren, die Zierden ihres Vaterlandes zu bilden, dasselbe verlassen mußten."[51] Zu diesen intellektuellen Emigranten zählten, neben E. Violand selbst, etwa Anastasius Grün (1806-1876), Moritz Hartmann (1821-1872), Nikolaus Lenau (1802-1850), Adolf Wiesner (1807-1867) und Franz Schuselka (1811-1886). Noch viele andere wurden aus politischen Gründen im Laufe des 19. Jahrhunderts „über die Grenze getrieben"[52]. Eine von Leopold II. getätigte Aussage sollte bis zum Zusammenbruch der Monarchie ihre Gültigkeit behalten: „Diese Friedensstörer", wie Leopold II. angeblich festhielt, „können sich alle zum Teufel scheren!"[53]

All diese Ausweisungen und Vertreibungen fanden eine Fortsetzung in den massiven Menschenverschiebungen des 20. Jahrhunderts, die sich quer über den europäischen Kontinent wie über die Weltmeere hinweg bewegten. Nicht nur die politischen Veränderungen und Neuzeichnungen der Landkarten nach dem Ersten Weltkrieg führten zu Aus- und Rückwanderungen, sondern vor allem die bereits während des Austrofaschismus einsetzenden

Inhaftierungen, Ausweisungen und Vertreibungen von Andersdenkenden, die während des Nationalsozialismus zum politischen Programm wurden. Obwohl Österreich unter diesem intellektuellen Exodus in den Jahrzehnten nach dem Zweiten Weltkrieg enorm litt, wurde auch von den politisch Verantwortlichen dieser Zeit, wie in den Jahrhunderten zuvor, keine Anstrengung unternommen, um die Vertriebenen zurückzuholen.

---

1) Ernst Violand, Die soziale Geschichte der Revolution in Österreich 1848, herausgegeben von Wolfgang Häusler, Wien 1984, S. 70
2) www.de.indymedia.org
3) TAZ vom 30.7.2003; www.de.indymedia.org
4) www.no-racism.net
5) www.no-racism.net/racismkills/prozess_aufruf210202.htm
6) Carl A. Hoffman, Bürgersicherheit und Herrschaftssicherung im 16. Jahrhundert. Das Wechselverhältnis zweier frühmoderner Sicherheitskonzepte, in: Martin Dingens/Fritz Sack (Hg.), Unsichere Großstädte? Vom Mittelalter bis zur Postmoderne, Konstanz 2000, S. 101-123; hier: S. 106-107
7) C. A. Hoffmann, Bürgersicherheit und Herrschaftssicherung im 16. Jahrhundert, S. 107
8) Klaus Lohrmann, Zwischen Finanz und Toleranz. Das Haus Habsburg und die Juden. Ein historischer Essay, Graz/Wien/Köln 2000
9) Ebd.: S. 15
10) Ebd.
11) Heinz Dopsch, Die Salzburger Juden im Mittelalter bis zu ihrer Ausweisung 1498, in: Helga Embacher (Hg.), Juden in Salzburg (Salzburg 2002) S. 23-37; hier: S. 36
12) E. Baumgarten, Die Juden in Steiermark. Eine historische Skizze, Wien 1903
13) Ben. Chet Spitzer Shlomo, Die österreichischen Juden im Mittelalter. Eine Sozial- und Kulturgeschichte, Wien/Köln/Weimar 1997, S. 93
14) Instruction zur Handhabung der Stadtpolizei in Wien vom 17. Mai 1582; abgedruckt in: Veltzé, Wiener Stadtguardia, 170
15) Michaela Feuerstein & Gerhard Milchrahm, Jüdisches Wien. Stadtspaziergänge, Wien/ Köln/Weimar 2001, S. 21
16) Shlomo, Ben Chet, S. 97
18) E. Baumgarten, Die Juden in Steiermark. S. 34
17) Spitzer, Ben Chet, 94
19) Spitzer Shlomo, die jüdische Gemeinde von Deutschkreutz, Wien/Köln/Weimar 1995, S. 11f.
20) Hermann Oberhummer, Wiener Polizei. Neie Beiträgezur Geschichte des Sicherheitswesens in den Ländern der ehemaligen Österreichisch-ungarischen Monarchie, Wien 1938, hier: Bd.1, S. 44
21) Ebd.
22) Ebd.
23) Siehe detaillierter: K. Lohrmann, Zwischen Finanz und Toleranz, S. 39.

24) Oberhummer, Wiener Polizei, Bd. 1. S. 88
25) Ebd.
26) Inschrift in einem Freskenyzklus von Matteo Rosselli, den die Erzherzogin Maria Magdalena, Großherzogin von Toskana , in der Villa die Poggio Imperiale zur Verherrlichung des Hauses Österreich malen ließ. In: Adam Wandruszka, Ein Feskenzyklus der "Pietas Austriaca" in Florenz, in: Mitteilungen des Österreichischen Staatsarchivs 15, 1962, S. 498. Zit n. Adam Wandruszka, Theorie und Praxis der österreichischen Popolationistik, in: Institut für Österreichkeunde (Hg.), Siedlungs- und Bevölkerungsgeschichte Österreichs, Wien 1974, S. 115-131
27) Ausspruch eines portestantischen Unterberger Emigranten, 1732. Zit.n. Gertraud Schwarz-Oberhummer, Die Auswanderung der Gasteiner Protestanten unter Erzbischof Leopold Anton v. Firmian, in: Mitteilungen der Gesellschaft für Salzburger Landeskunde 94, 1954, S. 1-85.
28) Eduard Winter, Barock, Absolutismus und Aufklärung in der Donaumonarchie, Wien 1971, S. 16 und 18
29) Gertraud Schwarz-Oberhummer, Die Auswanderung der Gasteiner Protestanten unter Erzbischof Leopold Anton v. Firmian, in: Mitteilungen der Gesellschaft für Salzburger Landeskunde 94, 1954, S. 1-85; hier: S. 5
30) Den „Bemittelten" wurde eine Zeitspanne von drei bis vier Wochen zugestanden, den „Unbemittelten" vierzehn Tage; Winter, Barock, 18
31) Nach Winter soll disem Auswandererzug Josef Scheidtberger mit dem Leide "Ich bin a armer Exulant" vorangegangen sein. Winter, Barock, S. 18
32) Winter, Barock, 18
33) Ebd.: S. 19
34) Laurenz Pröll, Die Gegenreformation in der l.-f. Stadt Bruck a.d.L., ein typisches Bild, nach den Aufzeichnungen des Stadtschreibers Georg Khirmair, Wien 1897, S. 11
35) L. Pröll, Die Gegenreformation in Bruck a.d.L., S. 13
36) Ebd.: S 17
37) Ebd.: S. 5
38) Ph.W. von Hörnigk, Österreich über alles, wenn es nur will (Erstdruck 1684), Neuauflage mit Lebensbild von G. Otruba, Wien 1964, S. 103
39) Johann Heinrich Gottlob von Justi, Gesammelte Politische und Finanz-Schriften über wichtige Gegenstände der Staatskunst, der Kriegswissenschaften und des Kameral- und Finanzwesens (3. Bde.), Kopenhagen-Leipzig 1761; Neudruck der Ausgabe Aalen 1970, S. 521
40) Vgl.: zur Armut und Armenpolitik in Europa: Catherina Lies/Hugo Soly, Poverty and Capitalism in Pre-Industrial Europe, Brighton 1982; Stuart Woolf, The Poor in Westen Europe in the Eigteenth and Nineteenth Centuries, London/New York 1986; für Deutschland zum Beispiel: Wolfram Fischer, Armut in der Geschichte. Erscheinungsformen und Lösungsversuche der "Sozialen Frage" in Europa seit dem Mittelalter, Göttingen 1982; Otto Gerhard Oexle, Armut, Armutsbegriff und Armenfürsorge im Mittelalter, in: Christoph Sachße/Florian Tennstedt (Hg.), Soziale Sicherheit und soziale Disziplinierung. Beiträge zu einer historischen Theorie der Sozialpolitik, Frankfurt am Main 1986, S. 73-100
41) Vgl.: für Wien: Helmut Bräuer, „... und hat seithero gebetlet". Bettler und Bettelwesen in Wien und Niederösterreich zur Zeit Kaiser Leopolds I., Wien-Köln-Weimar 1996, oder für Salzburg: Sabine Veits-Falk, Zeit der Noth. Armut in Salzburg 1803-1870, Salzburg 2000
42) Andreas Blauert stellte dieses "Rückkehrphänomen" auch für deutschen Städte fest: Andreas Blauert, Diebes und Räuberbanden in Schwaben und in der Schweiz, an Bodensee und Rhein im 18. Jahrhundert, in: Harald Siebenmorgen (Hg.), Schurke oder Held? Historische Räuber und Räuberbanden, Sigmaringen 1995, S. 213-226

43) Gerhard Fischer (Hg.), Die Blumen des Bösen. Eine Geschichte der Armut in Wien, Prag, Budapest und Triest in den Jahren 1693 bis 1873, Wien 1993

44) Eigene Zusammenstellung und Berechnung. Eine Übersicht der "Delinquenten des Totenbruderschatsprotokoll" findet sich in: Fischer, Blumen des Bösen, S. 117-121

45) Harald Wendelin, Schub und Heimatrecht, in: Waltraud Heindl und Edith Saurer (Hg.), Grenze und Staat. Paß, Staatsbürgerschaft, Heimatrecht, und Fremdengesetzgebung in der österreichischen Monarchie (1750-1867), Wien 2000, S. 173-343

46) Carlo Da Ponte, Mein abenteuerliches Leben, Zürich 1991, S. 245

47) Der Grund für die Aufregung des Wirtes war, dass bei diesem Wortspiel das verwendete Wort „Gallo" eine zweifache Bedeutung hatte: nämlich sowohl Hahn als auch Gallier oder Franzose.

48) C. Da Ponte, Mein abenteuerliches Leben, 235-236

49) Oberhummer, Wiener Polizei, Bd. 1, 55

50) Ernst Wangermann, Von Joseph II. zu den Jakobinerprozessen, Wien 1966, S. 151-152

51) Violand Ernst, Die soziale Geschichte. S. 79

52) Ebd.

53) C. Da Ponte 1991, S. 153

„Solidarity forever ...?“

Das „Rote Milwaukee“ als Modellfall einer sozialistischen Stadtverwaltung in den USA

von Johannes Elischak

1. Einleitung

Die Idee, sich mit solch einem eher ungewöhnlichen und fast unbekannten Spezialthema zu befassen, kam bei mir vor ein paar Jahren beim Besuch einer politikwissenschaftlichen Lehrveranstaltung im Rahmen meines Studiums an der Universität Wien. Dabei bin ich auf die Tatsache gestoßen, dass es in den USA im Zeitraum von 1900 bis 1920 eine ziemlich einflussreiche sozialistische Bewegung gegeben hat, was ich vorher nicht wusste. Etwas eigenartig mutet es an, warum ich ausgerechnet auf die Stadt Milwaukee gekommen bin: Einige Jahre zuvor lief nämlich im Fernsehen der Film „Wayne`s World“, eine an sich eher belanglose US-Komödie aus dem Jahre 1990. In einer Sequenz wurde von einem Schauspieler sinngemäß der Satz gesagt, dass Milwaukee die einzige amerikanische Großstadt gewesen sein soll, die einmal 3 sozialistische Bürgermeister hatte. Obwohl eigentlich ja nur als skurrile Unterhaltung gedacht, blieb mir diese Szene im Gedächtnis und veranlasste mich Jahre später, hier genauer zu recherchieren. Wie sich später dann herausstellen sollte, stimmte das auch!

Milwaukee ist aber auch deshalb so interessant, da es die Großstadt in den USA war, die den höchsten Anteil an deutschsprachiger Bevölkerung hatte; ebenso gab es zahlreiche andere Einwanderergruppen. Bis zum 1. Weltkrieg hatte sich die Bevölkerung auf ca. 500.000 Menschen erhöht, außerdem verfügte die Stadt über eine (groß-)industrielle Basis, wo sich die sozialen Konflikte früher als anderswo verschärften. Wie sich das noch im Text zeigen wird, war das eine ideale Ausgangsbasis für die sozialistische Parteiorganisation.

Man macht es sich derzeit etwas zu leicht, die USA ausschließlich unter dem Vorzeichen der Bush-Administration zu beurteilen. Es gab und gibt auch immer wieder Initiativen, dem „american way of life“ ein menschlicheres Antlitz abzuringen und die Lebensbedingungen breiter Schichten der Bevölkerung zu verbessern. Die sozialistische Stadtverwaltung in Milwaukee war so ein humanistisches und solidarisches Projekt. Der Titel meines Aufsatzes nimmt übrigens Anleihen beim bekanntesten US-amerikanischen Gewerkschaftslied „Solidarity forever", dessen Text 1915 von Ralph Chaplin verfasst wurde. Es schien mir in diesem Zusammenhang am passendsten.

2. Die sozialistische Bewegung in der Stadt Milwaukee

2.1 Milwaukee als ein Zentrum des US-Sozialismus

Milwaukee gehörte bereits Ende des 19. Jahrhunderts zu einem Zentrum des US-Sozialismus, was vor allem auf die organisatorischen Bemühungen von Victor Berger (1860-1929) zurückzuführen war, der praktisch über 3 Jahrzehnte die „graue Eminenz" der lokalen Parteiorganisation im Hintergrund war. Berger stammte ursprünglich aus Österreich-Ungarn und kam mit 18 Jahren mit seinen Eltern in die USA, wo er zunächst als Lehrer, später als Journalist arbeitete. Er engagierte sich gewerkschaftlich und unterstützte zuerst die eher agrarisch-kleinbürgerliche Protestbewegung der „Populisten". Danach engagierte er sich in der sozialistischen Bewegung und war 1897 Mitbegründer der „Social Democracy", aus der sich ein Jahr später die „Social-Democratic Party" mit dem populären Arbeiterführer Eugene Debs (1855-1926) entwickelte.[1)]

1901 gelang es dann durch Fusionierung mit anderen linken Gruppen eine nationale Parteiorganisation mit dem Namen „Socialist Party" ins Leben zu rufen, die ihren Höhepunkt am Vorabend des 1. Weltkrieges erlebte. Victor Berger positionierte sich mit seinem Anhang stets am rechten Flügel der Partei und vertrat die Ansicht, dass das Endziel Sozialismus erst nach und nach durch kleine Reformschritte auf evolutionärem Wege erreicht werden könne. Durch seine erfolgreiche journalistische und organisatorische Arbeit gelang es der Sozialistischen Partei in Milwaukee, eine stabile Organisation aufzubauen, die bald Wahlsiege einfahren konnte. 1910 stellte sie mit Emil Seidel erstmals den Bürgermeister und Berger selbst wurde zum ersten sozialistischen Mitglied des Repräsentantenhauses gewählt, eine Position, die er bis 1912 und wieder von 1918 bis zu seinem Tod 1929 innehatte. Bei Eintritt der USA auf Seite der „Entente" im 1. Weltkrieg im Jahre 1917 gehörte Berger zu den vehementesten Kriegsgegnern, was ihm, aufgrund eines Ausnahmegesetzes, eine Verurteilung zu einer 20-jährigen Gefängnisstrafe brachte, die aber vom Obersten Gerichtshof der USA 1921 wieder aufgehoben wurde.[2)]

2.2 Phasen der sozialistischen Stadtverwaltung in Milwaukee

2.2.1 1910-1912: Bürgermeister Emil Seidel

Emil Seidel, geboren am 13.12.1864 in einer Kleinstadt in Pennsylvania, der erste sozialistische Bürgermeister Milwaukees und einer US-amerikanischen Großstadt überhaupt, kam als Sohn deutschstämmiger Emigranten zur Welt. Er erlernte den Beruf eines Holz-Modelleurs und hielt sich zu Ausbildungszwecken 1885-1893 sogar in Deutschland auf, wo er ein Anhänger des Sozialismus wurde. Er trat bald der Gewerkschaft seiner Berufssparte bei („Wood Carver`s Union“) und gehörte Ende der 90er Jahre des 19. Jahrhunderts zu den Mitbegründern der sozialistischen Parteiorganisation von Milwaukee. Als Facharbeiter und Gewerkschafter mit deutschsprachigen Wurzeln verkörperte er den klassischen Funktionär der lokalen Parteiorganisation.[3)]

Emil Seidel ging bald für seine Partei bei Wahlen zu verschiedenen Ämtern ins Rennen. 1904 gelang es den Sozialisten erstmals mit 6 Mandaten in das Stadtparlament einzuziehen und auch Seidel wurde zum Ratsherren (= „alderman“) gewählt. Durch die Jahre gelang es seiner Partei in Milwaukee immer mehr an Zulauf zu gewinnen und im Jahre 1910 erhielt Seidel bei den Wahlen für das Bürgermeisteramt im Zuge eines perfekt organisierten Wahlkampfes fast 47 % der Stimmen und ließ seine demokratischen und republikanischen Widersacher weit hinter sich.[4)]

Die Sozialisten erlebten damals den Höhepunkt ihrer Macht, denn gleichzeitig erhielten sie in der Periode 1910-1912 auch die Mehrheit im Ratskollegium und es wurden Parteigenossen auch in andere wichtige Ämter gewählt, beispielsweise zu Finanz-, Justizstadträten. Seidel steuerte als Bürgermeister einen vorsichtigen Kurs, da er durch Bundes- und Landesgesetze in seiner Handlungsfreiheit sehr eingeschränkt war und setzte sozialpolitische Verbesserungen in der Stadt durch. Bei den nächsten Bürgermeisterwahlen im Jahre 1912 vereinigten sich allerdings Republikaner und Demokraten, wodurch er nicht wiedergewählt wurde.[5)]

Obwohl ihm auch im Jahre 1914 die Rückeroberung des Bürgermeisteramtes misslang, war Seidels politische Karriere noch lange nicht zu Ende. Schon im Jahre 1912 trat er als Vizepräsidentschaftskandidat zusammen mit dem Präsidentschaftskandidaten Eugene Debs an, wobei beide mit 897.000 Stimmen fast 6% der Wählerschaft erhielten. Seidel blieb dann noch weiter in der Lokalpolitik aktiv und amtierte von 1916-1920 und 1932-1936 als Ratsherr der Stadt Milwaukee, wo er am 24.06.1947 auch verstorben ist.[6)]

2.2.2 1916-1940: Bürgermeister Daniel W. Hoan

Daniel Webster Hoan kam am 12.03.1881 in Waukesha in Wisconsin als Sohn armer Eltern, die schon in 2. Generation in den USA lebten, zur Welt. Er musste früh die Schule verlassen, holte aber in Abendkursen seinen Abschluss nach. Daraufhin konnte er eine Hochschule für Rechtswesen in Chikago besuchen und arbeitete danach als Rechtsvertreter für die Gewerkschaften in Wisconsin. Mit 29 Jahren trat er erstmals bei Wahlen für die Sozialistische Partei in Milwaukee an und wurde sogleich zum obersten Vertreter der städtischen Justizbehörde (= „city attorney"). Durch sein konsequentes Eintreten gegen Korruption und die Macht großer Firmen, unter anderem gegen die privaten Betreiber des öffentlichen Verkehrs, errang er bald große Popularität und wurde zweimal wiedergewählt.[7)]

Das war wohl auch ein Grund, warum Hoan 1916 als sozialistischer Kandidat für das Bürgermeisteramt aufgestellt wurde. Er konnte zwar das Amt für seine Partei zurückerobern, verfehlte allerdings eine Mehrheit im Ratsherrenkollegium, was sich dann nie mehr ändern sollte. Trotzdem gelang es Hoan immer wieder Unterstützung auch bei den anderen Parteien für seine pragmatische Reformpolitik zu bekommen. Durch sein Bemühen kamen viele Reformen auf den Weg, außerdem erreichte er 1926, dass der Stadt endlich ein Selbstverwaltungsstatut zugestanden wurde. Im nationalen Rahmen galt Hoan bald als Synonym für saubere und erfolgreiche Stadtverwaltung, weshalb er auch zum Vorsitzenden der US-Bürgermeistervereinigung („US Conference of Mayors") gewählt wurde.[8)]

Daniel Hoan blieb ein sehr populärer Bürgermeister, der bis 1940 immer wiedergewählt wurde. Da aber auch er den in dieser Zeit stattfindenden Niedergang seiner Partei nicht aufhalten konnte, verlor er schließlich 1940 sein Bürgermeisteramt an einen jungen, unabhängigen Kandidaten. Einige Jahre später verließ er die Sozialistische Partei und trat zur Demokratischen Partei über, für die er bei den Bürgermeisterwahlen 1948 antrat, aber gegen den sozialistischen Kandidaten Frank Zeidler unterlag. Schon 1944 und 1946 hatte er sich bereits erfolglos um das Amt des Gouverneurs und einen Senatssitz in Wisconsin beworben. Daniel Hoan starb am 11.06.1961 in Milwaukee.[9)]

2.2.3 1948-1960: Bürgermeister Frank Zeidler

Frank Zeidler, geboren am 20.09.1912 in Milwaukee, war von 1948-1960 der dritte und letzte sozialistische Bürgermeister der Stadt, der ebenfalls auf deutschsprachige Wurzeln zurückgreifen konnte. Schon sein nichtsozialistischer Bruder Carl Zeidler amtierte von 1940-1942 als Bürgermeister, nachdem dieser in einer Wahl das langjährige sozialistische Stadtoberhaupt

Daniel Hoan besiegt hatte, fiel aber bald im 2. Weltkrieg. Frank Zeidler selbst konnte bereits ab 1941 als sozialistisches Mitglied des „Milwaukee Board of School Directors“ politische Erfahrungen sammeln, ehe er 1948 selbst als Kandidat für das Bürgermeisteramt aufgestellt und dann auch gewählt wurde. Sein Gegenkandidat war wieder Daniel Hoan, der aber diesmal für die Demokratische Partei ins Rennen ging.[10)]

Frank Zeidler blieb in der Folge bis 1960, als er eine erneute Wiederwahl ablehnte, unangefochten an der Spitze der Stadt und wurde 1952 und 1956 mit jeweils großer Mehrheit in seinem Amt bestätigt. Er hatte diese Position allerdings nur aufgrund seiner persönlichen Beliebtheit inne, denn auf eine starke sozialistische Parteiorganisation konnte er im Gegensatz zu seinen 2 Vorgängern nicht mehr zurückgreifen. Seine Administration zeichnete sich gleichfalls durch eine liberal-sozialdemokratische Politik aus, die vor allem auf eine effiziente und am Gemeinwohl orientierte Stadtverwaltung bedacht war, beispielsweise hinsichtlich der Förderung der öffentlichen Infrastruktur oder der Renovierung von heruntergekommenen Stadtvierteln. Seine progressive Haltung in Fragen von Bürgerrechten für ethnische Minderheiten verursachte allerdings bittere politische Kontroversen.[11)] Es ist übrigens eine Ironie der Geschichte, dass Milwaukee, die größte Stadt des Staates Wisconsin, in den 50er Jahren mit Zeidler ausgerechnet einen sozialistischen Bürgermeister hatte. Zu einer Zeit also, als der berüchtigte US-Senator Joseph McCarthy(1909-1957) seine antikommunistische Hexenjagd entfachte, der ebenfalls seinen Wahlkreis in Wisconsin hatte. Frank Zeidler blieb weiterhin politisch aktiv und führte von 1973-1983 die kleine Sozialistische Partei der USA als nationaler Vorsitzender. Er kandidierte 1976 sogar als Präsidentschaftskandidat seiner Partei, wobei cr von vornhinein zwar chancenlos war, allerdings im Bezirk Milwaukee einen überproportional hohen Stimmenanteil verbuchen konnte; wahrscheinlich eine positive Nachwirkung seiner Bürgermeisterzeit. Er lebt noch heute als eine bekannte lokale Größe in Milwaukee und steht bereits im 92. Lebensjahr.[12)]

3. Politische Analyse der Stadtverwaltung

3.1 Organisatorische Gründe für die sozialistische Dominanz in Milwaukee

3.1.1 Straffe Parteiorganisation

Anders als die meisten US-Linken der damaligen Zeit erkannten die Sozialisten in Milwaukee den großen Wert einer straffen Parteiorganisation.

Unter maßgeblicher Federführung von Victor Berger entstand eine perfekt durchorganisierte Parteistruktur mit Zweigen in allen Bezirken der Stadt, was sehr an Vorbilder sozialistischer Parteien in Europa erinnerte. Aufgrund einer großen Anzahl von freiwilligen Helfern und Aktivisten, die oft höchst motiviert waren, konnte die ganze Stadt innerhalb kurzer Zeit mit Flugblättern, Zeitungen und anderem Propagandamaterial geradezu „überschwemmt" werden, was sich speziell in Wahlkampfzeiten sehr bewährte. Untermauert wurden diese Bemühungen auch durch eine professionelle Medienarbeit. Wichtigstes Propagandamittel blieb dabei die englischsprachige Zeitung „Milwaukee Leader", die von 1911-1929 als Tageszeitung erschien und von Victor Berger als Chefredakteur geleitet wurde.[13)]

Allerdings fungierte die Organisation nicht nur als Wahlkampf- oder Agitationsmaschine, sondern bediente vielmehr auch die emotionalen Bedürfnisse ihrer Mitglieder. Durch vielfältige Aktivitäten, besonders im Freizeit- und Privatbereich, wurden abseits der rein politischen Arbeit auch Freundschaften und private Bindungen eingegangen. Dies verlieh dem Ganzen natürlich noch ein zusätzliches Maß an Stabilität und Zusammenhalt.[14)]

3.1.2 Enge Verflechtung mit den Gewerkschaften

Das Um und Auf des organisatorischen Erfolges der Sozialistischen Partei bildete das Naheverhältnis zu den Vertretern der organisierten Arbeiterschaft, der 1881 gegründeten „American Federation of Labour"(AFL). Diese Organisation war aber eher als eine zünftlerische Vereinigung von Handwerkern und Facharbeitern zu verstehen, die das bestehende Wirtschafts- und Gesellschaftssystem nicht in Frage stellten, sondern lediglich ihre relativ privilegierten Lebensstandards zu verteidigen suchten.[15)]

Aufgrund dieser Situation gab es von sozialistischer Seite mehrmals Versuche, eigenständige Gewerkschaften, besonders der ungelernten Industriearbeiter und Immigranten, denen die AFL gleichgültig gegenüberstand, zu gründen, doch immer mit wenig Erfolg. So entstand eine „Socialist Trade and Labor Alliance", die zu ihren besten Zeiten gerade einmal 15.000 Mitglieder aufbieten konnte, während die AFL fast 2.000.000 Anhänger zählte. Auch die 1905 von Sozialisten aller Schattierungen gegründeten „Industrial Workers of the World" verfügten über keinen Massenanhang und gerieten bald in ein anarcho-syndikalistisches Fahrwasser, wodurch längerfristige politische Strategien durch radikalen Aktionismus ersetzt wurden.[16)]

Die Partei in Milwaukee stellte dem eine Politik des „Entrismus" entgegen, das heißt, sie versuchte, die AFL im sozialistischen Sinne zu beeinflussen und zu majorisieren. 1887 gründete sich in Wisconsin das „Federated

Trades Council“ als zentrale Dachorganisation der regionalen Gewerkschaften, wobei es wenigstens hier gelang, einen sozialistischen Präsidenten an die Spitze dieser Organisation zu wählen. In der Folgezeit kam es zu einer intensiven Zusammenarbeit zwischen Partei und Gewerkschaften, was sich nicht nur in einer personellen Verflechtung ausdrückte, sondern auch in inhaltlicher Übereinstimmung, sei es die Frage der Verstaatlichung der gesellschaftlichen Produktivkräfte oder das konkrete Eintreten für unmittelbare soziale Verbesserungen. Als die Gewerkschaften auch in Wisconsin im Zuge des 1. Weltkrieges aber in ein patriotisches Fahrwasser mit eindeutig anti-deutschem Einschlag verfielen und die Beziehungen zur sozialistischen Bewegung zu lockern begannen, leitete das schließlich den langsamen und unaufhaltsamen Abstieg des „Roten Milwaukee“ ein.[17)]

3.1.3 Interessenvertreter der verschiedenen ethnischen Minderheiten

Der lokalen Parteiorganisation gelang es sehr gut, auf die konkrete Situation der Stadt mit ihren vielen verschiedenen Ethnien einzugehen und deren Interessen zu vertreten. Zwar bildeten Facharbeiter mit deutscher Herkunft den Hauptteil an Wählern, Mitgliedern und Funktionären, doch konnte man bereits um 1900 einen nicht unerheblichen Grundstock an „native-born Americans“ aufbauen, deren wichtigster Vertreter der Gewerkschaftsfunktionär und „Yankee“ Frederic Heath (1864-1954) war. Erst später konnten dann auch die anderen, besonders osteuropäischen Einwanderergruppen gewonnen werden. Speziell das Segment des polnischen Proletariats blieb aber lange Zeit der Sozialistischen Partei fern, einerseits, da es sich gegenüber der eindeutig dominierenden deutschsprachigen Kultur etwas abschottete, andererseits aufgrund der starken Bindung zur Katholischen Kirche, deren offizielle Vertreter den Sozialismus stets von den Kirchenkanzeln als gottlos verteufelten. Ein Unterfangen, das aber bald nicht mehr griff.[18)]

3.1.4 Zusammenarbeit mit progressiven Reformbewegungen

Der sozialistischen Stadtverwaltung in Milwaukee ist es durch eine solide und behutsame Reformpolitik gelungen, auch unter den fortschrittlichen Anhängern der Mittelklassen langanhaltende Unterstützung zu bekommen, was mit ein Grund für die häufigen Wahlsiege war. Der Staat Wisconsin selbst galt aber schon um 1900 als Laboratorium für progressive Politik, was besonders der Tatkraft und Reformagenda des Gouverneurs und späteren Senators Robert La Follette (1855-1925) zu verdanken war. In diesem aufgeschlossenen politischen Klima konnten sich auch die Sozialisten, die längere Zeit über eine Anzahl von Mandaten im Abgeordnetenhaus und Senat des Bundesstaates verfügten, konstruktiv einbringen. In diesen Gremien arbeiteten sie mit den linksliberalen und bürgerlich-demokratischen Kräften zusammen und initiierten zahlreiche gesundheits- und sozialpolitische Gesetzesvorhaben zugunsten der Arbeiterschaft.[19)]

3.2 Kommunalpolitische Errungenschaften der sozialistischen Stadtverwaltung

3.2.1 „Saubere Stadtverwaltung" – Kampf gegen Korruption

Milwaukee erlebte nach 1900 zahlreiche Skandale und Korruptionsfälle, die zu einer gewissen Unzufriedenheit in der Bevölkerung an dem eher starren politischen System führten. In dieser Situation konnten die Sozialisten das Korruptionsthema wirkungsvoll besetzen und auch Teile des reformorientierten Mittelstandes gewinnen. Tatsächlich ist es der sozialistischen Stadtverwaltung dann auch gelungen, die Verhältnisse in der Stadt zu ordnen und die Korruption fast vollständig einzudämmen. Durch dieses Angebot einer „sauberen Verwaltung" konnte das Vertrauen in die öffentlichen Institutionen wiederhergestellt werden und lieferte den Beweis, dass die Sozialisten effiziente Verwaltungsreformer waren.[20)]

3.2.2 „Soziale Großstadtpolitik": Die Verbesserung der Lebensbedingungen breiter Massen

Da es ja in einer einzigen Stadt nicht möglich war, den Sozialismus einzuführen und das bestehende Gesellschaftssystem umzukrempeln, verzichtete man in Milwaukee auf solche Klassenkampfparolen und setzte dagegen auf moderate Sozialreformen. Im Kleinen wurde eine Umverteilung des Reichtums von oben nach unten vorgenommen, allerdings nur im geringen Maße, da beispielsweise Landesvorschriften die Möglichkeiten der Steuergesetzgebung stark einschränkten. Trotzdem konnten gewisse sozialpolitische Fortschritte erzielt werden, sei es hinsichtlich verbesserter Arbeiterschutzgesetze (so wurde städtischen Angestellten der 8-stündige Arbeitstag garantiert), oder hinsichtlich der Verbesserung der Gesundheitsversorgung für breite Schichten der Bevölkerung. 1923 baute die Stadt erstmals billige Sozialwohnungen und startete somit das erste (kurzfristige) Projekt öffentlichen Wohnungsbaus in den USA.[21)]

3.2.3 Großzügige Infrastrukturpolitik

Im Zuge der Neuausrichtung der Kommunalpolitik in Milwaukee durch die Machtübernahme der Sozialisten kam es auch zu einer verstärkten Bautätigkeit im Infrastrukturbereich. Solch eine aktive Politik kurbelte natürlich nicht nur die Wirtschaft an, sondern sicherte auch zahlreiche Arbeitsplätze. Die Schaffung oder Neuerrichtung von öffentlichen Einrichtungen jeglicher Art, seien es moderne Straßen, Brücken oder öffentliche Grünflächen, brachte für die Allgemeinheit auch mehr Lebensqualität und sorgte dafür, dass diese Stadt, im Gegensatz zu anderen US-amerikanischen Großstädten der Zeit, funktionsfähig blieb und kein Sanierungsfall wurde. Interessant ist außerdem, dass ein sehr strenges Baugesetz galt, welches bei Gebäuden eine maximale Anzahl von 10 (!) Stockwerken erlaubte.[22)]

3.2.4 Fortschrittliche Schul- und Kulturpolitik

Einen wichtigen Meilenstein bildeten Verbesserungen im Schul- und Unterrichtsbereich, wobei die Sozialisten in Milwaukee Hand in Hand mit progressiven Initiativgruppen und Pädagogen vorgingen, mit denen sie im Stadtschulrat (=„school board“) verschiedenste Reforminitiativen durchsetzten. Federführend daran beteiligt war Meta Schlichting-Berger (1873-1944), die Ehefrau Victor Bergers, die 1909-1939 diesem Gremium angehörte und einige Zeit sogar als dessen Präsidentin fungierte. Durchgesetzt wurden sozialpolitisch wichtige Programme wie freie Schülerausspeisung und kostenlose Gesundheitsuntersuchungen für Schulkinder oder auch Bildungsangebote für junge und erwachsene Arbeiter.[23)]

3.2.5 Öffentliches Eigentum

In den (Langzeit-)Programmen der Sozialisten wurde die Frage der Verstaatlichung der „gesellschaftlichen Produktivkräfte“, im Englischen „public ownership“ genannt, stets als Endziel festgehalten und es gab auch Intentionen der verschiedenen sozialistischen Stadtverwaltungen, städtische Dienstleistungsbetriebe zu kommunalisieren, was aber oft inkompatibel mit gewissen gesetzlichen Bestimmungen war. Man behalf sich in Milwaukee daher damit, die privaten Anbieter der kommunalen Dienstleistungen stärker als bisher zu regulieren und diesen gewisse Konditionen in sozialrechtlicher, sicherheitstechnischer und anderer Hinsicht vorzuschreiben. So musste die städtische Elektrizitätsgesellschaft nach einem von der Stadt angestrengten Prozess ihre Gebühren deutlich senken. Im Übrigen gingen die Sozialisten auf die Frage des „public ownership“ nicht mehr ein, da es unter ihrer Wählerbasis mittlerweile eine große Schicht von mittleren Angestellten und Arbeitern gab, die selbst kleine Häuser oder Gründe besaßen.[24)]

4. Zusammenfassung

Die hier geschilderten Verhältnisse dürfen aber nicht darüber hinwegtäuschen, dass Milwaukee zwar ein wichtiges und durchaus erfolgreiches Experimentierfeld des US-Sozialismus darstellte, andererseits aber auch ein Ausnahmefall blieb. Außerdem sind es jetzt schon wieder mehr als 4 Jahrzehnte her, dass der letzte sozialistische Bürgermeister amtierte. Trotzdem blieben die Leistungen der sozialistischen Stadtverwaltung im Gedächtnis der Bevölkerung haften, es blieb damit auch eine positive Wirkungsgeschichte erhalten. Die Geschichte von Sozialisten, die sich eben nicht zu gut waren, der alltäglichen Probleme der Menschen anzunehmen und praktische Lösungsvorschläge zu erarbeiten. Es waren deshalb die Reinigung von Bestechlichkeit und Korruption und die Umverteilung gesellschaftlicher Ressourcen durch eine soziale Politik die Marksteine der Stadtverwaltung in Milwaukee. Solch ein aktives Eingreifen einer öffentlichen Stelle in wichtige Politikfelder war damals in den USA etwas neues und hat mit Sicherheit den solidarischen Zusammenhalt bzw. den sozialen Ausgleich in der Bevölkerung gestärkt. Im Zuge der Politik des „New Deal“ sollten dann schließlich auch andere Stadtverwaltungen dem Beispiel Milwaukees folgen.

An diesem "Gemeindesozialismus" war natürlich ein reformistischer Zug unverkennbar, doch eignete sich die Ebene der Kommunen ohnehin nie für Klassenkampfrhethorik. Eher ging es um Gewinnung von Reputation in der Bevölkerung durch eine ordentlich geführte Verwaltungstätigkeit, mit nachvollziehbaren und zeitlich unmittelbar spürbaren Ergebnissen zugunsten der Massen. Radikalere Kräfte der Linken haben das reformistische Projekt in Milwaukee als Einrichten im bestehenden kapitalistischen System kritisiert und immer etwas verächtlich als „sewer socialism“(= „Kanalsozialismus“) denunziert; Doch haben diese „Kanäle“ wenigstens funktioniert und die „Abwässer“ fortgetragen! Eine hygenische, gesunde und lebenswerte Stadt ist wohl ein adäquater Trost, wenn man schon keine „Weltrevolution“ erreichen kann.

---

1) Vgl.: Sally M. Miller, Race, ethnicity and gender in early twentieth-century american Socialism, New York 1996, S. 51-53; Who was Who in America. Marquis Who`s Who. Chicago, o. J. Vol. 1 u. 3, I. S. 87

2) Vgl.: ebd. S. 52; David A. Shannon, The Socialist Party of America. A History (New York 1955) S. 21 u. 24; Who was Who. I. S. 87

3) Die Landesorganisation Wisconsin der „Socialist Party“ hieß übrigens bis 1918 weiterhin „Social-Democratic Party“, womit wahrscheinlich der evolutionäre politische Anspruch aber auch eine gewisse Verbundenheit mit der SPD im Deutschen Reich ausgedrückt werden sollte.
4) Vgl.: Miller. S. 59; Who was Who I. S. 478. Seidel war sozusagen „aus dem gleichen Holz geschnitzt“ wie die meisten Sozialisten in Milwaukee, was bei seinem Beruf nicht ganz unzutreffend ist! (Anm. d. Verf.)
5) Zur Entwicklungsgeschichte der Sozialisten in Milwaukee bis zum Wahlsieg 1910 ist die detaillierte Arbeit von M. Wachman sehr zu empfehlen.
6) Vgl.: http://www.spartacus.schoolnet.co.uk/US.Seidel.htm; Miller. S. 48
7) Vgl.: ebd.; Who was Who I. S. 478
8) Vgl.: http://www.spartacus.schoolnet.co.uk/US.Hoan.htm; Miller. S. 59-60; Who was Who III. S. 446
9) Vgl.: Miller. S. 60-61 u. 71; Who was Who III. S. 446
10) Vgl.: http://www.spartacus.schoolnet.co.uk/US.Hoan.htm; Who was Who III. S. 446
Der politische Werdegang Hoans zeigt exemplarisch die Attraktivität des „New Deal“ für einen Teil der US-Linken, die in der „Socialist Party“ aufgrund deren organisatorischen Niederganges keine Zukunft mehr sahen.
11) Vgl.: http://www.spartacus.schoolnet.co.uk/USAzeidler.htm; Who`s Who in America. Marquis Who`s Who. New Providence, 1995. Vol. 2 (L-Z) S. 422
12) Vgl.: Mari Jo Buhle/Paul Buhle/Dan Georgakas (Hg.), Encyclopedia of the American Left, New York 1990, S.472 u. 494; Miller. S.72
13) Vgl.: Buhle. S. 472; Who`s Who in America. Vol. 2. S. 422 und Leo Wieland, Im einstigen Athen des Westens trifft Kohl auf die Spuren Adenauers, Liebknechts und Golda Meirs. Besuch bei Amerikas letztem sozialistischen Bürgermeister in Milwaukee, in: FAZ. 20. 05. 1996. S. 3
14) Vgl.: Arbeiterzeitung. 10. 04. 1910. S. 7; Buhle. S. 493; Miller. S. 53-54; Marvin Wachman, History of the Social-Democratic Party of Milwaukee 1897-1910, Urbana 1945, S. 33-34
15) Vgl.: Miller. S. 54
16) Vgl.: Marianne Debouzy, Die sozialistische Bewegung in den Vereinigten Staaten bis 1918., in: Jaques Droz (Hg.), Geschichte des Sozialismus, Berlin/Frankfurt am Main/Wien 1974, Bd. 8. S. 45-46 u. 51. Die US-Linke hat solch eine Gewerkschaftspolitik, die nur den pragmatischen, wirtschaftlichen Kampf um bessere Einkommen in den Vordergrund stellt, aber auf jegliche weitergehende gesellschaftspolitische oder emanzipatorische Perspektive verzichtet, stets verächtlich als „pure and simple“-unionism diffamiert.
17) Vgl.: Debouzy, S. 38; Thayer, S. 380
18) Vgl.: Buhle. S. 472; Miller. S. 52-53 u. 66. So wurden sozialistische Kandidaten bei Wahlen nicht mehr offiziell unterstützt, es fehlte wertvolle organisatorische Unterstützung und es versiegten die finanziellen Zuwendungen.
19) Vgl.: Ebd. S. 49 u. 53-55
20) Vgl.: http://www.spartacus.schoolnet.co.uk/USAlafollette.htm; Miller. S. 61
21) Vgl.: Miller. S. 64
22) Vgl.: ebd. S. 66
23) Vgl.: Buhle, S. 472; Tagblatt, 15. 01. 1926. S. 2
24) Vgl.: Buhle, S. 472; Miller, S. 56-57
25) Vgl.: Miller, S. 59-60 u. 62

Zitierte Literatur:

Monographien:

Sally M. Miller, Race, ethnicity and gender in early twentieth-century american Socialism (New York 1996)

David A. Shannon, The Socialist Party of America. A History (New York 1955)

George Thayer, The farther Shores of Politics. The american political Fringe today (London 1968)

Marvin Wachman, History of the Social-Democratic Party of Milwaukee 1897-1910 (Urbana 1945)

Aufsätze in Zeitschriften und Sammelbänden:

Marianne Debouzy, Die sozialistische Bewegung in den Vereinigten Staaten bis 1918. In: Jaques Droz (Hg.): Geschichte des Sozialismus (Berlin/Frankfurt/Wien 1974) Bd. 8. S. 7-68.

Leo Wieland: Im einstigen Athen des Westens trifft Kohl auf die Spuren Adenauers, Liebknechts und Golda Meirs. Besuch bei Amerikas letztem sozialistischen Bürgermeister in Milwaukee. In: FAZ. 20. 05. 1996. S. 3.

Lexika, Handbücher usw.

Mari Jo Buhle / Paul Buhle / Dan Georgakas (Hg.), Encyclopedia of the American Left (New York 1990)

Who`s Who in America. Marquis Who`s Who. New Providence, 1995. Vol. 2 (L-Z)

Who was Who in America. Marquis Who`s Who. Chicago, o. J. Vol. 1. u. 3.

Zeitungen/Zeitschriften

Arbeiter-Zeitung. Wien 1910.

Franfurter Allgemeine Zeitung. Frankfurt a. Main, 1996.

Tagblatt. Linz, 1926.

Internetseiten

http://www.spartacus.schoolnet.co.uk. Biographiensammlung von linken und progressiven Persönlichkeiten der USA und Großbritanniens.

Von der Notwendigkeit von ATTAC

oder: Die Rettung des Politischen[1)]

von Sepp Wall-Strasser

Die Weltwirtschaft ist aus den Fugen geraten. Stellt man die Frage: wann und wie lange schon, kommt man in Verlegenheit. Denn: war sie schon jemals „in den Fugen?" Als kritischer und politisch wacher Mensch wird man diese Frage nicht sehr leicht mit Ja beantworten können.

Dennoch erkennen wir gravierende Unterschiede in der Art, wie Wirtschaft in den letzten Jahrzehnten gestaltet worden ist. Derzeit erleben wir eine Phase, in welcher Ökonomie ganz allgemein und die Finanzpolitik im Speziellen so geregelt sind, dass sie weder „der Wirtschaft" im Sinne von Realwirtschaft dienen noch den Menschen gesteigerten Wohlstand bringen. Kurz: Die Regeln für das Wirtschaften sind derzeit nicht sehr intelligent gesetzt. Was ist passiert? Waren die ökonomischen Abläufe jemals besser? Wann fand eine Wende statt? Man muss zumindest in die so genannte Zwischenkriegszeit und die Zeit des Zweiten Weltkrieges zurückgehen, um die Entwicklung der jüngeren Geschichte und die Gegenwart besser zu verstehen.

Keynesianismus: Das ökonomische Projekt

Gegen Ende des Zweiten Weltkrieges wurden nicht nur die politischen Grenzen weltweit neu gezogen, es wurde auch in verschiedenen Think-Tanks und Konferenzen die politische und ökonomische Nachkriegsordnung festgelegt. Es bestand Konsens darüber, dass die Politik der Wirtschaft – und hier vor allem wieder der Finanzwirtschaft – Regeln auferlegen müsse, solle sie ihren Dienst – Wohlstand für die Menschen zu erzeugen - erfüllen. Die entstandenen Kompromisse, im wesentlichen zwischen den zukunftsweisenden und visionären Ideen eines John Meynard Keynes einerseits und den VertreterInnen der US-amerikanischen und britischen Politik andererseits, wurden in den wichtigsten Punkten im Bretton-Woods-Abkommen im Juli 1944 zusammengefaßt und festgelegt.

Diese politische Zähmung des kapitalistischen Systems im keynesianischen Zeitalter fußte im wesentlichen auf den Bereichen:

• Billiges Geld durch Kontrolle des Kreditzinssatzes. In der Praxis hieß dies, dass dieser nie höher als das Wirtschaftswachstum sein dürfe. Dazu wurden die internationalen Finanz-Hilfsorganisationen (Weltbank WB und Weltwährungsfond IWF) als (Krisen-)Institutionen ins Leben gerufen, um dieses billige Geld bereitzustellen.
• Fixe Wechselkurse für die wichtigsten Weltwährungen, und die Verankerung des US-Dollars als Leitwährung, um das Spekulieren zu unterbinden. (Wobei Keynes eigentlich die Einführung einer Weltwährung vorgeschlagen hatte.)
• Keine Exportüberschüsse – also keine nationale Ellbogenwirtschaft. Im Gegenteil: es sollten sogar Sanktionen verhängt werden gegenüber Ländern mit Handelsbilanzüberschüssen. Dies scheint in Zeiten wie den unseren undenkbar und sogar unsinnig. Der Sinn liegt jedoch bei genauerem Hinsehen klar auf der Hand: Exportüberschüsse müssen ja bezahlt werden, - von jenen Staaten, die ein Handelsbilanzminus vorweisen. Wohingegen Staaten mit Exportüberschüssen sich ihre Volkswirtschaft von den anderen zahlen lassen. Ergo müssen diese dazu gezwungen werden, ihre Inlandsnachfrage anzukurbeln.

Keynesianismus: Das politische Projekt

Dass die westlichen Alliierten wesentliche Teile der Keynes'schen Ideen in Politik umsetzten kam natürlich nicht von ungefähr. Dafür gab es den handfesten Grund der realpolitischen Bedrohung des westlichen Systems durch den Sowjetkommunismus. Daher machte das Kapital aus gesellschaftspolitischen Gründen Zugeständnisse, zu welchen es vorher – und, wie sich später zeigen wird – auch nachher nicht mehr bereit (gewesen) war. Der Faktor Arbeit, repräsentiert durch Arbeiterparteien, Gewerkschaften und KonsumentInnenverbände, wurde das erste Mal in der Geschichte als Verhandlungspartner in einer Weise akzeptiert, wie es in den Jahrzehnten vorher noch undenkbar gewesen wäre. Das Projckt einer Konsenspolitik – in Österreich auf die Spitze gebracht durch das Modell der Sozialpartnerschaft – wurde für kurze Zeit zur Leitlinie westlicher Politik. Selbst in den USA erreichten unter Präsident Roosevelt's New Deal und den Great-Society-Programmen Präsident Johnsons die Gewerkschaften eine ungeahnte

Akzeptanz, und die breite Bevölkerung Absicherung durch verbesserte Sozialversicherungen, Ausbau der Gesundheits- und Bildungseinrichtungen, Ausweitung des privaten Konsums durch günstige Kreditkonditionen. Der Staat konnte – zusätzlich zu den Unternehmungen und Privaten - als Investor auftreten, da er einerseits durch weniger Ausgaben an Sozialhilfe Geld sparen konnte und durch vermehrte Einnahmen an Lohn- und Einkommenssteuern Budgetüberschüsse erzielen konnte. Somit kurbelte er erst recht das Wirtschaftswachstum an. Das Ziel Keynes', Wohlstand durch kluge Verteilung des vorhandenen Reichtums zu erzielen, wurde in überraschend kurzer Zeit verwirklicht. Und ein weiterer Effekt: durch die Binnenmarktorientierung nahm die Nord-Süd-Ausbeutung ab. „In dieser Zeit“ konnte „man tatsächlich von Konvergenz reden: in den armen Ländern wuchs die Wirtschaft schneller als in den reichen.“[2)]

Von der sozialen zur radikalen Marktwirtschaft

Mit diesem System hätten also alle zufrieden sein können. Das dem nicht so war, lag – grob gesagt – an den Vertretern des Finanzkapitals. Diese fühlten sich durch die Regelungen und Abkommen von Bretton Woods gegängelt. De-Regulierung wurde daher zu ihrem wichtigsten Schlagwort. Eine Kampfansage an die Regeln einer keynes'schen Welt, welche das Finanzkapital in den Dienst der Realwirtschaft stellen wollte. Regeln stellt die Politik auf. Der Politik und jener Institution, welche Politik verkörpert, - dem Staat - galt daher der nächste Kampfruf: „Privatisierung! Weniger Staat, mehr privat.“ Der Staat wurde verunglimpft, wo sich nur eine Gelegenheit dazu bot, und damit einhergehend das Geschäft des Politikers und der Politik allgemein verteufelt. Wohlstand bringt allein der freie Markt, und nur, wenn man diesen ungehindert walten lässt, wird Wohlstand für alle geschaffen werden, hieß die Devise.

Lange mussten die neuen Marktfundamentalisten arbeiten, bis sie erfolgreich sein würden. Sie gründeten halb-geheime Gesellschaften und exklusive Stiftungen, betrieben Lobbyarbeit bei Konzernen, auf den Universitäten und in den Vorzimmern konservativer und rechter politischer Parteien. Den politischen Durchbruch schafften sie endlich - nach dreißig Jahren harter Arbeit - mit den Wahlerfolgen einer Margret Thatcher in Großbritannien und eines Ronald Reagan in den USA. Thatcherismus und Reagonomics nannten sich diese bahnbrechenden Formen des damit geborenen Neoliberalismus, welcher seither den ungebrochenen Siegeszug um die Welt angetreten hat.

Seither drehen sich die Räder der Realwirtschaft und der Sozialpolitik langsamer und das Karussell der Finanzmärkte immer schneller. Der letzte Stolperstein auf dem Weg zur freien Entfaltung reiner Marktideologie wurde mit dem Fall des Eisernen Vorhanges 1989 aus dem Weg geräumt. Damit hat der real existierende Kapitalismus keine politische und moralische Bremse mehr, die ihn aus Rücksicht auf eventuelle Systemkonkurrenz zu einer menschenfreundlicheren Politik zwingen könnte.

Der neue Weg: Washington consensus

Keynesianismus, politische und ökonomische Konsensorientierung ist jetzt seit mindestens 20 Jahren Geschichte. Die Zerschlagung des festen Wechselkurssystems und die reagansche Hochzinspolitik schufen (wieder) jene Vorraussetzungen, welche die Macher des schnellen Geldes brauchen: man kann wieder mit oder gegen Währungen spekulieren, Volkswirtschaften erpressen und vor allem durch atemberaubend hohe Zinsen rasch Schuldknechtschaft erzeugen. So stiegen in Folge der neuen US-Politik im Jahr 1980 die Dollarkreditzinsen im Durchschnitt um das dreifache - und zwar auch für bestehende Kredite. Und alle aufmerksamen BeobachterInnen dieser Zeit haben noch allzu gut in Erinnerung, dass es das Jahr 1980 war, welches die damals so genannten Entwicklungsländer von heute auf morgen in jenes Schuldendesaster stürzten, in welches sie seither immer tiefer verstrickt wurden.

Aus einer „schuldnerorientierten“ Regelung der Finanzpolitik wurde somit wieder die Herrschaft der Geschäftsbanken. Professor James K. Galbraith beschreibt die Situation so: „Das heutige Europa ist – wie die Atlantische Allianz von 1945 – der absoluten Herrschaft der Gläubiger unterworfen. Und diese Herrschaft erweist sich, wie es Keynes einst vorausgesagt hat, als eine ökonomische Katastrophe.“[3)] In Zahlen ausgedrückt: wenn Europa und im Speziellen Österreich noch immer von einem Marshallplan profitiert, der auch heute noch heimischen Unternehmungen Kredite zu Billigstkonditionen bietet (derzeit etwa 2 % aus dem ERP-Fond!), so zwingt man derzeit anderen Ländern – etwa Argentinien und der Türkei - Kreditzinsen in der Höhe von 30 bis 50 % auf. Dieser ökonomische Wahnsinn passiert täglich vor unseren Augen, und es findet sich weltweit kaum eine namhafte politische Kraft in der Realpolitik, die diesem Diktat der Finanzmärkte Einhalt gebieten würden. Und dies, obwohl fast jährlich ganze Volkswirtschaften zusammenbrechen und die Welt sich ständig am Rande eines ökonomischen Totalcrashs bewegt.

Sogar der erfolgreichste Börsenspekulant der letzten Jahrzehnte, George Soros, warnt seit Jahren vor dieser Entwicklung: „Woran es uns gebricht ist die Fähigkeit, den Exzessen der Finanzmärkte Einhalt zu gebieten. Und solange wir diese Dinge nicht im Griff haben, müssen wir mit dem Zusammenbruch der Weltwirtschaft rechnen.“[4)]

Die Notwendigkeit von ATTAC

Der Neoliberalismus steht also am Zenit seiner politischen Macht. Und seine Exzesse waren es auch, welche die Geburt von ATTAC auslösten. Die bisher schwerste dieser Währungskrisen, jene in Südostasien im Sommer 1997, gab den unmittelbaren Anlass. Im Jahr vor der Krise strömten 93 Milliarden US-Dollar netto in die Region ein, im Krisenjahr flossen 13 Milliarden Dollar ab. Der „Swing“ betrug 11 Prozent des regionalen BIP, im Falle Thailands waren es sogar 23 Prozent des BIP. Auf Österreich übertragen hieße das, dass die Kapitalbilanz innerhalb eines Jahres eine Schubumkehr im Ausmaß von 630 Milliarden Schilling erfahren hätte.

Während die europäischen (Investment-)Banken dank IWF-organisiertem Bail-out mit einem blauen Auge davon kamen, rutschten allein in Indonesien 40 Millionen Menschen unter die Armutsgrenze – 40 Millionen, die nie eine Devisentransaktion getätigt hatten. Damit war das Fass voll. In der Dezemberausgabe 1997 der Zeitung „Le Monde diplomatique“ forderte ihr Chefredakteur Ignacio Ramonet dazu auf, die Märkte zu entwaffnen: „Warum gründen wir nicht eine weltweite Organisation, dic sich für die Einhebung einer Tobinsteuer zugunsten der Menschen einsetzt?“[5)] Dieser Artikel stieß auf ungeahntes Echo, und bereits ein halbes Jahr später wurde ATTAC Frankreich aus der Taufe gehoben. Es steht für „Association pour une Taxation des Transactions financières pour l’Aide aux Citoyens“, was übersetzt heißt: „Vereinigung zur Besteuerung von Finanztransaktionen als Hilfe für die BürgerInnen“.

Im Jahr 2000 gründeten AktivistInnen, die aus verschiedensten gesellschaftspolitischen Bereichen kamen und die beschriebene wirtschaftliche Entwicklung aufmerksam verfolgt hatten, ATTAC Österreich, „Netzwerk zur demokratischen Kontrolle der Finanzmärkte“. In ihrer Gründungsdeklaration heißt es: „Die derzeitige Entwicklung der Weltwirtschaft lässt wichtige Probleme ungelöst und schafft immer neue. Die ökologische Krise verschärft sich, eine weltweit wie national gerechte Einkommensverteilung ist weiter entfernt denn je zuvor, lokale Ökonomien und Kulturen werden einplaniert, die Gewinne konzentrieren sich auf wenige Regionen und Akteure, und die politische Macht verschiebt sich hin zu den „Global Players" auf den internationalen Finanzmärkten, wodurch die Demokratie weltweit ausgehöhlt wird und die Krisenanfälligkeit des globalen Wirtschaftssystems zunimmt.

Diese Form der Globalisierung verbreitet ein Gefühl der Ohnmacht. Mitgestaltung scheint nicht möglich. Wir – ATTAC Österreich – setzen dem Eindruck der Nichtgestaltbarkeit globaler Zusammenhänge die politische Forderung der Demokratisierung der Wirtschaft und ihre Ausrichtung auf die langfristigen Überlebensinteressen der Menschheit entgegen. Ein erster und wichtiger Schritt dazu ist die demokratische Kontrolle der Finanzmärkte und ihre Unterordnung unter das Ziel einer weltwirtschaftlichen Entwicklung, welche die Bedürfnisse aller Menschen befriedigt und den Schutz unserer Lebensumwelt ermöglicht."[6)]

ATTAC wurde notwendig, weil wir ökonomisch von allen guten Geistern verlassen wurden. ATTAC wurde notwendig, weil PolitikerInnen aufgegeben haben, als PolitikerInnen zu agieren. ATTAC wurde notwendig, weil die parlamentarischen Parteien versagt haben und noch immer versagen. Es geht um eine neue Politisierung von Menschen. Es geht um die Wiederaneignung des Politischen. Es geht darum, den Beruf PolitikerIn wieder neu zu prägen. Politik kommt von Polis. Aufgabe des politiké – des Zuständigen für die Polis - war, für das Wohl innerhalb einer bestimmten Gemeinschaft – im antiken Griechenland innerhalb der Staatmauern des griechischen Stadtstaates - zu sorgen. Und dies auf dem Wege der Mitsprache der BürgerInnen. Der Politikertypus neoliberaler Ordnung macht genau das Gegenteil: er fühlt sich nicht zuständig für die öffentliche Aufgabe. Im Gegenteil: er nimmt die Handlanger- und Gehilfenfunktion privater Interessen ein. Es finden sich kaum noch PolitikerInnen, die sich für das Öffentliche konsequent eintreten getrauen, die den Slogan von „weniger Staat und mehr Privat" in Frage stellen. Noch weniger finden sich, um mehr Staat im Sinne von öffentlichem und demokratischen Einfluss auf die Wirtschaft zu verlangen, eine Forderung, welche in manchen Fällen wie zum Beispiel in der Sicherung von (über-)lebenswichtigen Gütern, aber auch in der Bereitstellung billigen Geldes durch öffentliche Banken zur Sicherstellung von privaten und öffentlichen Investitionen, höchst sinnvoll und angebracht wäre.

Immer dann, wenn PolitikerInnen Privatisierung zu ihrer obersten Maxime erklären, geben sie damit indirekt ihre Bankrotterklärung ab. Wenn sie gar behaupten: der Staat sei ein schlechter Unternehmer, dann drücken sie sich aus ihrer unternehmerischen Verantwortung. Denn ihre Aufgabe besteht ja genau darin, das Unternehmen Staat, Land, Kommune gut zu führen. Jede/r Manager/in in der so genannten Privatwirtschaft würde auf der Stelle gefeuert, wenn er/sie das eigene Unternehmen so anpatzen würde. PolitikerInnen aller Couleurs tun dies aber seit Jahren ungestraft, ja, sie erhalten dafür den Applaus der medialen Öffentlichkeit und der durch die langjährige neoliberale Gehirnwäsche geblendeten BürgerInnen.

ATTAC – die Wiege eines neuen Politik-Typs?

ATTAC will keine neue Partei sein oder werden. Mit der Bewegung ATTAC entsteht seit längerem wieder eine Bewegung, die sich konsequent um das Anliegen einer sozial gerechteren und ökonomisch sinnvolleren Organisation von Wirtschaft annimmt. ATTAC steht nicht von vornherein im Widerspruch zu verschiednen traditionellen oder neuen Parteien. ATTAC erinnert sie nur konsequent an ihre zentralen Aufgaben, Ökonomie im Sinne des Gemeinwohls – und dies global - zu regeln. Eine Aufgabe, die sie zumeist über Bord geworfen haben.

Denn sowohl die traditionellen christlich-sozialen Parteien, wie die sozialdemokratisch orientierten Bewegungen haben ihren Ursprung vergessen. Sie haben „ihre“ Erfindung des gezähmten Kapitalismus, den „rheinischen Kapitalismus, die „soziale Marktwirtschaft“ als Modell aufgegeben. Und auch die alternativ-grünen Parteien sind in ihrer Realpolitik zu Sozialstaatsabbauern geworden. Aus Sozialdemokraten wurden Sozialliberale, aus (Christlich-)Konvervativen wurden Autoritärliberale, aus Alternativbewegungen ökoliberale Parteien.[7)]

ATTAC muss die unbedankte, aber umso notwendigere Arbeit der Repolitisierung im Sinne von Politikgestaltung für das Wohl der Menschen in Nord und Süd leisten.

ATTAC setzt dabei bei der Ökonomie an. ATTAC Österreich spricht in ihrem Selbstverständnis daher auch von ökonomischer Alphabetisierung. Diese ist notwendig geworden, weil auf die etablierten politischen Kräfte kein Verlass (mehr) ist. Eine Primitivökonomie hat Einzug gehalten in die Stuben der Ökonomen und damit der Politikberater, die ihresgleichen sucht. Was der deutsche Ökonom Heiner Flassbeck für Deutschland formuliert, hat für die gesamte westliche Politik Gültigkeit: „Anfang der 80er Jahre des vorigen Jahrhunderts hatten sich die deutschen Ökonomen, ohne jeden äußeren Zwang, dazu entschlossen, das gesamtwirtschaftliche Denken über Bord zu werfen. Nach 40 Jahren Makroökonomie war Mikroökonomie angesagt und wurde, gründlich wie man in Deutschland ist, nicht als Ergänzung, sondern gleich als Ersatz für die ungeliebte Makroökonomie betrachtet. Spielte doch beim makroökonomischen Denken tatsächlich der Staat eine Rolle, den man allzu gerne ganz aus der Betrachtung der sich selbst regulierenden Märkte verbannen wollte. Wie konnte man aber das gesamtwirtschaftliche Denken verbannen, ohne gewaltige wirtschaftspolitische Fehler zu machen?“[8)]

Eine Neuregelung der wirtschaftlichen Grundmuster ist daher Vorraussetzung einer Neugestaltung des Zusammenlebens auf diesem Globus. ATTAC fordert nicht nur ein radikales Um-denken, sondern „Um-Handeln“. ATTAC fordert in der Realpolitik ein, was ohnehin seit geraumer Zeit in allen kritischen Lehrbüchern geschrieben und auf vielen entwicklungspolitischen und alternativen Kongressen diskutiert und gefordert wird.

„Wir wollen das Primat der Politik über die Wirtschaft wiederherstellen, beginnend bei der demokratischen Kontrolle der Finanzmärkte. Wir wollen Handlungsspielräume für die regionale und nationalstaatliche Wirtschaftspolitik zurückgewinnen, um eine global nachhaltige Entwicklung zu ermöglichen, in deren Zentrum eine gerechte Verteilung steht.“[9)]

Es wird kein Zurück zum Keynesianismus alter Ordnung geben. Dies ist auch nicht anstrebenswert. Zu viel war auch in dieser Ordnung nicht in Ordnung. Darum geht es auch nicht. ATTAC verpflichtet zu keinem gemeinsamen Programm im Sinne einer Regierungserklärung. ATTAC formuliert zunächst einmal die Kritik am herrschenden System. Dies ist in der derzeitigen Phase des Einheitsdenkens schon einmal das wichtigste, und für viele etwas Unerhörtes. Und ATTAC formuliert gangbare (Aus-)Wege aus der Misere. Die wichtigsten lassen sich in folgenden Punkten zusammenfassen:

- Herstellung stabiler Finanzmärkte: Entschleunigung durch Besteuerung von Finanztransaktionen (Tobin-Tax, Börsenumsatzsteuer), Rückführung auf Finanzierungsfunktion, Kapitalverkehrskontrollen, Stabilisierung der Wechselkurse
- Steuergerechtigkeit: Steueroasen schließen, Gewinne und Kapitaleinkommen progressiv besteuern (Einkommenssteuer), einheitliche Konzernbesteuerung
- Entschuldung und Insolvenzrecht für Staaten
- Demokratisierung, Kompetenzverringerung und völlige Neuausrichtung von IWF und Weltbank: Teilung der Weltbank in kontinentale Banken für nachhaltige Entwicklung, One country one vote, Einbindung der Zivilgesellschaft, Rechenschaftspflicht gegenüber den Parlamenten, Rückzug des IWF aus Strukturanpassungsprogrammen

• Ökologisierung: kostenwahre Preise durch Ökosteuern, Ressourcenbesteuerung, volle Haftpflicht für Atomstrom und Gentechnik
• Welthandel: Fair Trade statt Free Trade, Eingliederung der (umgewandelten) WTO in das UN-System
• Sicherstellung, Ausbau und Demokratisierung öffentlicher Daseinsvorsorge: Keine Patente auf Leben, Ende von Biopiraterie und Gentechnik, Public Services wie Wasserversorgung, Bildung, Gesundheit, Pensionsvorsorge, öffentlicher Verkehr und Umweltgüter
• Kooperation statt Konkurrenz: Keine Konkurrenz bei Standortbedingungen (Steuern, Umweltgesetze, Arbeitnehmerschutz), Gratis-Technologietransfer von Technologien für nachhaltige Entwicklung und Freigabe nicht genutzter Patente
• Binnenmarktorientierung: Stärkung regionaler Wirtschaftskreisläufe und der Nahversorgung, kulturelle Vielfalt durch regionale Autonomie

ATTAC erfindet dabei in der Regel weniger Neues, als sie alte oder bekannte Weisheiten neu ins politische Spiel bringt. Dazu gehört vor allem eine gehörige Portion an Mut. Dieser fehlt vielfach den politischen VertreterInnen der Parteien. Der Mut, unbequeme Dinge, welche nicht dem Mainstream und dem Einheitsdenken entsprechen, anzusprechen und dafür medial geprügelt zu werden. Neu an ATTAC ist vielleicht, dass diese Bewegung eine der ersten großen globalen Netzwerkorganisationen (geworden) ist.

ATTAC und ATTACies leisten ihre Arbeit nicht nur mit der nötigen Konsequenz und Ernsthaftigkeit, sie machen dies auch mit sehr viel Lust an der Politik und am Engagement. Wut und Mut gehören zu den wesentlichsten Triebfedern dieser Bewegung: Wut über die desolaten Verhältnisse, die Marktfundamentalismus und ökonomische Dummheit hinterlassen und Mut, dagegen aufzutreten im Bewusstsein, Eckpunkte einer neuen notwendende Politik zu schaffen.

---

1) Dieser Artikel beschäftigt sich mit den Hintergründen und dem Selbstverständnis der Bewegung ATTAC. Mehr über die konkrete Arbeit und detaillierte Forderungen von ATTAC Österreich unter www.attac-austria.org

2) James K. Galbraith, Von der Freiheit, Schulden zu machen. Die Weltordnung nach Keynes, in: Le Monde diplomatique, deutsche Ausgabe, Mai 2003, S 17

3) Galbraith, ebd.

4) George Soros, Die Krise des globalen Kapitalismus. Offene Gesellschaft in Gefahr, Berlin 1998, S. 18

5) Ignacio Ramonet Die Märkte entwaffnen, in: Le Monde Diplomatique, deutsche Ausgabe, Dezember 1997, S. 1

6) Gründungsdeklaration ATTAC Österreich, Wien, September 2000, Seite 1

7) Sehr treffend beschrieben in: Joachim Becker, Neue Formen liberaler Herrschaft in Europa, in: Kurswechsel. Zeitschrift für gesellschafts-, wirtschafts- und umweltpolitische Alternativen, Heft 2/2003, S. 9ff

8) Heiner Flassbeck, Wie Deutschland wirtschaftlich ruiniert wurde. Ein Bericht aus dem Jahre 2010. Blätter für deutsche und internationale Politik 8/2003, S. 956

9) Gründungsdeklaration ATTAC Österreich, a.a. O.

Die Maximierung des Puma

von Max Huber

„Wie emsig doch das Krokodil
Den Schwanz sich aufgebessert
Und jede Schuppe, fern am Nil,
Im Golde hat gewässert.
Wie freundlich blickt sein Auge
Drein,
Wie klar quillt seine Träne,
Wenn es die Fischlein lockt
Herein
In seine milden Zähne."
(Lewis Carrol)

Rollender Stein

Als man den Puma an einem nebeligen Novemberabend im niederösterreichischen Dunkelstein aus der schönen Ungarn-Rikki ins Leben zog, gaben ihm seine Geburtshelfer nicht den Rat, dass das Leben eine sehr ernste Angelegenheit sei, eine Unternehmung, die von einem jungen Menschen Stärke und Zielstrebigkeit verlange, ein mühsames Unterfangen vielleicht, aber ein lohnendes, wenn man nur ordentlich herumcarvte. Sie dachten eher ein rollender Stein setze kein Moos an und gaben ihm schon kurz nach der Geburt einen ordentlichen Stoß, aber keine Richtung. Die Ungarn-Rikki war Mitte der fünfziger Jahre des vorigen Jahrhunderts vom ungarischen Revolutionswind ins Alpenvorland geweht worden, ihren Vater wehte es gleich weiter in die oberösterreichischen Stahlwerke, wo er als Kantinenwirt versuchte, ein besserer Gast als die durstigen Arbeiter zu sein, was ihm auch gelang, jedoch seiner Leber und seinem Leben ein rasches Ende bereitete.

Die Rikki traf auf den regen Jungbauern Hasenfranz, der von ihrem Waldviertelchen sehr angetan war. Die Hasenfranz´ waren seit Jahrhunderten die Vogtbauern der Montecuccolischen Grafen, die einmal in grauer Zeit die Türken besiegten, was auch die Vögte bis heute um den Verstand bringt. Man nimmt und nahm sich was man wollte. Also nahm der Hasenfranz die Rikki und im Jahresabstand purzelten drei Bastardchen aus ihrem Schoß, was des Hasenfranz eh schon nicht vorhandenes kirchliches und standesamtliches Interesse gänzlich erlahmen ließ.

Der Puma war der zweite Bastard und man hatte mit ihm Schönes vor. Der Stein bekam einen kräftigen Kick, er rollte im Jahresrhythmus zu verschiedenen Zieheltern durch den Dunkelsteinerwald. Mit sechs Jahren kam er endlich zum Stillstand, da sein Vater eine andere Rikki heiratete und deshalb seine eigenen Söhne adoptieren durfte. Kurz freuten sich alle über soviel Menschlichkeit, doch bald stellte sich heraus, dass der Vater eher Arbeitskräfte für sein Sägewerk, denn Söhne benötigte. Der Puma kam sich vor wie ein Lamm, dass täglich geschoren und zur Schlachtbank geführt wird. In der Nacht blökte er um Hilfe, doch nur seine Großmutter hörte ihn und die war selber schon mit jungen Jahren in die Falle gegangen, als ein Bauer sie an den Großvaterhof verkaufte. Die Großmutter beschwor den Puma zu lernen, nur so könne er sich aus der Falle befreien und der Puma lernte und las und zog sich allabendlich zurück ins Reich der Kindheit, das Universum des Absurden und Phantastischen. Am Morgen drangen die Erwachsenen wieder gewaltsam in das Kinderreich ein und stahlen die Träume. Der Puma rollte in die Pubertät und kam schwer beschädigt heraus. Er war ungefähr siebzehnmal von zuhause ausgezogen, aber erst beim nächsten Mal, als ihn sein hackenschwingender Vater knapp verfehlte, gelang es ihm sich abzunabeln. Drei Kreuze. Schade, dass sie alle Kanaillen sind. Schöne Welt, böse Leut´. Baba und fall net. Doch des Pumas Motto war jetzt ein ganz anderes: Let´s roll! Moos hatte er genug angesetzt und so rollte er zu seinem Bruder und seiner Konkubine, die ihn auch gleich um seine Urlaubskasse erleichterte, er rollte weiter in die schöne Stadt St. Kruzifix, wo er zur Tarnung eine Buchhändlerlehre begann. In der Tat lernte er fleißig: Saufen, kiffen und den Fräuleins schöne Augen machen – ein richtiges Renaissanceleben. Der Stein legte an Geschwindigkeit zu. Die Richtung war bestimmt. Runter. Er trank. Er trank soviel, dass er bekannt wurde wie ein bunter Hund. Als die Leute nach ihm zu treten begannen, verließ er die Stadt.

Der Puma kotzt seine Geschichte aus

Der Puma kam in die Hauptstadt mit einigen Freunden und das erste was er sich dachte, dass diese Städte dazu geschaffen waren, sich nach einer intensiven Kurzbetrachtung sofort zu entleiben, allerdings wollten sie vorher noch einige Spuren hinterlassen. Sic hatten es vom Gare de West immerhin bis ins Cafe Westend geschafft und setzten dort das in St. Kruzifix unterbrochene Biertrinken fort. Einer von ihnen hatte gehört, dass es in der großen Stadt circa vierzigtausend Gast-, Wirts- und sonstige –häuser geben sollte und ihr erster Ehrgeiz zielte in die Richtung, zumindest einmal in jedem dieser Etablissements eine Duftnote zu setzen.

Um so ein Leben führen zu können, brauchte man natürlich eine gesellschaftliche Legitimation. Ihre Ziele waren jedoch vage. Den St. Kruzifixern gaukelte man vor, dass man studierte, doch den hauptstädtischen Professoren konnten sie nicht verhehlen, dass ihnen zum Erfolg die notwendige emotionale Gelassenheit und die erforderliche Fähigkeit des fortgesetzten Lesens fehlten. Der Puma geriet in den Einfluss eines Dichterkreises, trank nicht mehr soviel, versuchte zu schreiben und lebte als wendiges U-Boot in einer aufblühenden Stadt. Das Land war einige Jahre zuvor vom roten Sonnenkönig ordentlich durchlüftet worden. Es bekam soviel Luft, dass die jungen Menschen in Scharen in die Hauptstadt zogen und endlich lebte dieses kakanische Monstrum wieder. Und auch der Puma lebte. Er begann die Literatur zu entdecken. Ansonsten hatte er nichts. Die beste Basis um ein Gedicht zu schreiben, wie sein Lehrmeister Ernst Jandl sagte: „Du hast eine ganze Sprache, ein ganzes Leben, ein ganzes Denken und ein ganzes Erinnern." Doch der Puma machte noch nichts daraus. Seine Dunkelsteiner Dämonen waren zu stark. Sie saugten alles weg, vor allem die Liebe anderer Menschen, am Ende ihn selbst. Er war Stückwerk, zerbrochen, gebraquet und picassiert, zerhackt, zerrissen, zerschnipselt und schief zusammengepickt. Bald geriet der Puma auch an die Politik. Es gab viel Widerstand zu leisten. Zuerst am Caféhaustisch, dann am Wirtshaustisch, dann an den vielen Tischen in den vielen Musiklokalen und schließlich im Morgengrauen in den Bars und Naschmarktbeiseln und dann wieder an den Cafehaustischen und ....

Plötzlich war der Puma in der Au. Er wusste nicht wie im geschah, er war wirklich politisiert. Vormittags Versammlungen an der Uni oder auf der Straße, mittags und nachmittags Barrikadenbau in der Au, abends von Café zu Café, Flugzettel verteilend und demonstrierend und plötzlich saß er im Bau. Die staatlichen Institutionen spuckten ihn erst wieder zwei Monate später auf die Straße.

Jetzt kannten der Puma und seine Freunde keine Kompromisse mehr. Mit einem Höchstmaß an innerer und äußerer Bewegung rasten sie durch die Stadt auf der Suche nach einer von Tempo, Jazz und Freiheit berauschten Existenz und hatten für ihre bürgerlichen Zeitgenossen nur Verachtung übrig. Verachtung für das Nützlichkeitsdenken, Verachtung für Vorsicht, Verachtung für den Tag. Sie sehnten die kerouac´sche erlesene, rauchgeschwängerte, blassgraue Morgenstunde herbei und doch spie die Stadt sie meist nur in ihre trostlosen Hinterhöfe und Absteigen.

Der Puma torkelte im Dreivierteltakt durch die Rathausgasse, seine rotentzündeten Augen hafteten auf dem windgepeitschten Plastiksackerl. Er hatte noch nie so etwas Schönes gesehen. Der Spätherbst hatte sein dunkelgraues Kleid auf die Walzermetropole gelegt und der Puma mühte sich verzweifelt hineinzuschlüpfen. Diese Stadt passte ihm nicht und er ihr schon gar nicht. Tagtäglich streckte sie ihm ihre Zunge heraus. Er lag in seinem fensterlosen Pensionszimmer, das er eigentlich nicht bezahlen konnte und las Peter Handkes „Langsame Heimkehr". „Nur über meine Leiche", dachte er und war auf dem besten Weg dorthin.

„Die Welt ist alles was der Fall ist", sinnierte der Puma auf der Donaukanalbank vor seiner Prospektverteilerzentrale. Nach medizinischen Versuchen im AKH hatte er die letzte Jobmöglichkeit angenommen. Er war in Pause, ohne Geld und Nahrung, der Hunger groß, die Aussicht auf das Hundertwasserhaus grandios. Zweihundert Deppen hatte er in einer dreiviertel Stunde gezählt, die in das Haus stolperten. Sein Wittgenstein-Haus wurde im Jahr nicht von sovielen besucht. „Schaust hungrig aus", schleimte sich sein Prospektverteilerchef auf die Bank neben ihn und hielt ihm eine Hendlschnitzelsemmel unter die Nase. Wenn der Puma etwas hasste, dann Hendln und Nazis. Erste hasste er, weil er fünfzehn Jahre den beschissenen Hendlstall bei seiner Großmutter ausmisten musste und Nazis sind noch beschissener als Hendln. Doch hatte er ja Riesenhunger. Da keine Nazis in der Nähe waren, musste er in die Schnitzelsemmel beißen. „Kumm aum Suntog zu uns, mei Oide tat se gfrein". Der Puma besuchte am Sonntag die Meidlinger Chefwohnung. Nach Kaffee, ranziger Malakoff-Torte und Wodka mit Bier gingen Chefinfrau und Gemahl ihm hurtig an die Wäsche und noch hurtiger machte der Puma aus dem beginnenden Dreier einen flüchtenden Einser. Am nächsten Tag verteilte er keine Prospekte mehr. Bei der Abrechnung machte sein Ex-Chef ihm klar, dass der Puma ihm nichts zu bezahlen hätte. In der Straßenbahn rannte der vor Wut blinde Gedemütigte einem Schwarzkappler in die Hände, bevor dieser jedoch die Polizei rufen konnte, zahlte eine Pelzlady des Pumas Strafe und weg war sie. In der Nacht suchte sich der Puma ein schattiges Plätzchen im Votivpark neben Sigmund Freud`s Büste.

Der Speichel tropfte ihm über den Bart, sein Gehirn raste in Miles-Davis-Synkopen, er Kind of bluete, er ertrank, er raste über den Cool, er bebopte sich, als der Schläger sich neben den auf der Bank Hingestreckten setzte. Der Puma hatte eine Lebenspause eingelegt. Endlich war jemand gekommen um sie zu verlängern. Der Kerl neben ihm war trotz seiner Jugend schon ein kommodes Wrack. Der Tropf lief immer mit einem Skalpell im Sack herum, doch des Pumas Mammakarzinom im Gehirn, ließ selbst den Nazichirurgen die Flucht ergreifen.

Schließlich flüchtete der Puma in die U-Bahn. Bevor er einnicken konnte, hatte er den Knüppel eines Kontaktbeamten zwischen den Rippen, in der Milz, an den Nieren. Wo lernen die das, so genau zu treffen, dass es derartig weh tut? Der Kontaktbeamte öffnete das Sperrgitter 30 cm und befahl dem Puma hinauszurobben. Nur so wurde man garantiert dreckig. Der Puma war wieder in Freiheit. Als das Kraftwerk in der fernen Ukraine explodierte, blitzte es auch in des Pumas Gehirn auf. Er versuchte wieder auf die Beine zu fallen. Er fuhr nach Wiener Neustadt.

Der Professor

Ein berühmter Satz von Che Guevara ist: „Solidarität ist die Zärtlichkeit der Völker". Wenn man diesen Maßstab nimmt, so ist Wiener Neustadt die zärtlichste Stadt Österreichs. Aus dem Puma war ein Max geworden. Die Stadt hatte ihn mit offenen Armen aufgenommen. Er fing in einer kleinen Buchhandlung zu arbeiten an. Seine Chefin frug nicht woher er kam, was er früher tat, für sie war wichtig, wer er war und was er machte.

Der Puma sandte aus seiner Buchhandlung heftige Signale aus. Die Auslagen waren sein Kommunikationsmittel und bald betrat ein älterer Herr die Buchhandlung und lud ihn ein, an einer Gedenkausstellung über die unselige Nazizeit mitzuarbeiten. Es war der Professor. Der Professor war selber Opfer der Faschisten und hatte lange Zeit in deren Kerkern und Konzentrationslagern schmachten müssen und diese Zeit hatte ihn zu einer menschlichen Größe reifen lassen, die vielen Menschen Bewunderung, einigen aber auch Unverständnis und Hass abrang. Im Gegensatz zu dem schläfrigen St. Kruzifix und der verführerischen Hauptstadt passte dem Max diese Stadt wie angegossen. Hier lernte er Solidarität kennen und leben. Er nannte diese Jahre „meine leuchtenden Jahre". Er fühlte sich mit dieser Stadt verwandt. Sie war zerrissen von den Bombenwunden, genauso ein unfertiges Puzzle wie er. Sie hatte genauso viele verheilte Wunden und Schrammen und es kam ihm vor, als würde die Stadt um ihn werben. Es war eine Heimkehr. Er war kein Puma mehr. Er war dreißig. Er war zu Hause.

Solidarität

Persönliche Betrachtungen zu einem „altmodischen" Begriff

von Fritz Edlinger

Als Jahrgang 1948 haben mich zwei gesellschaftliche Bewegungen geprägt: die 68er- und die Arbeiterbewegung. Es war zweifellos kein Zufall, dass die Sozialdemokratie unter Bruno Kreisky die gesellschaftspolitische Hegemonie in Österreich zu einem Zeitpunkt eroberte, als die Studentenbewegung – wenngleich in abgeschwächter und weniger radikaler Form als anderswo – auch die „Insel der Seligen" erreicht hatte. Der Protest der 68er sowie die umfassenden gesellschaftlichen Reformen besonders in der ersten Phase der „Ära Kreisky" brachten eine umfassende Durchlüftung des versumpften und kleinbürgerlichen österreichischen Milieus. In dieser spannenden Zeit erfuhr ich meine politische Sozialisierung. Von den 68ern bezog ich die emanzipatorischen, antiautoritären und antiimperialistischen Konzepte, letztlich auch einen gewissen Aktionismus, von der Sozialdemokratie das – mehr oder minder – systematische Herangehen an Dinge, die Wertschätzung von Organisation und – last not least – auch ein gewisses historisches und ideologisches Rüstzeug.

Dass diese beiden Grundströmungen mit meiner persönlichen und gesellschaftspolitischen Prägung nicht immer leicht in Übereinstimmung zu bringen waren und sind, ist eine der wichtigsten Erfahrungen, die ich zweifellos mit vielen WeggefährtInnen teile. Es ist schon erstaunlich, wohin manche der Weg durch die Institutionen geführt hat: aus dem gleichen „Stall" kommend findet man manche heute als opportunistische Machtakrobaten, als zynische Salonlinke, als höchst erfolgreiche Manager, als angepasste Bürokraten, als WahrerInnen des politisch-korrekten Zeitgeistes, viel zu viele als totale Aussteiger und manche als unverbesserliche und idealistische Aktivisten. Unglaublich also, welche Entwicklungen Freunde, Kollegen, Genossen gemacht haben, die von den gleichen Positionen aus gestartet sind. Unglaublich und mitunter auch unfassbar die Rechtfertigungen, die da gebracht werden, um diese Metamorphosen zu erklären. Natürlich ist die globalisierte Welt des beginnenden 21. Jahrhunderts eine andere als die Periode der kolonialen Befreiung und des Kalten Krieges. Auch auf die Gefahr hin als antiquierter, die gesellschaftspolitischen Gegebenheiten ignorierender orthodoxer Altlinker abgestempelt zu werden, so gibt es Ideen und Wertvorstellungen, die ich noch immer für richtig und wichtig halte. So richtig und wichtig, dass es sich auch im Zeitalter der Globalisierung und der höchsten unilateralen Machtentfaltung des Welthegemons USA darum zu kämpfen lohnt.

Die internationale Komponente: Der Antiimperialismus

Damit bin ich bei einer der Konstanten meiner politischen Existenz: der Antiimperialismus. Es ist schon äußerst denkwürdig, dass ich meine ersten bewussten politischen Schritte in der weltweiten Friedensbewegung gegen den Völkermord der USA in Vietnam setzte. Dies liegt nun bereits nahezu vierzig Jahre zurück. Und was bewegt mich heute am meisten? Die Bedrohung des Weltfriedens durch eine aus christlichen Fundamentalisten, Öl- und Rüstungslobbyisten sowie aus dem Kalten Krieg übriggebliebenen Ideologen gebildete US-Regierung. So als hätte sich in der Welt nichts verändert, versuchen heute die Bush's, Cheney's, Rumsfeld's und ihre intellektuellen Denker à la Huntington oder Kagan wiederum großen Teilen der Welt ihren Willen und auch gleich ihr politisch-ökonomisches (kapitalistisches) System aufzuzwingen. So als hätten sie aus der Geschichte absolut nichts gelernt, führen sie abermals völkerrechtswidrige Angriffskriege, um ganzen Völkern die parlamentarische Demokratie einzubläuen. In ihrem cowboymäßigen Parforceritt durch die Weltgeschichte nimmt man es heute mit der Wahrheit genauso wenig ernst, wie anno dazumal. So wie der Vietnamkrieg mit einer propagandistischen Lüge seitens der USA begonnen und der eigenen Bevölkerung schmackhaft gemacht worden ist, so ist auch der Angriff auf den Irak mit Lügen über Massenvernichtungswaffen und der angeblichen Bedrohung der USA durch die Saddam'sche Diktatur legitimiert worden. Dass dabei ein sozialdemokratischer europäischer Ministerpräsident leider eine nicht unwesentliche Rolle gespielt hat, ist kein Ruhmesblatt der europäischen Arbeiterbewegung.

An dieser Stelle unterbrechen mich nicht selten reale (oder auch imaginäre) Gesprächspartner mit dem Vorwurf, ich sei eben ein altlinker und pathologischer Amerikahasser. Mag schon sein, aber ich fühle mich in der Gesellschaft von „Amerikahassern" wie Martin Luther King jun., Jesse Jackson, Ramsey Clark, Jimmy Carter, Noam Chomsky und anderen ganz wohl. Es gibt Epochen, und gerade jetzt sind wir meiner Überzeugung nach wieder in einer derartigen, wo es ganz einfach geboten ist, nicht mit der

Mehrheit zu irren. Übrigens, das Beispiel des Vietnamkrieges beweist dies nachdrücklich, Zeiten und Konstellationen können sich ändern, hoffnungslose Minderheiten können zu überwältigenden Mehrheiten werden, die dann letztlich eine radikale Änderung einer imperialistischen Politik erzwingen. Es hat auch viele, viele Jahre gedauert, bis nach dem von den USA inszinierten faschistischen Putsch der chilenischen Militärs am 11. September 1973 die Demokratie wieder errichtet werden konnte, aber immerhin. Leider ist die gegenwärtige weltpolitische Lage nicht vielversprechend und das „andere, demokratische Amerika" selbst in einer äußerst schwachen und beengten Situation. Der 11. September 2001 und die von den regierenden Neokonservativen entschlossen ausgenutzte Situation der (wirklichen oder) vermeintlichen Bedrohung von außen haben zumindest mittelfristig zu einer überbordenden Begeisterungswelle der US-amerikanischen Bevölkerung mit dem „Krieg gegen den internationalen Terror" geführt. Wielange diese Stimmung angesichts der Erfolglosigkeit dieser Politik des gewaltsamen Demokratieexportes andauern wird, bleibt dahingestellt.

Zum obigen Seitenhieb auf Tony Blair sei doch noch angemerkt, dass gottlob ein wesentlicher Teil der europäischen Regierungen sowie die überwiegende Mehrheit der europäischen Bevölkerung (wer sagt da noch einmal etwas über „mit der Mehrheit irren") sich vehement gegen die jüngsten Auswüchse des wieder erwachten US-amerikanischen Imperialismus wandte. Im Gegensatz zu manchen ihrer Regierenden scheinen die Menschen in Europa die richtigen Lehren aus ihrer eigenen blutigen Geschichte gezogen zu haben. Auch wenn die Kriegstreiber kurzfristig die Oberhand behalten haben, so gibt diese weit verbreitete Friedenssehnsucht in Europa mittel- und langfristig Mut und Zuversicht. Dies ist ein Kapital, auf das die europäische Sozialdemokratie unbedingt in ihrer Politik der friedlichen und solidarischen Konfliktregelung aufbauen muss.

Internationale Solidarität in der Theorie ...

Die internationale Solidarität stand am Beginn der europäischen Arbeiterbewegung. War sie zunächst als Mittel zur Überwindung der Unterdrückung und Entrechtung des europäischen Proletariats konzipiert, wurde sie schließlich im Zeitalter des Antikolonialismus zur politischen Parole und zur Strategie der antikolonialen Befreiungsbewegungen in der Dritten Welt und der weltweiten Solidaritätsbewegung. Der antikoloniale Kampf war erfolgreich, es wird allerdings oft vergessen, dass der wirklich erfolgreiche Durchbruch erst wenige Jahrzehnte her ist. Von wenigen Ausnahmen abgesehen, erkämpften sich die meisten Kolonien ihre (formelle) Unabhängigkeit in den Sechziger Jahren des vorigen Jahrhunderts. Und – was ebenfalls zumeist geflissentlich übergangen wird – diese neuen Staaten waren gezwungen, ein katastrophales Erbe anzutreten. Dass es bis heute keinen ernsthaften Versuch gibt, die Jahrhunderte des Kolonialismus in einer fairen und objektiven Weise aufzuarbeiten, und dass die ehemaligen Kolonialmächte alles tun, um den Schleier des Vergessens über diese Epoche (immerhin viele Jahrhunderte!) auszubreiten, hat in dramatischer Weise die vor zwei Jahren im südafrikanischen Durban stattgefundene UNO-Konferenz bewiesen.

Die Haltung der europäischen Sozialdemokratie zur Antikolonialisierung gehört leider ebenfalls nicht zu den Ruhmesblättern in der Geschichte der Arbeiterbewegung. Ähnlich wie in der Epoche des Ausbruches des 1. Weltkrieges (auch damals hat der Internationalismus der europäischen Sozialdemokratie vor den nationalistisch-chauvinistischen Emotionen kapituliert!) haben die meisten europäischen sozialdemokratischen Parteien nicht die nationalen Befreiungsbewegungen, sondern die am Kolonialismus festhaltenden Bourgeoisien ihrer Länder unterstützt. Eine der wenigen rühmlichen Ausnahmen in diesem Kontext stellte die portugiesische Arbeiterbewegung dar, welche nach Beseitigung der faschistischen Diktatur in Portugal sofort auch zur Befreiung der portugiesischen Kolonien schritt. Ähnlich war auch die Haltung im Falle des Vietnamkrieges. Zunächst unternahm die französische Sozialdemokratie nichts, um den französischen Kolonialkrieg zu beenden, und der Überfall der USA auf Nordvietnam wurde lange Zeit von großen Teilen der europäischen Sozialdemokratie als „antikommunistische und demokratieverteidigende“ Maßnahme verteidigt. Als einer der Mitbegründer des „Sozialdemokratischen Indochinakomitees“ kann ich mich noch sehr genau auf peinliche Verhöre durch Abgesandte des SPÖ-Parteivorstandes erinnern, welche kritische Resolutionen und Wortmeldungen auf Bundesparteitagen verhindern wollten. Die Beteiligung und Mitorganisation der großen Anti-Nixon-Demonstration am Flughafen Salzburg im Mai 1972 brachte manche von uns nicht nur in ärztliche Behandlung und temporäre Polizeihaft sondern auch nahe an Parteiausschlüsse. In diese aus heutiger Sicht unglaubliche Situation brachten mich persönlich noch zwei weitere antiimperialistische Aktivitäten, nämlich meine Mitwirkung an einer Anti-Schah-Demonstration sowie die Mitbegründung der Chile-Solidaritätsfront 1973/74.

Sosehr es Bruno Kreisky war, der anfänglich - wohl auch aus staatspolitischer Räson (siehe Nixon-Besuch, bei dem Kreisky ja immerhin als Gastgeber fungierte!) - das antiimperialistische Engagement junger SozialistInnen eher behinderte und wegen der temporären Zusammenarbeit mit Kommunisten (bei all diesen Komitees waren aber auch engagierte Christen und Unabhängige beteiligt) ablehnte, erwarb er sich schließlich gemeinsam mit Willy Brandt und Olof Palme, die sich unschätzbare Verdienste um die Entkolonialisierung erwarben. Wie auch auf anderen Gebieten, war es dieses historische Dreigestirn der europäischen Sozialdemokratie, welches letzten Endes die Haltung der europäischen Arbeiterbewegung zu den nationalen Befreiungsbewegungen veränderte. Sie waren es, die auf zentralen Gebieten (Ost-West-Konflikt, Abrüstung, Nah-Ost etc.) eine eigenständige europäische Politik definierten und auch realisierten. Um es etwas pathetisch-überhöht zu formulieren: Während der Periode Brandt-Kreisky-Palme spielte Europa eine beachtliche internationale Rolle und das Wort Solidarität wurde – zumindest in wichtigen Teilbereichen – gelebte Realität.

... und in der Praxis

Dass Solidarität in dieser Zeit wahrlich kein bloßes Lippenbekenntnis gewesen ist, kann ich aus eigener Anschauung bestätigen. Es gäbe viele Beispiele dafür, sowohl auf nationaler, als auch auf internationaler Ebene. Im Unterschied zu den letzten Jahren, in denen selbst die Sozialdemokratie sich zu intoleranten und tendenziell fremdenfeindlichen Maßnahmen hinreißen hat lassen, war es damals eine wirkliche Freude, Internationalist zu sein.

Die österreichische Flüchtlingspolitik war in den siebziger und beginnenden achtziger Jahren aus meiner Sicht vorbildlich. Ich selbst war immer wieder auf diesem Gebiet engagiert, ob das palästinensische, kurdische oder chilenische Flüchtlinge waren. Obwohl oder gerade weil die Flüchtlingsfrage damals noch kein so kontroversielles und heißes politisches Thema war, stand für die mit absoluter Mehrheit regierende SPÖ außer Streit, dass in bestimmten politischen Situationen nicht lange hin und herüberlegt und nach rechtlichen Gründen einer Asylgewährung gesucht, sondern unmittelbar gehandelt werden soll. Auf diese Weise hat Österreich ohne Zweifel vielen tausenden, wenn nicht zehntausenden Menschen aus Palästina, aus Kurdistan, aus Chile und anderen Staaten schlicht und einfach das Leben gerettet.

Ich erinnere mich noch ganz besonders an die Ankunft und die Betreuung der chilenischen Flüchtlinge Ende 1973/Anfang 1974. Viele dieser Menschen waren den faschistischen Häschern tatsächlich im letzten Moment entkommen, manche trugen noch die Spuren von psychischer, aber auch physischer Folter. Innerhalb weniger Wochen bauten die Bundesregierung, die Gemeinde Wien, aber auch zahlreiche sozialdemokratische, kommunistische und christliche Organisationen ein dichtes Netz an Betreuungseinrichtungen auf. Den geflüchteten chilenischen Demokraten sollte sofort das Gefühl gegeben werden, in Österreich willkommen zu sein. Aus diesen ersten Kontakten sind intensive Beziehungen und teilweise lebenslange Freundschaften geworden. Im Gegensatz zu den unaufrichtigen und unanständigen Debatten über Flüchtlinge, die wir heutzutage aber auch bereits in den letzten Jahren miterleben mussten (leider haben da auch ungeschickte und unbedachte Wortmeldungen sozialdemokratischer Funktionäre dazu beigetragen, siehe den Ausspruch „Das Boot ist voll“), habe ich kaum wirklich ernsthafte Auseinandersetzungen über die Richtigkeit dieser Politik in Erinnerung. Ich glaube, dass dies in erster Linie doch daran gelegen ist, dass die Führung der SPÖ, allen voran natürlich Bruno Kreisky aber auch Leute wie Karl Blecha und Erwin Lanc keine Zweifel an der Richtigkeit dieser Politik laut werden ließ.

Ich möchte allerdings eine Tatsache nicht verschweigen, welche leider dieses Bild der aktiven solidarischen österreichischen Sozialdemokratie etwas abschwächt, und das ist das Trauerspiel mit den Leistungen Österreichs zur Entwicklungszusammenarbeit. Obwohl Österreich, vor allem zu Zeiten Bruno Kreiskys, sich im Ausland immer sehr für internationale Zusammenarbeit und Solidarität engagierte, ja sogar auch immer das internationale 0,7 % Ziel für staatliche Entwicklungshilfeleistungen unterstützt hat, nimmt unser Land seit eh und je einen der letzten Plätze in den einschlägigen internationalen Statistiken ein. Trotz oftmaliger Forderungen und Absichtserklärungen hat sich Österreich, auch nicht unter absoluter sozialdemokratischer Mehrheit, tatsächlich nie zu einer spürbaren Anhebung seiner einschlägigen Leistungen durchringen können. Dies schwächt aus meiner Sicht leider die Glaubwürdigkeit der österreichischen Bekentnisse zu internationaler Solidarität etwas – ein typisches sozialdemokratisches Theorie-Praxis-Dilemma.

Eine weitere ganz konkrete Erfahrung mit dem Flüchtlingsthema habe ich einige Jahre später in meiner Eigenschaft als sozialdemokratischer Bezirkspolitiker in einem Wiener Bezirk gemacht. Mitte der 90er-Jahre entwickelten wir das idealistische Projekt, ein leerstehendes Bundesgebäude zu einem Asylantenheim umbauen zu wollen. Die Gespräche mit dem Bund waren einigermaßen unproblematisch, da man sich von Seiten des Innenministeriums, welches bezüglich der Unterbringung von Asylanten ohnedies ziemlich unter Druck stand, ein gutes Projekt erwartete. Die politische Unterstützung seitens der SPÖ-Bezirksorganisation und auch - nach gewonnener Bezirksvertretungswahl - der Bezirksvertretung schien recht gute Voraussetzungen zu schaffen. Natürlich war die FPÖ im Bezirk vehement und die ÖVP hinhaltend dagegen, was uns weder besonders überraschte noch behinderte. Der für mich überraschendste und letztlich auch gravierendste Widerstand kam aus den eigenen Reihen, teilweise auch aus der Wohnbevölkerung der Umgebung. Dies stellte damals für mich eine besondere, auch persönliche, Herausforderung dar, da ich nicht nur im Rahmen der SPÖ-Bezirksorganisation der Promotor dieses Projektes war, sondern auch der Vorsitzende der zuständigen SPÖ-Lokalorganisation.

Wir wollten und konnten vor diesem Widerstand natürlich nicht kapitulieren, andererseits sollten und konnten wir ihn nicht ignorieren. Wir führten also eine umfangreiche Informationskampagne im Einzugsbereich des geplanten Asylantenheimes durch. Zunächst hatten wir nicht wenige höchst kontroversielle interne Debatten mit langjährigen Mitgliedern und Funktionären der Partei zu absolvieren, danach besuchten wir so gut wie alle AnrainerInnen zuhause und organisierten auch eine schriftliche Befragungsaktion. Letztlich gab es auch einige öffentliche Bürgerversammlungen, die dann aber bereits – im Sinne des Projektes – ganz gut verlaufen sind. Dabei kam uns sehr zugute, dass wir uns auf die aktive Unterstützung der Kolpingfamilie unseres Bezirkes verlassen konnten. Kolping übernahm schließlich dann auch die Verwaltung des Integrationshauses. Als wir letztlich – nach gewonnener Bezirksvertretungswahl – die AnrainerInnen zur offiziellen Eröffnung des Hauses einladen konnten, waren bereits die meisten Vorbehalte ausgeräumt.

Dennoch war der Prozess dorthin ein langer und ein mühsamer. Ich persönlich habe in diesen hektischen Monaten aber noch etwas gelernt: Man muss Sorgen und Ängste, wenn sie auch noch so irrational klingen mögen, ernst nehmen und sich argumentativ auf die jeweiligen GesprächspartnerInnen einlassen. Ich habe noch ein fürchterlich schiefgelaufenes Gespräch in bester Erinnerung: Eine etwa 60-jährige Witwe hat mir ihre Ängste vor einer Zunahme von fremden ausländischen Männern, die sie in ihrem eigenen Wohnhaus überfallen könnten, mitgeteilt. Und ich hatte nichts besseres zu tun, als ihr einen Vortrag über die Sicherheitslage in unserem Bezirk und über die niedrige Kriminalstatistik zu halten. Ich war damals wirklich nicht sehr überzeugend. Besser ging es dann schon, als wir kleine Gesprächsrunden zusammenstellten und wir gemeinsam Schritt für Schritt Ängste abzubauen begannen. Solidarität ist also nicht in erster Linie eine intellektuell-politische Angelegenheit, sondern eine Frage der Glaubwürdigkeit und der tagtäglichen Praxis, wenn man so will, ist es „revolutionäre Kleinarbeit"!

Solidaritätsarbeit setzt neue Strategien und Kooperationen voraus!

Somit komme ich zu einem abschließenden persönlichen Resümee, welches ein Ergebnis von Erfahrungen auf den unterschiedlichsten Ebenen ist. Diese reichen – wie zuvor dargestellt – vom lokalen Mikrokosmos eines Wiener Grätzels bis hin zur internationalen Politik. Die universellen internationalen Entwicklungstendenzen (Globalisierung, weitere Marginalisierung von nationalen und internationalen Randgruppen, weitere politische, wirtschaftliche und militärische Machtkonzentration, Entsolidarisierung etc.) unterlaufen auch immer mehr nationale und regionale Strukturen. Der autonome Spielraum von bislang relativ eigenständig agierenden Einheiten wird immer mehr eingeengt. Die unmittelbaren Auswirkungen auf nationale Regierungen, auf Parlamente, auf Parteien sowie auf andere Großorganisationen sind unübersehbar. In dieser Situation halte ich es für eine absolute Notwendigkeit, nach neuen und schlagkräftigeren Organisationsformen Ausschau zu halten. Die internationale Zivilgesellschaft, die unübersehbare Anzahl an unterschiedlichsten lokalen, regionalen aber auch nationalen und trans- bzw. supranationalen Organisationen, stellt aus meiner Sicht eine unabdingbare Ergänzung zu den bestehenden Strukturen dar. Die internationale Umwelt-, Friedens-, Frauen- und Antiglobalisierungsbewegung ist aus meiner Sicht jenes Salz, mit dem die fortschrittlichen, den Ideen der Solidarität und der friedlichen Völkerverständigung verpflichteten Menschen den machtlüsternen Kriegstreibern und Lobbyisten die Suppe versalzen werden. Dazu ist es aber auch wichtig, dass es letztendlich auch zu einem Bündnis mit jenen Bewegungen kommt, welche in den vergangenen Jahrzehnten den nationalen und internationalen Kampf um Werte wie Gleichheit-Freiheit-Solidarität geführt haben. Die „alte" Sozialdemokratie sollte sich also durchaus der Frischzellenkur dieser neuen internationalen Bewegung unterziehen. Gemeinsam haben sie das programmatische Rüstzeug und die organisatorische Power, um den Herausforderungen der kommenden Jahrzehnten erfolgreich entgegentreten zu können.

Solidarität: eine Tugend für jedermann?

Ein politikwissenschaftlicher Streifzug durch Parteiprogramme

von Bernhard Müller

„Die größten Tugenden müssen diejenigen sein,
welche den Nebenmenschen am nützlichsten sind."
(Aristoteles, Rhetorik I, 9)

Trotz tiefgehender ideologischer Unterschiede fand und findet der Begriff „Solidarität" Eingang in die Parteiprogramme der meisten - mehr oder minder - bedeutsamen Parteien vom linken bis zum rechten Rand des politischen Spektrums – und dies durchwegs global. So unterschiedliche Parteien wie die italienische Democratici di Sinistra (DS),[1] die deutschen Republikaner (REP) oder die niederländische Volkspartij voor Vrijheid en Democratie widmen diesem Grundwert in ihren Parteiprogrammen breiten Raum. Mit der Tatsache, dass sich verschiedenartige Parteien mit „Solidarität" auseinandersetzen, endet zumeist auch schon deren Gemeinsamkeit, denn die inhaltlichen Zugänge zu diesem Thema sind höchst different. Dies zu veranschaulichen, hat sich dieser Beitrag zum Ziel gesetzt. Da eine Untersuchung aller führenden Parteien Europas den Rahmen dieser Arbeit sprengen würde (jene, aller maßgeblichen Parteien der Welt, ist ohnehin illusorisch), hat sich der Autor auf die wichtigsten sozialdemokratischen, konservativen, liberalen, rechtsextremen/rechtspopulistischen und grünen politischen Bewegungen des deutschsprachigen Raumes unter Einbindung einiger ausgewählter Parteien anderer geographischer Zuordnung sowie thematisch passender Organisationen konzentriert.

1. Sozialdemokratische Parteien und „Solidarität"

Die **Sozialdemokratische Partei Österreichs (SPÖ)** führt seit 1978 in ihren Parteiprogrammen[2] explizit jene Grundwerte an, auf denen ihrer Meinung nach eine „Gesellschaft ohne Privilegien und Herrschaftsverhältnisse"[3] basiert: „Freiheit", „Gleichheit", „Gerechtigkeit" und „Solidarität".[4]

Für die österreichische Sozialdemokratie bedeutet Solidarität „Verantwortung für die Gemeinschaft und damit die Verpflichtung, sich für andere einzusetzen“ und nimmt neben den anderen genannten Grundwerten eine gleichrangige Stellung ein.[5)] „Nur ihre gemeinsame Verwirklichung kann allen Menschen ein erfülltes Leben in Frieden und Freiheit gewährleisten“ lautet die Schlussfolgerung der SPÖ.[6)]

Ähnlich, wenn auch ein wenig nüchterner, beurteilt die **Sozialdemokratische Partei Deutschlands (SPD)** die Wichtigkeit von solidarischem Zusammenleben für das menschliche Dasein. Obwohl Solidarität „zugleich Waffe der Schwachen im Kampf um ihr Recht und Konsequenz aus der Einsicht, daß der Mensch der Mitmenschen bedarf“ sei und es ohne Solidarität „keine menschliche Gesellschaft“ gäbe, lasse sich „Solidarität als die Bereitschaft, über Rechtsverpflichtungen hinaus füreinander einzustehen [...] nicht erzwingen“.[7)] Trotz der Erkenntnis der mangelnden Handhabe in der realpolitischen Durch- und Umsetzung von gelebter Solidarität, erachtet die SPD die Verwirklichung der Grundwerte „Freiheit, Gerechtigkeit und Solidarität“ neben der Vollendung der Demokratie als „die dauernde Aufgabe des demokratischen Sozialismus“.[8)]

Weitaus weniger Bedeutung misst die **Sozialdemokratische Partei der Schweiz (SPS)** dem Begriff Solidarität in ihrem 1982 beschlossenen - und seit dem mehrmals ergänzten - Parteiprogramm bei. Lediglich viermal findet sich der Terminus im achtundfünfzig Seiten starken Manifest wieder; zentrale Stellung kommt ihm dabei nur im Punkt „Grundsätze für unser Handeln“ zu. Die „Überwindung des Kapitalismus, die Überwindung der Vorherrschaft des einen Geschlechts über das andere, die Verwirklichung von sozialer Gerechtigkeit, Sicherheit, Würde des Menschen, Freiheit und Solidarität“ werden in diesem Zusammenhang genannt.[9)] 1959 wurde „Solidarität“ im SPS-Programm noch als „Grundpfeiler der menschlichen Gemeinschaft“[10)] bewertet, was zweifellos gegenüber „Grundsatz unseres Handelns“ eine weitaus stärkere Betonung der ideologischen Maxime bedeutet. Die semantische Relativierung der Essenz von solidarischem Handeln lässt sich auch im Abschnitt „Sozialpolitik“ des gültigen Grundsatzprogrammes erkennen, in dem zwar von Solidarität die Rede ist, aber auch davon, dass „soziale Betreuung [...] nicht bevormunden“ solle.[11)] Diese Bewertung und die Formulierung „Wir wollen eine Sozialpolitik, die allen Menschen ein freies Leben in Selbstverantwortung [...] ermöglicht“ – wenn auch mit dem Zusatz „in materieller und sozialer Sicherheit“ – werden gewiss in manchen Generalsekretariaten sozialdemokratischer Schwesterparteien als neoliberale Entgleisung erachtet.[12)]

Für die **Sozialistische Internationale (SI)** stellt sich die Notwendigkeit von Solidarität im globalen Kontext dar. Dies sowohl was den Kampf „aller Werktätigen“[13] für eine „Welt des Friedens in Freiheit“[14] als auch das Bewusstsein, dass „kein Volk für sich allein dauerhafte Lösungen für all seine wirtschaftlichen und sozialen Probleme finden kann“[15] betrifft. Sie bezieht sich folglich in ihren Erklärungen und Kongressen häufig auf das Problem von Menschenrechtsverletzungen, Diskriminierungen und jeglicher Form von Ungleichbehandlung. Mit der so genannten Pariser Erklärung von 1999 („Solidarity, as an expression of our identity has always guided our proposals for the redistribution of material wealth, of education, health and the care of the elderly. It directs us in our fight for equality of the sexes, and our struggles against any form of discrimination based on origins, beliefs or others“) brachte die Organisation der sozialdemokratischen Parteien keineswegs eine neue Geisteshaltung zum Ausdruck, sondern präzisierte ihre Haltung der Grundsatzerklärung von 1951 und unterstrich ihre zunehmende Unverzichtbarkeit im Zeitalter der Globalisierung.[16]

2. Konservative Parteien und „Solidarität“

Bei oberflächlicher Betrachtung ist im geltenden Parteiprogramm der **Christlich demokratischen Union (CDU)** hinsichtlich der politischen Grundausrichtung kaum ein Unterschied zu sozialdemokratischen Programmatiken zu erkennen. Ebenso wie die SPD nennt die CDU „Freiheit, Solidarität, Gerechtigkeit“[17] als Anleitungen ihres Handelns, ebenso wie der politische Gegner betont sie die Unerlässlichkeit der Solidarität „gegenüber künftigen Generationen“[18], mit Behinderten, als Faktor im Sozialwesen und im Rahmen der Ökologie. Bei näherer Analyse lassen sich jedoch Unterschiede feststellen, die durchwegs essenziell sind. So verknüpft die CDU die Frage der Entfaltung von Solidarität in der Gesellschaft mit eigenen Wertvorstellungen vom menschlichen Zusammenleben in dieser. Aus der ideologischen Bewertung, wonach die Familie die „beständigste Form des Zusammenlebens in der Gesellschaft“ sei, leiten die Christdemokraten den „Zusammenhalt in unseren Familien“ als „Voraussetzung für die Solidarität in unserer Gesellschaft“ ab. Daraus ergibt sich logischerweise der Umkehrschluss, dass Lebensgemeinschaften jenseits des klassischen Familienbildes - gegebenenfalls - als Urheber mangelnder Solidarität zu beurteilen sind.[19]

Beachtung verdient auch die Einschätzung der Christlich demokratischen Union, wie die aus aus dem „christliche[n] Verständnis vom Menschen abgeleiteten“ Grundwerte Freiheit, Solidarität und Gerechtigkeit zu gewichten seien.[20] Während sozialdemokratische Bewegungen in aller Regel deren völlige Gleichwertigkeit betonen, sieht die CDU die Aufgabe „ihre Gewichtung untereinander richtig zu gestalten“ als „Kern der politischen Auseinandersetzung“.[21] Dies lässt den Schluss zu, dass unter bestimmten Voraussetzungen und realpolitischen Gegebenheiten die Durchsetzung von Solidarität auf Kosten von Gerechtigkeit, Gerechtigkeit auf Kosten von Freiheit usw. gehen könne. Wenn die Passage mit dieser Intention beabsichtigt war, erscheint dies dem Autor als bemerkenswerte Offenlegung einer bestimmten Geisteshaltung.

„Solidarität“ scheint für die **Österreichische Volkspartei (ÖVP)** keinen besonderen programmatischen Stellenwert einzunehmen. In ihrem „Salzburger Programm“ des Jahres 1972 nannte sie lediglich „Solidarismus“ („als Alternative zum Individualismus und Kollektivismus“) neben „Personalismus“ und „Subsidiarität“ als „tragendes Prinzip“[22]; zu den „Grundsätzen“ der Volkspartei gehörten unter anderem „Freiheit“, „Gleichheit“, „Partnerschaft“, „Leistung“ und „Aufgabenteilung“ - nicht aber „Solidarität“[23]. In dem 1995 beschlossenen Nachfolgemodell wurden diese beispielsweise um „Verantwortung“ und „Nachhaltigkeit“ erweitert, während „Solidarität“ weiterhin fehlt und „Gleichheit“ bemerkenswerterweise nicht mehr in die ÖVP-Grundsätze aufgenommen wurde.[24]

Die **Christlichdemokratische Volkspartei (CVP)** der Schweiz verfolgt einen anderen Ansatz zur Festschreibung ihres ideologischen Wertekatalogs als in gängigen Grundsatzprogrammen üblich. Auf lediglich vierzehn Seiten finden sich kurze Abhandlungen zu unterschiedlichen Themen („Starke Familien, starke Gemeinschaft“, „Kontrollierte Zuwanderung – integrierte Zuwanderer“) mit dem Ansinnen, „Vision, Auftrag und Ziele der CVP 2003-2007“ zu sein[25]. „Toleranz, Solidarität und Subsidiarität“ werden zwar als „die Grundwerte christlichdemokratischens“ Denkens bezeichnet, eine tiefer gehende Erläuterung erfolgt aber nicht[26]. Darüber hinaus ist eine besondere Akzentuierung auf das Thema „Zuwanderung“ („Wir sind die Problemlösungspartei in der Ausländerpolitik“) erkennbar, welches neben wirtschaftspolitischen Betrachtungen den größten Teil des schmalen Programmes „Gemeinschaft Schweiz“ ausmacht[27]. Als „Kernforderungen in der Ausländerpolitik“ ausgegebene Parolen wie „Holschuld“ oder „Nulltoleranz“[28] lassen wenig Übereinstimmung mit dem „christlichdemokratischen Grundwert“ Solidarität erkennen. Die selbst erhobene Devise „Mehr Menschlichkeit in einer Zeit der Extreme“[29)] wirkt angesichts dieser Rhetorik phrasenhaft.

3. Liberale Parteien und „Solidarität“

„The **European Liberal Democrat and Reform Party (ELDR)** believes in a Europe based on the fundamental Liberal principles of liberty, democracy, the rule of law, human rights, tolerance and solidarity“ heißt eine maßgebliche Textstelle des im November 2003 beschlossenen Manifests der ELDR[30)]. Bereits in der Liberalen Erklärung von Oxford 1967 wurde explizit betont, dass „Zusammenarbeit und Solidarität zwischen freien Menschen [...] von wachsender Notwendigkeit in der modernen Welt“ sind und somit das solidarische Miteinander zu einem Eckpfeiler liberalen politischen Denkens und Handelns erklärt[31)]. Auch die **Deutsche Gruppe Liberal International (DGLI)** stellte in einem 2002 erarbeiteten „Leitfaden“ sehr deutlich auf „starke internationale Solidarität“ ab und reihte diese in die „Prinzipien“ ein, „denen sich alle Mitglieder der **Liberal International (LI)** verpflichtet fühlen“[32)].

Das **österreichische Liberale Forum (LIF)** - seit dem Ausscheiden aus dem Parlament 1999 weniger eine Partei, denn mehr „Bundespartnerversammlung“ - geht programmatisch gesehen einen anderen Weg[33)]. Obwohl noch immer Mitglied der Liberalen Internationale hat das LIF Solidarität nur hinsichtlich einer europäischen Verteidigungsstruktur („Solidarität statt Trittbrettfahrertum“), Menschenrechte nur in Zusammenhang mit europäischer Außenpolitik und Toleranz überhaupt nicht in sein Wahlprogramm 2002 aufgenommen[34)]. Lediglich Freiheit und Demokratie nehmen in diesem Dokument einen wichtigen Stellenwert ein. In der Charta des Liberalen Forums, welche auf der Homepage downgeloadet werden kann und das traditionell gehaltene Parteiprogramm von 1993 abgelöst hat, findet sich kein einziger Bezug zum Grundwert Solidarität. Dies könnte eine Konzession an den Spitzenkandidaten des Nationalratswahlkampfes 2002, Reinhard Jesionek, gewesen sein, der in diversen Aussagen und Interviews eine stärkere Hinwendung zu wirtschaftsliberalem Gedankengut und eine teilweise Abkehr von der (Sozial-)Politik Heide Schmidts gefordert hatte. Im ausführlichen „Programm des Liberalen Forums“ war dagegen noch davon die Rede, dass „in einer an den Prinzipien der Gerechtigkeit und Solidarität orientierten Gesellschaft [...] soziale Verantwortung mehr als existenzsichernde Unterstützung in Notfällen“ bedeute und das LIF „sich daher zu einer Politik der sozialen Verantwortung, die über bloße Existenzsicherung hinaus eine angemessene Lebensqualität ermöglicht“ bekenne[35].

Die **Freie Demokratische Partei (FDP)** Deutschlands setzt sich in ihren „Wiesbadener Grundsätzen“ (1997) sehr intensiv mit dem Thema Solidarität auseinander, dies aber fast ausschließlich im Junktim mit Forderungen nach Deregulierung, Rückzug des Staates oder Eigenverantwortlichkeit der BürgerInnen. In diesem Sinn wird Solidarität als, durch den Einfluss vermeintlich verfehlter Politik, degenerierte Tugend eingestuft:

„Solidarität und Mitmenschlichkeit verkommen zur bürokratischen Dienstleistung. Verantwortung wird verstaatlicht, statt beim Einzelnen gestärkt zu werden.“[36]

„Solidarität ist zur staatlichen Dienstleistung verkommen. Die Trennung von Freiheit und Verantwortung macht aus Staatsbürgern Staatskunden.“[37]

Trotz der Beteuerung von „Solidarität für diejenigen, die des Schutzes und der Hilfe besonders bedürfen“ sowie der Betonung von „Solidarität mit Schwächeren in der Gesellschaft“, steht über allem die Forderung nach dem „notwendige[n] Abbau des staatlichen Engagements und staatlicher Regulierung“[38]. Die Losung „Im Zweifel für die Eigeninitiative der Bürger“ lässt kaum Interpretationsspielraum zu und steht in direktem Zusammenhang mit der Aussage, dass „nur wer über sein Leben selbst bestimmt“, „sich bewußt und frei für andere einsetzen könne“[39]. Als (nur notdürftig verschleierte) Schlussfolgerung ergibt sich daraus die Darstellung von staatlicher Solidarität als Hemmschuh für persönliche Freiheit. Die Vermutung, wonach manche liberale Parteien die Absicht zur politischen Umsetzung des Sprichwortes „Jeder ist seines eigenen Glückes Schmied“ verfolgen, erscheint in diesem Zusammenhang nicht besonders abwegig.

4. Rechtsextreme[40]/Rechtspopulistische Parteien und „Solidarität“

„Die ‚Grande Destra‘ (die vereinigte politische Rechte) war immer schon die Traumvorstellung der Funktionäre. Es wird eine ‚Einheitsfront der Nationalen‘ angestrebt mit dem Ziel, die ‚antinationale Regierung‘ zu stürzen. Das Prinzip der ‚Nationalen Solidarität‘ könne dann zum Ordnungsdenken der Gemeinschaft ausgeweitet und ‚Sozialismus‘ genannt werden“[41] beschreibt H. Joachim Schwagerl, Rechtsextremismusexperte und Verfassungsjurist, die Intentionen rechtsextremer Parteien und spricht damit jene Form von „Solidarität" an, die bei diesen eine Rolle spielt. Freilich handelt es sich dabei keineswegs um Gemeinsinn mit sozial und/oder gesellschaftlich Benachteiligten, Minderheiten, Außenseitern. Solidarität mit Asylwerbern, Obdachlosen, Behinderten, Homosexuellen? - für rechtsexreme Gruppen undenkbar! Da die Gleichheit der Menschen bestritten wird, kann es keine Solidarität im Sinn von Eintreten für Schwächere/Ausgegrenzte geben.

Die **Nationaldemokratische Partei Deutschlands (NPD)** - ohne jeden Zweifel als rechtsextremes politisches Sammelbecken einzustufen - gibt im Sozialkapitel ihres Parteiprogrammes vor, sich mit den Schwachen der Gesellschaft zu solidarisieren. Sozialpolitik habe „die Aufgabe, den Wohlstand des ganzen Volkes zu festigen, den einzelnen in allen Wechselfällen des menschlichen Lebens vor unverschuldeter Not zu bewahren und ihm einen sorgenfreien Lebensabend zu sichern"[42]. Weiters heißt es „Nationaldemokratische Sozialpolitik fühlt sich auch den sozial Schwachen unseres Volkes verpflichtet"[43]. Isoliert und vom restlichen Text losgelöst betrachtet, könnte man meinen, dass diese Passagen durchaus in Grundsatzprogrammen ideologisch anders orientierter Parteien Platz haben könnten. Dieser oberflächliche Eindruck verwischt sofort bei Durchsicht weiterer Textstellen:

„Aus sozialer Gerechtigkeit wächst die nationale Volksgemeinschaft. Sozialpolitik bedeutet die Solidarität des Volkes mit seinen Angehörigen. Sie muß die Geborgenheit des Einzelnen in der Gemeinschaft sichern."[44]

„Ausländer sind aus dem deutschen Sozialversicherungswesen auszugliedern. Asylanten dürfen keinen einklagbaren Anspruch auf deutsche Sozialleistungen besitzen."[45]

„Wir Nationaldemokraten setzen uns mit Entschiedenheit für eine neue Gemeinschaftsordnung ein, die in nationaler Solidarität vorhandene Gruppenegoismen überwindet und zu sozialer Sicherheit und Gerechtigkeit führt."[46]

„Sozialpolitik als nationale Solidarität" bedeutet ein diffuses Zusammenhalten nach völkischen und rassischen Gesichtspunkten, „Überwindung vorhandener Gruppenegoismen" vermeint Zerschlagung von Gewerkschaftsbewegungen und widerspruchslose Einordnung in die Volksgemeinschaft und „Volksherrschaft" hat die Überwindung der parlamentarischen Demokratie zum Ziel.[47]

„Plicht zu solidarischem Verhalten gegenüber dem Gemeinwesen" fordern die **deutschen Republikaner** – und auch diesem Anliegen kann bei rein grundsätzlicher Betrachtung die Sinnhaftigkeit nicht ex kathedra abgesprochen werden.[48)] Die „Weiterentwicklung der Wehrpflicht zu einer allgemeinen Dienstpflicht für Männer und Frauen" erweckt jedoch bereits Bedenken, es könne eine Wiedereinführung des Reichsarbeitsdienstes gemeint sein, zumal keinerlei Erläuterung erfolgt, um welche Art von Dienstleistungen (Zivildienstartige Sozial- oder oktroyierte Reinigungsarbeiten?) es sich handeln und in welcher Form der „Zwang" durchgesetzt werden soll (wer, wann, wielange?).[49)] Der Abschnitt „Die Nation als Garant für Freiheit, Demokratie und soziale Gerechtigkeit" lässt schließlich keine Zweifel mehr zu, dass auch die Republikaner – ähnlich wie die Nationaldemokraten - von einem Solidaritätsgedanken ausgehen, der auf dem Abstammungsprinzip basiert:

„Innerhalb der Nation finden die Menschen Zusammenhalt und Solidarität. Das Bewußtsein gemeinsamer Abstammung, Geschichte und Kultur sowie die Verbundenheit in einer Schicksalsgemeinschaft befähigen sie, sich untereinander uneigennützig zu helfen und zu teilen. Ein echter Nationalstaat wird immer ein Sozialstaat sein. Wird der Nationalstaat aufgegeben, so schwinden auch diese Bindungen. In einem Sammelsurium von Menschen unterschiedlichster Herkunft (multikulturelle Gesellschaft) wird es weder ein Zusammengehörigkeitsgefühl geben noch die Bereitschaft zu gegenseitiger Hilfe und Rücksichtnahme."[50)]

Forderungen wie „Zurückweisung von Ausländern, die von vornherein sozialhilfebedürftig wären"[51)], „Beendigung des Aufenthalts von integrationsunwilligen Ausländern"[52)] oder „Beteiligung der Ausländer an den Integrationskosten"[53)] sowie die Verwendung von Termini wie „Überfremdung"[54)] machen deutlich, dass die Republikaner „Solidarität" lediglich in vollinhaltlicher Verknüpfung mit deutschem Volk, deutscher Nation und deutscher Identität für sinnvoll erachten. Die Ablehnung von Ausländerwahlrecht, doppelter Staatsbürgerschaft und das krude Verlangen von „Einbürgerung nur bei eindeutiger Hinwendung zur deutschen Nation"[55)] runden dieses Bild ab.

„Solidarität ist die Pflicht der Gemeinschaft, Schwachen und Bedürftigen zu helfen" lautet die Überschrift in Kapitel XI („Solidarisch und gerecht") des Parteiprogramms der rechtspopulistischen **Freiheitlichen Partei Österreichs (FPÖ)**, die auch gut in linken Manifesten oder gewerkschaftlichen

Positionspapieren aufgehoben wäre.[56] Um etwaigen Missverständnissen vorzubeugen, stellt die FPÖ sofort klar, was ihrer Ansicht nach unter solidarischem Handeln zu verstehen ist. Sie hält ihrem ideologischen Verständnis zu Folge einen „effizienten" (!) Einsatz von Solidarität für möglich und sinnvoll.[57] Die „humane Gesellschaft" wird als „Risikogesellschaft" beurteilt, in der die „Herstellung von Chancengerechtigkeit [...] keine Gleichmacherei" bedeute, sondern „vielmehr ein Angebot" sei, „das auf Grund der persönlichen Entscheidung des Einzelnen genutzt werden kann"[58]. Wiewohl zu „den von einer solidarischen Gemeinschaft abzudeckenden Risiken [...] insbesondere Alter, Krankheit und Unfall, Pflegebedürftigkeit und Behinderung, Arbeitslosigkeit und schwere Formen von Benachteiligungen und Schicksalsschlägen" gehören, wird Wert auf die Feststellung gelegt, dass „jedes System der sozialen Abdeckung von Risiken [...] laufend auf seine Treffsicherheit hin überprüft werden" müsse.[59] Chancengleichheit als Angebot und nicht als staatliche Verpflichtung, „soziale Treffsicherheit" als vorangiges politisches Ziel, „Abgehen von der Vorstellung des Betreuungsstaates"[60] als Vision lautet die Conclusio, „Soziale Sicherheit im Anlaßfall"[61] das Credo der Freiheitlichen Partei.

5. Grüne Parteien und „Solidarität"

„Für ein offenes und gleichberechtigtes Miteinander von SchweizerInnen und AusländerInnen" trat die **Grüne Partei der Schweiz** explizit in ihrer Wahlplattform 2003 ein und grenzte sich damit deutlich von politischen Mitbewerbern wie der CVP, den Freisinnigen und vor allem der Schweizerischen Volkspartei (SVP) ab, die allesamt eine vermeintliche Ausländerproblematik zum (zentralen) Wahlkampfthema machten.[62] In Punkt 3 der Wahlplattform („Die Grünen - die Partei für weltweite Gerechtigkeit und Solidarität") - der etwas großspurig anmutet - plädiert die Ökopartei u.a. „für eine Neuordnung der Weltwirtschaft und das Ende von Ausbeutung und Krieg im Interesse der Industrieländer", ohne diese Vision in irgendeiner Weise zu präzisieren.[63] Völlig unkommentierte Statements wie „Für eine echte Friedenspolitik und gegen jeden Krieg" wirken nebulos und nichtssagend.[64]

Die **österreichischen Grünen** befassen sich in ihrem Grundsatzprogramm aus dem Jahr 2001 in thematisch dichter und gründlicher Weise mit dem Grundwert Solidarität. Sie

- „wenden sich strikt gegen eine Klientelpolitik, die verschiedene Bevölkerungsgruppen oder Generationen gegeneinander ausspielt"

• verlangen von Gewerkschaften und Kammern die gleiche Solidarität mit Arbeitslosen wie mit Arbeitenden
• fordern vom Staat die „entsprechende Verteilung der Budgetmittel für die soziale Absicherung jedes/jeder Einzelnen"
• erachten Solidarität „in der Außenpolitik" als „ein energisches Eintreten für Leistungen der Entwicklungskooperation mit den armen Ländern des Südens" sowie als Unterstützung für die europäischen Reformstaaten (hinsichtlich Verbesserung von ökologischen und sozialen Standards)
• verwehren sich dagegen, „Solidarität auf einen engen Kreis von NutznießerInnen zu beschränken"[65].

Mit dem detailliert ausformulierten Bekenntnis zu einer „umfassenden Solidarität" haben sie 2001 ein viel weitreichenders Bekenntnis zur Solidarität abgelegt, als es in „Version 8" des „Entwurfes für ein Grundsatzprogramm" verankert war.[66] Dann hatten die Autoren zwar die historische Dimension und Tradition des grünen Projektes „eine undogmatisch-linke Strömung" zu sein, „die den Wert der ‚Solidarität' ins Zentrum ihrer Politik rückt" betont,[67] ließen aber im Punkt „Solidarität" eine seltsame sprachliche Reserviertheit erkennen:

> „Wir bewerten jegliche Arten von Ausschlüssen als prinzipiell gleich gravierend: soziale, kulturelle, ethnisch-linguistische, geschlechtliche, territoriale. Innerhalb der Grünen gibt es für dieses Nicht-Zulassen verschiedene Begründungstraditionen: religiöse, humanistische, politisch-internationalistische und utilitaristische, am wohlverstandenen Eigennutz orientierte. Über die Richtigkeit dieser Zugänge kann ein ökologisches Grundsatzprogramm nicht entscheiden."[68]

Neben einer außenpolitischen Komponente von Solidarität (Solidarität in einer globalisierten Welt, internationale Solidarität mit dem Süden, Tradition und Notwendigkeit von Solidaritätsbewegungen, „Europa der Demokratie, der Nachhaltigkeit und der Solidarität")[69] thematisiert das Grundsatzprogramm von **Bündnis 90/Die Grünen** (2002) einen engen inhaltlichen Konnex der Grundwerte „Solidarität" und „Gerechtigkeit". Mit der Aussage „Gerechtigkeit braucht Solidarität und bürgerschaftliches Engagement" soll die Wichtigkeit von solidarischem menschlichen Zusammenleben und Wirken unterstrichen und deren Bedeutung für das Selbstbewusstsein von Individuen betont werden.[70] Darüber hinaus bieten die deutschen Grünen eine Alternative im Streit „bevormundend-fürsorglicher Staat" versus „Je weniger Staat, desto besser" an, in dem der Staat „die öffentlichen Aufgaben nicht dem freien Spiel der Kräfte überlassen", aber „auch nicht anstelle der Gesellschaft", sondern „mit den Bürgerinnen und Bürgern zusammen" lösen solle.[71)] Zusammengefasst wollen Bündnis 90/Die Grünen eine „politische Kultur der Solidarität entwickeln, in der Respekt, Toleranz und Hilfe sowie das Engagement für die Schwächsten selbstverständlich ist"[72)].

6. Zusammenfassung und Schlussfolgerungen

Ohne verallgemeinernd wirken zu wollen, ergeben sich für den Autor folgende zusammenfassende Schlüsse:

• Solidarität hat in den Programmen sozialdemokratischer Parteien nach wie vor eine wichtige Bedeutung und gilt als handlungsanleitender Grundwert oder Grundsatz. Dennoch hat der Begriff eine gewisse semantische Relativierung erfahren. 1975 hatte das Bekenntnis der Sozialdemokratischen Partei Deutschlands zur „verpflichtende[n] Kraft unserer Idee der Solidarität" noch flammender, die Abgrenzung zu konkurrierenden ideologischen Bewegungen noch deutlich drastischer geklungen als im 21. Jahrhundert[73)]:

„Es ist der Irrtum des Liberalismus, Freiheit und Gerechtigkeit könnten in einer Gesellschaft krasser Ungleichheit [...] ohne eine die ganze Gesellschaft umfassende menschliche Solidarität geschaffen und bewahrt werden."

„Es ist der Irrtum des Konservatismus, es könne zwischen Reichen und Armen, Mächtigen und Machtlosen, Wissenden und Unmündigen wirkliche Solidarität gegben [...], wenn man die ökonomische, soziale und kulturelle Freiheit einer Minderheit vorbehält."

„Es ist der Irrtum der kommunistischen, marxistisch-leninistischen Bewegungen, es gäbe Gleichberechtigung ohne Freiheit und man könne Solidarität erzwingen."

„Es ist der Irrtum des Faschismus, man könne eine solidarische Volksgemeinschaft auf der Grundlage prinzipieller Ungleichheit der Menschen und ohne Freiheit der einzelnen errichten."[74)]

Auch SPS (vom „Grundpfeiler der menschlichen Gemeinschaft" 1959 zum „Grundsatz unseres Handelns" gegenwärtig) und SPÖ (1978: „Die

Sozialisten halten unverbrüchlich am Prinzip der Solidarität fest", „Solidarität ist auch die stärkste Waffe im Kampf gegen Unterdrückung und Ungerechtigkeit"; 1998: „Solidarität im Sinne von Rücksichtnahme auf den Nächsten und Bereitschaft zu gemeinsamem Handeln ist die Basis für die politische Verwirklichung der Ziele der Sozialdemokratinnen und Sozialdemokraten") haben gewisse „Anpassungen" vorgenommen. Teilweise sind diese mit Sicherheit geschehen, um einer moderneren Ausdrucksweise gerecht zu werden. Es liegt aber auch die Vermutung nahe, dass im Zuge einer dem vermeintlichen Zeitgeist entsprechenden und im Trend liegenden („New Democrats", „Der dritte Weg") Abkehr von allzu ideologisch und doktrinär beeinflusst wirkenden politischen Positionen, pragmatischere Formulierungen dienlich und willkommen erscheinen. Bedeutsame Veränderungen der Sozialistischen Internationale im programmatischen Umgang mit „Solidarität" sind im geschichtlichen Kontext und im zeitlichen Horizont von ihrer Gründung bis heute nicht erkennbar geworden.

• „Gleichheit", die in sozialdemokratischen Modellen in der Regel mit „Solidarität" eng verbunden ist, zählt in den Programmen der konservativen Parteien CDU, CVP und ÖVP nicht zu deren Grundwerten. Der italienische Philosoph Norberto Bobbio geht in seinem Buch „Destra e Sinistra" auf die Unterschiede zwischen Links und Rechts im politischen Spektrum ein und kommt dabei zu der Erkenntnis, dass bei Programmen rechter Parteien der Grundwert „Gleichheit" fehlt, während linke Programmatiken diesem gewöhlich eine elementare Stellung einräumen. Das Fehlen dieses Grundwertes kann demnach als die zentrale theoretische Unterscheidung zwischen rechter und linker Politik bewertet werden.

• Konservative Parteien neigen dazu, den Ursprung von und den Umgang mit Solidarität mit christlichen Wertvorstellungen zu verquicken (Christlich-Soziale Union Deutschlands: „Der Mensch ist nach dem christlichen Menschenbild zur Freiheit, zur Selbstverantwortung bestimmt. Er lebt in der Spannung zwischen Selbstbestimmung und Solidarität."[75)]; CDU: Grundwert Solidarität aus dem „christliche[n] Verständnis vom Menschen abgeleitet"; CVP: Solidarität als „Grundwert christlichdemokratischen Denkens").

• Obwohl Solidarität in maßgeblichen historischen (Oxforder Erklärung 1967) und gegenwärtigen (Erklärung ELDR 2003) Stellungnahmen der LI und der Liberalen Fraktion im Europäischen Parlament zum Prinzip liberalen Denkens und Handelns erklärt wurde/wird - und somit dieser theoretisch gleiche Wichtigkeit wie dem Wert „Freiheit" zukommt - spiegelt sich diese „Vorgabe" in nationalen Programmen liberaler Parteien kaum wider. Zusammengefasst lassen sich die Ausführungen von LIF, FDP Schweiz und FDP Deutschland als „Solidarität ja, aber"-Haltungen qualifizieren, die sich auf einzelne, sehr schmale, Politikfelder beschränken (Freisinnig-Demokratische Partei: „Solidarität zwischen den Generationen"[76) - Sozialpolitik; Liberales Forum: „Solidarität statt Trittbrettfahrertum" - Außenpolitik; Freie Demokratische Partei Deutschlands: Abgesehen von einem grundsätzlichen Bekenntnis zu „Solidarität mit Schwächeren", wird Solidarität fast ausschließlich pejorativ betrachtet.).

• Solidarität wird von rechtsextremen Parteien in ihren Programmen entweder negiert (Deutsche Volksunion) oder ausschließlich als „Nationale Solidarität" im Rahmen einer angestrebten „Volksgemeinschaft" erachtet, in der für am Rande der Gesellschaft Stehende und Ausgegrenzte – somit nicht dieser Gemeinschaft Angehörende - kein Platz ist (NPD, REP). Die rechtspopulistischen FPÖ und SVP nehmen programmatische Zwitterstellungen ein, da sie sich einerseits von der teilweise radikalen Sprache der extremen Rechten deutlich unterscheiden, andererseits aber Berührungspunkte mit deren Inhalten nicht zu übersehen sind.

Die FPÖ-Positionierung „Unter den genannten Bürgerpflichten sind insbesondere die Pflicht zur Solidarität mit den Landsleuten - etwa hinsichtlich der Unterstützung für Alte und Schwache - [...] zu verstehen"[77)] hat eine eindeutig ausschließende Wirkung gegenüber Nicht-Österreichern zum Inhalt; Solidarität ist demnach nur mit Inländern gefordert! Mit der Textpassage „Verfolgtenhilfe statt Recht auf Asylgewährung"[78)] wird unter dem Vorwand der Notwendigkeit einer Solidaritäts-Pflicht unverhohlen die Abkehr von der Europäischen Menschenrechtskonvention gefordert. Im Kapitel „Österreich zuerst" beschwören die Freiheitlichen darüber hinaus die „Zusammengehörigkeit aller Österreicher" anstatt „aller Menschen"[79)]. Die Schweizerische Volkspartei setzt sich in ihrer Wahlplattform 2003 auf sechzig Seiten kein einziges Mal mit dem Begriff Solidarität auseinander, auch Gemeinsinn oder Toleranz sucht man vergeblich. Nichtsdestotrotz lassen sich Geisteshaltungen, die sehr wenig mit solidarischem Zusammenleben, aber viel mit bevormundendem und menschenentwürdigendem Denken und Wollen zu tun haben, erkennen:

„Über Gleichstellungsbüros, Frauenbeauftragte und Forschungsstellen für Gender Studies (Geschlechterstudien) mischt sich der Staat immer mehr in die Aufgabenteilung zwischen Mann und Frau ein und versucht zu regulieren. Die SVP lehnt diese Einmischung in die Familie ab und fordert die Abschaffung dieser Institutionen."[80]

„Arbeitskräfte ja – Zuwanderung nein"[81]

• Bei den untersuchten Grünparteien konnte keine annähernd ähnliche Grundhaltung zum Komplex „Solidarität" konstatiert werden. Während sich die österreichischen Grünen sehr ausführlich mit diesem Thema beschäftigen, tun es deren schweizerische Gesinnungsfreunde in äußerster Knappheit und auch Oberflächlichkeit. Die Positionierung von Bündnis 90/Die Grünen kann als Mittelweg erachtet werden. Die Wichtigkeit von gesellschaftlicher Solidarität für Deutschlands Grüne drückt sich vor allem in der Botschaft „Gerechtigkeit braucht Solidarität und bürgerschaftliches Engagement" aus.

• Solidarität an sich stellt noch keinen zu schützenden Wert dar. Solidarität ist sowohl mit inhaftierten Kriegsverbrechern, prügelnden Polizisten, dem/der betrügenden Mann/Frau aus dem Freundeskreis als auch mit Opfern von staatlichem Terror, misshandelten Demonstranten und dem/der betrogenen Mann/Frau aus dem Freundeskreis möglich. Selbst Solidaritätsbekundungen von demokratisch gewählten politischen Amtsträgern mit Massenmördern wie Saddam Hussein sind möglich, wie wir spätestens seit Jörg Haiders Reisen in den Irak und den dazugehörigen Aussagen wissen. Solidarität verkommt dann zur „Tugend für jedermann" wenn sie sinnentleert artikuliert wird. Solidarität mit jedem und allem ist weder eine aufrichtige persönliche noch politische Gesinnung. Durch aufmerksames Lesen, was in unterschiedlichen Parteiprogrammen und Positionspapieren zum Thema „Solidarität" wie gesagt und - besonders wichtig - was nicht gesagt wird, und an der Tatsache, wie diese Parteien mit dem Gedruckten in den Niederungen der täglichen politischen Auseinandersetzung umgehen, können sich politisch Interessierte ein Bild davon machen, wie ernst es die verschiedenen ideologischen Strömungen und deren Protagonisten mit der Durch- und Umsetzung einer solidarischen Gesellschaft meinen.

---

[1] Im Parteiprogramm der DS heißt es: „Die Mitglieder der DS stimmen überein in den Werten der Freiheit und der Gleichberechtigung, der Rechtlichkeit und Gerechtigkeit, der Arbeit, der sozialen Solidarität und des Friedens. Sie handeln, um alle Bürgerrechte durchzusetzen indem sie eine nachhaltige humanitäre Entwicklung und eine interethnische und interkulturelle Gesellschaft fördern."

[2] Es waren dies die Grundsatzprogramme der Jahre 1978 und 1998. Das erste Parteiprogramm der österreichischen Sozialdemokratie in der Zweiten Republik wurde 1958 beschlossen.
[3] Grundsatzprogramm der Sozialdemokratischen Partei Österreichs (1998), S. 5
[4] Ebd.: S. 5-6
[5] Ebd.: S. 6
[6] Ebd.
[7] Grundsatzprogramm der Sozialdemokratischen Partei Deutschlands (1998), S. 12
[8] Ebd.: S. 13
[9] Parteiprogramm der Sozialdemokratischen Partei der Schweiz (1982), S. 3
[10] Programm der Sozialdemokratischen Partei der Schweiz (1959), S. 1
[11] Parteiprogramm der Sozialdemokratischen Partei der Schweiz (1982), S. 34
[12] Ebd.: S. 33
[13] Grundsatzerklärung auf der Internationalen Sozialistenkonferenz in Frankfurt am Main, 30. Juni bis 3. Juli 1951, In: Dr. Karl-Renner-Institut (Hg.): Grundsätze der Sozialistischen Internationale, Wien o. J., S. 11
[14] Ebd.
[15] Grundsatzerklärung auf der Internationalen Sozialistenkonferenz in Frankfurt am Main, 30. Juni bis 3. Juli 1951, In: Dr. Karl-Renner-Institut (Hg.): Grundsätze der Sozialistischen Internationale, Wien o. J., S. 10
[16] Declaration of Paris. XXI Congress of the Socialist International. Paris, 8-10 November 1999. Vgl.:http://www.socialistinternational.org/5Congress
[17] Grundsatzprogramm der CDU Deutschlands: „Freiheit in Verantwortung" (1994), S. 6
[18] Ebd.: S. 9
[19]Ebd.: S. 16
[20] Ebd.: S. 6
[21] Ebd.
[22] Salzburger Programm. Das Grundsatzprogramm der ÖVP (1972), S. 3
[23] Vgl.: Salzburger Programm. Das Grundsatzprogramm der ÖVP (1972)
[24] Vgl.: Grundsatzprogramm (1995)
[25] Vgl.: Gemeinschaft Schweiz. Vision, Auftrag und Ziele der CVP 2003-2007 (2002)
[26] Gemeinschaft Schweiz. Vision, Auftrag und Ziele der CVP 2003-2007 (2002), S. 4
[27] Ebd.: S. 12
[28] Ebd.: S. 13
[29] Ebd.: S. 4
[30] ELDR MANIFESTO. 2004 EUROPEAN PARLIAMENTARY ELECTIONS (2003), S. 2
[31] Vgl.: www.dgli.de
[32] Leitfaden. Deutsche Gruppe der LIBERAL INTERNATIONAL (DGLI). Version 1.0, Berlin 2002, S. 6
[33] „21. April 2001: Das Bundesforum wird durch eine Satzungsänderung in eine Bundespartnerversammlung umgewandelt. Diese wählt den 24jährigen Alexander Zach zum neuen Bundessprecher, Christine Hahn und Dr. Wolfgang Rainer zu seinen Stellvertretern sowie Dr. Friedhelm Frischenschlager und Otto Schwarz als weitere Mitglieder ins neue Parteipräsidium." Vgl.: www.liberale.at

[34] Für ein modernes Österreich. Das liberale Zukunftsprogramm 2002, S. 51
[35] Programm des Liberalen Forums (1993), In: Christoph Kotanko (Hg.): Die Qual der Wahl. Die Programme der Parteien im Vergleich, S. 194
[36] Wiesbadener Grundsätze. Für die liberale Bürgergesellschaft (1997), S. 3
[37] Ebd.: S. 5
[38] Ebd.: S. 11
[39] Ebd.
[40] Der Rechtsextremismus-Begriff, der in dieser Arbeit Verwendung findet, bezieht sich auf eine Definition des Historikers Willibald I. Holzer, die als Standardbeurteilung gilt und in zahlreichen Publikationen als Mittel der Begriffsbestimmung herangezogen wird.
[41] H. Joachim Schwagerl: Rechtsextremes Denken. Merkmale und Methoden, Frankfurt/Main 1995, S. 95f
[42] Vgl. www.npd.net/npd_startseiten/programme.html
[43] Ebd.
[44] Ebd.
[45] Ebd.
[46] Ebd.
[47] Ebd.
[48] Parteiprogramm 2002 der Republikaner, S. 4
[49] Ebd.
[50] Ebd.
[51] Parteiprogramm 2002 der Republikaner, S. 22
[52] Ebd.: S. 9
[53] Ebd.
[54] Parteiprogramm 2002 der Republikaner, S. 8
[55] Ebd.: S. 10
[56] Das Programm der Freiheitlichen Partei Österreichs (1997), In: Christoph Kotanko (Hg.): Die Qual der Wahl. Die Programme der Parteien im Vergleich, S. 136
[57] Ebd.
[58] Ebd.
[59] 56 Das Programm der Freiheitlichen Partei Österreichs (1997), In: Christoph Kotanko (Hg.): Die Qual der Wahl. Die Programme der Parteien im Vergleich, S. 137
[60] Ebd.
[61] Das Programm der Freiheitlichen Partei Österreichs (1997), In: Christoph Kotanko (Hg.): Die Qual der Wahl. Die Programme der Parteien im Vergleich, S. 136
[62] Vgl. /www.gruene.ch/d/portrait/wahlplattform.asp. Auf der Homepage der Grünen sind „fünf Kriterien" angeführt, nach denen sich ihre Politik richte.
[63] Ebd.
[64] Ebd.
[65] Vgl.: Grundsatzprogramm der Grünen (2001)
[66] Vgl.: Zukunftsfähige Politik für das 21. Jahrhundert. Entwurf für ein Grundsatzprogramm der Grünen. Version 8, In: Christoph Kotanko (Hg.), Die Qual der Wahl. Die Programme der Parteien im Vergleich
[67] Vgl.: ebd. S. 236
[68] Vgl.: ebd. S. 245
[69] Die Zukunft ist grün. Grundsatzprogramm von Bündnis 90/Die Grünen (2002), S. 144
[70] Ebd.: S. 13

[71] Ebd.
[72] Die Zukunft ist grün. Grundsatzprogramm von Bündnis 90/Die Grünen (2002), S. 61
[73] Ökonomisch-politischer Orientierungsrahmen für die Jahre 1975-1985. Beschlossen auf dem Mannheimer Parteitag der SPD 1975, in: Dr. Karl-Renner-Institut (Hg.), Bundesrepublik Deutschland – Niederlande – Schweden. Grundsätze der Sozialdemokratie, S. 5
[74] Ebd.
[75] Vgl.: www.csu.de
[76] Vgl.: www.fdp.ch
[77] Das Programm der Freiheitlichen Partei Österreichs (1997), in: Christoph Kotanko (Hg.), Die Qual der Wahl. Die Programme der Parteien im Vergleich, S. 109
[78] Ebd.: S. 112
[79] Ebd.: S .109
[80] Vgl.: www.svp.ch
[81] Ebd.

Verwaltungsreform in der Globalisierung

Das Regionale als Basis der Solidarität zwischen BürgerInnen und staatlicher Institution

von Peter Wittmann

„Die Macht benötigt die Zustimmung ihrer Adressaten (...)"
(Konrad Paul Liessmann)

Schneller, höher, mehr und ferner

Wir leben in einer globalisierten Welt. Damit verbunden haben sich die Bedürfnisse der BürgerInnen und die Anforderungen an die Verwaltung verändert. Im Allgemeinen sind die Machtzentren gesellschaftlicher Gestaltung heutiger Prägung für viele Menschen nicht mehr zu erkennen und daher nicht mehr zu verstehen. Das hat zur Folge, dass im Bewusstsein der breiten Öffentlichkeit Ohnmachtsgefühle entstanden und noch immer entstehen. Parallel dazu wird berechnend, ideologisch motiviert und daher unreflektiert das Ende der Politik oder die Ohnmacht des Staates gepredigt und die Allmacht der Ökonomie besungen. Die BürgerInnen werden ausschließlich als KonsumentInnen und die WählerInnen ausschließlich als Absatzmärkte von Werbestrategien gesehen. Dass sich die Politik zusätzlich oft selbst entmachtet und sich aus Angst vor Veränderung selbst gelähmt hat, muss ebenso betont werden. Es ist eine über 200 Jahre alte Weisheit, dass der, der Verbesserungen nicht annimmt, weil sie Neuerungen sind, Neuerungen wird akzeptieren müssen, die keine Verbesserungen sind.

Dennoch stellt sich immer mehr heraus, dass repräsentative Umfragen beweisen, wie sehr sich das Bewusstsein der Menschen gegenüber der Globalisierung verändert. Gefahren werden genauso immer deutlicher erkannt wie Chancen. Außerdem reift die Erkenntnis, dass Politik, Demokratie und Gestaltungsmacht nicht ohne Zutun, gleichsam naturgesetzlich oder gottgewollt, verdampfen. Nur schneller, höher, mehr und ferner alleine lässt es sich nicht leben; schon gar nicht demokratisch, sozial gerecht und frei. Daher werden „der Staat" und die BürgerInnen, die in ihm leben, sich etwas überlegen müssen.

Peter Wittmann

Vom Sinn der Verwaltung

Gesellschaftliche Realitäten ändern sich permanent und mit stetig wachsender Geschwindigkeit. In der öffentlichen Meinung gerät die Rolle des Staates und der Verwaltung im Globalisierungsdiskurs immer mehr unter Druck. Die Verwaltung ist somit ständig gefordert, sich diesen Änderungen anzupassen. Vor allem, wenn klar ist, dass „Herrschaft heute nicht mehr extern legitimierbar ist, sondern ihre Legitimation nur noch aus der Zustimmung der Herrschaftsunterworfenen beziehen kann" (Grimm, Staatsaufgaben). Also muss der Staat, will er von seinen BürgerInnen akzeptiert, also legitimiert sein, Aufgaben übernehmen und auf diese bezogene nachvollziehbare Verfahren ermöglichen, welche von den davon Betroffenen eingesehen oder gefordert und daher als sinnvoll erachten werden. Es könnte daher möglich sein, dem Staat ideologisch motiviert, ohne Rücksicht auf Nützlichkeit und BürgerInnenbedürfnis, ständig Aufgaben entziehen zu wollen, bis er tatsächlich nicht mehr ausreichend legitimiert ist.

Die Basis für eine moderne, effiziente und dem sozialdemokratischen Grundverständnis von Demokratie und sozialem Ausgleich entsprechende Verwaltungsreform, ist eine fundamentale Aufgaben- und Organisationskritik. Diese muss sich aber an der Verbesserung der Qualität des Angebots und der Leistung und nicht ausschließlich an Personaleinsparung und Verbilligung orientieren. Nicht mehr oder weniger Verwaltung soll das Ziel der Debatte sein, sondern eine bessere, eben eine planende und gestaltende Verwaltung (vgl.: Otfried Höffe, Tauschgerechtigkeit). Die Frage, wofür der Staat in Zukunft zuständig sein soll, muss aus sozialdemokratischer Sicht von den Bedürfnissen der BürgerInnen ausgehend beantwortet werden und primär zwei Aspekte berücksichtigen: die demokratiepolitischen und die sozialpolitischen Folgen von Reformen. Die geeigneten Schlagworte dafür: Kundenorientierung, BürgerInnenbeteiligung, Verteilungspolitik, demokratische Strukturen und BürgerInnenservice.

Eine gute Verwaltung schafft erst die Voraussetzung dafür, dass sich die Wirtschaft gut entwickelt und die Menschen in Wohlstand und Sicherheit leben können. Staatliche Leistungsfähigkeit ist eine entscheidende Voraussetzung sozialer, demokratischer und ökonomischer Stabilität. Das bloße Abschaffen von Leistungen bringt keine Verbesserung von Leistung. Genauso schmälert es die Legitimität des politischen Systems, wenn der öffentliche Sektor Leistungen, die von der Politik versprochen werden, nicht erbringt oder nicht erbringen kann. Und: Zusperren der Infrastruktur, vor allem in den ländlichen Regionen, ist noch lange keine Verwaltungsreform.

Gerade die regionale und kommunale Ebene wird in einer globalisierten Welt an Bedeutung gewinnen. Globalisierung funktioniert ohne lokale Bindungen nicht; weder politisch noch ökonomisch (vgl.: Altvater/Mahnkopf, Grenzen der Globalisierung). Genau auf dieser Ebene kann der/die Staatsbürger/in sowohl als „Kund/e/in" als auch als selbstverantwortlicher Partner der Verwaltung verstanden werden und agieren. Soll diese BürgerInnenorientierung nicht nur die KundInnenrolle, sondern auch den StaatsbürgerInnenstatus der Einzelnen fördern, müssen Möglichkeiten zur politischen Beteiligung der BürgerInnen erzeugt werden: Die Selbstbefähigung der KundInnen als BürgerInnen. Daher muss eine Verwaltungsöffentlichkeit geschaffen werden, die es den gewählten Repräsentanten erlaubt, bürgernah zu handeln, das heißt sich selbst über Probleme der BürgerInnen informieren und sie über geleistete politische Arbeit aufklären zu können. Die Gestaltungs- und Beteiligungschancen wachsen ebenso wie Transparenz und Kontrolle der Verwaltung. Die Einbindung der BürgerInnen funktioniert über die Einbindung in die Aufgabenerfüllung, das Beschwerdemanagment und die verschiedenen Ausprägungen von Mediationsverfahren (vgl.: Christoph Andlinger, Einbindung der Bürger). Diese Ebene bietet sich auch an, hier die „lernende Verwaltung" zu installieren, da der Kontakt Bürger/in-Mitarbeiter/in am direktesten erfolgt. Daher können viele Kernbereiche der elementaren Daseinsvorsorge von regional und lokal zuständigen Institutionen dem Subsidiaritätsprinzip folgend organisiert und entwickelt werden. Für die BürgerInnen bei den BürgerInnen.

Der Selbstbefähigung der BürgerInnen muss innerorganisatorisch die Befähigung der Beschäftigten zu kundenorientiertem Verwalten gegenüberstehen. So kann eine zielführende Verwaltungsreform nie ohne Einbindung der BeamtInnenschaft in Personalplanungs- und -Entwicklungskonzepte erfolgen. Diese Erhöhung der Qualifikation der Beschäftigten ist in hohem Maß an die Erweiterung von Freiräumen im alltäglichen Arbeitsablauf gebunden und damit an eine demokratische Arbeitsorganisation, an den Hierarchieabbau und an die Erweiterung der Partizipation. Innerorganisatorische Demokratie ist Vorbedingung für die Erreichung der außerorganisatorischen. Darüber hinaus ist die Verbesserung der Aus- und Weiterbildung der Bediensteten unumgänglich. Mit gesteigerten Möglichkeiten muss auch die Kompetenz gesteigert werden und es werden neue Berufsbilder mit neuen Anreizen entstehen: Mitbestimmung und Mitverantwortung als Weg zur „Wertschöpfungsgemeinschaft" in der Verwaltung (vgl.: Hasselmann/König, Lernende Verwaltung).

Verwaltung vor Ort

Bei sinnvollem Bemühen um Verwaltungsreform wird der Staat als Ganzes gesehen und kein Bereich ausgespart. Zu beginnen ist bei einer Kompetenzreform, mit der die Gesetzgebungs- und Vollziehungszuständigkeiten sinnvoll auf Bund, Länder und Gemeinden aufgeteilt und Doppelgleisigkeiten sowie Mehrfachzuständigkeiten beseitigt werden. Auf allen Ebenen sind die Hierarchien zu reduzieren und die Verwaltung im Sinne des „new public management" umzugestalten. Instanzenzüge sind abzukürzen, für die BürgerInnen sind für zusammengehörende Angelegenheiten einheitliche Instanzen zu schaffen. Die Gemeinden sollen als umfassendes Bürgerservicezentrum und als generelles Portal der Menschen zur Verwaltung fungieren. Der Zugang der BürgerInnen zu allen Behörden soll über die Gemeinden erfolgen, ebenso wie die Ausfolgung aller Erledigungen (Pässe, Anmeldungen, Steuererklärungen etc.). Dieses System verwirklicht den Gedanken des „one-stop-shop", vor allem auch in Hinblick auf den notwendigen Ausbau des Internetzugangs und des e-governments.

Die Gemeinde kann das Service für die BürgerInnen glaubwürdig vermitteln, da sie den Menschen am nächsten ist: sie ist greifbar, sie ist begreifbar und es gibt den direkten Legitimations- und Kontrollzugang im Verständnis der BürgerInnen. Akutelle Umfragen belegen die Akzeptanz der Gemeindeverwaltung mit beeindruckenden Zahlen. Bürgernähe, Sparsamkeit und Effizienz werden mit Abstand gegenüber anderen Verwaltungsebenen angenommen und gut geheißen (Feistritzer, Verwaltung und Verwaltungsreform). Über die Gemeinde erfolgt der direkte Zugang zu Politik, daher wird auch hier die demokratiepolitisch erwünschte BürgerInnenbeteiligung am einfachsten möglich. Die Gemeinde- und Regionalebene eignet sich auch am Besten für die Wahrnehmung der Privatwirtschaftsverwaltung.

Die Statutarregion

Dort, wo das Volumen die Möglichkeiten einer Gemeinde übersteigt, ist Folgendes denkbar: Gemeinden mit mehr als 10.000 Einwohnern bekommen das Recht ein eigenes Statut zu erhalten. Kleinere Gemeinden bekommen die Möglichkeit, sich zu sinnvollen „Statutarregionen" als Gemeindeverbände zusammenzuschließen. Diese haben Anspruch auf eigene Finanzausstattung, besitzen demokratisch legitimierte Organe und übernehmen so wie die Städte mit eigenem Statut die Aufgaben der Bezirksverwaltung. Die

Bezirkshauptmannschaften können dafür aufgelöst werden. In einer Übergangsperiode wäre auf Länderebene ein Expertenpool einzurichten, dessen sich diese „Statutarregionen" bedienen könnten. Danach könnten auch private Dienstleister diese Aufgaben regional übernehmen. Die Bezirkshauptmannschaften können jene notwendigen bürgernahen Forderungen der Zeit nicht erfüllen, da das damit einhergehende Element der Demokratisierung völlig fehlt. Die Bezirkshauptmannschaften waren Teil eines hierarchisch, letztlich auf den Monarchen bezogenen Behördenaufbaus. Sie wurden schließlich den Ländern als Symbol des Föderalismus unterstellt, blieben aber monokratisch bestimmt. Gerade solch eine Institution kann in einer modernen, demokratischen und effizienten Verwaltung nicht 1. Instanz und „BürgerInnenportal" sein.

Die für grundsätzlich alle behördlichen Entscheidungen der ersten Instanz relevante staatliche Verwaltungsebene sollen diese Statutarregionen sein, die zahlenmäßig sicher weniger als die derzeit bestehenden Bezirke wären. Dort werden alle derzeit nebeneinander existierenden Behörden konzentriert, dort werden alle Verwaltungsverfahren geführt und Bescheide erlassen. Diese „Statutarregionen" sollen einheitliche Anlagenbehörde sein, die sämtliche Bewilligungen für Anlagen einschließlich der Baubewilligung erteilt.

Zusatz 1: Die Sicherheitsregion

Auch in der Sicherheitspolitik wird immer mehr nach Effizienz verlangt. Dass damit oft die Schaffung des „Nachtwächterstaates" beabsichtigt wird, ist ein ideologischer Zug der Zeit. Sicherheitspolitik ist jedoch im Verständnis der BürgerInnen eine unmittelbare Frage der unmittelbaren Lebensqualität und spielt sich zum Teil auf der Ebene der subjektiven Empfindung ab. Daher ist sie auch eine Frage von Präsenz und Nachvollziehbarkeit; daher auch eine Frage des Lokalen und Regionalen.

Das wahre Problem in Österreich ist die Zweigleisigkeit zwischen Sicherheitsbehörden einerseits (die in erster Instanz noch dazu in Bezirkshauptmannschaften und Bundespolizeidirektionen geteilt sind) und Exekutivstrukturen (Gendarmerie, Polizei) andererseits, wobei jeder dieser Zweige meist wiederum dreistufig organisiert ist (Bundesminister bzw. Generaldirektor für die öffentliche Sicherheit, Sicherheitsdirektor und Landesgendarmeriekommando, Bezirkshauptmannschaft und Bundespolizeidirektion bzw. Bezirksgendarmeriekommando). Die Aufteilung der Sicherheitsverwaltung in Bezirkshauptmannschaften und Bundespolizeidirektionen hat ihre Ursache in der politischen Lage der Ersten Republik und heute jede Berechtigung verloren. Die Schaffung von Sicherheitsregionen ist daher ein sinnvoller Ansatz (siehe auch: SPÖ Modell Sicherheitsregionen für Österreich. Unter: http://www.spoe.or.at/www/page_34.html).

Für jede Sicherheitsregion besteht jeweils eine einzige Sicherheitsbehörde, der ein einheitlicher Wachkörper beigegeben ist. Diese Sicherheitsregionen vereinen also die Aufgaben von Sicherheitsdirektion, Landesgendarmeriekommando, sicherheitspolizeiliche Aufgaben der Bezirkshauptmannschaft, Bundespolizeidirektion und Bezirksgendarmeriekommando. Der Wachkörper selbst ist dezentral organisiert (in Bereichskommanden für die einzelnen Bezirke und Posten). Die Sicherheitsregionen sind ident mit den Landesgerichtssprengeln (sodass die Zusammenarbeit mit den Gerichten gewährleistet ist, insbesondere für die Kriminalpolizei) und unterstehen selbst direkt dem Bundesminister für Inneres. Auf diese Weise werden einerseits bürgernahe Sicherheitseinrichtungen geschaffen, andererseits flache Hierarchien verwirklicht.

Zusatz 2: Die Bildungsregion

Auch die Belange der Bildungspolitik werden im globalisierten Wettbewerb der „Standorte" und im damit verbundenen regionalen „Standortmarketing" wichtige Kategorien werden, die in manchen Bereichen den lokalen Erfordernissen spezifisch angepasst werden müssen, um Erfolg zu haben. Die „lernende Region", in der die unmittelbaren Ressourcen der Schul-, Berufs- und Erwachsenenbildung für die unmittelbaren Bedürfnisse und den regionalen Anforderungen angepasst und genutzt werden. Den selbstbefähigten BürgerInnen steht im Bildungsbereich die „autonome Schule", der zwar der Schultyp vorgegeben wird, die aber weitestgehend frei in der Schul- und Unterrichtsorganisation ist, gegenüber. Der/die SchulleiterIn wird befristet bestellt, ihm steht ein Beirat der Schulpartner (Eltern, Schüler, Lehrer) zur Seite.

Die Bezirks- und Landesschulräte werden durch „Bildungsregionen" ersetzt, die so groß sind, dass in ihnen das allgemeine Bildungsspektrum, von der Vorschule bis zu den höheren Schulen, Einrichtungen der Berufs- und Erwachsenenbildung (mit Ausnahme von Spezialschulen) angeboten werden kann (Nach: SPÖ 10 Punkte Konzept zur Bildungspolitik. Unter: http://www.spoe.or.at/www/page_34.html). Organe der Bildungsregionen sind ein demokratisch legitimierter Bildungsrat und ein regionaler Bildungsmanager. Aufgabe der Bildungsregionen ist die Koordination zwischen den Schulen und die Qualitätssicherung, sie sind hauptverantwortlich dafür, dass die Schulen die festgelegten Bildungsziele auch erreichen.

Auf der Ebene des Landes soll ein gemeinsamer Bildungsausschuss von Landtag und Landesregierung eingerichtet werden, der Vorgaben für die Bildungsregionen erlässt, die Mittel nach objektiven Kriterien verteilt und ihre Verwendung kontrolliert, die Schultypen festlegt und die Ergebnisse evaluiert. Die Gesetzgebung des Bundes wird auf eine Rahmengesetzgebung betreffend Schulverfassung, Schüler-, Lehrer- und Elternrechte, Ziele, Evaluationsmethoden und bundesweite Standards beschränkt. Die Zentralstelle (das Bundesministerium) ist nur mehr für Evaluation und Forschung, die Ebene der EU und internationalen Kontakte sowie die Koordination zwischen den Ländern zuständig.

Zusammenfassung oder Reform und Wirklichkeit

Die geographische und politische Organisation der Bezirke basierte auf den ökonomischen und politischen Erfordernissen der Monarchie. Sie sind daher weder geographisch noch politisch den heutigen Erfordernissen entsprechend. Dies heißt aber nicht, dass die neu zu schaffenden „Regionen" keinen historischen Rückhalt hätten, da logische ökonomische wie politische regionale Zusammenhänge bei weitem älter sein können, als die autokratischen Bedürfnisse der monarchischen Verwaltung des 19. Jahrhunderts. Die Stärkung und verwaltungstechnische Schaffung regionaler Identitäten entsprechen nicht nur ökonomischen Erfordernissen, sondern können auch zur Stärkung ökologischer regionaler Wirtschaftskreisläufe führen (vgl.: Kleinert/Mosdorf, Die Renaissance der Politik).

Abschließend ist festzuhalten, dass Begriffe wie „moderne, effiziente Verwaltung" , „demokratische BürgerInnenbeteiligung", „sozialpolitische Verantwortlichkeit", „kreative sinnvolle Arbeitsplätze" und „regionale Identität" keine unversöhnlichen Widersprüche sein müssen und auch nicht sein dürfen. So wird im Sinne Karl Poppers der regelnde Staat vernünftigerweise nur Schritt für Schritt vorgehen und die erwarteten Resultate stets sorgfältig mit den tatsächlich erreichten vergleichen. Er muss auch immer auf der Hut vor den bei jeder Reform unweigerlich auftretenden unerwünschten Nebenwirkungen sein. Er wird sich auch davor hüten, Reformen von solcher Tragweite und Komplexität zu unternehmen, dass es ihm unmöglich wird,

Ursachen und Wirkungen zu entwirren und zu wissen, was er eigentlich tut. Dann wird dem menschlichen Streben nach einer friedenssichernden, wirksamen und gerechten Ordnung humanen Zusammenlebens immer wieder Erfolg beschieden sein. Schrittweises Vorgehen, stetige kritische Prüfung der erzielten Ergebnisse und nach dem Prinzip der dauernden Fehlerkorrektur verfahren, das sind die Methoden von moderner, demokratischer, effizienter bürgernaher und menschlicher Verwaltungsreform. Früher waren Verfassung und Demokratisierung das Bestreben, die BürgerInnen vor dem Übergriff staatlicher Institutionen zu schützen. Heute besteht mit einer modernen sozialen und demokratischen Verwaltung die Chance, die staatlichen Institutionen zum solidarischen Verbündeten der BürgerInnem beim Meistern der Chancen und Gefahren der Globalisierung zu machen.

Zitierte Literatur:

Elmar Altvater/Birgit Mahnkopf, Grenzen der Globalisierung. Ökonomie, Ökologie und Politik in der Weltgesellschaft, Münster 1999

Christoph Andlinger, Einbindung der Bürger in Entscheidungsprozesse - der Magistrat Linz, in: Die innovative Verwaltung, Heft 4, Düsseldorf 1997

Friedrich Ebert Stiftung (Hg.), Moderner Staat und effiziente Verwaltung. Zur Reform des öffentlichen Sektors in Deutschland, Bonn 1994

Gert Feistritzer, Verwaltung und Verwaltungsreform - die Meinung der Österreicher 2003, in: Österreichische Gemeinde-Zeitung, Heft 8, Wien 2003

Dieter Grimm, Staatsaufgaben - eine Bilanz, in: Dieter Grimm (Hg.), Staatsaufgaben, Frankfurt am Main 1996

Uwe Hasselmann/Rainer König, Wie läßt sich eine „Lernende Verwaltung" etablieren?, in: Die innovative Verwaltung, Heft 4, Düsseldorf 1997

Michael Häupl (Hg.), BürgerInnenbeteiligung und politische Partizipation. Konzepte zur Entwicklung der Demokratie in der Stadt, Wien 2002

Otfried Höffe, Tauschgerechtigkeit und korrektive Gerechtgkeit: Legitimationsmuster für Staatsaufgaben, in: Dieter Grimm (Hg.), Staatsaufgaben, Frankfurt am Main 1996

Hubert Kleinert/Siegmar Mosdorf, Die Renaissance der Politik, Berlin 1998

Karl Popper, Alles Leben ist Problemlösen. Über Erkenntnis, Geschichte und Politik, München/ Zürich 1999

SPÖ 10 Punkte Konzept zur Bildungspolitik; Kommunalpolitische Leitsätze und SPÖ Modell Sicherheitsregionen für Österreich, alle unter: http://www.spoe.or.at/www/page_34.html

The German Speaking Left in the United States

von Stan Nadel

German-speaking immigrants created one of the largest, most complex, and longest lived, of all the varieties of American radicalism, one whose ideas and institutions of were often adopted by later groups of American leftists.[1] There have been times when German-American and Austrian-American radicalism seemed to be the only class-conscious radicalism in the U.S. and no history of the American left could be complete without the Socialist Labor Party, the left wing of the American Federation of Labor, or the Chicago Anarchists--all predominantly German-speaking. Still, even these familiar episodes take on a different cast when explored within the framework of the German-speaking American immigrant left. The history of the German-language left has largely been the preserve of Marxist historians who have tended to present it as divided into two basic parts, one before and one after Marxism became dominant. The reality was never so simple. From beginning to end the German-language left contained a mixture of ideological influences and trends imbedded in a radical counter-culture. The relative weights of various formal ideologies and different varieties of cultural radicalism changed over time, but there were always many shades of red in the German-speaking American left and sharp ideological positions are hard to find.

The Formative Years

The movement began with the 1845 arrival of Hermann Kriege, a revolutionary associated with the League of the Just.[2] Kriege sought to promote communism among German-speaking immigrants beginning to establish themselves in the U.S. He created a Sozialreformassoziation as a public arm of the secret League, one that drew large numbers of members by combining political activism with the sponsorship of a large variety of social activities. The Social Reformers sponsored picnics, men‘s choral societies, women‘s auxiliaries, sickness and death benefit associations, theatrical productions, masked balls, military companies and all sorts of other ancillary activities.[3)] In doing so they established a left-wing subculture or counterculture destined to be replicated and extended by other German-language American leftist organizations from the Turnvereine of the 1850s to the Milwaukee German Socialist clubs of the twentieth century. The Sozialreformassoziation soon had branches in a number of cities, including New York, Philadelphia, Newark, St. Louis, Milwaukee, Baltimore and Cincinnati.[4)] Although they soon declared that they were no longer communist and tried to establish themselves as the „left wing of Tammany Hall," they continued to be part of a German-speaking American left.[5)]

Before moving to the right, the Sozialreformassoziation invited Kriege's mentor, Wilhelm Weitling, to come to America. A skilled tailor, Weitling was the premier ideologue of German socialism before Marx. Weitling fled to the U.S. after the failure of the 1848 revolutions, established a newspaper and threw himself into the effort to revolutionize America. He encouraged a surge of union activity in New York in 1850, and soon found thousands of followers among the city's German-speaking workers. Weitling and his radical allies among the city's German-speaking workers played a prominent role in the great strike wave of 1850, but the unions proved unable to retain their members after the strikes ended.[6)] Weitling organized his followers into a national Arbeiterbund in the fall of 1850. With local branches in most of the major centers of German and Austrian immigration, the Arbeiterbund promoted Weitling's paper, his version of socialism, and a utopian colony in Iowa.[7)] The Arbeiterbund prospered for a few years and local affiliates opened Worker's Halls with the usual range of German-language social activities (theater, singing, dancing, bowling and beer) along with radical politics, but Weitling's influence began to fade after 1853. First his Arbeiterbund faced the competition of a „Marxist" rival, and then it fell apart in a bitter struggle over responsibility for the bankruptcy of the utopian colony. Weitling continued to publish his newspaper until mid-1855, but was finally forced to give up radical political activity.[8)]

The Turnvereine, meanwhile became the most important expression of German-language American radicalism in the 1850s. After providing shock troops for the revolutionary cause in Germany, thousands of Turners headed for American exile.[9)] There, radical Turners created a Socialistisches Turnerbund in 1851 whose socialism spanned the spectrum from a social republicanism that was mainly atheist and republican, to Marxian communism.[10)] Thousands of German immigrants in large cities and small towns across the United States joined and read the „Turnzeitung". They were instructed on the history and meaning of socialist ideas, and the Turnvereine and „Turnzeitung“ proved central to spreading the basic ideas of European radicalism across German-speaking America in the early 1850s.[11)] Many Turners and other radicals were soon galvanized by the American struggle against slavery, seeing it as a continuation of their long struggle for freedom in Europe. Turners provided defense squads for anti-slavery meetings and many radical social republicans became Radical Republicans (the left wing of the Republican Party) over the course of the next decade.[12)]

Karl Marx‘s close associate Joseph Weydemeyer brought a version of Marxism to America at the end of 1851. Anxious to spread the doctrines of „scientific“ socialism to the New World, he found an outlet in the „Turnzeitung“. There he enlightened German-speaking American workers about „class-consciousness“ and the „Dictatorship of the Proletariat,“ while stressing the importance of trade unions and strikes as basic forms of class struggle.[13] In Baltimore, New York, Philadelphia, Pittsburgh, Cincinnati, Dayton, Cleveland, Milwaukee and Chicago, German-speaking workers in dozens of trades formed unions and went out on strike in the Spring of 1853. Class-conscious positions replaced the utopianism of the earlier unions as the failure of the cooperatives that had grown out of the 1850 strikes convinced the revived unions to adopt a more wage conscious approach.[14)] In March, Weydemeyer called for a mass meeting to establish a new „broad workers‘ alliance...on a modern basis.“ Attracting many of Weitling‘s former followers and others, a new Amerikanische Arbeiterbund was formed in close association with the trade unions (several of which formally affiliated with the new League), the Social Reformers and the Turners.[15)] At its peak, in addition to branches throughout the New York City area, it had affiliates from New Haven to Cincinnati -- by way of both Philadelphia and Buffalo.[16)] Then, weakened by Freethinker defections, both the League and the unions were crushed by the economic crisis and mass unemployment of 1854 Freethinkers and Turners led the unemployed in mass demonstrations demanding public works that winter, as they did again in the Panic of 1857.[17)] But, with the anti-slavery mobilization following the proposed Kansas-Nebraska act, many Freethinkers and Turners were en route to the Republican Party and they didn‘t tarry long with the cause of labor.[18)]

There was one other current in the German-American left, equal rights for women. Mathilde Franziska Anneke had been a champion of women‘s rights in Germany before she married radical activist Fritz Anneke in 1847 and edited the „Neue Kölnische Zeitung“ with her husband and Karl Marx. When the revolutionary forces were defeated, the Annekes fled to America.[19] Mathilde Anneke saw the causes of women and proletarians as inseparable.[20] She joined Weitling's Arbeiterbund in 1852, moved over to Weydemeyer's Amerikanische Arbeiterbund in 1853, and was associated with a revived League later in the decade. All of these organizations, along with the Turners and Free Thinkers, paid at least some lip service to the cause of women's equality, but a very strong strain of hostility towards women's equality remained among the men. Women were encouraged to embroider banners or organize and supply food for organizational picnics and social events, but they were discouraged from raising questions of gender equality in the movement or in the home. While Mathilde Franziska and her readers got little encouragement, the men of the German-speaking left frequently ridiculed the American woman's movement. This hostility provided yet another barrier to mutual understanding and cooperation between German-speaking and English-speaking American radicals given the strong women's rights component of many Anglo-American reform campaigns from Abolitionism to Populism. The American Civil War mobilized much of the German-speaking left into the anti-slavery cause. Many Turnvereine enlisted en masse in the Union Army, as did many socialist activists. Adolph Sorge recalled that wartime losses paralyzed the socialist movement until 1867.[21]

The Era of German-language Leadership

The labor movement began to revive in the later years of the war as wartime profits tempted employers to avoid prolonged conflicts with unionizing workers and wartime inflation encouraged workers of all nationalities to unionize. German-speaking workers participated in the labor boom and organized rapidly. In Chicago, newly arrived German speakers turned to Irish and English union leaders, but in older centers of German immigration they had no need for others to lead them.[22] In New York City alone, at least 26 German speaking unions operated by 1864 and they formed their own citywide organization.[23] By the time the National Labor Union organized in 1867, German speakers were heavily represented and they dominated two of the six national unions.[24] German speaking workers felt compelled to move to the forefront of the American labor and radical movements. They had become the predominant element in a large number of skilled trades, including many of the trades most often subjected to revolutionary transformations in those years. Some skilled workers managed to maintain or even improve their conditions through these transformations, but most workers in the “German” trades faced a long struggle against the degradation of their skills, working conditions and pay.[25)] This struggle made them more and more receptive to radical ideas and organizations and repeatedly pushed them to the lead in labor and radical organizations.

German-speaking radicals turned their attention back to the labor question. Veterans of the old Kommunisten Klub revived their association and soon joined with a small group of recently arrived followers of Ferdinand Lassalle to create a socialist party. Klub member Adolph Sorge was prevailed upon to give up his leading role in a freethinker‘s league to lead the new party, and Weitling was invited to join the executive committee.[26)] The new party did poorly, but the labor movement benefited from an economic boom and grew rapidly. In New York, the cabinetmakers‘ union called upon all the German-language unions to join them in sponsoring a newspaper. Five major German-American unions led by the cigarmakers‘ president sponsored an Arbeiter Union newspaper that published excerpts from „Das Kapital“.[27)&28)] The German speaking workers of Chicago soon followed their lead, organizing a citywide “German” central labor union with its own newspaper.[29)] The socialist cadre still had only about fifty members, but they were closely tied to the Arbeiter Union and many leaders of the German-language unions joined them in Section 1 of the First International. Samuel Gompers recalled „in those early days of the ‚seventies the International dominated the labor movement of New York“ -- and Sorge reported that Chicago and other cities took their lead from New York.[30)&31)]

Around 1870 German-speaking unions moved to the forefront of the American labor movement, and in 1872, German-American unions associated with the International initiated and guided the largest strike wave America had ever seen. In New York City alone, more than a hundred thousand struck for the eight-hour day, and German-speaking unionists led similar mass strikes in Chicago and Philadelphia. Only a well-organized employer resistance backed up by numerous arrests and unprecedented levels of police violence defeated the strikers.[32)] When the First International fell apart in a battle between European socialists and anarchists, the socialists transferred the General Council to New York to prevent an anarchist take-over. That put Sorge and the other leaders of Section 1 in charge of what was left of the entire socialist International. They had some success in rebuilding the organization in the U.S., as seen in the eight-hour strikes of 1872, but the defeat of the eight-hour strikes left the movement temporarily exhausted.[33)] A financial disaster in 1873 ushered in one of the worst depressions in history.

Mass unemployment undermined all sorts of workers‘ associations from trade unions and socialist organizations to workers‘ fraternal orders, though German-language leftists in Chicago bucked the trend by founding the successful weekly „Vorbote“ in 1874.[34] Sorge and the International decided to return to the tactics of 1857 and organize the unemployed.[35] Meetings began in New York and German-American radicals across the country followed suit.[36] By the end of December unemployed councils in New York reportedly had over ten thousand members, mostly German-speaking, and were planning a mass demonstration for January.[37] Their Chicago colleagues had such a successful turnout at a Turner Hall meeting that they decided to march the next day. Twenty thousand workers paraded to City Hall beneath American and Red Flags and a frightened municipal government promised to work with the Labor Committee to develop a relief program -- a promise soon broken.[38] Internationalists engaged in similar actions in Newark, Philadelphia, Cincinnati, Louisville and other cities.[39] The denouement took place in New York. They called for a mass protest in Tompkins Square--the center of the city‘s main German speaking neighborhood. Just before the protest the police cancelled the permit, but few heard the news and thousands showed up. Masses of club wielding policemen charged into the peaceful crowd. The police smashed the demonstration in the name of preventing a second Paris Commune. Then abandoning all pretext of legality they invaded private indoor meetings to beat and disperse would-be protesters.[40] The organized movement of the unemployed was crushed in its New York stronghold, and lost heart in other cities as well.

With labor unions eviscerated by mass unemployment and municipal governments violently resisting demands for relief, only electoral action (avidly promoted by followers of Ferdinand Lassalle) seemed to offer a solution. When the Chicago government reneged on its relief promises, some German-speakers took the initiative in forming a Workingmen‘s Party of Illinois. Hoping to appeal to a wide base of support the new party‘s platform showed few signs of radicalism and even denounced trade unions.[41] Electoral advocates in the East followed closely behind their Chicago comrades. Founding a Social Democratic Workingmen‘s Party based mainly in New York and Philadelphia, they launched the „Sozial-Demokrat“ and tried to create a national political party.[42] After two years without much success the two parties moved closer to Sorge and his remaining loyalists. By then, most radicals had concluded that socialism would make little headway unless some form of unity could be re-established.[43]

By 1876, what little remained of the First International was also seeking a broader unity (as had been achieved by the merger of Marxist and Lassallean organizations in Germany). The unification of the three major socialist organizations: the last remnants of the International, the Workingmen's Party of Illinois and the Social Democratic Workingmen's Party, quickly followed.[44] None of them had over 1500 members and the overwhelming majority of their memberships was of German-language origin, though all had non-German elements. The new Workingmen's Party had two German language newspapers to its one in English (a proportion which lasted for years).[45] The merger was based on compromises. The Lassalleans got the Internationalists to accept a call for the government to turn American industry over to producers' cooperatives, while the Internationalists forced the electoral factions to agree to put primary emphasis on economic struggles and discourage electoral campaigns.[46] Having disparaged electoral activity, all agreed to oppose women's suffrage. Rejecting an appeal from a women's section of the International for a commitment to women's equality, they asserted that the „emancipation of women will be accomplished with the emancipation of men, and the so-called woman's rights question will be solved with the labor question."[47] The party platform discouraged electoral activity, but some sections ran political campaigns anyway. As the new party rapidly turned to electoral campaigns, many leaders of the old International „withdrew more and more."[48]

As the Workingmen's Party focused on electoral campaigns and internal disputes, the great strike wave of 1877 swept across the country. Strikes centered on the railroads, where German-speaking immigrants had rarely found work, but they also sparked mass movements in several cities that were heavily German. The predominantly German-speaking St. Louis WP sponsored a march to support a strike by railroad workers and organized a mass meeting which declared a general strike. The committeemen elected to lead the strike were mostly German-speaking socialists and trade unionists.[49] Over the next three days the entire city was shut down, municipal officials fled the city and the strike committee ran the city. The leaders of America's nearest approach to the Paris Commune were unnerved by the mob violence that swept through other cities. They were revolutionaries, but they were disciplined skilled workers who partook of a German culture which emphasized order, even in revolution.[50] So they were frightened by the specter of mobs of bloodthirsty Irish-American or African-American „savages" rising from the lower depths. When militants called for arms, the committee called off mass marches and tried to calm their followers. Even as a „citizen's militia" prepared to attack strike headquarters, the committee was unwilling to arm its supporters.[51] On the fifth day of the strike police raiders seized the strike headquarters and arrested many of the key leaders - ending the St. Louis Commune.[52] That summer‘s events in Chicago set the German-speaking left on track to produce America‘s most revolutionary movement. When the railroad workers struck, Chicago‘s property owners got the city to deputize 20,000 special policemen to „preserve order.“ Confrontations between strikers and a militarized police force escalated into a major street battle after three days of scattered fighting. Having dispersed the strikers, police and specials invaded Turner Hall and broke up a peaceful gathering of the Möbelarbeiter Gewerkschaft, killing a union official.[53] These events contributed to a rapid growth of workers‘ militias in Chicago--not to make a revolution, but to defend the workers‘ right to assemble peacefully.[54] In the aftermath of the strikes, WP votes grew rapidly in municipal elections (especially in Chicago, Cincinnati and Buffalo), so the party changed its program to promote electoral campaigns and changed its name to the Socialist Labor Party.[55]

The end of the depression made a revival of the trade union movement possible and German-speaking radicals played a leading role. Internationalists who had been active in their unions in the early 1870s rapidly rebuilt the cigarmakers‘, furniture makers‘, tailors’, pianomakers‘, bakers‘ and brewers‘ unions in New York and other major cities. Determined to strengthen their unions against future depressions, they increased fees and dues to create financial reserves and combined sickness and death benefits with union activities to make membership more stable. They also centralized power by giving national officers control over all union strike funds. Some former radicals like cigarmakers‘ union president Adolph Strasser from Austria and his protégé Samuel Gompers thought they could avoid the brutal repression that they had witnessed in the 1870s if their unions focused exclusively on wages and avoided „political“ issues. In 1881 the national unions formed the basis for the American Federation of Labor. Although some of German-speaking union leaders had moved away from socialism, unionism and socialism remained closely linked for many others - a disagreement which led to serious conflict in the AFL.[56] The German-American left revitalized and expanded its press in the recovery. In founding a daily „New Yorker Volkszeitung“ in 1878, they created a major socialist daily newspaper that was able to compete with the non-socialist German-language papers.[57] Its success rested on its ties to the network of left wing unions, fraternal organizations and social-cultural associations that were vastly greater in membership than any socialist party.[58] These organizations grew rapidly with their paper and New York City saw the flourishing of a German-language socialist counter-culture, comparable to that of Germany. New York set the pace and the „Volkszeitung“ was the intellectual leader for the rest, but comparable daily papers served large leftist subcultures in all the large German-American centers (with weeklies serving similar constituencies in smaller communities). The socialist „Volkszeitung“, „Arbeiterzeitung“, „Tageblatt“ trio of successful dailies in NY, Chicago and Philadelphia joined similar papers in Cincinnati, Indianapolis and St. Louis at the heart of the German-language leftist counter-culture for the next generation.[59)&60)]

While national unions were the wave of the future, the vitality of the labor movement often remained with citywide organizations. German-speaking radicals took the lead in creating powerful and often anti-capitalist central labor unions. “German” unions predominated in the creation of New York‘s radical Central Labor Union in 1882. With over forty unions affiliated, the CLU led most of the labor movement and generated several independent labor political campaigns.[61)] German-speaking unionists in Chicago walked out of the conservative Anglo-American dominated Trade and Labor Assembly to form „a Central Labor Union after the pattern of the CLU in New York.“ Even more “German” than its New York model, the Chicago CLU (which grew to 40,000 members) was a major force in the development of Chicago radicalism leading up to the Haymarket crisis.[62)] Special German-language central labor councils had sprung up in every period of labor organization since 1850. In 1885 a dozen German-language unions in New York rallied to the support of the „Volkszeitung“ and the German labor press in general and created a new German organization, the United German Trades. It later grew to about fifty unions and was often regarded as a major factor in the strength of the city‘s German unions. In this too, New York was widely copied and German labor councils were set up in many cities. There was even some talk of forming a national confederation of the German union councils in 1887.[63)]

Many historians maintain that the largest American labor organization of the 1880s, the Knights of Labor, had little appeal for German-speaking workers, but that is wrong.[64)] While some former socialist activists like the Austrian Adolph Strasser had turned their energies away from the SLP to build trade unions, others joined the Knights of Labor. Shortly after New York District Assembly 49 formed in 1882, it reportedly fell under the influence of a socialist group called the Home Club. The Home Club has generally been identified as Lassallean, though what that term means when applied to this group of union leaders is somewhat obscure. In any case, that put the second largest Knights Assembly in the US with about 60,000 members (and later the Knights‘ executive board as well), under the influence of a faction of the German speaking left.[65] In Chicago, District Assembly 24 included German-language tanners‘, shoemakers‘, printers‘ and cigar-maker‘ assemblies--with the German printers represented by August Spies and Oskar Neebe of Haymarket fame.[66] German-speaking radicals found an opportunity to resist the rightward drift of America‘s young craft unions when a socialist faction of the cigarmaker‘s union organized a successful opposition to Strasser‘s and Gompers‘ increasingly conservative leadership. Gompers and Strasser moved to suppress this challenge to their leadership of the union by forcing the socialist New York local out of the Cigar Makers' Union, but the insurgents formed a rival Progressive Cigarmakers‘ Union and radical cigarmakers in other cities followed suit. For a while, the Progressives had more members than did Strasser‘s union. In New York, the Progressives joined the Knights of Labor and the battling German-speaking cigarmakers helped widen and embitter the rift between the Knights and the Federation.[67] So it is clear that the role of German-language immigrants in the Knights of Labor was significant, though the topic requires further investigation.

In the 1870s, the collapse of the trade unions and the repression of the unemployed councils had led many to conclude that force would have to be met by force. With state militia units being armed to back up the police, and relief demonstrators in Chicago subjected to the sort of club rule which had demoralized so many in New York, the Chicago „Vorbote“ had suggested that workers would be justified in defending themselves with arms.[68] Activists throughout the movement responded and began to form armed groups.[69] In 1875 Chicago took the lead when a group of militants formed a Lehr- und Wehr-Verein to defend workers‘ rights.[70] The organization began to grow rapidly after the violent anti-labor repression in 1877.[71] The leaders of the Socialist Labor Party, having driven those who placed union organizing before political action out of the party, then began a campaign against the armed defense organizations. When the „Vorbote“ and the Chicago sections of the SLP defended them, the national committee ordered all SLP members to withdraw from armed groups--beginning a campaign that soon drove a majority of the strongest SLP local in the country (Chicago) out of the party.[72] The split widened when the Chicagoans refused to follow SLP leaders into the Greenback Labor coalition of 1880.[73] The split that drew most of the German-speaking socialists in Chicago and their newspapers out of the SLP had parallels in other cities as well. A group of New York dissidents formed a Social Revolutionary Club in 1880, and similar clubs formed in other cities over the next year. After participating in an attempt to revive the anarchist International Working Peoples' Association in Europe, the Social Revolutionary Club called a national meeting of like-minded organizations. They met in Chicago's Turner Hall and created a Revolutionary Socialist Party.[74] A German-American social revolutionary movement, often referred to as anarchist, was taking form. At that point Johann Most, formerly a socialist agitator in Vienna, then a leading Socialist Deputy in the German Reichstag and later a leading spokesman for anarchism, arrived in New York and provided an impetus for further organization by the social-revolutionaries and anarchists. Although the gifted Most was a dramatic and popular speaker, his brand of violent anarchism found its greatest support only in the eastern branches of the new IWPA where the organization was weakest. In Chicago, where the bulk of the German-language left was associated with the IWPA, vague socialist-revolutionary doctrines tended to prevail against purer anarchist ones.[75] It remains striking how similar the German-language left milieu in Chicago in the 1880s was to that in New York, despite the „anarchist" affiliation of the former and the socialist affiliation of the latter. Both based themselves on foundations of dense networks of social, political and cultural institutions linked by a hyperactive Vereinswesen.[76]

As the German-language left flourished in the years before the upheaval of 1886, it witnessed the rise of a socialist women's movement. While Frauenvereine had long been active in supporting the men's movement through social activities, only in the mid-1880s did women's organizations emerge which were politically active in their own right. The formation of New York's Frauenbund around 1883 began a national movement to organize women of the German immigrant left around the SLP. The Frauenbünde had begun to address women's issues and even to criticize the SLP's lack of attention to them when Johanna Greie made her debut with a devastating critique of men, even socialist men, as „the enemy of women's emancipation." In 1888 Greie led a campaign to form a nationwide German language socialist women's organization. Just as the campaign seemed on the verge of success, the SLP Executive (reeling from the rapid collapse of the left in 1888) called off the plans for a national women's association and asked the women of the Frauenbünde to dissolve their own organizations and reinforce declining party sections. Greie made the transition to regular party activity and continued to be a prominent figure, but most Frauenbünde activists abandoned their activism when their associations were disbanded.[77] Once again the mainstream of the German-American left had missed a chance to broaden its base by appealing to women. And once again its leaders had reinforced the cultural divide that separated them from Anglo-American radicals who were laying the groundwork for the Populist insurgency of the 1890s. Events surrounding the Haymarket bombing are well known. The police killed a striker and when they attacked a meeting called to protest the killing someone threw a bomb that killed several policemen. The police then rounded up the leaders of the Anarchist movement in Chicago (all but one being German speakers) and after a travesty of a trial most of them were executed. What needs to be stressed here is that even extreme demoralization did not mean wholesale collapse of the German-speaking American socialist culture. The tenacious local press survived, embodying and unifying political communities of neighborhood clubs, unions, shared holidays, martyrs, and surviving hopes. If aging immigrants were increasingly likely to lament the passing of their days of glory, especially in Chicago, they were still around in rather impressive numbers.[78]

The Long Decline

Sectarian warfare on the left demoralized many radicals, and the decline of German-language socialist organizations was exacerbated by the onset of a new depression in 1893. But the renewed crisis of capitalism also confirmed what many had long predicted and veteran socialists put their shoulders to the wheel of rebuilding a political and union movement. It wasn‘t so much that the German-language left declined in the 1890s, as that the appearance and rapid growth of newer lefts associated with the Southern and Eastern European immigrants of the 1880s-90s created a relative decline. The German-speakers became senior figures in a much broader radical movement. Socialist Jews from Eastern Europe along with Hungarian, Polish, South Slav, Finnish and Russian radicals, had admired German socialist success in the Old World and learned from it in the New. The new immigrants modeled not only their explicitly political organizations but also their free thought, fraternal, and insurance societies, their labor-propaganda circles and their newspapers on institutions which German-speaking Americans had created before they had arrived. German-speaking Americans still played a key role in the American left. As autocratic, anti-labor policies began to alienate many socialists from the Socialist Labor Party, one of the first organized defections consisted of Milwaukee German-language socialists led out of the SLP by Victor Berger - who had come from Nieder Rehbach in Austria.

They joined with Eugene V. Debs and his associates to form a new Social Democratic Party. Then, the editors of the „New Yorker Volkszeitung“ and their supporters split the SLP again and moved to ally with the Social Democrats. Thus, members of the German-speaking left played leading roles on both sides in the formation of the Socialist Party of America in 1901.[79)] Still, the members of the German-language left grew older. With their base in the skilled working class and with an ingrained respect for ideas and education, they had major problems passing their oppositional culture on to their own children. While some of their American born children moved into the most attractive of the skilled trades, second generation German and Austrian-Americans tended to move into white collar occupations.[80)] Upward mobility was not necessarily a total bar to socialist activism, but it did have a strong tendency to lead many of the most able members of the second and third generations in other directions.[81)]

In Milwaukee, a left leaning central labor union continued to grow in size and influence after the end of the 1880s. From 1893 to the 1930s the Trades Council gave financial aid to the city‘s socialist press, starting with Victor Berger‘s „Vorwärts“, and the labor and socialist movements grew together in the most „German” city in America. With strong union support Berger‘s Social Democratic Party played a dominant role in German-speaking working class wards, and then took over the city administration and elected Austrian born Berger the first Socialist congressman in 1910.[82)] A variety of factors combined to bring about the victories in Milwaukee, victories that would see another Socialist elected mayor in 1916 and kept in office until 1940, while Berger was elected to Congress again in 1918, 1924 and 1926. One was the extent to which German-speaking immigrants and their children dominated the city. The political organization which established hegemony among the German-speakers was thus well on its way to local predominance. Milwaukee was exceptional in having a second generation of German-American socialists expanding rather than contracting the socialist base. All three of the city‘s Socialist mayors, for example, were American born. The predominance of the German and Austrian immigrant leftist culture in the city by the early 20th century helped assure the socialization of the immigrants‘ American born children as socialists, but so did the exceptionally large proportion of the children who followed the skilled trades of their parents’ generation.

Aging German radicals played an important role in the SP‘s organization and politics past the 1919 split that created separate Socialist and Communist Parties and Berger played an important role in the rump SP until he died in 1929. His successor, second generation German-American Milwaukee Mayor Dan Hoan, played a major part in Norman Thomas' rise to leadership and the displacement of the Socialist Party's Old Guard in the 1930s. Nor were German-speakers only important in Milwaukee. In New York, where immigrants from Eastern and Southern Europe had transformed the Socialist Party base, German-speakers continued to be the largest single group in the Party as late as 1916.[83] After the 1919 SP split, while Milwaukee's German-speakers stuck with the Old Guard, the German Socialist Federation of America joined the new Communist Party.[84] New York editor Ludwig Lore played an important role in the split and he took the „Volkszeitung" and its readers with him into the Communist movement -- where they remained until they were expelled in 1925. Lore and the „Volkszeitung" maintained an independent left wing perspective until the paper, with „only" 23,000 subscribers left, dropped down to weekly publication in 1932.[85] The weekly „Neue Volkszeitung" continued to be an important anti-Nazi publication for another decade and drew left wing German and Austrian refugees from Nazism into its circle.[86]

Even after the demise of the „Volkszeitung" the German speaking left continued in the form of benefit societies, singing societies, unions and old age homes. In 1938 and 1939, the venerable „Arbeiter Kranken-und Sterbe Kasse" put out the „Volkskalander" -- which had been an annual feature of the „Volkszeitung" since 1882. These last issues continued to report a wide range of German-language left counter-culture activities, so many that some of them must have extended well into the 1940s.[87] A century after Hermann Kriege founded the Sozialreformassoziation, a remnant of the German immigrant left was still hanging on in the city of its birth. Historical evaluations of the German-language American left have not tended to be kind. Judged against its own standard, the creation of a class-conscious revolutionary movement to transform capitalism into socialism, it has necessarily been considered a failure. But in a world where socialism is not on the immediate historical agenda and where the vision of a united proletarian movement solving all of the world's problems has lost most of its plausibility, historians must apply different standards. In the 1850s Joseph Weydemeyer was so disgusted by the insularity of the German speaking left that he abandoned his attempt to create a revolutionary movement.[88] In the 1880s Friedrich Engels repeatedly condemned the dogmatism, rigidity and insularity of the German speaking American socialists, demanding that they abandon their culture and become „out and out Americans."[89] Politically, the German speaking left tried to do just that. Its labor unions always participated in multi-ethnic citywide and national organizations and the Internationalists had encouraged the formation of „American" sections. The German-speakers of the SLP tried to Americanize the party when they turned its leadership over to a series of native English-speaking Americans and they finally allied with the quintessentially American Gene Debs in the Socialist Party. The problem was at the core of a movement that was tied to the counter-culture of the German speaking left. But it was that counterculture, not the appeal to revolution that made the movement viable. The promised socialist revolution had a real appeal, but the daily solidarity of the workplace and its unions, struggles for union wages and human dignity, ethnic neighborhoods, socialist picnics and anarchist dances--leftist songs, poems, stories and plays to nourish the spirit--these made daily life bearable. A shared dream like the ideal of socialism could bring large numbers of people into the movement for short periods of time, but only a sense of community and shared culture kept people going and sustained the movement over the long haul. And it was there that the German speaking left showed the way for generations of American radicals.

---

[1] Czechs, Hungarians and Eastern European Jews were the groups who most explicitly copied or borrowed from the Germans, but it would be hard to identify any immigrant left drawn from continental European sources that didn't draw to some extent on the experience of the German-American left. See Paul Buhle, „German Socialists and the Roots of American Working Class Radicalism," in Hartmut Keil & John Jentz, ed.s, German Workers in Industrial Chicago, 1850-1910 (DeKalb, IL, 1983), 224-35; Thomas Capek, The Cechs (Bohemians) in America (New York, 1920), 125-27, 137-40, 254-61; Thomas Capek, The Cech (Bohemian) Community of New York (New York, 1921), 21, 49-50, 59-75; Ronald Sanders, The Downtown Jews (New York, 1969), 46-48, 56-62, 90-91; Moses Rischin, The Promised City (New York, 1970), 76-81, 95-111, 150-51, 174-79; Morris U. Schappes, „The Political Origins of the United Hebrew Trades, 1888," Journal of Ethnic Studies 5 (1977), 13-41. Even the vital Yiddish theater had German-American leftist roots and the first Yiddish theater production in America took place on the stage of the Turn-Hall in New York according to Irving Howe and Kenneth Libo, World of Our Fathers (New York, 1976), 461-62. For immigrant left cultures in late 19th century Chicago and their relationships to the Germans, see Bruce C. Nelson, Beyond the Martyrs: A Social History of the Chicago Anarchists, 1870-1900 (New Brunswick, NJ, 1988) 127-52, 216-23.

[2] Werner Kowalski, Vorgeschichite und Entstehung des Bundes der Gerechten (Berlin, 1962), 57-81; Ernst Schraepler, Handwerkerbünde und Arbeitervereine, 1830-1853 (Berlin, 1972), 41-78, 98-103, 117, 122-23, 129-38, 151-63, 181-202, 299-300, 316, 335-36, 384, 432; Carl Wittke, The Utopian Communist (Baton Rouge, 1950), 20-22, 29, 34, 39, 48, 101, 108, 111, 115-116, 122-126, 189; P. Hartwig Bopp, Die Entwicklung des deutschen Handwerksgesellentums im 19. Jahrhundert (Paderborn, 1932), 99-132.

[3] Nadel, Little Germany, 118.

[4] Philip S. Foner and Brewster Chamberlin, ed.s, Friedrich A. Sorge's Labor Movement in the

United States (New York, 1977), 76-77; Hermann Schlüter, Die Anfänge der deutschen Arbeiterbewegung in Amerika (Stuttgart, 1907), 23-40; Wittke, Utopian Communist, 116-19

5) Schlüter, Anfänge, 40-41.

6) Nadel, „European Roots," 60-63; Schlüter, Anfänge, 79-80, 131; Foner & Chamberlin, Sorge's Labor Movement, 91-93; Bruce Levine, In the Spirit of 1848: German Immigrants, Labor Conflict, and the Coming of the Civil War (Urbana, IL, 1992), 125-36.

7) Foner & Chamberlin, Sorge's Labor Movement, 89-91; Schlüter, Anfänge, 71-79; Wittke, Utopian Communist, 220-25; Marsiske, Wilhelm Weitling, 96-100; Republik der Arbeiter, January, 1850; Wittke, Utopian Communist, 188-275; Levine, Spirit of 1848, 137.

8) Wittke, Utopian Communist, 188-275; Schlüter, Anfänge, 79-127; Foner & Chamberlin, Sorge's Labor Movement, 89-94.

9) Nadel, „European Roots," 64; „History of the Turners," Turn-Zeitung, I (1851-52), 274-76; H.C.A. Metzner, Geschichte des Turner-Bundes (Indianapolis, 1874), 1-20; Levine, Spirit of 1848, 91.

10) Schlüter, Anfänge, 199-200; Metzner, Turner-Bundes, 21-23; Nadel, „European Roots," 65.

11) Turn-Zeitung, I (1851-52), 18-19, 187-89, 203-04, 294, 297, 325, 329-48.

12) Levine, Spirit of 1848; Nadel, „European Roots," 67.

13) Karl Obermann, Joseph Weydemeyer: ein Lebensbild, 1818-1866 (Berlin, 1968); Turn-Zeitung, I, 10, 18-19, 114-15.

14) New Yorker Staats-Zeitung, March 3, April 1, 8, May 6, 1853; Schlüter, Anfänge, 132-34; Obermann, Joseph Weydemeyer, 297-303.

15) Schlüter, Anfänge, 138.

16) Schlüter, Anfänge, 149.

17) Levine, Spirit of 1848, 143-44; New Yorker Staats-Zeitung, Jan. 9, 1855; Nadel, „European roots," 71-73.

18) Much of Levine's Spirit of 1848 consists of an argument that this was a continuation of their leftist activity and should not be treated as a diversion. There is a strong element of truth to that proposition as far as the 1850s are concerned, but most of those who became Republicans basically ceased to be part of the active German-language left after the Civil War.

19) Dora Edinger, „A Feminist Forty-Eighter." American-German Review 8 (June 1942), 18-19; Maria Wagner, ed., Mathilde Franziske Anneke in Selbstzeugnissen und Bilddokumenten, (Frankfurt/Main, 1980); Gerhardt Friesen, „A Forgotten German-American Pioneer in Women's Rights," Journal of German American Studies 12 (1977), no. 2, 34-46; Annette P. Buss, „Mathilde Anneke and the Suffrage Movement," in Charlotte Brancaforte, ed., The German Forty-Eighters in America (New York, 1989), 79-92.

20) Buss, „Mathilde Anneke," 82.

21) Socialist leaders who fought included Joseph Weydemeyer, August Willich and Fritz Jacobi. Jacobi,"one of the brightest and most promising young men of the Communist Club," was killed at Fredericksburg. Morris Hillquit, History of Socialism in the United States (New York, 1971), 154-55.

22) John Jentz, „The 48ers and the Politics of the German Labor Movement in Chicago during the Civil War Era: Community Formation and the Rise of a Labor Press," in Elliott Shore, Ken Fones-Wolf, and James Danky, ed.s, The German-American Radical Press: The shaping of a Left Political Culture, 1850-1940 (Urbana, IL, 1992), 55; though orthodox Marxist historians follow Sorge (Foner & Chamberlin, Sorge's Labor Movement, 152) in claiming that the Chicago movement was developed under the influence of the Marxists, Joseph Weydemeyer and Hermann Meyer.

[23] Lawrence Costello, „The New York Labor Movement, 1861-1873," Ph.D. dissertation, Columbia U., 1967, 173 & Appendix II; New York Daily News, July 9 and October 8, 1864; Foner & Chamberlin, Sorge's Labor Movement, 109.

[24] John R. Commons, ed., A Documentary History of American Industrial Society, IX, 69-71.

25) Nadel, Little Germany, 62-74; Hartmut Keil, „Chicago's German Working Class in 1900," in Keil & Jentz, German Workers in Industrial Chicago, 19-36; Clyde and Sally Griffin, Natives and Newcomers (Cambridge, MA, 1978), 182-84; Steven J. Ross, Workers on the Edge (New York, 1985); Olivier Zunz, The Changing Face of Inequality: Urbanization, Industrial Development, and Immigrants in Detroit, 1880-1920 (Chicago, 1982), 36-38, 220-24.

[26] Weitling declined. Friedrich Adolph Sorge, Briefe und Auszäge aus Briefen an F.A. Sorge und Andere (Stuttgart, 1906), 4-5; Samuel Bernstein, The First International in America (New York, 1965), 37-38; Hermann Schlüter, Die Internationale in Amerika (Chicago, 1918), 80-90.

[27] Kelloggism was the inflationary scheme adopted by the NLU and the Greenback party. Edward Kellogg, A New Monetary System (New York, 1861); Workingmen's Advocate, December 17, 1867; and Chester McArthur Destler, American Radicalism, 1865-1901 (Chicago, 1961), 50-77.

[28] Arbeiter Union, October 31, 1868 et. seq.

[29] Foner & Chamberlin, Sorge's Labor Movement, 153; Jentz, „The 48ers and the German Labor Movement in Chicago," 59.

[30] Sorge, Briefe, 4-5; Bernstein, First International, 37-39; Schlüter, Internationale, 80-90.

[31] Bernstein, First International, 162-63; Schlüter, Internationale, 421-23; Samuel Gompers, Seventy Years of Life and Labor (New York, 1925), 48-49, 57, 60, 82-84; Foner & Chamberlin, Sorge's Labor Movement, 152.

[32] Nadel, Little Germany, 143-48; Stanley Nadel, „Those Who Would Be Free: the Eight-hour Day Strikes of 1872," Labor's Heritage (April, 1990), 70-77; Ken Fones-Wolf and Elliott Shore, „The German Press and Working-Class Politics in Gilded-Age Philadelphia," in Shore, Fones-Wolf and Dankey, ed.s, The German-American Radical Press, 66-69.

[33] Bernstein, First International, 186.

[34] Bernstein, First International, 197-204, 215-18; Philip Foner, History of the Labor Movement in the United States, Volume I (New York, 1947), 439-41: Nadel, Little Germany, 153, 210; Bruce C. Nelson, „Arbeiterpresse und Arbeiterbewegung: Chicago's Socialist and Anarchist Press, 1870-1900," Shore, Fones-Wolf and Dankey, ed.s, The German-American Radical Press, 82.

[35] Sorge had helped the Kommunisten Klub organize the demonstrations of the unemployed in New York in 1857 and Bernstein (First International, 221) notes the similarity between the plans of 1873 and 1857.

[36] Arbeiter-Zeitung, November 29, 1873; N.Y. Times, December 1, 1873.

[37] Bernstein, First International, 220-27; Foner, Labor Movement I, 445-47; Herbert G. Gutman, „The Tompkins Square ‚Riot' in New York City on January 13, 1874: A Re-Examination of Its Causes and Its Aftermath," Labor History 6 (1965), 44-62.

[38] Bernstein, First International, 227-29; Foner, Labor Movement I, 448-49.

[39] Bernstein, First International, 223-24.

[40] Gutman, „The Tompkins Square ‚Riot', 44-62; Bernstein, First International, 229-40, Samuel Gompers, Seventy Years of Life and Labor (New York, 1925), I, 96-97.

[41] Arbeiter-Zeitung, February 7, 1874: „Vorbote", February 14 and June 7, 20, 27, 1874; Nelson, Beyond the Martyrs, 53-55; Bernstein, First International, 248-51; Foner, Labor Movement I, 448-49; Hillquit, History of Socialism, 184.

[42] Like the German-Americans of the International, the Social Democrats were hostile to women's rights. Augusta Lilienthal fought unsuccessfully to keep the new party from calling for a ban on

employment for mothers of children under 14 and for placing severe restrictions on the employment of other women--though she did get the Party to agree to support equal wages for equal work. M.J. Buhle, Women and American Socialism, 12-13.

43) Bernstein, First International, 245-48.

44) Bernstein, First International, 274-87; Philip Foner, The Workingmen's Party of the United States: A History of the First Marxist Party in the Americas (Minneapolis, 1984); and Philip Foner, ed., The Formation of the Workingmen's Party of the United States: Proceedings of Union Congress Held at Philadelphia, July 19-22, 1876 (New York, 1976).

45) Of the 24 newspapers associated with the WPUS over the next two years, 14 were in German and only 8 were in English. Of the 55 sections of the Party in October 1876, 33 used German, 16 English, 4 Czech, 1 Scandinavian (Dano-Norwegian), and 1 French (Bernstein, First International, 286-90). Sorge claimed that 90 % of the WPUS „was made up of German workers" (Foner & Chamberlin, Sorge's Labor Movement, 199).

46) Bernstein, First International, 285.

47) Schlüter, Die Internationale in Amerika, 306; Foner & Chamberlin, Sorge's Labor Movement, 163; Bernstein, First International, 286-87; Foner, ed., Formation of the Workingmen's Party, 34.

48) Foner & Chamberlin, Sorge's Labor Movement, 200.

49) The Germans, with about 600 members, had by far the largest section of the WPUS in St. Louis in 1877. David Burbank, Reign of the Rabble: The St. Louis General Strike of 1877 (New York, 1966), 19; and the St. Louis Daily Times, June 18, 1877; Foner & Chamberlin, Sorge's Labor Movement, 201.

50) A culture embodied in the German joke: Why can't there be a successful revolution in Germany? Because, outside the Reichstag there is a sign which says „Do Not Step on the Grass."

51) This interpretation is based on David Roediger's „Not Only the Ruling Classes: Class, Skill and Community in the St. Louis General Strike," Journal of Social History 19 (Winter 1985) 213-39.

52) On those arrested see the St. Louis Globe Democrat and the St. Louis Daily Times, July 28, 1877. For more see Burbank, Reign of the Rabble; Roediger, „Not only the Ruling Classes"; Philip Foner, The Great Labor Uprising of 1877 (New York, 1977), 160-88, 208; Elliot Kanter, „Class, Ethnicity, and Socialist Politics: St. Louis, 1876-1881," UCLA Historical Journal 3 (1983), 43-45.

53) The union turned to the courts for redress and the policemen were convicted, but they were then fined only six cents each. Foner & Chamberlin, Sorge's Labor Movement, 198, 201; Christine Heiss, „German Radicals in Industrial America: The Lehr- und Wehr-Verein in Gilded Age Chicago," Keil & Jentz, ed.s, German Workers in Industrial Chicago, 214-15; Foner, Labor Movement, I, 470-71.

54) And not just in Chicago, David reports similar organizations in Cincinnati and San Francisco (The History of the Haymarket Affair, 61), and Kanter („St. Louis Socialists," 46) reports that 200 members of a Socialist Workingmen's Protective Association were drilling regularly in 1878.

55) This drift was regularly condemned by Marxists and historians in that tradition as a diversion from the key struggle to create unions, but it must be remembered that municipal victories would give workers control over the police who had just been used brutally against them in those cities. Therefore, it was often the same men who advocated both electoral action and organized workers' militias--as with Currlin (general strike leader and editor of the „Volkstimme des Westens") in St. Louis and the „Vorbote" in Chicago. Kanter, „St. Louis Socialists," 46-57; and Heiss, „Lehr- und Wehr-Verein," 214-15.

56) Sorge reported that „the Germans were the driving, progressive element in the large and small unions..." Even Strasser and his protégé, Samuel Gompers may have been far slower to abandon

socialism than is generally supposed. Gompers (who was a product of the German immigrant community in New York even if he wasn't actually German) was still talking about the need to abolish the wage system and private ownership of the means of production well into the 1890s. Foner & Chamberlin, Sorge's Labor Movement, 199; Foster Rhea Dulles & Melvyn Dubofsky, Labor in America: A History (Arlington Heights, IL, 1984), 142-49; Foner, Labor Movement I, 512-18.

57) Carol Poore, „The Pionier Calendar of New York City" Chronicler of German-American Socialism," Shore, Fones-Wolf and Dankey, ed.s, The German-American Radical Press, 111.

58) Paul Buhle, „Ludwig Lore and the „New Yorker Volkszeitung": The Twilight of the German-American Socialist Press," Shore, Fones-Wolf and Dankey, ed.s, The German-American Radical Press, 169-70; Hillquit, History of Socialism, 206-7.

59) Ken Fones-Wolf and Elliott Shore, „The German Press and Working-Class Politics," 70; Foner & Chamberlin, Sorge's Labor Movement, 201; Hillquit, History of Socialism, 204-6.

60) Nelson, „Arbeiterpresse und Arbeiterbewegung," 82-83.

61) Hillquit, History of Socialism, 260-61; Foner, Labor Movement II, 33-34; Foner & Chamberlin, Sorge's Labor Movement, 201; Hillquit, History of Socialism, 174-75.

62) Nelson, Beyond the Martyrs, 40-44, 228.

63) Hillquit, History of Socialism, 262-63.

64) Following F.A. Sorge, see Foner & Chamberlin, Sorge's Labor Movement, 199. But Richard Oestereicher's, Solidarity and Fragmentation: Working People and Class Consciousness in Detroit, 1875-1900 (Urbana, IL, 1986), presents a very different picture.

65) Foner, Labor Movement II, 78-79—though Hillquit (History of Socialism, 268) says that the SLP take-over wasn't until a decade later.

66) Nelson, Beyond the Martyrs, 44-48.

67) Foner, Labor Movement I, 517-18 and II, 132-44; Sorge (Foner & Chamberlin, Sorge's Labor Movement, 203) attributed the formation of „progressive" unions of cigarmakers and others to recent refugees from Germany's anti-socialist campaign who were not yet adjusted to American conditions, but Nelson's account of the cigarmakers' split in Chicago (Beyond the Martyrs, 38-39) gives no indication of that being a factor, at least not there.

68) Christine Heiss, „Lehr- und Wehr-Verein," 210-11.

69) Schlüter, Die Internationale in Amerika, 308.

70) Henry David, The History of the Haymarket Affair: A Study in the American Social-Revolutionary and Labor Movements (New York, 1963), 60; Heiss, „Lehr- und Wehr-Verein," 211-12.

71) It is probably not a coincidence that one of the better-known members of the Lehr- und Wehr Verein was Turner-Bund activist August Spies. Heiss, „Lehr- und Wehr-Verein," 220.

72) Heiss, „Lehr- und Wehr-Verein," 215-16; Hillquit, History of Socialism, 213.

73) Foner & Chamberlin, Sorge's Labor Movement, 202; Foner, Labor Movement, I, 495; David, History of the Haymarket Affair, 63; Nelson, Beyond the Martyrs, 66-70.

74) Nelson, Beyond the Martyrs, 71, 155; David, Haymarket, 70-77.

75) Nelson, Beyond the Martyrs, 73, 154-73; David, Haymarket, 88-138; Paul Avrich, The Haymarket Tragedy (Princeton, 1984). On the other hand, it must be noted that Most's pamphlet Revolutionaire Kriegswissenschaft was the bible of the cult of revolutionary violence that „centered around Die Anarchist, Engel, Fischer, Lingg and Gruppe Nordwestseite." Nelson, Beyond the Martyrs, 161-63.

76) That is brought home by Nelson's Beyond the Martyrs. Compare that with Nadel's Little Germany.

77) M.J. Buhle, Women and American Socialism, 33-40.

[78] Nelson, Beyond the Martyrs, S. 201-42; Klaus Ensslen and Heinz Ickstadt, „German Working-Class Culture in Chicago: Continuity and Change in the Decade from 1900 to 1910," Keil & Jentz, German Workers in Industrial Chicago, 236-52.

[79] Hillquit, History of Socialism, 294-309; Ira Kipnis, The American Socialist Movement, 1897-1912 (New York, 1952).

[80] This pattern appeared early in Eastern cities like New York and Philadelphia, but it was true of Detroit and Chicago as well by the later years of the century--with Keil noting a particularly rapid development of this pattern between 1880 and 1900. See Nadel, Little Germany, S. 66; Stephanie Greenberg, „Industrialization in Philadelphia: The Relationship Between Industrial Location and Residential Patterns, 1880-1930" (unpublished Ph.D. dissertation, Temple U., 1977) ; Zunz, Changing Face of Inequality, 36-38, S. 220-24; and Keil, „Chicago's German Working Class in 1900."

[81] The socialist career of Joseph Weydemeyer's son Otto is a conspicuous exception here.

[82] Sally M. Miller, „Milwaukee: Of Ethnicity and Labor," in Bruce Stave, ed., Socialism and the Cities (Port Washington, NY, 1975), 41-71.

[83] Paul Buhle attributes this conclusion to an unpublished manuscript by Charles Leinenweber on „Urban Socialism" („Ludwig Lore and the New Yorker Volkszeitung," 171).

[84] P. Buhle, „Ludwig Lore and the New Yorker Volkszeitung," 171-78.

[85] More than twice as many subscribers as it had had in 1880.

[86] P. Buhle, „Ludwig Lore and the New Yorker Volkszeitung," 171-78; Poore, „The Pionier Calendar," S. 111; Moses Rischin, „Envoi," in Shore, Fones-Wolf and Dankey, German-American

[87] Poore, „The Pionier Calendar," 111, 119.

[88] Obermann, Joseph Weydemeyer, 318-40.

[89] Marx and Engels, Letters to Americans 1848-1895 (New York, 1953), 166, 285-91.

Autorinnen und Autoren

Michael Amon, Jahrgang 1954, Schriftsteller. Von 1972-1974 Geschäftsführer des Österreichischen Schülerzeitungszentrums, 1973 Matura an der Handelsakademie. Danach freiberufliche Tätigkeit als Schriftsteller und Publizist; zuerst nebenberuflich und seit 1992 hauptberuflich. 1983 Förderungspreis des Wiener Volkstheaters und der Gesellschaft für Kulturpolitik für das Theaterstück „Sozusagen eine Welt" (gemeinsam mit H. Mayer), 1984 Preisträger beim Peter Altenberg-Preis für Kurzprosa der Creditanstalt-Bankverein, 1988 Hauptpreisträger beim 1. Internationalen Götzner Theaterpreis mit dem Stück „Villach oder Provinz ist überall". 1989 erscheint der Erzählband „Nachtcafé". In der Zeit danach mehrere Treatmentaufträge des ORF und verschiedene Theaterstücke. Juni 2002 Feuilleton-Preis der Tiroler Tageszeitung. Romane: Lemming. Geschichte eines Aufstiegs. Wien 1998 (Neuauflage 2003), Yquem. Salzburg 2002

Brigitte Bailer-Galanda, Jahrgang 1952, Mag. rer. soc. oec., Dr. phil., Universitätsdozentin, Studium der Sozial- und Wirtschaftswissenschaften und Geschichte, Mitarbeiterin im Dokumentationsarchiv des Österreichischen Widerstandes (seit 1979) und stellvertretende Vorsitzende der Historikerkommission der Republik Österreich. Seit 1993/94 Lehrbeauftragte am Institut für Politikwissenschaft der Universität Wien. Forschungsschwerpunkte: Widerstand und Verfolgung 1934-1945, Rechtsextremismus in Österreich nach 1945, „Wiedergutmachung" für die Opfer des Nationalsozialismus. Zahlreiche Publikationen, u.a. Mitbearbeiterin am Handbuch des österreichischen Rechsextremismus. 1. Auflage Wien 1993 (3. aktualisierte und erweiterte Neuausgabe Wien 1994), Die Auschwitzleugner. „Revisionistische" Geschichtslüge und historische Wahrheit. Berlin 1996 (Mitherausgeberin und Beiträge), Haider und die „Freiheitlichen" in Österreich. Berlin 1997 (gemeinsam mit W. Neugebauer), Rassismus im Internet, In: Erika Weinzierl u. a. (Hrsg.), Justiz und Fremdenfeindlichkeit. Innsbruck/Wien 1999

Billy Bragg, born 1957, is a British singer songwriter who first came to prominence in 1983 with his debut album, 'Life's a Riot'. Since then he has become one of the country's best known and best loved popular musicians. Dubbed Britain's finest rock poet by the British music paper, NME, Billy's high quality songwriting shuns the glossy values traditionally associated with pop music. Between 1983 and 1993 Billy toured extensively across the globe, much of the time as a solo performer. During those years he released several Top Ten albums and numerous Top Twenty singles in many territories. Apart from his music and his sense of humour, Billy is also well known for his personal commitment to political and humanitarian issues. He says he was politicised by Margaret Thatcher, and his experiences while actively supporting the British mining communities during the Miners Strike of 1984/85 proved a strong early influence. This later led him to create a coalition of musicians, Red Wedge, which offered critical support for the UK's Labour Party during the 1987 General Election. He has been a longstanding and vociferous campaigner against racism and has lent his solidarity to many international issues in many ways, including performing to raise funds. Working mostly in London, he wrote music and songs for several films, including 'Walking and Talking' and the BBC's 'Safe' and the feature film 'Mad Love'.

Fritz Edlinger, Jahrgang 1948, Generalsekretär der „Gesellschaft für Österreichisch-Arabische Beziehungen". Kommt aus der sozialistischen Jugendbewegung, 1979-1983 Bundesvorsitzender der Jungen Generation in der SPÖ; in dieser Zeit auch Mitglied des Bundesparteivorstandes der SPÖ. Danach verschiedene partei- und kommunalpolitische Funktionen. Bis 1995 Geschäftsführender Bezirksparteivorsitzender der SPÖ-Wien Alsergrund sowie Bezirksvorsteher-Stellvertreter des 9. Wiener Gemeindebezirkes. In den Siebziger Jahren wissenschaftlicher Mitarbeiter des „Wiener Instituts für Entwicklungsfragen", danach sieben Jahre lang Pressesprecher des Bundesministeriums für Bauten und Technik und selbstständiger Verleger und PR-Berater. Seit 1982 Generalsekretär der „Gesellschaft für Österreichisch-Arabische Beziehungen", seit 1996 hauptberuflich. Mitbegründer und Herausgeber der Zeitschrift „INTERNATIONAL". Zahlreiche Publikationen zu Fragen der internationalen Beziehungen, des Nahen Ostens, der Entwicklungspolitik sowie der Sozialdemokratie und Kommunalpolitik, u.a. als Herausgeber von Befreiungskampf in Palästina. Von der Madrid-Konferenz zur Al Aqsa-Intifada. Wien 2001

Johannes Elischak, Jahrgang 1978, Studium der Geschichte und Politikwissenschaft, Mitglied des „Vereins Alltag Verlag" und des „Freidenkerbundes Österreich" sowie Mitglied im Verein „Plattform kritische Jugend".

Anton Faber, Jahrgang 1967, Mag. phil., Studium der Geschichte und Philosophie (derzeit Dissertation), Bediensteter des Magistrates der Stadt Wiener Neustadt und Historiker. Vorstandsmitglied des „Vereins Alltag Verlag". Zeitweilig wissenschaftlicher Mitarbeiter im Industrieviertelmuseum Wiener Neustadt (Publikationen im Rahmen dieser Tätigkeit) und parlamentarischer Mitarbeiter. Verfasser historischer Kolumnen in den „Wiener Neustädter Nachrichten" („NÖ Rundschau").

Karl Flanner, Jahrgang 1920, Prof., Historiker und Sozialforscher. Erlernte Berufe: Gärtner und Elektroschweißer. Widerstandskämpfer gegen den Austrofaschismus und Nationalsozialismus; Häftling in den Konzentrationslagern Dachau und Buchenwald (insgesamt sechs Jahre). Gründer des Industrieviertelmuseums Wiener Neustadt und dessen langjähriger Leiter, Autor zahlreicher Bücher und Aufsätze (u.a. Wiener Neustadt im Ständestaat. Wien 1983, Rot-weiß-rot in Buchenwald. Wien 1987 und Freiheitskampf - Widerstand im Gebiet Wiener Neustadt 1938-1945. Wiener Neustadt 2003). Träger zahlreicher wissenschaftlicher Auszeichnungen, u.a. Theodor Körner-Preis.

Horst Hahn, Jahrgang 1966, Pädagoge und Schriftsteller. Aufgewachsen in Ofenbach/ Lanzenkirchen in Niederösterreich. In den 80er Jahren auf der Suche, in einigen Berufen tätig bis engagiert. Wohnortwechsel mit spärlichem Gepäck; Engagement für Randgruppen. In den 90er Jahren Buchhändler, seit 2000 Lehrer in Wien und Niederösterreich. Veröffentlichungen: Herausgeber von Die jungen Wilden, Band 1 – Lyrik und Band 2 – Prosa. Wien 1995, gemeinsam mit H. Freitag, Brennweite 50. Forchtenstein 1996, gemeinsam mit Strohschneider und Eisenkirchner, A – Ein Umfall. Publikationen in Zeitschriften und Anthologien, Lesungen im Raum Wiener Neustadt, Lyrische Performances. Vorstandsmitglied des „Vereins Alltag Verlag".

Sylvia Hahn, Jahrgang 1957, Dr. phil., Assistenzprofessorin, Studium der Geschichte, Germanistik und Kunstgeschichte. Historikerin am Institut für Geschichte, an der Universität Salzburg. Promotion 1984 im Fach Wirtschafts- und Sozialgeschichte, mehrere Jahre freiberufliche Wissenschafterin. 1989-1992 Institut für Wissenschaft und Kunst sowie Industrieviertel-Museum Wiener Neustadt, 1992-1994 Mitarbeiterin im Büro der Frauenministerin, seit 1994 Historikerin am Institut für Geschichte der Universität Salzburg. Arbeitsschwerpunkte: Historische Migrationsforschung, Stadtgeschichte, Geschichte der Arbeit und der ArbeiterInnenbewegung, Frauen- und Genderforschung. Zahlreiche Veröffentlichungen, u.a. Aufbruch in der Provinz. Niederösterreichische Arbeiter im 19. Jahrhundert, Wien 1989 (gemeinsam mit W. Maderthaner und G. Sprengnagel), Frauenarbeit. Vom ausgehenden 18. bis zum 20. Jahrhundert (hg. vom BMUK), Wien 1993, „Die Wienerische Neustadt". Handwerk, Handel und Militär in der Steinfeldstadt (hg. gemeinsam mit K. Flanner), Wien/Köln/Weimar 1994, Umwelt-Geschichte. Arbeitsfelder, Forschungsansätze, Perspektiven (hg. gemeinsam mit R. Raith), München 2001

Max Haller, Jahrgang 1947, Dr. phil., Universitätsprofessor, Studium der Soziologie. Seit 1985 ord. Professor für Soziologie in Graz. Schwerpunkte der Forschungs- und Lehrtätigkeit: internationaler Gesellschaftsvergleich, Sozialstruktur- und Wertwandel, europäische Integration, angewandte Soziologie und Sozialforschung, soziologische Theorie. 1985-1990 Leiter der Abteilung „Gesamtgesellschaftliche Analysen und Methoden der empirischen Sozialforschung", 1989-1991 und seit 2002 Vorstand des Instituts. Gastprofessor an den Universitäten Innsbruck, Klagenfurt, Heidelberg, University of California-Santa Barbara. 2002 Teilzeit-Gastprofessur an der Universität Trient. Mitbegründer des International Social Survey Programme (ISSP, 1984-1985) und der European Sociological Association (2000-2001 deren Vizepräsident). Seit 1995 korrespondierendes Mitglied der Österreichischen Akademie der Wissenschaften. Zahlreiche Veröffentlichungen, zuletzt Soziologische Theorie im systematisch-kritischen Vergleich. Leverkusen 1999, The Making of the European Union (Hg.) Berlin, Heidelberg, New York 2000 und Karrieren und Kontexte. Österreichs Nobelpreisträger und Wissenschaftler im historischen und internationalen Vergleich (gemeinsam mit B. und M. Wohinz). Wien 2002

Franz-Joseph Huainigg, Jahrgang 1966, Dr. phil., Studium Germanistik und Medienkommunikation. Medienpädagoge, Autor und Krüppelkabarettist. Vertragsbediensteter im Bundesministerium für Bildung, Wissenschaft und Kultur, Abteilung Medienpädagogik seit 1993 (Konzeption, Aufbau und Leitung des Projekts „Schülerradio"), Schwerpunktthema: Behinderten- und Medienpolitik, Vorstandsmitglied „Integration Österreich" 1995-2002, Vorstandsmitglied „Initiative Minderheiten" 2000-2002, Mitglied der „Selbstbestimmt-Leben-Bewegung", Leiter der Arbeitsgruppe „Behinderte Menschen und Medien", Aufbau und Leitung des integrativen Journalismus-Lehrganges 2001-2002. Nach einer Impfung im Babyalter an beiden Beinen gelähmt; Rollstuhlfahrer. Seit 2002 Abgeordneter zum österreichischen Nationalrat (ÖVP).

Maximilian Huber, Jahrgang 1956, Buchhändler, geboren in Wimpassing an der Pielach oder St. Pölten, es gibt zwei Geburtsurkunden. Von zwei bis sechs Jahren Reisender in Sachen Adoptiveltern testen. Mit sechs Heimkehr ins väterliche Gewerk. Schüler, Hilfsarbeiter, Zimmerer, Gardist, Buchhändler. Seit 1986 in Wiener Neustadt beheimatet, wo er die Bevölkerung mit Literatur bedrängt, Lesungen organisiert, Vereinen vorsteht und roten Zeiten nachweint. Vorstandsmitglied des „Vereins Alltag Verlag".

Fritz Keller, Jahrgang 1950, Prof., Bediensteter des Wiener Marktamtes, Gewerkschafter (Mitglied des Zentralvorstandes der Gewerkschaft der Gemeindebediensteten) und Historiker. Zahlreiche Buchveröffentlichungen, zuletzt Herausgeber (gemeinsam mit B. Danneberg/A. Machalicky/J. Mende): Die 68er – Eine Generation und ihr Erbe. Wien 1998. Herausgeber von Paul Lafargue: Essays zur Geschichte, Kultur und Politik. Berlin 2002 (mit einem Vorwort von I. Fetscher); Mitarbeiter des „Historisch-kritischen Wörterbuches des Marxismus" (hg. von W. F. Haug), Das Wiener Marktamt 1938-1945. Wien 2002 (hg. von der Historikerkommission). 1995 Verleihung des Theodor Körner-Förderungspreises.

Dietmar Köhler, Jahrgang 1943, Erwerbsarbeitsloser; soziales Engagement. Volksschule, Hauptschule, Gymnasium, 1962 Matura am TGM in Maschinenbau. Fünf Jahre als Maschinenbauingenieur in Konstruktion und Planung, dreißig Jahre im Vertrieb (Ostexport) für Investitionsgüter, davon zwanzig Jahre in leitenden Positionen. Seit 1997 erwerbsarbeitslos. Seit 1998 ehrenamtliches Vorstandsmitglied des Vereins „Zum Alten Eisen?" (Selbsthilfegruppe von Erwerbsarbeitslosen ab 40). Gründungsmitglied des Netzwerks „GRUNDEINKOMMEN",

Mitglied der Netzwerke „öfag" („Österreich für alle gleich") und „Wiener Aktionsgruppe der Armutskonferenz". Vorträge und Publikationen zu den Themen Erwerbsarbeitslosigkeit und Grundeinkommen.

Annemarie Moser, Jahrgang 1941, Schriftstellerin, lebt und arbeitet in Wiener Neustadt. Bisher erschienen: drei Gedichtbände, vier Romane, ein Band Erzählungen. Zahlreiche Sendungen im ORF, journalistische Arbeit für Zeitungen. Verschiedene Preise und Auszeichnungen, darunter der Würdigungspreis des Landes NÖ und der Kulturpreis der Stadt Wiener Neustadt.

Bernhard Müller, Jahrgang 1973, Studium der Politikwissenschaft und Publizistik- und Kommunikationswissenschaft (derzeit Diplomarbeit), Bediensteter des Magistrates der Stadt Wiener Neustadt. Vorstandsmitglied des „Vereins Alltag Verlag". Seit Beginn 2002 freier Mitarbeiter des Markt- und Meinungsforschungsinstitutes INFO RESEARCH International (Wien). Seit 2003 Gemeinderat der Statutarstadt Wiener Neustadt (SPÖ). Verschiedene Artikel und Kommentare für lokale Zeitschriften.

Stan Nadel, was born in 1944 in New York City and got his Ph.D. in history from Columbia University in 1981. Over the next 20 years he taught at many American universities, including the University of Illinois and Penn State University, but he now lives and works in Salzburg Austria. He is the author of numerous works on labor and radical history in America, and on migration history. One of these is the book „Little Germany: Religion Ethnicity and Class in New York City, 1845-1880"

Michael Rosecker, Jahrgang 1970, Mag. phil., Dr. phil., Studium der Geschichte und Philosophie, Historiker und parlamentarischer Mitarbeiter sowie Obmann des „Vereins Alltag Verlag". 2002 für das Buch „Zwischen Provinz und Internationale" (Verein Alltag Verlag, ISBN 3-902282-00-2) mit dem Anerkennungspreis des Landes Niederösterreich für Erwachsenenbildung ausgezeichnet. Außerdem mehrere Publikationen in verschiedenen Zeitschriften zu den Themen Industrie-, Sozial- sowie Ideengeschichte, Arbeiterbewegung und Sozialdemokratie. Weiters Kurator einiger Ausstellungen zu den Schwerpunkten Gewerkschaftsgeschichte, Arbeiterbewegung, Revolutionsjahr 1848, Wiener Neustädter Schifffahrtskanal und Stadtgeschichte.

Heleno Saña, Jahrgang 1930, Schriftsteller und Sozialwissenschafter. Geboren in Barcelona; entstammt einer Familie mit antifaschistischer Einstellung, die in der spanischen Arbeiterbewegung und im Widerstand gegen das Franco-Regime tätig war. Bereits in der Jugend Engagement in den verbotenen Gewerkschaftsbewegungen. Ausbildung zum Journalisten, danach ab 1959 im Exil; lebt und arbeitet in Deutschland. Autor zahreicher historischer, sozialgeschichtlicher und philosophischer Werke, u.a. Das Ende der Gemütlichkeit. Eine Bilanz der Krise unserer Zeit. Hamburg 1992, Die libertäre Revolution. Die Anarchisten im spanischen Bürgerkrieg. Hamburg 2001, Macht ohne Moral. Die Herrschaft des Westens und ihre Grundlagen. Köln 2003

Josef Staudinger, Jahrgang 1949, Präsident der Kammer für Arbeiter und Angestellte für Niederösterreich und Vorsitzender des ÖGB Niederösterreich. Erlernter Beruf: Installateur. 1990-1994 Bürgermeister der Marktgemeinde Guntramsdorf, ab 1991 Vizepräsident der Kammer für Arbeiter und Angestellte für Niederösterreich, seit 1993 Landessekretär der Gewerkschaft Bau-Holz Niederösterreich. 1994 Wahl zum Präsidenten der Kammer für Arbeiter und Angestellte für Niederösterreich; ab 1995 Vorsitzender des Berufsförderungsinstituts. Ab 2000 Vizepräsident der Bundesarbeitskammer, ab 2002 Vorsitzender des ÖGB Niederösterreich.

Emmerich Tálos, Jahrgang 1944, Dr. phil., Universitätsprofessor, Studium der Katholischen Theologie und Geschichte. 1971/72 Verlagslektor beim Mathias-Grünewald-Verlag in Mainz, 1972–1974 Postgraduate Studium der Politikwissenschaft am Institut für Höhere Studien in Wien, ab 1974 Assistent am Institut für Politikwissenschaft an der Universität Wien. Habilitation 1980, seit 1983 Professor für Politikwissenschaft an der Universität Wien. Aktuelle Arbeitsschwerpunkte: Sozialpolitik-Wohlfahrtsstaat, Wohlfahrtsstaat im Vergleich, Korporatismus, politische Entwicklung Österreichs im 20. Jahrhundert, Sozialpartnerschaft. Zahlreiche Publikationen, zuletzt: Herausgeber von Bedarfsorientierte Grundsicherung. Wien 2003 und Sozialstaat. Probleme, Veränderungen, Herausforderungen (gemeinsam mit S. Rosenberger). Wien 2003.

Arno Tausch, Jahrgang 1951, Dr. phil., Universitätsdozent, Studium der Politikwissenschaft, Publizistik, daneben auch Romanistik und Ökonomie, hauptberuflich Ministerialbeamter im Sozialministerium; Ministerialrat (war von 1992 bis 1999 an das Außenamt - zur Botschaft in Warschau - dienstzugeteilt). Ab 1977 Universitätsassistent am Institut für Politikwissenschaft der Universität Innsbruck; Habilitation 1988 (Kommissionsvorsitzender: Prof. Anton Pelinka). Publikation von 5 Büchern in deutscher sowie 5 Büchern in englischer Sprache, darüber hinaus ca. 80 weitere Veröffentlichungen in 6 Sprachen in 14 Ländern der Welt, darunter nicht nur in den USA, Großbritannien und Schweden, sondern auch in Polen und der Türkei. Seit den frühen 70er Jahren gehört er zu den Autorinnen und Autoren in Europa, die den Einfluss der Globalisierung und der langen Zyklen der Weltwirtschaft auf Politik und Gesellschaft sowie mögliche Gegenstrategien alternativer Basisbewegungen untersuchen. Sein jüngstes, in Amerika erscheinendes Buch befasst sich mit den Chancen und Widersprüchen des von der Kommission in Brüssel anvisierten gemeinsamen europäischen Wirtschaftsraum (GEWR) von Marakesch bis Sankt Petersburg - die von weiten Strecken der Politik in Österreich noch gar nicht wahrgenommene, für 2010 geplante nächste und ulimative Erweiterung der EU zur wirklichen Großmacht Europa. Zu seinen Grundaussagen gehört, dass Zentraleuropa noch immer von sozio-liberalen Reformmodellen wie in Skandinavien oder den Niederlanden lernen kann - womit sich eine Kontinuität zu der Ära Kreisky in Österreich ergibt. Lebt seit Sommer 2001 mit seiner Familie in Niederösterreich.

Ingrid Thurner, Jahrgang 1944, Vorsitzende der Plattform „Wir sind Kirche". 1963 Matura an der Handelsakademie, danach Bilanzbuchhalterin bei einem Steuerberater. Nach Eheschließung und Kinderpause 11 Jahre lang Pfarrsekretärin in Volders (Tirol). Langjähriges Mitglied der österreichischen Promotorengruppe der „Bewegung für eine bessere Welt" („mondo migliore"); in dieser Zeit Leitung und Begleitung von Glaubenskursen in Rocca di Papa bei Rom und Assisi. 1987-1993 gewählte Vorsitzende des Laienrates der Diözese Innsbruck und Vorstandsmitglied des Pastoralrates. Verantwortlich für die inhaltliche Gestaltung des Papstbesuches 1988 in Innsbruck. Ausbildung zur Mentorin für Pastoralseminare und für Liturgieausbildungen, Vortragende im Rahmen des katholischen Bildungswerkes. Lange Zeit Vorstandsmitglied der Katholischen Frauenbewegung der Diözese Innsbruck; Mitarbeit beim „Kirchenvolksbegehren" 1995. Ab 1997 Geschäftsführerin der Plattform „Wir sind Kirche" und stellvertretende Vorsitzende, seit April 2002 gewählte Vorsitzende. Schriftleitung und Redaktion der Zeitschrift „Wir sind Kirche" seit 1996, Veröffentlichungen in verschiedenen Zeitschriften, Beiträge in Büchern.

Günter Tolar, Jahrgang 1939, Schauspieler, Kabarettist, Fernsehregisseur, Autor, Moderator; ORF-Pensionist. Studium Deutsch/Geschichte und Musik (Lehramt). 1963 Abschluss der Schauspielschule des Konservatoriums Prayner, ab 1964 Betätigung als Kabarettist (u.a. mit Peter Lodynski, Kuno Knöbl, Herwig Seeböck und auch mit Cissy Kraner und Hugo

Wiener). Ab 1969 ständiger freier Mitarbeiter beim ORF, ab 1974 Moderator (u.a. „Wer dreimal lügt“, „Made in Austria“). Von 1984-1999 Angestellter beim ORF; redaktionelle Betreuung von unzähligen Sendungen und viel beschäftigter Drehbuchautor. Seit 1992 offiziell geoutet als Schwuler. Seit 1999 Bundessprecher der Vereinigung „Sozialismus und Homosexualität“ (SoHo). Seit 2001 Mitglied des neu geschaffenen Publikumsrates des ORF. Dort auch Mitglied des Programmausschusses und des Beschwerdeausschusses. Zahlreiche Publikationen, u.a.: Sein Mann. Wien 1992, Zur Hölle mit mir! Wien 1999

Sepp Wall-Strasser, Jahrgang 1957, Mag. theol., MAS, Studium der Theologie und Sozialmanagementstudium an der Wirtschaftsuniversität Wien. Seit 1991 Bereichsleiter Bildung und Zukunftsfragen des ÖGB Oberösterreich, zuvor 10 Jahre lang Pastoralarbeiter in der Betriebsseelsorge und der Katholischen ArbeiterInnenjugend der Diözese Linz. Vorstandsmitglied von ATTAC Österreich. Verheiratet, Vater zweier Söhne.

Peter Wittmann, Jahrgang 1957, Dr. iur., Studium der Rechtswissenschaften und der chinesischen Sprache am Sprachinstitut in Peking (1980-1982), Rechtsanwalt. Rechtspraktikant im Sprengel des Oberlandesgerichtes Wien 1980-1981, Rechtsanwaltspraxis 1982-1987, kaufmännische Ausbildung bei der Creditanstalt-Bankverein 1983, Rechtsanwalt in Wiener Neustadt 1987-1997 sowie seit 2000. Erster Vizebürgermeister der Statutarstadt Wiener Neustadt 1990-1993, Bürgermeister der Statutarstadt Wiener Neustadt 1993-1997, Mitglied des Gemeinderates von Wiener Neustadt seit 1990. 1997-2000 Staatssekretär im Bundeskanzleramt, seit 2000 Abgeordneter zum Nationalrat. Bezirksparteivorsitzender der SPÖ Wiener Neustadt seit 2001. Mitglied des Österreich-Konvents seit Juni 2003. Obmann des parlamentarischen Verfassungsausschusses.

Sadaf Zahra, Jahrgang 1974, ist pakistanische Gewerkschafterin und Frauensprecherin der Pakistan Trade Union Defence Campaign (PTUDC). Von Ende Mai bis Mitte Juni 2003 war sie in Österreich, um auf zahlreichen Veranstaltungen und u.a. beim Austrian Social Forum über ihre Arbeit zu berichten. Die PTUDC versucht die stark zersplitterte Gewerkschaftsbewegung in Pakistan im Rahmen einer gemeinsamen politischen Plattform zu vereinen, um für einen Mindestlohn, gegen Privatisierung, gegen Kinderarbeit und Frauendiskriminierung zu kämpfen. Mit Unterstützung der Gewerkschaft der EisenbahnerInnen (GdE) und der Sozialistischen Jugend hat die Zeitschrift „Der Funke“ zum dritten Mal eine Solidaritätskampagne mit der PTUDC organisiert.

verein alltag verlag
wiener neustadt

Zehnergasse 20/C/11
2700 Wiener Neustadt

verlag.alltag@chello.at

Von uns ebenso erhältlich:

Michael Rosecker, Zwischen Provinz und Internationale. Die frühe Arbeitervereinswelt am Beispiel Wiener Neustadt. Vom Vormärz bis 1879 (Wiener Neustadt 2002)
ISBN 3-902282-00-2

Karl Flanner, Freiheitskampf. Widerstand im Gebiet Wiener Neustadt 1938-1945 (Wiener Neustadt 2003)
ISBN 3-902282-01-0

Wir sind GEWINN bringend aber nicht PROFIT orientiert

MEHR LEISTUNG FÜR SIE!
Die Niederösterreichische Arbeiterkammer bietet Ihnen jetzt noch mehr:
• Rat und Hilfe bei allen Fragen am Arbeitsplatz – damit Sie Ihre Rechte kennen.
• Den 100-Euro-Bildungsbonus für mehr Chancen in der Arbeitswelt.
• Den Ausbau des Konsumentenschutzes, weil Sie nicht draufzahlen sollen.
Als Präsident der AKNÖ stehe ich dafür, dass wir unsere Angebote für Sie jeden Tag verbessern. Ihre Interessen müssen in der Politik wieder mehr berücksichtigt werden. Dafür kämpfe ich! Denn nie waren starke Arbeitnehmervertretungen so wichtig wie jetzt!
Josef Staudinger
Präsident
Leistungsbilanz gratis unter: 08 00/23 23 23
AKNÖ